国学经典文库

图文珍藏版

领悟圣哲思想智慧　萃取中华文化精华

孔子家语

〔春秋〕孔子·原著　马博·主编

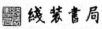

线装书局

【原文】

曾子问曰:"君薨而世子生,如之何?"孔子曰:"卿大夫士从摄主,北面于西阶南。大祝裨冕,执束帛,升自西阶,尽等,不升堂,命毋哭,祝声三。告曰:'某之子生,敢告。'升,奠币于殡东几上,哭降。众主人、卿、大夫、士、房中皆哭,不踊,尽一哀,反位,遂朝奠。小宰升,举币。三日,众主人、卿、大夫、士如初位,北面。大宰、大宗、大祝皆裨冕,少师奉子以衰,祝先,子从,宰宗人从,入门,哭者止。子升自西阶,殡前北面,祝立于殡东南隅。祝声三,曰:'某之子某,从执事敢见。'子拜稽颡哭,祝、宰、宗人、众主人、卿、大夫、士哭踊,三者三,降东。反位,皆袒,子踊,房中亦踊,三者三。袭衰、杖、奠,出。大宰命祝史,以名遍告于五祀山川。"曾子问曰:"如已葬而世子生,则如之何?"孔子曰:"大宰、大宗从大祝而告于祢。三月,乃名于祢,以名遍告及社稷、宗庙、山川。"[礼记·曾子问]

【释义】

曾子问:"国君去世了还没安葬,而太子出生了,该怎么办?"孔子说:"卿大夫都跟着丧主,在西阶南向北站着,大祝穿着礼服,捧着绢帛,从西阶上去,登上台阶,不进入大堂,让大家不要哭,大喊三声,向灵柩报告:'某夫人生子,向您报告。'走进大堂,把祭品放在灵柩东面的几案上,哭着下来。这时众主人、卿、大夫、士、房中妇女都哭起来,但不踩脚。尽哀一次后,返回位置,举行朝奠。小宰上堂,举起几案上的祭品。三天后,众主人、卿、大夫、士站在原位,面向北。大宰、大宗、大祝都穿着礼服,少师捧着太子和丧服,大祝在前面带路,太子跟在后面,宰宗跟从,进入大门,哭的人都停止哭泣。太子从西面上来,站在灵柩的前面,面向北。祝站在灵柩的东南。祝大喊三声后,报告说:'某氏的儿子某,带领执事来拜见您。'太子跪拜并哭,祝、宰、宗人、众主人、卿、大夫、士都哭,跳踊三次,从东面下来。返回位置,袒露左臂,太子踊,房中的人也踊,一连三次。再行衰、杖、奠礼,然后离开。大宰命令祝史,把太子的名字遍告天下。"曾子问:"如果国君已安葬而太子出生,该怎么办?"孔子说:"大宰、大宗跟着大祝向死者禀告。三个月后,在宗庙举行命名仪式,然后把太子的名字遍告天下。"

【原文】

孔子曰:"诸侯适天子,必告于祖,奠于祢,冕而出视朝,命祝、史告于社稷、宗庙、山川,乃命国家五官而后行,道而出。告者五日而遍,过是非礼也。凡告用牲币,反亦如之。诸侯相见,必告于祢,朝服而出视朝。命祝、史告于五庙、所过山川,亦命国家五官,道而出。反必亲告于祖祢。乃命祝、史告至于前所告者,而后听朝而人。"[礼记·曾子问]

【释义】

孔子说:"诸侯朝见天子,一定要祭告父庙,再祭告祖庙,穿着冕服临朝理事,命大祝、太史祭告社稷、宗庙、山川,又命国家的五个大夫随后跟行,在城外祭祀而出。祭告必须在五日内完成,超过就是失礼。祭告都要用牲畜和锦帛,返回时也一样。诸侯相见,必须要祭告父庙,临朝理事必须穿朝服。又命太祝、太史祭告五庙和所过山川,又命国家的五个大夫随后跟行,在城外祭祀而出。返回时,一定要亲自祭告父庙和祖庙。又命大祝、太史祭告之前所祭告的山川,然后临朝听政。"

【原文】

曾子问曰:"并有丧,如之何? 何先何后?"孔子曰:"葬,先轻而后重,其奠也,先重而后轻,礼也。自启及葬不奠,行葬不哀次,反葬奠,而后辞于殡①,遂修葬事。但其虞也,先重而后轻,礼也。"[礼记·曾子问]

【注释】

①郑注云:"殡"当作"宾"。

【释义】

曾子问:"如果亲人同时死亡,该怎么办? 谁先谁后呢?"孔子说:"安葬,要先轻者后重者,祭奠,要先重者后轻者,这样才符合礼法。轻者从启到葬都不祭奠,出葬时也不致哀受吊,返回时在重者前设奠,向宾客介绍重者的出葬日期,再安排送葬事宜。但是虞祭要先重者后轻者,这才符合礼法。"

【原文】

孔子曰:"宗子虽七十,无无主妇。非宗子,虽无主妇可也。"[礼记·曾子问]

【释义】

孔子说:"宗子即使到了七十岁,在祭祀时也不能没有主妇。不是宗子,没有主妇也是可以的。"

【原文】

曾子问曰:"将冠子,冠者至,揖让而入,闻齐衰、大功之丧,如之何?"孔子曰:"内丧则废,外丧则冠而不醴,彻馔而埽,即位而哭。如冠者未至,则废。如将冠子而未及期日,而有齐衰、大功、小功之丧,则因丧服而冠。""除丧不改冠乎?"孔子曰:"天子赐诸侯大夫冕弁服于大庙,归设奠,服赐服。于斯乎有冠醮,无冠醴。父没而冠,则已冠,埽地而祭于祢,已祭而见伯父叔父,而后飨冠者。"[礼记·曾子问]

【释义】

曾子问:"将举行加冠礼,客人们都到了,已经接待入内了。这时得到齐衰、大功的死讯,该怎么办?"孔子说:"如果是家族的丧礼,就停止冠礼,如果不是,仍然举行冠礼但不招待客人了,冠礼之后,立刻撤去陈设并打扫房屋,站在位置上哭泣。如果客人没有到达就接到丧讯,就停止冠礼。如果要举行冠礼而吉日还未到,这时有齐衰、大功、小功的死讯,可以穿着丧服行冠礼。"曾子问:"丧期过后还能行冠礼吗?"孔子说:"天子在大庙赐给诸侯大夫中未行冠礼的人冕服弁服,他回去后就举行简单的仪式,穿着天子赐给的衣服。只举行简单的仪式,不举行隆重的仪式。如果父亲去世时加冠的,因为已经加冠了,也打扫地面基行祭祀了,也已经见过叔伯长辈了,那就招待宾客就行了。"

【原文】

曾子问曰:"祭,如之何则不行旅酬之事矣?"孔子曰:"闻之小祥者,主人练祭而不旅,奠酬于宾,宾弗举,礼也。昔者鲁昭公练而举酬行旅,非礼也。孝公大祥,奠酬弗举,亦非礼也。"[礼记·曾子问]

【释义】

曾子问:"祭祀在什么情况下不向长者敬酒?"孔子说:"我听说小祥时,主人可以练祭而不用敬酒,主人向宾客致酒,宾客不举杯,这是礼节。从前鲁昭公练祭后向长者敬酒,这是不符合礼节的。孝公在大祥之后仍不向长者敬酒,也是不符合礼节的。"

【原文】

曾子问曰："大功之丧,可以与于馈奠之事乎?"孔子曰："岂大功耳,自斩衰以下皆可,礼也。"曾子曰："不以轻服而重相为乎?"孔子曰："非此之谓也。天子诸侯之丧,斩衰者奠,大夫齐衰者奠,士则朋友奠,不足则取于大功以下者,不足则反之。"〔礼记·曾子问〕

【释义】

曾子问："有大功之丧的人,可以参加别人的祭奠吗?"孔子说："岂止是大功,从斩衰以下都可以参加,这是礼节。"曾子问："这不是看轻自己的丧服而看重别人的祭奠吗?"孔子说："不是这样的。天子诸侯的丧礼,由斩衰的人祭奠,大夫的丧礼由齐衰的人祭奠,士由朋友祭奠,人数不够,由大功以下的人充当,还不够则由人们轮流执行。"

【原文】

曾子问曰："小功可以与于祭乎?"孔子曰："何必小功耳? 自斩衰以下与祭,礼也。"曾子曰："不以轻丧而重祭乎?"孔子曰："天子诸侯之丧祭也,不斩衰者不与祭,大夫齐衰者与祭,士祭不足,则取于兄弟大功以下者。"〔礼记·曾子问〕

【释义】

曾子问："有小功之丧的人,可以参加别人的祭奠吗?"孔子说："何必是小功呢? 从斩衰以下都可以参加,这是礼节。"曾子问："这不是看轻自己的丧服而看重别人的祭奠吗?"孔子说："天子诸侯的丧礼,不是斩衰的人不能参加,大夫的丧礼由齐衰的人祭奠,士的丧祭如果人数不够,由大功以下的人充当。"

【原文】

曾子问口："相识,有丧服可以与于祭乎?"孔子曰："缌不祭,又何助于人?"〔礼记·曾子问〕

【释义】

曾子问："朋友间,有丧服的一方可以参加另一方的祭祀吗?"孔子说："有缌服的人连自己家的祭祀都不能参加,何况去帮助别人举行祭祀呢?"

【原文】

曾子问曰："废丧服,可以与于馈奠之事乎?"孔子曰:"说衰与奠,非礼也。以摈相可也。"[礼记·曾子问]

【释义】

曾子问:"除去丧服,能参加别人家的祭奠活动吗?"孔子说:"刚脱去丧服就参加别人家的祭奠活动,不符合礼法。如果担任摈相是可以的。"

【原文】

曾子问曰:"昏礼既纳币,有吉日,女之父母死,则如之何?"孔子曰:"婿使人吊。如婿之父母死,则女之家亦使人吊。父丧称父,母丧称母,父母不在,则称伯父世母。婿已葬,婿之伯父致命女氏曰:'某之子有父母之丧,不得嗣为兄弟,使某致命。'女氏许诺而弗敢嫁,礼也。婿免丧,女之父母使人请,婿弗取而后嫁之,礼也。女之父母死,婿亦如之。"[礼记·曾子问]

【释义】

曾子问:"婚礼纳币之后,有吉日,女方父母去世了,该怎么办?"孔子说:"男方派人去吊唁。如果男方的父母去世了,那么女方也应该派人来吊唁。父丧用父命吊唁,母丧用母命吊唁,父母不在家,则用伯父或伯母的名义吊唁。男方安葬父母后,男方的

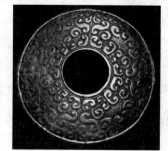

云雷纹黄玉璧

伯父派人给女方送成命:'某之子有父母的丧事,不能成婚,派人来送还婚约。'女方许诺但不改嫁,这是礼节。男方丧期已满,女方父母可派人请男方娶亲,男方以丧期刚过不想立刻娶亲,也是符合礼节的。女方的父母去世了,男方也可以这么做。"

【原文】

曾子问曰:"亲迎,女在涂,而婿之父母死,如之何?"孔子曰:"女改服,布深衣,缟总,以趋丧。女在涂,而女之父母死,则女反。""如婿亲迎,女未至,而有齐衰、大功之丧,则如之何?"孔子曰:"男不入,改服于外次,女人,改服于内次,然后即位而哭。"曾子问曰:"除丧则不复昏礼乎?"孔子曰:"祭,过时不祭,礼也。又何反于

初?"［礼记·曾子问］

【释义】

曾子问:"男方去迎亲,女方在路上,这时男方父母去世了,该怎么办?"孔子说:"女方要换衣服,穿深色的布衣,用白布裹头,以奔丧。女方在路上,如果女方的父母去世了,那女方就应该返回。"曾子问:"如果男方亲自迎接,女方还没到家,这时有齐衰、大功之丧,该怎么办?"孔子说:"男方不进去,在门外改穿深色衣服,女方进去,在门内改穿深色衣服,然后就位哭泣致哀。"曾子问:"除丧之后不再举行婚礼吗?"孔子说:"祭祀,过了时候就不祭祀了,这是礼节。何必要返回举行婚礼呢?"

【原文】

孔子曰:"嫁女之家,三夜不息烛,思相离也。取妇之家,三日不举乐,思嗣亲也。三月而庙见,称来妇也。择日而祭于祢,成妇之义也。"［礼记·曾子问］

【释义】

孔子说:"嫁女之家,要三夜不灭蜡烛,以表达对女儿的思念。娶妇之家,三天不奏乐曲,表达对父母代谢的隐忧。三个月后在祖庙,称来妇。择日在父庙祭祀,才成为男方的新妇。"

【原文】

曾子问曰:"女未庙见而死,则如之何?"孔子曰:"不迁于祖,不祔于皇姑,婿不杖,不菲,不次,归葬于女氏之党,示未成妇也。"［礼记·曾子问］

【释义】

曾子问:"女方还没来得及在祖庙举行祭祀就去世了,该怎么办?"孔子说:"灵柩不放在男方的祖庙,不在男方祖庙举行丧祭,丈夫服丧不用杖,不穿草鞋,不在别屋居住,把灵柩运回女方家埋葬,以表示还没正式成为新妇。"

【原文】

曾子问曰:"取女有吉日,而女死,如之何?"孔子曰:"婿齐衰而吊,既葬而除之,夫死亦如之。"［礼记·曾子问］

【释义】

曾子问："女方在有迎娶日期的情况下去世了,该怎么办?"孔子说："男方要服齐衰并哀悼,安葬后就可除去丧服,男方死去也是如此。"

【原文】

曾子问曰："丧有二孤,庙有二主,礼与?"孔子曰："天无二日,土无二王,尝柿郊社,尊无二上。未知其为礼也。昔者齐桓公呕举兵,作伪主以行,及反,藏诸祖庙,庙有二主,自桓公始也。丧之二孤,则昔者卫灵公适鲁,遭季桓子之丧,卫君请吊。哀公辞,不得命。公为主,客人吊,康子立于门右,北面。公揖让,升自东阶,西乡,客升自西阶吊,公拜,兴哭,康子拜稽颡于位,有司弗辩也。今之二孤,自季康子之过也。"[礼记·曾子问]

【释义】

曾子问："丧礼有两位丧主,宗庙有两个神主,合乎礼法吗?"孔子说："天上没有两个太阳,地上没有两个君王,尝、神、郊、社都是祭神的,但尊者只有一位。所以那种做法是不合乎礼法的。从前齐桓公急着起兵打仗,伪造了一个神主出兵,返回时,把这个神主也放在宗庙里了。宗庙有两个神主,从齐桓公开始的。丧礼有两位丧主,则是从前卫灵公到鲁国,碰上季桓子的丧事,于是前去吊唁。哀公曾予以辞谢,但没有成功。哀公为丧主,客人吊唁时,康子站在门的右侧,面向北。哀公向卫君作揖,从东面升堂,面向西,客人从西面升堂吊唁。哀公拜谢,大家哭泣致哀,康子在自己的位置上向客人跪拜致谢,司仪也没有纠正。现在出现两位丧主,是从季康子的错误开始的。"

【原文】

曾子问曰："古者师行,必以迁庙主行乎?"孔子曰："天子巡守,以迁庙主行,载于齐车,言必有尊也。今也取七庙之主以行,则失之矣。当七庙五庙无虚主,虚主者,唯天子崩,诸侯薨,与去其国,与祫祭于祖,为无主耳。吾闻诸老聃曰:天子崩,国君薨,则祝取群庙之主而藏诸祖庙,礼也。卒哭成事,而后主各反其庙,君去其国,大宰取群庙之主以从,礼也。祫祭于祖,则祝迎四庙之主,主出庙入庙,必跸。老聃云。"[礼记·曾子问]

【释义】

曾子问:"古代天子率师出行,一定带着新选的庙主吗?"孔子说:"天子巡视时,带着新选的庙主,放在车里,表示自己的言行遵从长者的意思。现在是取七个庙的庙主,这是失礼的事情。七庙或五庙不能有空位,出现空位,只有在天子驾崩,诸侯去世或离开故国,或在宗庙祭祀祖先时,才能出现空位。我曾经听老子说:天子驾崩,国君去世,就把各庙的庙主都集中到祖庙,这是礼节。丧事过后,把各庙的庙主都一一送回。君主离开国家,大宰带着各庙的庙主随行,这是礼节。在祖庙祭祀祖先时,司祝迎娶四个庙的庙主,庙主出庙入庙,都要打扫道路。这是老子说的。"

【原文】

曾子问曰:"古者师行无迁主,则何主?"孔子曰:"主命。"问曰:"何谓也?"孔子曰:"天子诸侯将出,必以币帛皮圭告于祖祢,遂奉以出,载于齐车以行。每舍,奠焉而后就舍。反必告,设奠,卒,敛币玉,藏诸两阶之间,乃出。盖贵命也。"[礼记·曾子问]

【释义】

曾子问:"古时人们出师,如果没有迁主,用哪一个神主呢?"孔子说:"那就用主命。"曾子问:"这是什么意思?"孔子说:"天子或诸侯出师,一定要用币帛皮圭到宗庙告祭,然后才能出师,并把物件放在车上。驻扎时,要先祭奠然后就舍。返回时要祭告,设奠。祭告结束,把币玉放在两阶之间,然后离开。这是尊重先祖的意思。"

【原文】

曾子问曰:"丧慈母如母,礼与?"孔子曰:"非礼也。古者男子,外有傅,内有慈母。君命所使教子也,何服之有?昔者鲁昭公少丧其母,有慈母良,及其死也,公弗忍也,欲丧之。有司以闻曰:'古之礼,慈母无服。今也君为之服,是逆古之礼而乱国法也。若终行之,则有司将书之,以遗后世,无乃不可乎。'公曰:'古者天子练冠以燕居。'公弗忍也,遂练冠以丧慈母。丧慈母,自鲁昭公始也。"[礼记·曾子问]

【释义】

曾子问:"为慈母服丧与生母一样,符合礼法吗?"孔子说:"不符合。古代男子,在外有师传,在内有慈母。慈母是按君主的命令教养子女的,哪用得上丧服呢?从前鲁昭公年少时就失去母亲,他的慈母很贤良,等到去世时,昭公不忍心,想为她服丧。司仪听说后说:'古代的礼节,对慈母不必服丧。现在您要服丧,是违背古代的礼节又搞乱国家的法律。如果最终要实行,最好让官员记下来,让后世知道,还不如不做呢。'昭公说:'古代天子有在家练冠的。'昭公不忍心,于是练冠为慈母服丧。为慈母服丧,是从鲁昭公开始的。"

【原文】

曾子问曰:"诸侯旅见天子,入门,不得终礼,废者几?"孔子曰:"四。"请问之,曰:"大庙火,日食,后之丧,雨沾服失容,则废。如诸侯皆在而日食,则从天子救日,各以其方色与其兵。大庙火,则从天子救火,不以方色与兵。"[礼记·曾子问]

【释义】

曾子问:"诸侯拜见天子,进入后,没有完成大礼,有几种情况?"孔子说:"有四种情况。"曾子接着问,孔子说:"大庙失火,日食,王后去世,下雨打湿衣服仪容有损。如果诸侯都在场而出现日食,就跟随天子救日,诸侯在自己的位置拿着兵器。大庙失火,就跟随天子救火,拿着器具不分位置。"

【原文】

曾子问曰:"诸侯相见,揖让入门,不得终礼,废者几?"孔子曰:"六。"请问之,曰:"天子崩,大庙火,日食,后、夫人之丧,雨沾服失容,则废。"[礼记·曾子问]

【释义】

曾子问:"诸侯相见,已经揖让进门,没有完成大礼,有几种情况?"孔子说:"有六种情况。"曾子接着问,孔子说:"天子驾崩,大庙失火,日食,王后或诸侯夫人去世,下雨打湿衣服仪容有损,就停止大礼。"

【原文】

曾子问曰:"天子尝、禘、郊、社、五祀之祭,簠簋既陈,天子崩,后之丧,如之何?"孔子曰:"废。"曾子问曰:"当祭而日食,大庙火,其祭也如之何?"孔子曰:"接祭而已矣。如牲至未杀,则废。"[礼记·曾子问]

【释义】

曾子问:"天子正在举行尝、禘、郊、社、五祀的仪式,祭品祭器都摆好了,天子突然驾崩,或者王后去世了,该怎么办?"孔子说:"立刻取消。"曾子问:"如果祭祀时发生日食,或者大庙失火,祭祀该怎么办?"孔子说:"赶紧举办完,如果祭祀的牲畜还没宰杀,就停止祭祀。"

【原文】

天子崩,未殡,五祀之祭不行,既殡而祭。其祭也,尸入,三饭不侑,酳不酢而已矣。自启至于反哭,五祀之祭不行,已葬而祭,祝毕献而已。曾子问曰:"诸侯之祭社稷,俎豆既陈,闻天子崩,后之丧,君薨,夫人之丧,如之何?"孔子曰:"废。自薨比至于殡,自启至于反哭,奉帅天子。"[礼记·曾子问]

【释义】

天子驾崩,还没殡葬,那么五祀之祭就不举行了,殡葬之后可以举行。这种祭祀,放入尸体,只敬食三次,只用酒漱口,不再回敬祭主。从启殡到返哭,五祀之祭不再举行。安葬后再举行祭祀,只到祝献就完毕了。曾子问:"诸侯祭祀社稷,祭品已经陈列,接到天子驾崩的消息,王后去世的消息,国君去世的消息,夫人去世的消息,该怎么办?"孔子说:"停止祭祀。从去世到殡葬,从启殡到返哭,遵循天子的五祀之祭。"

【原文】

曾子问曰:"大夫之祭,鼎俎既陈,笾豆既设,不得成礼,废者几?"孔子曰:"九。"请问之,曰:"天子崩,后之丧,君薨,夫人之丧,君之大庙火,日食,三年之丧,齐衰,大功,皆废。外丧自齐衰以下,行也。其齐衰之祭也,尸入,三饭不侑,酳不酢而已矣。大功,酳而已矣。小功,缌,室中之事而已矣。士之所以异者,缌不祭,所祭,于死者无服,则祭。"[礼记·曾子问]

【释义】

曾子问:"大夫正举行祭祀,祭品都陈列好了,祭器也摆好了,这时有几种情况不能完成仪式?"孔子说:"有九种情况。"曾子接着问,孔子说:"天子驾崩,王后去世,国君去世,夫人去世,国君的大庙失火,日食,遇到三年之丧,齐衰,大功,都要停止祭祀。遇到外丧、齐衰的情况,仍可以继续祭祀。齐衰的祭祀,放入尸体,只敬食三次,只用酒漱口,不再回敬祭主。大功的祭祀,只回敬一次就可以了。小功和缌,只在室内举行仪式。士与大夫的不同是,缌也不用祭祀,但死者无丧服,则可以照常祭祀。"

【原文】

曾子问曰:"三年之丧,吊乎?"孔子曰:"三年之丧,练不群立,不旅行。君子礼以饰情,三年之丧而吊哭,不亦虚乎?"[礼记·曾子问]

【释义】

曾子问:"三年之丧期间,可以参加吊唁活动吗?"孔子说:"三年之丧,练祭以后也不能参加群体活动,不能外出。君子用礼来表达内心,三年之丧而外出吊哭,不是显得很虚假吗?"

【原文】

曾子问曰:"大夫士有私丧,可以除之矣,而有君服焉,其除之也,如之何?"孔子曰:"有君丧,服于身,不敢私服,又何除焉? 于是乎有过时而弗除也。君之丧服除,而后殷祭,礼也。"曾子曰①:"父母之丧,弗除可乎?"孔子曰:"先王制礼,过时弗举,礼也。非弗能勿除也,患其过于制也。故君子过时不祭,礼也。"[礼记·曾子问]

【注释】

①"曰"上脱"问"字。

【释义】

曾子问:"大夫、士有私丧,可以除去丧服,但如果还有国君的丧服,可以除去吗?"孔子说:"有君丧在身,不敢服私丧,又怎么敢除去丧服呢? 因此,私丧有过期还不除去的。国君的丧服除去后,再举行丧祭,这是礼节。"曾子说:"父母的丧服,能不除去吗?"孔子说:"先王制定礼节,过期就不再补行,这是礼节。丧服不是不能除,而是担心超越了制度。所以君子过期就不祭祀了,这是礼节。"

【原文】

曾子问曰:"君薨既殡,而臣有父母之丧,则如之何?"孔子曰:"归居于家,有殷事则之君所,朝夕否。"曰:"君既启,而臣有父母之丧,则如之何?"孔子曰:"归哭而反送君。"曰:"君未殡,而臣有父母之丧,则如之何?"孔子曰:"归殡,反于君所,有殷事则归,朝夕否。大夫室老行事,士则子孙行事。大夫内子有殷事,亦之君所,朝夕否。"〔礼记·曾子问〕

【释义】

曾子问:"国王去世已经殡葬,而臣子有父母之丧,该怎么办?"孔子说:"臣子穿着国君的丧服回家办丧事,遇上殷事就前去祭奠,早晨晚上就不用了。"曾子说:"国王已经启殡,而臣子有父母之丧,该怎么办?"孔子说:"先回家治丧,然后回来为国君送葬。"曾子说:"国王去世还没有殡葬,而臣子有父母之丧,该怎么办?"孔子说:"先回家治丧,等父母殡葬后再返回为国君治丧,遇上殷事就前去祭奠,早晨晚上就不用了。大夫由室老代替行事,士则由子孙代替行事。大夫的妻子有殷事,也要到国君那里祭奠,早晨晚上就不用了。"

【原文】

曾子问曰:"君出疆,以三年之戒,以椑从。君薨其入,如之何?"孔子曰:"共殡服,则子麻弁绖,疏衰,菲,杖,入自阙,升自西阶。如小敛,则子免而从枢,入自门,升自阼阶。君、大夫、士一节也。"〔礼记·曾子问〕

【释义】

曾子问:"国君离开国家,为防不测,随身带着棺椁。如果国君去世了就安放进去,怎么样?"孔子说:"众人穿着殡服,儿子则麻冠,疏衰,草鞋,拐杖,尸体从打开的缺口进入,从西边升堂。如果是小敛,那儿子就跟随灵枢,从阼阶升堂。君、大夫、士是一样的。"

【原文】

曾子问曰:"君之丧既引,闻父母之丧,如之何?"孔子曰:"遂。既封①归,不俟子。"〔礼记·曾子问〕

【注释】

①郑注云:"封"当作"窆"。

【释义】

曾子问:"国君的丧礼已经开始,这时接到父母之丧,该怎么办?"孔子说:"完成葬礼:等灵柩入葬后就回家治丧,不必等待国君。"

【原文】

曾子问曰:"父母之丧既引,及涂,闻君薨,如之何?"孔子曰:"遂。既封①,改服而往。"[礼记·曾子问]

【注释】

①郑注云:"封"当作"窆"。

【释义】

曾子问:"父母的丧礼已经在路上了,这时接到国君的丧讯,该怎么办?"孔子说:"完成葬礼。等灵柩入葬后,换上衣服前去治丧。"

【原文】

曾子问曰:"宗子为士,庶子为大夫,其祭也如之何?"孔子曰:"以上牲祭于宗子之家,祝曰:孝子某,为介子某,荐其常事。若宗子有罪,居于他国,庶子为大夫,其祭也,祝曰:孝子某,使介子某,执其常事。摄主不厌祭,不旅不假①,不绥祭,不配。布奠于宾,宾奠而不举,不归肉,其辞于宾曰:宗兄,宗弟,宗子,在他国,使某辞。"[礼记·曾子问]

【注释】

①郑注云:"假"读为"嘏"。

【释义】

曾子问:"如果宗子是士,庶子是大夫,祭祀时该怎么办?"孔子说:"就用大夫家的牲祭在宗子家祭祀,司祝说:孝子某为介子某在此举行常见的祭祀。如果宗子有罪或在外国，庶子为大夫，司祝说：孝子某派介子某在此举行祭祀。但代替宗子的人不能厌恶祭祀，宾主不相互敬酒，不绥祭，不报告祭品。代替的人向宾客敬酒，宾客不回敬，也不分祭肉，代替的人向宾客说：宗兄、宗弟、宗子在外国，他们让我向各位道谢。"

【原文】

曾子问曰："宗子去在他国，庶子无爵而居者，可以祭乎？"孔子曰："祭哉！""请问其祭如之何？"孔子曰："望墓而为坛，以时祭。若宗子死，告于墓，而后祭于家。宗子死，称名不言孝，身没而已。"〔礼记·曾子问〕

【释义】

曾子问："宗子在外国，庶子不是大夫，可以祭祀吗？"孔子说："可以。""怎么祭祀呢？"孔子说："朝祖先的坟墓堆一个土坛，按时祭祀。如果宗子死了，庶子到墓前报告，然后在家里祭祀。宗子死后，庶子只能称名不能称孝子，直到自己去世。"

【原文】

曾子问曰："祭必有尸乎？若厌祭亦可乎？"孔子曰："祭成丧者必有尸，尸必以孙，孙幼则使人抱之，无孙则取于同姓可也。祭殇必厌，盖弗成也。祭成丧而无尸，是殇之也。"〔礼记·曾子问〕

【释义】

曾子问："祭祀一定要有代表死者受祭的人吗？如果是厌祭也可以吗？"孔子说："成年人的祭祀一定要有有代表死者受祭的人，由孙子担任。如果孙子幼小，可以让人抱着，没有孙子就在同姓中选一人。未成年人的祭祀不能有有代表死者受祭的人，因为他尚未成年。成年人的祭祀如果没有有代表死者受祭的人，就把他当作未成年人了。"

【原文】

孔子曰："有阴厌，有阳厌。"曾子问曰："殇不祔①祭，何谓阴厌阳厌？"孔子曰："宗子为殇而死，庶子弗为后也，其吉祭特牲，祭殇不举②，无所俎，无玄酒，不告利成，是谓阴厌。凡殇与无后者，祭于宗子之家，当室之白，尊于东房，是谓阳厌。"〔礼记·曾子问〕

【注释】

①郑注云:"祔"当作"备"。

②"举"下脱"肺"字。孔疏云:经云:不举肺。

【释义】

孔子说:"祭祀有阴厌、阳厌之分。"曾子问:"未成年而死不能放在祖庙,怎么还有阴厌、阳厌之分呢?"孔子说:"宗子未成年而死,或者庶子没有后代,吉祭用特定的牲畜,因为祭殇,所以不用肺敬尸,也不用心、舌敬尸,不设玄酒,不告利成,这叫阴厌。未成年而死和没有后代的人,在宗子的家庙祭祀,在西南角设祭,在东房设尊,这叫阳厌。"

【原文】

曾子问曰:"葬引至于垆,日有食之,则有变乎,且不乎?"孔子曰:"昔者吾从老聃助葬于巷党,及垆,日有食之,老聃曰:'丘,止柩就道右,止哭以听变。'既明反,而后行,曰:'礼也。'反葬而丘问之曰:'夫柩不可以反者也,日有食之,不知其已之迟数①,则岂如行哉?'老聃曰:'诸侯朝天子,见日而行,逮日而舍奠。大夫使,见日而行,逮日而舍。夫柩不蚤出,不莫宿,见星而行者,唯罪人与奔父母之丧者乎。日有食之,安知其不见星也?且君子行礼,不以人之亲店患。'吾闻诸老聃云。"[礼记·曾子问]

【注释】

①郑注云:"数"读为"速"。

【释义】

曾子问:"已经启葬送殡,在路上遇到日食,有特殊的仪式吗,还是没有?"孔子说:"从前我跟从老子在巷党帮人送葬,在路上遇到日食,老子说:'孔丘,把灵柩放在道路的右侧,停止哭泣以观其变。'等到天亮后,继续前行,说:'这是礼节。'葬礼后返回时我问他:'灵柩不能返回,遇到日食,不知道什么时候能复明,那还不如继续前行呢?'老子说:'诸侯朝见天子,白天前行,晚上住宿。大夫出使,也是白天前行,晚上住宿。灵柩不能在日出前起行,不能在半路过夜,在晚上起行的,只有罪人和为父母奔丧的人。有日食,怎么知道看不见星星呢?君子行礼,不让人接近危险的情况。'我听老子是这么说的。"

【原文】

曾子问曰："为君使而卒于舍,礼曰:'公馆复,私馆不复。'凡所使之国,有司所授舍,则公馆已,何谓私馆不复也?"孔子曰:"善乎问之也! 自卿大夫士之家日私馆,公馆与公所为日公馆,公馆复,此之谓也。"[礼记·曾子问]

【释义】

曾子问:"奉命出使而死在旅馆里,礼书说:'死在公馆的行招魂礼,死在私馆的不行招魂礼。'所出使的国家,都有接待使者的旅馆,都是公馆,怎么说死在私馆的不行招魂礼呢?"孔子说:"这个问题问得好。从卿、大夫、士以下的家都叫私馆,公馆是按照君王命令修建的旅馆。公馆行招魂礼,说的就是这个。"

【原文】

曾子问曰:"下殇土周葬于园,遂舆机而往,涂迩故也。今墓远,则其葬也如之何?"孔子曰:"吾闻诸老聃曰:'昔者史佚有子而死,下殇也,墓远,召公谓之曰:"何以不棺敛于宫中?"史佚曰:"吾敢乎哉?"召公言于周公,周公曰:"岂不可?"史佚行之。'下殇用棺衣棺,自史佚始也。"[礼记·曾子问]

【释义】

曾子问:"下殇时,用土堆砌四周,抬着棺材下葬,这是路途近的做法。现在墓地比较远,该怎么安葬呢?"孔子说:"我听老子说过,从前史佚有个儿子死了,又是下殇,墓地比较远,召公对他说:"为什么不在家里入殓呢?"史佚说:"我敢这么做吗?"召公把这件事告诉周公,周公说:"怎么不可以?"于是史佚就这么做了。'下殇用衣殓尸又入棺,是从史佚开始的。"

【原文】

曾子问曰:"卿大夫将为尸于公,受宿矣,而有齐衰内丧,则如之何?"孔子曰:"出舍于公馆以待事,礼也。"[礼记·曾子问]

【释义】

曾子问:"卿、大夫将担任国君祭祀的尸,在家单宿,这时有齐衰之丧,该怎么办?"孔子说:"那就离开家到公馆去等待国君的祭祀,这是礼节。"

【原文】

孔子曰:"尸弁冕而出,卿大夫士皆下之,尸必式,必有前驱。"[礼记·曾子问]

【释义】

孔子说:"尸出去时,不论弁服冕服,卿、大夫、士都得下马下车,尸要回礼,前面要有开路的仪仗队。"

【原文】

子夏问曰:"三年之丧卒哭,金革之事无辟也者,礼与? 初有司与?"孔子曰:"夏后氏三年之丧,既殡而致事。殷人既葬而致事①。《记》曰:'君子不夺人之亲,亦不可夺亲也。'此之谓乎?"子夏曰:"金革之事无辟者,非与?"孔子曰:"吾闻诸老聃曰:'昔者鲁公伯禽,有为为之也。'今以三年之丧从其利者,吾弗知也。"[礼记·曾子问]

【注释】

①"事"下,宋监本有"周人卒哭而致事"七字,考文引古本、足利本同。

【释义】

子夏问:"三年之丧到卒哭,这时对打仗的事情不回避,符合礼节吗? 还是当初有司仪规定的?"孔子说:"夏后氏三年之丧,在殡后请假。殷人在下葬后请假。《记》说:'君子不剥夺别人的亲情,也不剥夺自己的亲情。'说的就是这个意思。"子夏说:"那不回避打仗之事,是不对的?"孔子说:"我听老子说过:'从前鲁公伯禽,是在特殊情况下才打仗的。'现在人们往往在三年之丧为了利益而打仗,我就不明白了。"

【原文】

仲尼曰:"昔者周公摄政,践阼而治,抗《世子法》于伯禽,所以善成王也。闻之曰:为人臣者,杀其身,有益于君,则为之。况于其身以善其君乎? 周公优为之。"是故知为人子,然后可以为人父,知为人臣,然后可以为人君,知事人,然后能使人。成王幼,不能莅阼,以为世子则无为也,是故抗《世子法》于伯禽,使之与成王居,欲

令成王之知父子、君臣、长幼之义也。［礼记·文王世子］

【释义】

孔子说："从前周公摄政，辅助天子治理天下，拿《世子法》让伯禽执行，所以培养成国君。我听说：作为臣子，他的死对国君有好处，就应该去做。何况改变自己的身份就对国君有利呢？所以周公是乐意去做的。"所以知道怎么做儿子，才能做好父亲。知道怎么做臣子，才能做好国君。知道如何侍奉别人，才能使用好别人。成王年幼，还不能即位，做太子又无法履行职责，所以拿《世子法》让伯禽执行，让他和成王一起生活，想让成王知道父子、君臣、长幼的基本道理。

【原文】

昔者仲尼与于蜡宾，事毕，出游于观之上，喟然而叹。仲尼之叹，盖叹鲁也。言偃在侧，曰："君子何叹？"孔子曰："大道之行也，与三代之英，丘未之逮也，而有志焉。大道之行也，天下为公，选贤与能，讲信修睦。故人不独亲其亲，不独子其子，使老有所终，壮有所用，幼有所长，矜、寡、孤、独、废、疾者皆有所养，男有分，女有归。货恶其弃于地也，不必藏于己；力恶其不出于身也，不必为己。是故谋闭而不兴，盗窃乱贼而不作，故外户而不闭。是谓大同。今大道既隐，天下为家，各亲其亲，各子其子，货力为己。大人世及以为礼，城郭沟池以为固，礼义以为纪。以正君臣，以笃父子，以睦兄弟，以和夫妇，以设制度，以立田里，以贤勇知。以功为己，故谋用是作，而兵由此起。禹、汤、文、武、成王、周公由此其选也。此六君子者，未有不谨于礼者也。以著其义，以考其信，著有过，刑仁讲让，示民有当，如有不由此者，在执者去，众以为殃。是谓小康。"言偃复问曰："如此乎礼之急也？"孔子曰："夫礼，先王以承天之道，以治人之情，故失之者死，得之者生。《诗》曰：'相鼠有体，人而无礼。人而无礼，胡不遄死？'是故夫礼，必本于天，殽于地，列于鬼神，达于丧、祭、射、御、冠、昏、朝、聘。故圣人以礼示之，故天下国家可得而正也。"言偃复问曰："夫子之极言礼也，可得而闻与？"孔子曰："我欲观夏道，是故之杞，而不足征也，吾得《夏时》焉。我欲观殷道，是故之宋，而不足征也，吾得《坤乾》焉。《坤乾》之义，《夏时》之等，吾以是观之。夫礼之初，始诸饮食。其燔黍捭豚，污尊而抔饮，蒉桴而土鼓，犹若可以致其敬于鬼神。及其死也，升屋而号，告曰：'皋某复。'然后饭腥而苴孰，故天望而地藏也。体魄则降，知气在上，故死者北首，生者南乡，皆从其初。昔者先王未有宫室，冬则居营窟，夏则居橧巢。未有火化，食草木之实、鸟兽之肉，饮其血,茹其毛。未有麻丝,衣其羽皮。后圣有作,然后修火之利,范金,合土,以为台榭、宫室、牖户。以炮,以燔,以亨,以炙,以为醴酪,治其麻丝,以为布帛,以养生送死,以事鬼神上帝,皆从其朔。故玄酒在室,醴醆在户,粢醍在堂,澄酒在下。陈其牺牲,备其鼎俎,列其琴、瑟、管、磬、钟、鼓,修其祝嘏,以降上神与其先祖,以正君臣,以笃父子,以睦兄弟,以齐上下,夫妇有所,是谓承天之祜。作其祝号,玄酒以祭,荐其血毛,腥其俎,孰其殽,与其越席,疏布以幂,衣其澣帛,醴醆以献,荐其燔炙。君与夫人交献,以嘉魂魄,是谓合莫。然后退而合亨,体其犬豕牛羊,实其簠簋笾豆铏羹,祝以孝告,嘏以慈告,是谓大祥。此礼之大成也。"[礼记·礼运]

【释义】

从前,孔子参与蜡祭,完毕后,来到城楼远望,喟然长叹。孔子的叹息,大概是叹息鲁国。言偃在旁边,说:"你为什么叹息?"孔子说:"大道通行的时候,三代英明君王的时代,我都没赶上,但我一直有志向。大道通行的时候,天下人都为别人着想,提拔贤人和能者,讲究诚信,和睦相处。所以人们不单只亲近自己的亲人,爱护自己的子女,让老人得以善终,让成年人有用武之地,让小孩得到培养,让无妻子、无丈夫、无父亲、无子女、残疾人、病人都能得到供养,男人有职分,女人有归宿。憎恶浪费财物,但并不占为己有。憎恶有能力无处发挥,但并不为自己卖力。所以不会产生阴谋诡计,不会发生盗窃斗殴,家家的大门都敞开着。这就是大同社会。现在大道不通行,人们都为自己打算,只亲近自己的亲人,只爱护自己的子女,只为自己卖力。有权位的人将世袭变为制度,建筑城墙、城池保护自己,将礼仪变为纲纪,以使君臣关系明确,父子关系笃实,兄弟关系和睦,夫妻关系和谐。并设立各种制度,以建立土地疆界,鼓励勇敢智慧。因为功劳是自己的,所以计谋频繁使用,战争时常发生。禹、汤、文、武、成王、周公也由此产生。这六个圣人,对礼仪非常谨慎。用礼制来显示道义,树立诚信,显示过失,鼓励仁爱,告诉人们常规法则。如果有人违反,有权位者被罢免,一般民众受惩罚。这叫小康社会。"言偃又问:"礼仪如此紧急吗?"孔子说:"礼,是先王根据天意制定的,来管理人情。所以失礼的人没法生存,有礼的人才能生存。《诗经》说:'老鼠有形体,人却没礼仪。人如果没有礼仪,还不如赶紧去死。'所以,礼的根本在于天地,能使鬼神有序,贯穿于丧、祭、射、御、冠、昏、朝、聘等活动中。所以圣人用礼来彰显秩序,所以国家能得到治理。"言偃又问:"关于礼仪的起源,能说给我听听吗?"孔子说:"我曾想研究夏朝的礼法,所以去杞国,但没有明显的证据,只得到《夏时》。我也想研究商朝的礼法,所以去宋国,但也没有明显的证据,只得到《乾坤》。所以《乾坤》的含义,《夏时》的编次,我是由此知道的。礼制的起始来源于饮食,把米煮熟,把猪肉切开,挖地盛水,捧水而饮,以土块做鼓槌,以土堆做鼓,都可以用来敬侍鬼神。等到死的时候,亲属登上屋顶大喊:'某某归来。'然后把米放在死者嘴里,下葬时配上食物,这就是望天高呼下地安葬。魂魄到地下,知道魂气在天上,所以死者头朝北,活人头朝南,都是跟从人最初的样子。从前先王没有王宫,冬天住在洞穴,夏天住在草屋。没有火,所以吃草木的果实,鸟兽的肉,喝它的血,吃它的毛。没有麻丝,穿的是羽毛兽皮。然后有大人物出现,发明了火,冶炼金属,制造土器,盖起房屋、宫室、门窗。用火烙烧煎煮食物,制造奶酪酒类。制出麻丝,作为衣服的布料。以此来养活生人,送别死人,敬奉鬼神上帝,都依照以前的制度。所以把水放在屋里,把甜酒放在门边,把粢醍放在堂里,把酒放在堂下。把祭祀的牲畜陈列,备好祭祀器具,排列好琴、瑟、管、磬、钟、鼓,写好祝辞,然后迎接神灵和祖先。以使君臣关系明确,父子关系笃实,兄弟关系和睦,上下关系清楚,夫妻有所归宿。这是承蒙上天的护估。祝持报告祭品,献上玄酒和血毛,献上盛生肉和半生半熟肉的碗。给主祭铺好席子,用布盖好祭品,穿着帛服,献上甜酒和熟肉。国君和夫人一起敬献,以让鬼魂安息,这叫合莫。然后把肉都煮熟,把狗、猪、牛、羊放在簋、簠、笾、豆、铏、羹里。祝持宣讲祝语,尸代替祖先宣讲言辞。这叫大祥。祭礼就完成了。"

【原文】

孔子曰:"于呼哀哉!我观周道,幽厉伤之,吾舍鲁何适矣!鲁之郊禘,非礼也,周公其衰矣!杞之郊也,禹也;宋之郊也,契也。是天子之事守也。故天子祭天地,诸侯祭社稷。"[礼记·礼运]

【释义】

孔子说:"哎!我看周朝的礼制,幽、厉两代损伤得厉害,我离开鲁国还能去哪儿呢?鲁国的郊禘,不符合礼节,周朝的礼制衰退了。杞国郊天,是稀禹,宋国郊天,是契禹。还保留天子的职守。天子才能祭天地。诸侯只能祭社稷。"

【原文】

孔子曰:"礼,不可不省也。"[礼记·礼器]

【释义】

孔子说:"礼,不能不反思。"

【原文】

子曰:"我战必克,祭则受福。"[礼记·礼器]

【释义】

孔子说:"我祭战就能胜利,祭祀就能得到护佑。"

【原文】

孔子曰:"臧文仲安知礼? 夏父弗綦逆祀而弗止也,燔柴于奥①。夫奥者,老妇之祭也,盛于盆,尊于瓶。"[礼记·礼器]

【注释】

①郑注云:"奥"当作"爨"字之误也,或作宛。

【释义】

孔子说:"臧文仲怎么算得上懂礼呢? 夏父弗綦位逆祀而不阻止,燔柴祭奥的错误不能纠正。祭奥,是老妇人的祭祀,用盆盛放食物,用瓶子当作酒尊。"

【原文】

孔子曰:"诵《诗》三百,不足以一献。一献之礼,不足以大飨。大飨之礼,不足以大旅。大旅具矣,不足以飨帝。毋轻议礼。"[礼记·礼器]

【释义】

孔子说:"能诵《诗》三百,不一定能行一献之礼。能行一献之礼,不一定能行大飨之礼。能行大飨之礼,不一定能行大旅之礼。具备了大旅之礼,不一定能行祭天之礼。所以不要随便议论礼仪。"

【原文】

子路为季氏宰。季氏祭,逮暗而祭,日不足,继之以烛。虽有强力之容、肃敬之心,皆倦怠矣!有司跛倚以临祭,其为不敬大矣!他日祭,子路与,室事交乎户,堂事交乎阶,质明而始行事,晏朝而退。孔子闻之曰:"谁谓由也而不知礼乎?"[礼记·礼器]

【释义】

子路当上季氏的家臣。季氏祭祀,从天还未亮开始,到晚上还没结束,点上蜡烛继续举行。虽然有强健的身体,肃敬的心情,也都倦怠了。主祭的人斜着身体祭祀,这是大不敬。另一天祭祀,子路参与了,室事时,门外的人送进祭品,堂事时,台阶下的人把祭品递上来。从早晨开始举行仪式,下午就结束了。孔子听说后说:"谁说子路不懂礼呢?"

【原文】

宾入大门而奏《肆夏》,示易以敬也。卒爵而乐阕。孔子屡叹之。[礼记·郊特牲]

【释义】

宾客进入大门就演奏《肆夏》,以表示敬意,宾客喝酒时,乐曲正好演奏完。孔子觉得很好,经常赞赏它。

【原文】

乡人裼,孔子朝服立于阼,存室神也。[礼记·郊特牲]

【释义】

乡人举行裼祭,孔子穿着朝服站在东边的台阶上,使家神得以安宁。

【原文】

孔子曰:"射之以乐也,何以听?何以射?"[礼记·郊特牲]

【释义】

孔子说:"射箭时奏乐,如何听乐?如何射箭?"

【原文】

孔子曰:"士使之射,不能,则辞以疾,县弧之义也。"[礼记·郊特牲]

【释义】

孔子说:"主人请士射箭,士不能射,只能以身体有病加以推辞,男孩出生时悬弧在门外,射箭是男人的本职。"

【原文】

孔子曰:"三日齐,一日用之,犹恐不敬。二日伐鼓,何居?"[礼记·郊特牲]

【释义】

孔子说:"祭祀前斋戒三天刚过,就行祭事,恐怕不敬。斋戒两天就击鼓,这是什么居心?"

【原文】

孔子曰:"绎之于库门内,祊之于东方,朝市之于西方,失之矣!"[礼记·郊特牲]

【释义】

孔子说:"绎祭在外门举行,祊祭在东屋举行,朝市在城市的西边举行,这都是错误的。"

【原文】

冠义:始冠之,缁布之冠也。大古冠布,齐则缁之。其緌也,孔子曰:"吾未之闻也。"[礼记·郊特牲]

【释义】

冠礼的意义:始加之冠是黑色的布冠。上古时是白色的,祭祀时用黑色的。冠有下垂的緌,孔子说:"我没有听说过。"

【原文】

孔子曰:"朝服而朝,卒朔然后服之。"曰:"国家未道,则不充其服焉。"[礼记·玉藻]

【释义】

孔子说:"月初,为官的一定要穿着朝服去参加朝会,过了朔日也要这样;但是国家无道可行,也就没必要守这规矩了。"

【原文】

孔子佩象环五寸而綦组绶。[礼记·玉藻]

【释义】

孔子佩戴五寸的象牙环,用杂色的丝带。

【原文】

孔子食于季氏,不辞。不食肉而飧。[礼记·玉藻]

【释义】

孔子在季氏家吃饭,没有致谢,没吃肉的时候就说饱了。

【原文】

宾牟贾侍坐于孔子,孔子与之言,及乐,曰:"夫《武》之备戒之已久,何也?"对曰:"病不得其众也。""咏叹之,淫液之,何也?"对曰:"恐不逮事也。""发扬蹈厉之已蚤,何也?"对曰:"及时事也。""《武》坐,致右宪①左,何也?"对曰:"非《武》坐也。""声淫及商,何也?"对曰:"非《武》音也。"子曰:"若非《武》音,则何音也?"对曰:"有司失其传也。若非有司失其传,则武王之志荒矣。"子曰:"唯。丘之闻诸苌弘,亦若吾子之言是也。"宾牟贾起,免席而请曰:"夫《武》之备戒之已,久则既闻命矣,敢问迟之迟而又久,何也?"子曰:"居,吾语汝。夫乐者,象成者也。捴干而山立,武王之事也。发扬蹈厉,大公之志也。《武》乱皆

司母戊鼎

坐,周召之治也。且夫《武》,始而北出,再成而灭商,三成而南,四成而南国是疆,五成而分周公左召公右,六成复缀,以崇天子。夹振之而驷伐,盛威于中国也。分

夹而进,事蚤济也。久立于缀,以待诸侯之至也。且女独未闻牧野之语乎？武王克殷反[2]商,未及下车而封黄帝之后于蓟,封帝尧之后于祝,封帝舜之后于陈,下车而封夏后氏之后于杞,投殷之后于宋,封王子比干之墓,释箕子之囚,使之行商容而复其位。庶民弛政,庶士倍禄。济河而西,马散之华山之阳而弗复乘,牛散之桃林之野而弗复服,车甲衅而藏之府库而弗复用,倒载干戈,包之以虎皮,将帅之士使为诸侯,名之曰建[3]囊。然后天下知武王之不复用兵也。散军而郊射,左射《狸首》,右射《驺虞》,而贯革之射息也。裨冕搢笏,而虎贲之士说剑也。祀乎明堂,而民知孝。朝觐,然后诸侯知所以臣。耕借,然后诸侯知所以敬。五者,天下之大教也。食三老五更于大学,天子袒而割牲,执酱而馈,执爵而酳,冕而揔干,所以教诸侯之弟也。若此,则周道四达,礼乐交通,则夫武之迟久,不亦宜乎？"〔礼记·乐记〕

【注释】

①郑注云:宪读为轩。

②同上,反当作及。

③同上,建读为键。

【释义】

宾牟贾陪坐在孔子旁边,孔子与他聊天,谈到音乐,孔子说："《武》乐的准备时间很长,这是为什么？"宾牟贾说："大概担心人们的注意力不集中。"孔子说："长歌咏叹,又流连忘返,这是为什么？"宾牟贾说："武王担心诸侯迟到,不能用兵。"孔子说："舞蹈一开始就动作很猛是为什么？"宾牟贾说："表示即时讨伐。"孔子说："《武》舞时,舞者右膝着地,左膝抬起,这是为什么？"宾牟贾说："还没到《武》舞的结束动作。"孔子说："音调里有杀伐之意,这是为什么？"宾牟贾说："这不是《武》乐的音乐。"孔子说："如果不是《武》乐的音乐,那是什么音乐？"宾牟贾说："可能是乐官失了真传,如果不是失了真传,那就是武王的心情乱了。"孔子说："对。我曾听苌弘说过,跟你说得差不多。"宾牟贾站起来,离开座席说："《武》乐的情况我已经明白,请问《武》乐的表演时间很长,这是为什么？"孔子说："你坐下,我来告诉你。音乐,象征成功。手持盾牌如山而立的,象征武王讨伐的英姿。奋发有力手舞足蹈的,象征太公的讨伐之心。《武》乐全体跪地,象征周、召时的天下太平。《武》曲开始向北行进,第二段灭掉了商,第三段向南,第四段统一南方,第五段周公在左而召公在右,第六段又回到原位,以尊崇天子。两队人有人挥动武器,四处刺击,表示威盛的情景。分两队前进,表示及早过河。舞者久久站立,表示武王在等候诸侯。你听说过武王牧野之战的情形吗?武王打败殷朝返回商朝旧都时,还没下车就封黄帝之后于蓟,封帝尧之后于祝,封帝舜之后于陈,下车后封夏后氏之后于杞,投殷之后于宋,又为王子比干之墓封土,释放了箕子,并让他行商礼而恢复职位。对普通百姓减免赋税,给士兵增加薪饷。渡河向西,把马放在华山南边不再骑乘,把牛放在桃林一带不再利用,把战车甲衣放在仓库不再使用,把刀枪用虎皮包裹,封将帅为诸侯,叫作建橐。然后天下人知道武王不再打仗了。解散军队学习射礼,东边唱《狸首》,西边唱《驺虞》,这样战场上的射就停止了。穿上礼服,戴上礼帽,这样战士就离开了刀剑。在明堂祭祀,让百姓懂得孝道。又制定朝见制度,让诸侯知道为臣之道。亲自耕种,让诸侯知道如何敬祖先。这五项,是天下基本的教化。在太学举行食礼,敬养三老五更,武王袒露胳膊,杀祭牲,拿起酱进食,戴冕执干起舞,教诸侯如何敬老。这样,周的教化就普及天下,礼乐相互通融,所以《武》乐时间长,不是很合适吗?"

【原文】

曾子问曰:"卿大夫将为尸于公,受宿矣,而有齐衰内丧,则如之何?"孔子曰:"出舍乎公宫以待事,礼也。"[礼记·杂记下]

【释义】

曾子问:"卿、大夫将要为国君担任祭祀之尸,已经斋戒,这是遇到齐衰之丧,该怎么办?"孔子说:"离开家到公馆去住,等待国君的命令,这是礼节。"

【原文】

孔子曰:"尸弁冕而出,卿、大夫、士皆下之,尸必式,必有前驱。"[礼记·杂记下]

【释义】

孔子说:"尸盛装出发,卿、大夫、士都要下车下马,尸要答谢,前面要有开路的仪仗队。"

【原文】

子贡问丧,子曰:"敬为上,哀次之,瘠为下。颜色称其情,戚容称其服。""请问

兄弟之丧?"子曰:"兄弟之丧,则存乎书策矣。"〔礼记·杂记下〕

【释义】

子贡问丧礼的礼节。孔子说:"尊敬为上,悲哀次之,憔悴最下。脸色与心情相符,悲哀的神情与衣服相符。""那兄弟的丧礼呢?"孔子说:"对待兄弟的丧事,这已经写在书本上了。"

【原文】

孔子曰:"少连、大连,善居丧,三日不怠,三月不解①,期悲哀,三年忧,东夷之子也。"〔礼记·杂记下〕

【注释】

①郑注云:解,倦也。

【释义】

孔子说:"少连、大连善于居丧,三天不懈怠,三个月不松懈,周年内一脸哀情,三年内深色忧愁,他们还是东夷的人呢。"

【原文】

孔子曰:"身有疡则浴,首有创则沐,病则饮酒食肉。毁瘠为病,君子弗为也。毁而死,君子谓之无子。"〔礼记·杂记下〕

【释义】

孔子说:"身上有疮则可以洗澡,头上有伤可以沐浴,身体有病可以喝酒吃肉。哀伤成病,君子不能做。哀伤而死,君子成为无后。"

【原文】

孔子曰:"伯母、叔母疏衰,踊不绝地。姑、姊妹之大功,踊绝于地。如知此者,由文矣哉!由文矣哉!"〔礼记·杂记下〕

【释义】

孔子说:"为伯母、叔母服丧,顿足而脚不离地。为姑姑、姊妹服大功,顿足而脚离地。懂得这一点,就知道礼是发自内心的!礼是发自内心的!"

【原文】

孔子曰:"管仲镂簋而朱纮,旅树而反坫,山节而藻棁,贤大夫也,而难为上也。晏平仲祀其先人,豚肩不掩豆,贤大夫也,而难为下也。君子上不僭上,下不逼下。"[礼记·杂记下]

【释义】

孔子说:"管仲用雕花纹的簋,红色的帽带,中门立屏风,并有反坫,有雕刻的山梁,彩绘的柱子,虽然是贤良的大夫,可是作为他的上级很难。晏平仲祭祀祖先,用的小猪不装豆子,虽然是贤良的大夫,可是作为他的下级很难。君子应该向上不超越名分,向下不逼迫下属。"

【原文】

孔子曰:"凶年则乘驽马,祀以下牲。"[礼记·杂记下]

【释义】

孔子说:"灾祸之年应该乘坐劣等马,祭祀用次一等的牲畜。"

【原文】

恤由之丧,哀公使孺悲之孔子学士丧礼。《士丧礼》于是乎书。[礼记·杂记下]

【释义】

为办恤由的丧事,哀公派孺悲到孔子那儿学习士的丧礼。《士丧礼》于是成为图书。

【原文】

子贡观于蜡,孔子曰:"赐也乐乎?"对曰:"一国之人皆若狂,赐未知其乐也。"子曰:"百日之蜡,一日之泽,非尔所知也。张而不弛,文武弗能也。弛而不张,文武弗为也。一张一弛,文武之道也。"[礼记·杂记下]

子贡观看蜡祭活动。孔子说:"赐,你快乐吗?"子贡说:"全国人都发狂似的,我不知道他们的乐趣。"孔子说:"数百天的辛苦,一天的欢乐,你不明白其中的道理。紧张而不放松,文王武王也办不到。松弛而不紧张,文王武王不会这样做。有时紧张有时放松,才是文王武王的做法。"

【原文】

厩焚,孔子拜乡人为火来者,拜之,士壹,大夫再,亦相吊之道也。[礼记·杂记下]

【释义】

马棚失火,孔子拜谢因为火灾而来的乡人,对士一拜,大夫两拜,这是吊唁之礼。

【原文】

孔子曰:"管仲遇盗,取二人焉,上以为公臣,曰:'其所与游辟也,可人也。'管仲死,桓公使为之服:宦于大夫者之为之服也,自管仲始也,有君命焉尔也。"[礼记·杂记下]

【释义】

孔子说:"管仲遇到强盗,抓了其中的两人,向君主推荐为大臣,说:'他们因为与邪辟的人交往而成为盗贼。其实是可用之人。'管仲死后,桓公让这两个人为管仲服丧。此后在大夫家服务的人都为大夫服丧,这是从管仲开始的,是有君王的命令的。"

【原文】

孔子曰:"吾食于少施氏而饱,少施氏食我以礼。吾祭,作而辞曰:'疏食不足祭也。'吾飧,作而辞曰:'疏食也,不敢以伤吾子。'"[礼记·杂记下]

【释义】

孔子说:"我在少施家吃饭,吃得很饱,因为他请我吃饭很有礼貌。我要祭祀,

国学经典文库

孔子家语

孔子言行典籍译注

图文珍藏版

他站起来说：'粗劣的食物不足以祭祀。'我要吃饭，他站起来说：'粗劣的食物担心损伤你的胃口。'"

【原文】

仲尼尝，奉荐而进其亲也悫，其行也趋趋以数。已祭，子赣问曰："子之言祭，济济漆漆然。今子之祭无济济漆漆，何也？"子曰："济济者，容也，远也。漆漆者，容也，自反也。容以远，若①容以自反也。夫何神明之及②交？夫何济济漆漆之有乎？反馈乐成，荐其荐俎，序其礼乐，备其百官。君子致其济济漆漆，夫何慌惚之有乎？夫言岂一端而已，夫各有所当也。"[礼记·祭义]

【注释】

①若，及也。
②及，与也。

【释义】

孔子举行尝祭，捧着祭品进献给双亲的灵位，神情诚恳，行动急促。祭祀后，子赣问："你说过，祭祀时要场面隆重，神色矜持。今天你举行祭祀，没有隆重的场面和矜持的神色，这是为什么？"孔子说："隆重是疏远的仪容，矜持是自我关注的神色。疏远和自我关注的神情怎么跟父母的灵魂沟通呢？所以家庭祭祀怎能有隆重的场面和矜持的神色呢？如果是反馈乐成，大家捧着熟食，按音乐而活动，依官位而应酬。这时就要有隆重的场面和矜持的神色，因为那时怎么会有恍惚见到父母的感觉呢？所以言语的含义不能刻板礼节，必须结合实际情况。"

【原文】

子曰："立爱自亲始，教民睦也。立敬自长始，教民顺也。教以慈睦，而民贵有亲。教以敬长，而民贵用命。孝以事亲，顺以听命，错诸天下，无所不行。"[礼记·祭义]

【释义】

孔子说："树立爱心要从自己的亲人开始，教导民众和睦相处。树立敬心要从自己的兄长做起，教导民众有顺从之心。以慈爱和睦教导百姓，他们才会敬爱父母。以尊敬长辈教导百姓，他们才会服从上级命令。用孝事亲，用顺听命，推广到整个天下,没有行不通的。"

【原文】

宰我曰:"吾闻鬼神之名,不知其所谓。"子曰:"气也者,神之盛也。魄也者,鬼之盛也。合鬼与神,教之至也。众生必死,死必归土,此之谓鬼。骨肉毙于下,阴为野土。其气发扬于上为昭明,焄蒿,悽怆,此百物之精也,神之著也。因物之精,制为之极,明命鬼神,以为黔首,则百众以畏,万民以服。圣人以是为未足也,筑为宫室,设为宗祧,以别亲疏远迩。教民反古复始,不忘其所由生也。众之服自此,故听且速也。二端既立,报以二礼,建设朝事,燔燎膻①芗,见②以萧光,以报气也。此教众反始也。荐黍稷,羞肝肺首心,见③间以俠甒,加以郁鬯,以报魄也。教民相爱,上下用情,礼之至也。"[礼记·祭义]

【注释】

①郑注云:"膻"当作"馨"。
②同上,"见"当作"觍"。
③同上,"见间"当作"觍"。

【释义】

宰我说:"我听到鬼神的名称,但不知道是什么东西"孔子说:"精气,是由神的充沛而来的。身体,是由肌肉的丰盛而来的。二者合一,就是教的最高境界。万物都会死亡,死后都归于尘土,这就叫鬼。骨肉在土里腐烂,变成泥土。气向上发扬,成为可见的东西,可闻的气息,可感的情感,这就是万物的精华,神的附着。因为万物的精华,定为最高法则,叫作鬼神,作为百姓的行为标准,这样百姓就会敬畏,万民就会服从。圣人认为这样还不够,建起宗庙,以区别远近亲疏,教育人们反古复始,不要忘记自己从哪里来的。众人的信服从这里开始,所以听从教导就很迅速。二端建立起来后,实行二礼。又设朝事,焚烧各种脂肪、香草,使火光冲上天,以报答上升的气。这是教导民众不要忘记自己从哪里来的。献上粮食,又进献动物内脏,设酒水,以报答入地的魂魄。进而教导人们相爱,上下用情,这才是礼的最高境界。"

【原文】

夫子曰:"断一树、杀一兽不以其时,非孝也。"[礼记·祭义]

【释义】

孔子说:"砍一棵树,杀一只野兽,不是在适当的时候,都不是孝。"

【原文】

乐正子春下堂而伤其足,数月不出,犹有忧色。门弟子曰:"夫子之足瘳矣,数月不出,犹有忧色,何也?"乐正子春曰:"善如①尔之问也!善如尔之问也!吾闻诸曾子,曾子闻诸夫子曰:'天之所生,地之所养,无人为大。父母全而生之,子全而归之,可谓孝矣。不亏其体,不辱其身,可谓全矣。'故君子顷②步而弗敢忘孝也。今予忘孝之道,予是以有忧色也。"[礼记·祭义]

【注释】

①"如"读为"哉"。
②"顷"当作"跬"。

【释义】

乐正子春下堂损伤了脚,好几个月没出门,脸上有忧虑的神色。弟子说:"你的脚已经好了,几个月没出门,脸上有忧虑的神色,这是为什么?"乐正子春说:"你问得很好。你问得很好。我听曾子说,曾子曾听孔子说:'天之所生,地之所养,没有比人更大的。父母生下完美的我,我们也得完整地回归天地,这叫作孝。身体不损毁,不受侮辱,这叫作全。'所以君子每走一步路都不忘记孝道。现在我却忘了孝道,所以有忧虑的神色。"

【原文】

孔子曰:"入其国,其教可知也。其为人也温柔敦厚,《诗》教也;疏通知远,《书》教也;广博易良,《乐》教也。絜静精微,《易》教也;恭俭庄敬,《礼》教也;属辞比事,《春秋》教也。故《诗》之失愚,《书》之失诬,《乐》之失奢,《易》之失贼,《礼》之失烦,《春秋》之失乱。其为人也温柔敦厚而不愚,则深于《诗》者也;疏通知远而不诬,则深于《书》者也。广博易良而不奢,则深于《乐》者也;絜静精微而不贼,则深于《易》者也;恭俭庄敬而不烦,则深于《礼》者也;属辞比事而不乱,则深于《春秋》者也。"[礼记·经解]

【释义】

孔子说：“进入一个国家，其教化是可以知道的。为人温柔敦厚，得益于《诗》教；知识广博，得益于《书》教；宽容博大，得益于《乐》教；安静精微，得益于《易》教；恭俭谦逊，得益于《礼》教；言辞清楚，得益于《春秋》教。所以，《诗》的不足在于不懂变通，《书》的不足在于不切实际，《乐》的不足在于放荡不羁，《易》的不足在于执迷不悟，《礼》的不足在于烦琐复杂，《春秋》的不足在于使人混淆。为人温柔敦厚又懂得变通，就深得《诗》的精华；知识广博又实事求是，就深得《书》的精华；宽容博大又行为检点，就深得《乐》的精华；安静精微又通达醒悟，就深得《易》的精华；恭俭谦逊又简洁明了，就深得《礼》的精华；言辞清楚又清醒沉着，就深得《春秋》的精华。”

【原文】

孔子曰：“安上治民，莫善于礼。”［礼记·经解］

【释义】

孔子说：“使君主安心，使百姓服从，没有比礼更重要的了。”

【原文】

哀公问于孔子曰：“大礼何如？君子之言礼，何其尊也？”孔子曰：“丘也小人，不足以知礼。”君曰：“否。吾子言之也。”孔子曰：“丘闻之：民之所由生，礼为大，非礼无以节事天地之神也，非礼无以辨君臣、上下、长幼之位也，非礼无以别男女、父子、兄弟之亲，昏姻、疏数之交也。君子以此之为尊敬然。然后以其所能教百姓，不废其会节。有成事，然后治其雕镂文章黼黻以嗣。其顺之，然后言其丧筭，备其鼎俎，设其豕腊，修其宗庙，岁时以敬祭祀，以序宗族。即安其居，节丑其衣服，卑其宫室。车不雕几，器不刻镂，食不贰味，以与民同利。昔之君子之行礼者如此。”公曰：“今之君子，胡莫行之也？”孔子曰：“今之君子，好实无厌，淫德不倦，荒怠敖慢，固民是尽，午其众以伐有道，求得当欲，不以其所。昔之用民者由前，今之用民者由后。今之君子莫为礼也。”［礼记·哀公问］

【释义】

哀公问孔子说：“礼是什么意思？君子言礼，为什么这么重要？”孔子说：“我是平民百姓，不配讲礼。"哀公说："不是这样的，你还是讲讲。"孔子说："我听说，人在社会中生存，礼是根本，没有一定的礼仪，就不能侍奉天地神灵，不能分辨君臣、上下、长幼的位置，不能分别男女、父子、兄弟的亲疏，以及不能进行婚姻、人与人之间的交往。君子由此懂得仪礼的重要性。所以用来教导百姓，使人们不废弃各种祭祀活动。有了成效之后，再雕刻各种花纹图案。顺利之后，再考虑长期的时间安排，准备各种祭祀器具，猪、腊等祭品，修建宗庙，每年都祭祀，以表示对宗族的尊敬。使人们各安其位，注意衣服的奢华程度，以及宫室的豪华程度。车上不雕饰，器物上不雕刻，食物不丰盛，以此与百姓同利。从前君子的礼节就是这样。"哀公说："如今的君子为什么做不到呢？"孔子说："现在的君子，喜欢财富贪得无厌，放纵倦怠，荒诞傲慢，索取无度，违背民意而侵犯有道之人，贪求私欲，不顾百姓流离失所。从前君子用百姓是前面的情况，现在君子用百姓是后面的情况。所以说，现在的君子不懂礼。"

【原文】

孔子侍坐于哀公，哀公曰："敢问人道谁为大？"孔子愀然作色而对曰："君之及此言也，百姓之德也，固臣敢无辞而对：人道政为大。"公曰："敢问何谓为政？"孔子对曰："政者，正也。君为正，则百姓从政矣。君之所为，百姓之所从也。君所不为，百姓何从？"公曰："敢问为政如之何？"孔子对曰："夫妇别，父子亲，君臣严，三者正则庶物从之矣。"公曰："寡人虽无似也，愿闻所以行三言之道。可得闻乎？"孔子对曰："古之为政，爱人为大。所以治爱人，礼为大。所以治礼，敬为大。敬之至矣，大昏为大，大昏至矣。大昏既至，冕而亲迎，亲之也。亲之也者，亲之也。是故君子兴敬为亲。舍敬，是遗亲也。弗爱不亲，弗敬不正，爱与敬，其政之本与？"公曰："寡人愿有言然，冕而亲迎，不已重乎？"孔子愀然作色而对曰："合二姓之好，以继先圣之后，以为天地宗庙社稷之主，君何谓已重乎？"公曰："寡人固。不固，焉得闻此言也？寡人欲问不得其辞，请少进。"孔子曰："天地不合，万物不生。大昏，万世之嗣也。君何谓已重焉？"孔子遂言曰："内以治宗庙之礼，足以配天地之神明；出以治直言之礼，足以立上下之敬。物耻足以振之，国耻足以兴之，为政先礼，礼其政之本与？"孔子遂言曰："昔三代明王之政，必敬其妻子也，有道。妻也者，亲之主也，敢不敬与？子也者，亲之后也，敢不敬与？君子无不敬也，敬身为大。身也者，亲之枝也，敢不敬与？不能敬其身，是伤其亲，伤其亲，是伤其本，伤其本，枝从而亡。三者，百姓之象也。身以及身，子以及子，妃以及妃。君行此三者，则忾乎天下矣，大王之道也。如是，国家顺矣。"公曰："敢问何谓敬身？"孔子对曰："君子过言则民作辞，过动则民作则。君子言不过辞，动不过则，百姓不命而敬恭，如是则能敬其身。能敬其身，则能成其亲矣。"公曰："敢问何谓成亲？"孔子对曰："君子也者，人之成名也。百姓归之名，谓之君子之子，是使其亲为君子也，是为成其亲之名也已。"孔子遂言曰："古之为政，爱人为大。不能爱人，不能有其身。不能有其身，不能安土。不能安土，不能乐天。不能乐天，不能成其身。"公曰："敢问何谓成身？"孔子对曰："不过乎物。"公曰："敢问君子何贵乎天道也？"孔子对曰："贵其不已，如日月东西相从而不已也，是天道也，不闭其久，是天道也，无为而物成，是天道也，已成而明，是天道也。"公曰："寡人蠢愚冥烦，子志之心也。"孔子蹴然辟席而对曰："仁人不过乎物，孝子不过乎物。是故仁人之事亲也如事天，事天如事亲。是故孝子成身。"公曰："寡人既闻此言也，无如后罪何？"孔子对曰："君之及此言也，是臣之福也。"[礼记·哀公问]

【释义】

孔子陪坐在哀公旁边，哀公问："人伦之道什么最重要？"孔子严肃地回答道："您能提出这样的问题，真是百姓的福气。孤陋之臣认真地回答：人伦之道中，政务最重要。"哀公问："那什么是政务？"孔子回答说："政，就是正。国君行得正，百姓就会跟从。国君的所作所为，是百姓跟从的对象。国君不做典范，百姓怎么跟从呢？"哀公说："那如何为政呢？"孔子说："夫妇有别，父子相亲，君臣相敬，这三者正，百姓就都会跟从。"哀公说："我虽然没像你说的那样，但愿意了解三者能够实行的方法。可以讲讲吗？"孔子说："古代为政，爱人是最重要的。要做到爱人，礼是最重要的。要做到礼，敬是最重要的。敬的最高境界，大婚是最重要的，大婚之礼是最高的。大婚的时候，穿着礼服亲自迎娶，表示亲爱。自己亲爱对方，对方也亲爱自己。所以君子提倡人们要相敬为亲。没有了敬重，也就没有了亲爱。没有爱，就没有亲，没有亲，就没有敬。爱和敬，不是政的根本吗？"哀公说："我想问，穿着礼服亲自迎接，是不是太隆重了？"孔子严肃地回答道："合二姓之好，传承先人的后代，夫妻一起主持天地、宗庙、社稷的祭祀，怎么能说太隆重呢？"哀公说："我孤陋寡闻了。不孤陋寡闻，怎么会这么说呢？我还有问题，但没有恰当的词语，请再解释一下。"孔子说："天地阴阳不合，万物不生。大婚，是为了有继承的后代。怎么能说太隆重了呢？"孔子接着说："内以宗庙之礼，体现天地阴阳的神明；外以教令之礼，体现上下相敬之道。这样，国家衰败也可以兴起，国体衰微也可以强盛，为政先要用礼,礼难道不是政的根本吗?"孔子接着说:"从前三代的明君为政,都敬爱自己的妻子和儿子,这是有道理的。妻子,是亲人的主体,能不敬爱吗?儿子,是亲人的后代,能不敬爱吗?君子没有不敬爱的,敬爱自身是最重要的。身体,是父母的分支,能不敬爱吗?不能敬爱自身,就是伤害了父母。伤害了父母,就伤害了根本。伤害了根本,分支就会消亡。这三者,是百姓的榜样。爱护自身延伸到爱护他人,爱护自己的儿子延伸到爱护别人的儿子,爱护自己的妻子延伸到爱护别人的妻子。君子能做到这三点,并将其扩展到天下,就是先王的治理之道。能做到这样,国家就太平了。"哀公说:"请问什么叫爱护自身?"孔子回答说:"君子说错话,百姓也会跟着说错话,君子行为不当,百姓也会跟着行为不当。君子言行得当,行为没有过失,百姓就不用命令而能恭敬顺从,这样就能爱护自身。能爱护自身,就能成就父母的名声。"哀公说:"请问怎样才能成就父母的名声?"孔子回答道:"君子,是人有德行的称谓。百姓给予他这个名称,称他为君子之子,也就能使其父母被人称为君子,也就成就了父母的名声。"孔子接着说:"古代为政,以爱人为最重要的事。不能爱人,就不能爱自身。不能爱自身,就不能守土。不能守土,就不能乐天。不能乐天,就不能成就自身。"哀公说:"请问怎样才能成就自身?"孔子回答道:"凡事无过失。"哀公说:"请问君子为什么重视天道?"孔子回答道:"是看重它的生生不息。像日月一样相从而不息,这是天道。畅行无阻,这是天道,无为而成功,这是天道,成物而明白,这是天道。"哀公说:"我愚蠢昏庸,你的话我都记住了。"孔子严肃地离开座位说:"仁人中庸行事,小子中庸行事。所以仁人侍奉双亲就像侍奉天地。侍奉天地就像侍奉双亲,所以孝子成就自身。"哀公说:"我听说了这些话,如果没做到会怎么样?"孔子说:"国君能担忧以后的过失,这是臣子的福气。"

【原文】

仲尼燕居,子张、子贡、言游侍,纵言至于礼。子曰:"居,女三人者,吾语女礼!使女以礼周流,无不遍也。"子贡越席而对曰:"敢问何如?"子曰:"敬而不中礼谓之野,恭而不中礼谓之给,勇而不中礼谓之逆。"子曰:"给夺慈仁。"子曰:"师,尔过,而商也不及。子产犹众人之母也,能食之,不能教也。"子贡越席而对曰:"敢问将何以为此中者也?"子曰:"礼乎礼。夫礼所以制中也。"子贡退,言游进曰:"敢问礼也者,领恶而全好者与?"子曰:"然。""然则何如?"子曰:"郊社之义,所以仁鬼神也;尝禘之礼,所以仁昭穆也;馈奠之礼,所以仁死丧也;射乡之礼,所以仁乡党也;

食飨之礼,所以仁宾客也。"子曰:"明乎郊社之义、尝禘之礼,治国其如指诸掌而已乎? 是故以之居处有礼,故长幼辨也;以之闺门之内有礼,故三族和也;以之朝廷有礼,故官爵序也;以之田猎有礼,故戎事闲也;以之军旅有礼,故武功成也。是故宫室得其度,量鼎得其象,味得其时,乐得其节,车得其式,鬼神得其飨,丧纪得其哀,辨说得其党,官得其体,政事得其施,加于身而错于前,凡众之动得其宜。"子曰:"礼者何也? 即事之治也。君子有其事,必有其治。治国而无礼,譬犹瞽之无相与。伥伥乎其何之? 譬如终夜有求于幽室之中,非烛何见? 若无礼,则手足无所错,耳目无所加,进退揖让无所制。是故以之居处,长幼失其别,闺门三族失其和,朝廷官爵失其序,田猎戎事失其策,军旅武功失其制,宫室失其度,量鼎失其象,味失其时,乐失其节,车失其式,鬼神失其飨,丧纪失其哀,辨说失其党,官失其体,政事失其施,加于身而错于前,凡众之动失其宜。如此则无以祖洽于众也。"子曰:"慎听之,女三人者,吾语女礼! 犹有九焉,大飨有四焉。苟知此矣,虽在畎亩之中事之,圣人已。两君相见,揖让而入门,入门而县兴,揖让而升堂,升堂而乐阕,下管《象》,《武》《夏》钥序兴,陈其荐俎,序其礼乐,备其百官,如此而后君子知仁焉。行中规,还中矩,和鸾中《采齐》。客出以《雍》,彻以《振羽》。是故君子无物而不在礼矣。入门而金作,示情也。升歌《清庙》,示德也。下而管《象》,示事也。是故古之君子,不必亲相与言也,以礼乐相示而已。"子曰:"礼也者,理也;乐也者,节也。君子无理不动,无节不作。不能诗,于礼缪;不能乐,于礼素;薄于德,于礼虚。"子曰:"制度在礼,文为在礼,行之其在人乎!"子贡越席而对曰:"敢问夔其穷与?"子曰:"古之人与! 古之人也,达于礼而不达于乐谓之素,达于乐而不达于礼谓之偏。夫夔达于乐而不达于礼,是以传于此名也。古之人也。"子张问政,子曰:"师乎,前,吾语女乎! 君子明于礼乐,举而错之而已。"子张复问,子曰:"师,尔以为必铺几、筵、升降、酌、献、酬、酢,然后谓之礼乎? 尔以为必行缀兆、兴羽钥、作钟鼓,然后谓之乐乎? 言而履之,礼也;行而乐之,乐也。君子力此二者,以南面而立,夫是以天下大平也,诸侯朝,万物服体,而百官莫敢不承事矣。礼之所兴,众之所治也;礼之所废,众之所乱也。目巧之室,则有奥阼,席则有上下,车则有左右,行则有随,立则有序,古之义也。室而无奥阼,则乱于堂室也;席而无上下,则乱于席上也;车而无左右,则乱于车也;行而无随,则乱于涂也;立而无序,则乱于位也。昔圣帝、明王、诸侯,辨贵贱、长幼、远近、男女、外内,莫敢相逾越,皆由此涂出也。"三子者既得闻此言也,于夫子照然若发矇矣。[礼记·仲尼燕居]

　　孔子在家，子张、子贡、言游在一旁陪侍，放言谈到礼。孔子说："你们三个坐下，我给你们说说礼。让你们明白，只有礼才能周而复始，畅通无阻。"子贡离开座位说："请问为什么会这样？"孔子说："尊敬而不用礼来表达就显得粗野，恭敬而不用礼来表达就显得虚伪，勇敢而不用礼来表达就显得叛逆。"孔子说："虚伪而强词夺理，叫偷换。"孔子说："师，做事有些过头，而商显得有些不及。子产好像众人的母亲，能供养但不能教育。"子贡离开座位说："请问如何才能适中？"孔子说："要用礼来达到适中。礼能使人行为得当。"子贡离开后，言游说："请问礼能改变恶行而增加美德吗？"孔子说："能。"言游说："怎么才能达到呢？"孔子说："郊社之义，是用来爱鬼神；尝稀之礼，是用来厚昭穆；馈奠之礼，是用来厚死丧；射乡之礼，是用来仁乡党；食飨之礼，是用来仁宾客。"孔子说："明白了郊社之义、尝稀之礼，治理国家不就像手掌一样轻松吗？所以，在居处有礼，就能长幼有序；在闺门有礼，就能三族亲爱；在朝廷有礼，就能官爵有序；在田猎有礼，就能戎事有法；在军旅有礼，就能成就武功。这样宫室得到度量，量鼎得到标准，味道得到时机，音乐得到节制，车辆得到式样，鬼神得到供养，丧纪得到哀敬，辨说得到窍门，官员得到制度，政事得到实施，这些道理体现在自己身上，展示在人们面前，百姓的行为就会得体。"孔子说："礼是什么？就是按照事物的法则。君子有其事就有其治。治理国家没有礼，就像盲人没有人帮助，不就像茫然不知所措吗？就像在黑暗的屋子里摸索，没有蜡烛能看见吗？如果没有礼，那么就会手足无措，耳目无加，进退揖让没有了依据。如果没有礼，在居处长幼就失去区别，夫妻、三族失去和睦，朝廷官爵失去秩序，田猎戎事失去纪律，军旅武功失去管制，宫室失去度量，量鼎失去标准，味道失去时机，音乐失去节制，车辆失去式样，鬼神失去供养，丧纪失去哀敬，辨说失去窍门，官员失去制度，政事失去实施，这些道理体现在自己身上，展示在人们面前，百姓的行为就不会得体。这样就无法让百姓融洽和谐。"孔子说："你们好好听着，我给你们说说礼。有九项礼仪，大飨有四项。如果能全部了解，即使是种田的农民能依此行事，也能成为圣人。当两个君子相见，揖让进入大门，进入大门就开始奏钟乐，揖让而登堂，登堂时钟乐停止，开始演奏《象》乐，又依此演奏《武》《夏》，陈列酒菜，音乐依次演奏，百官依次排列，这样就能使人懂得仁了。君子的行为中规中矩，乐器发出《采齐》的乐声。客人离开时演奏《雍》，撤席时演奏《振羽》。所以君子无处不在礼仪之中。入门时钟鼓齐鸣，表示欢迎。登堂演奏《清庙》，表现品德高尚。离开演奏《象》，表现政事清明。所以古代的君子，不必亲自说话，可以用礼乐来表达情意。"孔子说："礼，合乎情理。乐，有节制。君子不合乎情理就不动，没有节制就不行。不能作诗，是礼的方面不足；不能作乐，是礼的方面缺乏文采；道德不高，是认为礼无用。"孔子说："制度依据礼，文采依据礼，行礼在于人。"子贡离开座位说："请问夔懂礼吗？"孔子说："那是古人。古人通达于礼但没通达于乐，称之为朴素，通达于乐但没通达于礼，称之为偏颇。夔通达于乐但没通达于礼，所以留下这个名字，他是古人。"子张问政事，孔子说："师，你靠前点，我告诉你。君子明白了礼乐之道，就会把它运用到管理国家的事务中。"子张又问，孔子说："师，你以为摆上几案、宴席，上下奔走，斟酒上菜，觥筹交错就是礼吗？你以为列队表演，挥舞道具，演奏钟鼓，就是乐吗？言行统一才是礼，行为得体才是乐。君子努力做到这两者，就能南面而立，所以天下太平，诸侯来朝，万物各得其所，百官都各司其职。礼兴起，百姓就会得到管理。礼废弃了，百姓就会混乱。工匠目测建造的房屋，必有奥阼，座席必有上下之分，乘车有左右之分，行路有随，站立有序，这是古代的含义。建造的房屋没有奥阼，就会使堂室混乱；座席没有上下之分，就会使座席混乱；乘车没有左右之分，就会使乘车混乱；行路无随，就会在路上产生混乱；站立无序，就会使位次产生混乱。从前圣帝、明王、诸侯，分别贵贱、长幼、远近、男女、外内，不敢相互逾越，都是从这里引出的。"三人听了孔子的话后，好像昏眼重新复明一样。

【原文】

孔子闲居，子夏侍，子夏曰："敢问《诗》云'凯弟君子，民之父母'，何如斯可谓民之父母矣？"孔子曰："夫民之父母乎，必达于礼乐之原，以致五至，而行三无，以横于天下，四方有败，必先知之。此之谓民之父母矣。"子夏曰："民之父母，既得而闻之矣，敢问何谓五至？"孔子曰："志之所至，诗亦至焉；诗之所至，礼亦至焉；礼之所至，乐亦至焉；乐之所至，哀亦至焉。哀乐相生，是故正明目而视之，不可得而见也，倾耳而听之，不可得而闻也，志气塞乎天地。此之谓五至。"子夏曰："五至既得而闻之矣，敢问何谓三无？"孔子曰："无声之乐，无体之礼，无服之丧，此之谓三无。"子夏曰："三无既得略而闻之矣，敢问何诗近之？"孔子曰："夙夜其命宥密，无声之乐也。威仪逮逮，不可选也，无体之礼也。凡民有丧，匍匐救之，无服之丧也。"子夏曰："言则大矣、美矣、盛矣！言尽于此而已乎？"孔子曰："何为其然也？君子之服之也，犹有五起焉。"子夏曰："何如？"孔子曰："无声之乐，气志不违；无体之礼，威仪迟迟；无服之丧，内恕孔悲。无声之乐，气志既得；无体之礼，威仪翼翼；无服之丧,施及四国。无声之乐,气志既从;无体之礼,上下和同;无服之丧,以畜万邦。无声之乐,日闻四方;无体之礼,日就月将;无服之丧,纯德孔明。无声之乐,气志既起;无体之礼,施及四海;无服之丧,施于孙子。"子夏曰:"三王之德,参于天地,敢问何如斯可谓参于天地矣?"孔子曰:"奉三无私以劳天下。"子夏曰:"敢问何谓三无私?"孔子曰:"天无私覆,地无私载,日月无私照。奉斯三者以劳天下,此之谓三无私。其在《诗》曰:'帝命不违,至于汤齐。汤降不迟,圣敬日齐。昭假迟迟,上帝是祇。帝命式于九围。'是汤之德也。天有四时,春秋冬夏,风雨霜露,无非教也。地载神气,神气风霆,风霆流形,庶物露生,无非教也。清明在躬,气志如神,嗜欲将至,有开必先。天降时雨,山川出云。其在《诗》曰:'嵩高惟岳,峻极于天。惟岳降神,生甫及申。惟申及甫,惟周之翰:四国于蕃,四方于宣。'此文武之德也。三代之王,也必先令闻。《诗》云:'明明天子,令闻不已。'三代之德也。弛其文德,协此四国,大王之德也。"子夏蹶然而起,负墙而立,曰:"弟子敢不承乎?"[礼记·孔子闲居]

【释义】

孔子在家,子夏在一旁陪侍。子夏说:"请问《诗经》说'凯弟君子,民之父母',如何才能称之为民之父母?"孔子说:"民之父母,必须通达礼乐的根本,达到五至,践行三无,以此实行于天下,如果四方有灾祸,必须要先知道。这才叫民之父母。"子夏说:"民之父母,已经知道它的意思了,那什么叫五至呢?"孔子说:"诚致所及,发言就是诗;诗的极致,表现为礼;礼的极致,表现为乐;乐的极致。表现为哀。哀乐相生,所以明目正视,不能看见;倾耳相听,不能听到。诚致之心充塞天地,这就叫五至。"子夏说:"五至的意思明白了,那什么叫三无呢?"孔子说:"无声之乐,无体之礼,无服之丧,这就叫三无。"子夏说:"三无的意思大致明白了,那什么与诗相近呢?"孔子说:"夙夜其命宥密,这是无声之乐。威仪逮逮,不可选也,这是无体之礼。凡民有丧,匍匐救之,这是无服之丧。"子夏说:"刚才说的真是伟大、美丽、壮观,是不是已经穷尽了?"孔子说:"怎么能穷尽呢?君子实践起来,还有五起。"子夏说:"那是什么?"孔子说:"无声之乐,指人的气志一致;无体之礼,指人的举止从容;无服之丧,指内心仁恕外表恻隐。无声之乐,人的气志相得益彰;无体之礼,人的举止小心谨慎;无服之丧,怜悯之心施与四方。无声之乐,要求气志相跟从;无体之礼,要求上下齐同;无服之丧,要容纳天下万邦。无声之乐,每天闻于四方;无体之礼,日就月将;无服之丧,纯德昭然。无声之乐,气志共同升起;无体之礼,普及四海；无服之丧，延吉子孙。"子夏说："三王的德行，与天地同行，请问如何才能与天地同行？"孔子说："要用三无私去安抚天下。"子夏说："请问什么叫三无私？"孔子说："天覆盖万物没有私心，地承载万物没有私心，日月照耀万物没有私心。照这样的精神去安抚天下，这就叫三无私。在《诗经》里有：'帝命不违背，到汤成就大业。汤应运而生，圣德日日高升。从容宽厚，一心侍奉上帝。上帝让汤成为天下的典范。'这就是汤的德行。天有四季，春夏秋冬，风雨霜露，是上天在施教。地载神气，就是风雨雷电，风雨雷电导致万物的产生，这就是天地之教。一个人如果自身清明，气志如神，所想的事只要开个头，就会有人来帮助他。就像天要下雨，山川先出云来帮助它。这在《诗经》中说：'嵩山高于其他山峰，高耸入云。只有山岳能降神，产生甫和申。只有甫和甫，是周的屏障。四国是藩篱，四方是城墙。'这就是文王武王的德行。三代圣王，也一定名声传遍天下。《诗经》说：'无私的天子，美名传遍四方。'这就是三代圣王的德行。弘扬文德，和谐四邦，这就是大王的德行。"子夏惊喜地站起来，靠墙而立，说："弟子能不接受老师的教诲吗？"

【原文】

子言之："君子之道，辟则坊与？坊，民之所不足者也。大为之坊，民犹逾之。故君子礼以坊德，刑以坊淫，命以坊欲。"［礼记·坊记］

【释义】

孔子说过："君子之道，犹如江河的大堤。大堤，是预防民众有过失。最严密的堤防，民众仍有可能逾越。所以君子用礼制来做堤防使百姓不违背道德，用刑罚使百姓不至于淫乱，用政令使百姓不陷于欲望。"

【原文】

子云："小人贫斯约，富斯骄，约斯盗，骄斯乱。礼者，因人之情而为之节文，以为民坊者也。故圣人之制富贵也，使民富不足以骄，贫不至于约，贵不慊于上，故乱益亡。"［礼记·坊记］

【释义】

孔子说："小人贫穷就会堕落，富贵就会骄傲，因堕落而偷盗，因骄傲而作乱。礼，依据人情而加以节制，作为人们的行事准则。所以圣人制定礼仪制度，就是想使人们富贵而不骄傲，贫穷而不堕落，尊贵而不抱怨，这样就不会作乱了。"

【原文】

子云:"贫而好乐,富而好礼,众而以宁者,天下其几矣。《诗》云:'民之贪乱,宁为荼毒。'故制国不过千乘,都成①不过百雉,家富不过百乘。以此坊民,诸侯犹有畔者。"[礼记·坊记]

【注释】

①"成",集注本作"城"。

【释义】

孔子说:"贫穷而平静和乐,富贵而懂得礼仪,人们安定和谐,这样的情况天下有多少。《诗经》说:'人们喜欢作乱,加上统治者荼毒生灵,作乱的情况更严重了。'所以封国不能超过千乘,都城不能超过百雉,采邑不能超过百乘。用这种制度制约人们,仍有诸侯叛乱。"

【原文】

子①云:"夫礼者,所以章疑别微,以为民坊者也。故贵贱有等,衣服有别,朝廷有位,则民有所让。"[礼记·坊记]

【注释】

①《孔疏》以此章以下三章为一节。

【释义】

孔子说:"礼,是用来分辨是非和隐微,作为人们的行为规范。所以贵贱有差异,衣服有区别,朝廷有位次,而人们会安于其位。"

【原文】

子云:"天无二日,土无二王,家无二主,尊无二上,示民有君臣之别也。《春秋》不称楚越之王丧,礼,君不称天,大夫不称君,恐民之惑也。《诗》云:'相彼盍旦,尚犹患之。'"[礼记·坊记]

【释义】

孔子说:"天上没有两个太阳,地上没有两个君王,家里没有两个主人,尊者没有比肩之人，这告诉人们有君臣之别。《春秋》不写楚越国君的丧礼，按照礼，国君不称天，大夫不称君，这是担心百姓迷惑。《诗经》说：'看那期盼天亮的鸟，人们尚且厌恶。'"

【原文】

子云："君不与同姓同车，与异姓同车不同服，示民不嫌也。以此坊民，民犹得同姓以弑其君。"［礼记·坊记］

【释义】

孔子说："国君不和同姓的宗人乘一辆车，与异姓人同乘一辆车但不穿同样的服饰，是为了避免嫌疑。这样事前预防，仍有人杀掉国君篡位的。"

【原文】

子①云："君子辞贵不辞贱，辞富不辞贫，则乱益亡。故君子与其使食浮于人也，宁使人浮于食。"［礼记·坊记］

【注释】

①《孔疏》以此章以下四章为一节。

【释义】

孔子说："君子不要富贵而宁愿卑贱，不愿富有而宁愿贫穷，这样争权夺利的事就少了。所以君子与其使俸禄超过别人，不如让别人的俸禄超过自己。"

【原文】

子云："觞酒豆肉，让而受恶，民犹犯齿。衽席之上，让而坐下，民犹犯贵。朝廷之位，让而就贱，民犹犯君。《诗》云：'民之无良，相怨一方。受爵不让，至于己斯亡。'"［礼记·坊记］

觞

【释义】

孔子说："觞中酒，豆中肉，总有长者接受较差的一份，但人们仍会侵犯长者。在衽席之上,也有长者谦让坐在下位,但人们仍会侵犯长者。在朝廷中,也有人谦让而坐在下位,但仍有人进犯国君。《诗经》说:'有人德性不良,怨恨对方。授爵不谦让,没有责己之心。'"

【原文】

子云:"君子贵人而贱己,先人而后己,则民作让。故称人之君曰君,自称其君曰寡君。"[礼记·坊记]

【释义】

孔子说:"君子尊重别人而贬低自己,让别人先而自己后,这样民众就会谦让。所以称呼别国之君为君,称呼自己的国君为寡君。"

【原文】

子云:"利禄先死者而后生者,则民不偝,先亡者而后存者,则民可以托。《诗》云:'先君之思,以畜寡人。'以此坊民,民犹偝死而号无告。"[礼记·坊记]

【释义】

孔子说:"先给死者利禄后给生者利禄,那么民众就不会背弃死者,先给国外的人后给国内的人,那么民众就会信服。《诗经》说:'先君的思念,可以勉励我。'以此来教育百姓,百姓中仍有背弃死者而使老弱病残哭告无门。"

【原文】

子云:"有国家者贵人而贱禄,则民兴让,尚技而贱车,则民兴艺。故君子约言,小人先言。"[礼记·坊记]

【释义】

孔子说:"掌握权力的人看重人品而轻视利禄,百姓就会谦让,崇尚技艺而轻视车服,百姓就会发展技艺。所以君子说得少,小人做事前先说。"

【原文】

子云:"上酌民言,则下天上施。上不酌民言,则犯也。下不天上施,则乱也。故君子信让以莅百姓,则民之报礼重。《诗》云:'先民有言,询于刍荛。'"[礼记·

坊记]

【释义】

孔子说:"在上位者能听取民意,百姓就会感到上天的恩赐。在上位者不能听取民意,百姓就会叛乱。百姓感觉不到上天的恩赐,就会作乱。所以君子以诚信谦让对待百姓,那么百姓就会以礼相报。《诗经》说:'祖先有言,要向樵夫询问。'"

【原文】

子①云:"善则称人,过则称己,则民不争。善则称人,过则称己,则怨益亡。《诗》云:'尔卜尔筮,履无咎言。'"子云:"善则称人,过则称己,则民让善。《诗》曰:'考卜惟王,度是镐京。惟龟正之,武王成之。'"[礼记·坊记]

【注释】

①《孔疏》以此章以下三章为一节。

【释义】

孔子说:"有成绩了归功于他人,有过错了归于自己,那么百姓就不会争斗。有成绩了归功于他人,有过错了归于自己,那么怨恨就会消失。《诗经》说:'你占卜算卦,卦本身没有过错。'"孔子说:"有成绩了归功于他人,有过错了归于自己,那么百姓就会把好处让给别人。《诗经》说:'武王占卜,经营镐京。武王成就,归于龟正。'"

【原文】

子曰:"善则称君,过则称己,则民作忠。《君陈》曰:'尔有嘉谋嘉猷,入告尔君于内。女乃顺之于外,曰:此谋此猷,惟我君之德。于乎是惟良显哉!'"[礼记·坊记]

【释义】

孔子说:"有成绩了归功于国君,有过错了归于自己,那么百姓就会尽心尽力。《君陈》说:'你有好的计谋,进去告诉君王。你在外面说:这个好的计谋,是伟大的国君想出来的。如此光明磊落!'"

【原文】

子云:"善则称亲,过则称己,则民作孝。《大誓》曰:'予克纣,非予武,惟朕文考无罪。纣克予,非朕文考有罪,惟予小子无良。'"[礼记·坊记]

【释义】

孔子说:"有成绩了归功于亲人,有过错了归于自己,那么百姓就会孝顺。《大誓》说:'我若战胜纣王,不是我武力高,而是父母没有过错。纣王若是战胜我,不是我父母有过错,而是我自己无能。'"

【原文】

子①云:"君子弛其亲之过,而敬其美。《论②语》曰:'三年无改于父之道,可谓孝矣。'高宗云:'三年其惟不言,言乃讙。'"[礼记·坊记]

【注释】

①《孔疏》以此章以下九章为一节。
②《论语》曰:以下十五字恐注文衍。

【释义】

孔子说:"君子忘掉父母的过失,而敬重他们的美德。《论语》说:'能长期不改变父亲为人处世之道,就可以称得上孝顺了。'高宗说:'长期居丧不发政令,一发政令百姓就很欢喜。'"

【原文】

子云:"从命不忿,微谏不倦,劳而不怨,可谓孝矣。《诗》云:'孝子不匮。'"[礼记·坊记]

【释义】

孔子说:"对于父母之命不懈怠,劝阻父母的过错不疲倦,侍奉父母不埋怨,这就叫孝顺。《诗经》说:'孝子的心没有止境。'"

【原文】

子云:"睦于父母之党,可谓孝矣。故君子因睦以合族。《诗》云:'此令兄弟,

绰绰有裕。不令兄弟,交相为愈。'"〔礼记·坊记〕

【释义】

孔子说:"能和父母的族人和睦相处,就叫孝。所以君子每年都举行合族祭祀。《诗经》说:'美好的兄弟,心情舒畅。不好的兄弟,相互指责。'"

【原文】

子云:"于父之执,可以乘其车,不可以衣其衣。君子以广孝也。"〔礼记·坊记〕

【释义】

孔子说:"对于父母的朋友,可以坐他的车,不能穿他的衣服。君子以此推广孝道。"

【原文】

子云:"小人皆能养其亲,君子不敬,何以辨?"〔礼记·坊记〕

【释义】

孔子说:"小人都能供养父母,君子不尊敬父母,又怎么与其他人相区别呢?"

【原文】

子云:"父子不同位,以厚敬也。《书》云:'厥辟不辟,忝厥祖。'"〔礼记·坊记〕

【释义】

孔子说:"父子爵位相同也不能排在一起,这代表敬意。《尚书》说:'君不像君,辱没祖先。'"

【原文】

子云:"父母在,不称老,言孝不言慈。闺门之内,戏而不叹。君子以此坊民,民犹有薄于孝而厚于慈。"〔礼记·坊记〕

【释义】

孔子说:"父母健在,不能称自己老,只讲孝敬不能要求父母慈爱。闺门之内,可以说笑不能叹息。君子以此教育百姓,百姓仍有不尽孝要祈求父母的慈爱。"

【原文】

子云:"长民者,朝廷敬老,则民作孝。"[礼记·坊记]

【释义】

孔子说:"人民的上级,在朝廷敬重老者,那么人们便能孝顺长辈。"

【原文】

子云:"祭祀之有尸也,宗庙之主也,示民有事也。修宗庙,敬祀事,教民追孝也。以此坊民,民犹忘其亲。"[礼记·坊记]

【释义】

孔子说:"祭祀时有尸,宗庙设神主,是为了让人们有敬重的对象。修建宗庙,举行祭祀,是为了教育人们缅怀祖先。以此来教育人们,人们仍有忘记父母之恩德的。"

【原文】

子云:"敬则用祭器,故君子不以菲废礼,不以美没礼。故食礼,主人亲馈则客祭,主人不亲馈则客不祭。故君子苟无礼,虽美不食焉。《易》曰:'东邻杀牛,不如西邻之禴祭,寔受其福。'《诗》云:'既醉以酒,既饱以德。'以此示民,民犹争利而忘义。"[礼记·坊记]

【释义】

孔子说:"为表示敬意,就用祭器,所以君子不因为食物不好就不行礼,不因为食物丰盛就超过礼。所以祭祀时,主人向客人进食,客人行祭礼,主人不向客人进食,客人就不行祭礼。所以君子如果没有礼,即使食物丰盛也不食用。《易经》说:'东邻杀牛祭祀,不如西邻的禴祭,更能承受上天的福佑。'《诗经》说:'君子既为了酒食之美,也为了礼仪之美。'以此来教育百姓,百姓仍有争利忘义的。"

【原文】

子①云："七日戒，三日齐，承一人焉以为尸，过之者趋走，以教敬也。醴酒在室，醍酒在堂，澄酒在下，示不淫也。尸饮三，众宾饮一，示民有上下也。因其酒肉，聚其宗族，以教民睦也。故堂上观乎室，堂下观乎上。《诗》云：'礼仪卒度，笑语卒获。'"［礼记·坊记］

【注释】

①《孔疏》以此章及次章为一节。

【释义】

孔子说："七日戒，三日齐，侍奉一位担任尸的人，经过的人都赶紧快走，这是为了教育百姓尊敬祖先。醴酒在室，醍酒在堂，澄酒在堂下，这表示不能沉溺于饮酒。尸饮三次，宾客只饮一次，告诉百姓有尊卑的分别。因为祭祀的酒肉使宗族聚集起来，教导人们和睦相处。所以堂上的人观察室内之人，堂下的人观察堂上的人。《诗经》说：'礼仪适度，人人都喜笑颜开。'"

【原文】

子云："宾礼每进以让，丧礼每加以远。浴于中溜，饭于牖下，小敛于户内，大敛于阼，殡于客位，祖于庭，葬于墓，所以示远也。殷人吊于圹，周人吊于家，示民不偝也。"子云："死，民之卒事也，吾从周。以此坊民，诸侯犹有薨而不葬者。"［礼记·坊记］

【释义】

孔子说："宾礼的每一步都是谦让，丧礼的每一步都表示死者远去。在中溜尸浴，在窗下含饭，在室内小敛，在堂上大敛，在客位停枢，在宗庙祭奠，在墓地安葬，都表示一点点远去。殷人在墓旁凭吊，周人在家中凭吊，都表示不能背弃死者。"孔子说："死，是人最终的事，我遵从周人的礼节。以此教育百姓，诸侯中竟还有死后没有安葬的。"

【原文】

子①云："升自客阶，受吊于宾位，教民追孝也。未没丧，不称君，示民不争也。

故《鲁春秋》记晋丧曰：'杀其君之子奚齐，及其君卓。'以此坊民，子犹有弑其父者。"[礼记·坊记]

【注释】

①《孔疏》以此章及次章为一节。

【释义】

孔子说："丧礼在客阶升，在宾位受吊，这是教育百姓追慕祖先的孝敬。丧事未满一年，不能称君，告诉人们不要争斗。《鲁春秋》记载晋国丧事说：'杀其君之子奚齐，及其君卓。'以此来教育百姓，但仍有儿子杀害父亲的。"

【原文】

子云："孝以事君，弟以事长，示民不贰也。故君子有君不谋仕，唯卜之日称二君。丧父三年，丧君三年，示民不疑也。父母在不敢有其身，不敢私其财，示民有上下也。故天子四海之内无客礼，莫敢为主焉。故君适其臣，升自阼阶，即位于堂，示民不敢有其室也。父母在，馈献不及车马，示民不敢专也。以此坊民，民犹忘其亲而贰其君。"[礼记·坊记]

【释义】

孔子说："以孝顺之心侍奉国君，以孝悌之心侍奉兄长，这表示对国君和兄长不能有二心。所以国君的后代在国君健在时不能谋取职位，只有在占卜时才能称自己是二君。为父亲守丧三年，为国君守丧三年，表示敬重亲人和国君一样重要。父母在，不敢私爱自身，不能私藏钱财，告诉人们有尊卑之分。所以天子在四海之内没有做客之礼，天下人都不敢做主人。所以国君到大臣家里，从主阶登堂，到堂上就位，表示大臣不能私自占有房屋。父母在，子女如要送人礼物，不能送车马，表示自己不专断。以此来教育百姓，百姓仍有忘记亲人而对国君有二心的情况。"

【原文】

子云："礼之先币帛也，欲民之先事而后禄也。先财而后礼则民利，无辞而行情则民争。故君子于有馈者弗能见，则不视其馈。《易》曰：'不耕获，不菑畲，凶。'以此坊民，民犹贵禄而贱行。"[礼记·坊记]

【释义】

孔子说:"先行礼再送礼物,这是希望人们先工作而后得到俸禄。如果先送礼物而后行礼,百姓就会重利忘义,没有适当的言辞而表达情意,百姓就会争利。所以君子对送礼物的宾客不能相见,也不见他送的礼物。《易经》说:'不耕作而有收获,不割草而粮食成熟,不吉利。'以此来教育百姓,仍有人看重利禄而轻视礼节。"

【原文】

子云:"君子不尽利以遗民。《诗》云:'彼有遗秉,此有不敛穧,伊寡妇之利。'故君子仕则不稼,田则不渔,食时不力珍,大夫不坐羊,士不坐犬。《诗》云:'采葑采菲,无以下体,德音莫违,及尔同死。'以此坊民,民犹忘义而争利,以亡其身。"
[礼记·坊记]

【释义】

孔子说:"君子不过分贪图利益,以便给百姓留一部分。《诗经》说:'有剩下的稻谷,有未捆的稻子,就让寡妇去捡。'所以君子当官就不种田,种田就不打渔,不追求山珍海味,大夫无故不杀羊,士无故不杀狗。《诗经》说:'采葑采菲,不要连根拔起,善言不违背,我和你一同死。'以此来教育百姓,仍有人忘义而争利,以致身亡。"

【原文】

子云:"夫礼,坊民所淫,章民之别,使民无嫌,以为民纪者也。故男女无媒不交,无币不相见,恐男女之无别也。以此坊民,民犹有自献其身。《诗》云:'伐柯如之何?匪斧不克。取妻如之何?匪媒不得。蓺麻如之何?横从其亩。取妻如之何?必告父母。'"[礼记·坊记]

【释义】

孔子说:"礼,是用来防止人们淫乱,彰显男女有别,使人们之间没有嫌疑,以此作为遵守的纲纪。所以男女没有媒人介绍就不交往,没有聘礼就不能相见,是为了防止男女界限不清。以此教育百姓,百姓仍有私下以身相许的。《诗经》说:'砍树该如何?没有斧头不行。娶妻该如何?没有媒人不行。蓺麻该如何?要先耕种土地。娶妻该如何?要先告诉父母。'"

【原文】

子云："取妻不取同姓，以厚别也。故买妾不知其姓，则卜之。以此坊民，《鲁春秋》犹去夫人之姓曰吴，其死曰孟子卒。"［礼记·坊记］

【释义】

孔子说："娶妻不娶同姓的女子，为了加强族性的区别。所以买妾不知对方的姓氏，就找人占卜。以此教育百姓，《鲁春秋》就去掉夫人的姓只称吴，死后只称孟子卒。"

【原文】

子云："礼，非祭，男女不交爵。以此坊民，阳侯犹杀缪侯而窃其夫人。故大飨废夫人之礼。"［礼记·坊记］

【释义】

孔子说："礼，不是祭祀，男女不向宾客敬酒。以此教育人们，仍出现了阳侯杀缪侯而霸占其夫人的情况。所以大飨已经废除夫人参与敬酒的礼节。"

【原文】

子①云："寡妇之子，不有见焉，则弗友也，君子以辟远也。故朋友之交，主人不在，不有大故，则不入其门。以此坊民，民犹以色厚于德。"［礼记·坊记］

【注释】

①《孔疏》以此章及次章为一节。

【释义】

孔子说："寡妇的儿子，如果没有突出的才艺，不会与他交朋友，以避免嫌疑。所以朋友之间，如果主人不在家，如果没有重大原因就不要进入。以此教育人们，人们仍好色超过好德。"

【原文】

子云："好德如好色，诸侯不下渔色，故君子远色以为民纪。故男女授受不亲，御妇人则进左手。姑、姊妹、女子子已嫁而反,男子不与同席而坐。寡妇不夜哭。妇人疾,问之,不问其疾。以此坊民,民犹淫泆而乱于族。"[礼记·坊记]

【释义】

孔子说:"好德之心就像好色之心,诸侯不在本国中选取妻妾,所以君子应该远离女色,以此作为纲纪。所以男女之间不亲手受取物品,为妇人驾车要左手向前。已出嫁的姑姑、姐妹、外甥女回家,男子不与她们同席而坐。寡妇夜间不啼哭。妇人生病了,男子可以问候,但不能问是什么病。以此教育百姓,仍有贪淫之人淫乱族人。"

【原文】

子云:"昏礼,婿亲迎,见于舅姑,舅姑承子以授婿,恐事之违也。以此坊民,妇犹有不至者。"[礼记·坊记]

【释义】

孔子说:"婚礼,丈夫要亲自迎娶,见到岳父母,岳父母教育女子之后交给女婿,唯恐女子有违礼的情况。以此教育百姓,仍有妇人礼节不周。"

【原文】

仲尼曰:"君子中庸,小人反中庸。君子之中庸也,君子而时中;小人之中①庸也,小人而无忌惮也。"[礼记·中庸]

【注释】

①"中"上,王肃本有"反"字。

【释义】

孔子说:"君子恪守中庸之道,小人反对中庸之道。君子的中庸之道,随时处于中庸之中;小人反对中庸之道,所以肆无忌惮。"

【原文】

子曰:"中庸其至矣乎? 民鲜能久矣!"[礼记·中庸]

【释义】

孔子说:"中庸是最高境界,人们很少能坚持。"

【原文】

子曰:"道之不行也,我知之矣! 知者过之,愚者不及也。道之不明也,我知之矣! 贤者过之,不肖者不及也。人莫不饮食也,鲜能知味也。"[礼记·中庸]

【释义】

孔子说:"中庸之道不能推行,我知道了。聪明的人认为不必提倡,愚蠢的人又不知该怎么实行。中庸之道不能说明,我知道了。贤明的人认为不必阐明了,愚笨的人又不明白。人没有不吃饭的,但很少有人知道食物的滋味。"

【原文】

子曰:"道其不行矣夫!"[礼记·中庸]

【释义】

孔子说:"中庸之道不能推行吗?"

【原文】

子曰:"舜其大知也与! 舜好问而好察迩言,隐恶而扬善,执其两端用其中于民。其斯以为舜乎!"[礼记·中庸]

【释义】

孔子说:"舜是很有智慧的人。舜好问又察言观色,隐去错误的意思,发扬正确的意思,掌握了言论中的两个极端,而把中间的部分交给人们。这就是舜的为人。"

【原文】

子曰:"人皆曰予知,驱而纳诸罟擭陷阱之中,而莫之知辟也。人皆曰予知,择乎中庸而不能期月守也。"[礼记·中庸]

【释义】

孔子说:"人们都说我聪明,如果把我赶到罗网陷阱中,我也不知如何逃避。人们都说我聪明,我得到了中庸之道,但不能坚持一个月。"

【原文】

子曰:"回之为人也,择乎中庸,得一善则拳拳服膺,而弗失之矣。"[礼记·中庸]

【释义】

孔子说:"颜回的为人,恪守中庸之道,得到一点正确的思想就努力坚持,不使之丧失。"

【原文】

子曰:"天下国家可均也,爵禄可辞也,白刃可蹈也,中庸不可能也。"[礼记·中庸]

【释义】

孔子说:"天下的国家都能治理,爵位俸禄可以扔掉,刀山火海可以去,但中庸之道难以坚守。"

【原文】

子路问强,子曰:"南方之强与? 北方之强与? 抑而强与? 宽柔以教,不报无道。南方之强也,君子居之。衽金革死而不厌,北方之强也,而强者居之。故君子和而不流,强哉矫! 中立而不倚,强哉矫! 国有道,不变塞焉,强哉矫! 国无道,至死不变,强哉矫!"[礼记·中庸]

【释义】

子路问什么是坚强。孔子说:"你问的是南方人的坚强,还是北方人的坚强? 还是你自己的坚强? 宽容地教诲别人,忍受不公不想报复,这是南方人的坚强,君子据此而行。铁甲裹尸,死而不悔,这是北方人的坚强,尚武之人据此而行。所以君子与人和睦相处而不流俗,就是坚强。坚守中立,不偏不倚,就是坚强。国家有道,不改志向,就是坚强。国家无道,至死坚持操守,就是坚强。"

【原文】

子曰:"素①隐行怪,后世有述焉,吾弗为之矣。君子遵道而行,半途而废,吾弗

孔子言行典籍译注

图文珍藏版

能已矣。君子依乎中庸，遁世不见知而不悔，唯圣者能之。"君子之道费而隐，夫妇之愚可以与知焉，及其至也，虽圣人亦有所不知焉。夫妇之不肖可以能行焉，及其至也，虽圣人亦有所不能焉。天地之大也，人犹有所憾。故君子语大，天下莫能载焉，语小，天下莫能破焉。《诗》云："鸢飞戾天，鱼跃于渊。"言其上下察也。君子之道，造端乎夫妇，及其至也，察乎天地。［礼记·中庸］

【注释】

①郑注云："素"读如"傃"。朱注云："素"当作"索"。

【释义】

孔子说："探寻隐微，行为乖僻，后世有人记述这种行为，我不会这么做。君子遵循道义做事，半途而废，我不会这么做。君子遵循中庸之道，终生不为人知而不后悔，只有圣人能做到。"君子之道普通而又微妙，一般男女的智力都可以理解，但到了最高境界，圣人也不能完全悟透。一般品德的男女都可以践行，但到了最高境界，圣人也不能完全做到。天地这么大，人们还会感到有所缺憾。所以君子说大，天下每一个人能载得起。说小，天下每一个人能分得开。《诗经》说："鹰飞向天空，鱼游向深渊。"说的是天上地下都很充实。君子之道，发端于普通夫妇，到了最高境界，就充满天地间。

【原文】

子曰："道不远人，人之为道而远人，不可以为道。《诗》云：'伐柯伐柯，其则不远。'执柯以伐柯，睨而视之，犹以为远。故君子以人治人，改而止。忠恕违道不远，施诸己而不愿，亦勿施于人。君子之道四，丘未能一焉：所求乎子以事父，未能也；所求乎臣以事君，未能也；所求乎弟以事兄，未能也；所求乎朋友先施之，未能也。庸德之行，庸言之谨，有所不足，不敢不勉。有余，不敢尽。言顾行，行顾言，君子胡不慥慥尔。"君子素其位而行，不愿乎其外：素富贵行乎富贵，素贫贱行乎贫贱，素夷狄行乎夷狄，素患难行乎患难，君子无人而不自得焉。在上位不陵下，在下位不援上，正己而不求于人，则无怨。上不怨天，下不尤人，故君子居易以俟命，小人行险以徼幸。［礼记·中庸］

【释义】

孔子说："道并没有远离人，人们认为道远离人，是求不到道的。《诗经》说：

'拿着斧头去砍斧柄,斧柄就在眼前。'拿着斧头去砍斧柄,只要侧看一眼,不会遥远。所以君子以自身体会的道理去要求人,错误改正了就可以了。忠恕之道离人不远,施与自己身上不舒服的就不要施与别人身上。君子之道有四个方面,我一个方面也没做到:用要求儿子的孝道来侍奉父亲,我没做到;用要求下属的忠道来侍奉君主,我没做到;用要求弟弟的悌道来侍奉兄长,我没做到;用要求朋友的责任来对待朋友,我没做到。我只按平常的道德行事;用平常的言语说话,因为自身尚有不足,所以不敢不勉励自己。如果有余力,不敢不尽力。言语顾及行动,行动顾及言语,所以君子没有不真诚的。"君子按照他的位置行事;而不愿意参照他位置以外的条件:本来是富贵的,就按照富贵的条件行事;本来是贫贱的,就按照贫贱的条件行事,本来处于夷狄之中,就按照夷狄的条件行事;本来处于患难之中,就按照患难的条件行事,君子没有不按照自己的要求行事的。在上位的不欺负下属,在下位的不攀援上级,自己行为端正就不用要求别人,这样就没有怨恨了。上不怨天,下不尤人,所以君子在平易之中等待时机,小人铤而走险希望侥幸成功。

【原文】

子曰:"射有似乎君子:失诸正鹄,反求诸其身。"君子之道,辟如行远必自迩,辟如登高必自卑。《诗》曰:"妻子好合,如鼓瑟琴。兄弟既翕,和乐且耽。宜尔室家,乐尔妻帑。"子曰:"父母其顺矣乎!"[礼记·中庸]

【释义】

孔子说:"射箭有点像君子之行:没有射中,返回来检查自身。"君子之道,像走远路,必须从近处开始,像爬高山,必须从低处开始。《诗经》说:"夫妻好合,如琴瑟般和谐。兄弟和谐,欢乐融洽。使你的家庭舒适,使你的妻儿欢乐。"孔子说:"父母就顺心了。"

【原文】

子曰:"鬼神之为德,其盛矣乎。视之而弗见,听之而弗闻,体物而不可遗。使天下之人齐明盛服,以承祭祀,洋洋乎如在其上,如在其左右。《诗》曰:'神之格思,不可度思,矧可射思。'夫微之显,诚之不可掩如此夫。"[礼记·中庸]

【释义】

孔子说:"鬼神的德行,太盛大了。用眼睛看不见,用耳朵听不到,但体现在事物中又无处不在。使天下人准备了祭品，穿上礼服来祭祀，洋洋大观，好像鬼神就在头上，就在左右。《诗经》说：'鬼神的来去，不可捉摸，怎么能不恭敬呢。'事物从隐微到明显，人们的真情实感也是掩盖不住的。"

【原文】

子曰："舜其大孝也与！德为圣人，尊为天子，富有四海之内，宗庙飨之，子孙保之。故大德必得其位，必得其禄，必得其名，必得其寿。故天之生物，必因其材而笃焉。故栽者培之，倾者覆之。《诗》曰：'嘉乐君子，宪宪令德。宜民宜人，受禄于天。保佑命之，自天申之。'故大德者必受命。"[礼记·中庸]

【释义】

孔子说："舜真是大孝。德行堪称圣人，贵为天子，四海之内，人们修建宗庙祭祀他，子孙后代怀念他。所以大德之人会得到应有的地位，应有的俸禄，应有的名声，应有的寿命。所以天地万物，一定因其材而给予补养。所以可栽的培育它，倒下的埋掉它。《诗经》说：'崇高的君子，有着美好的品德。有利于人民，受禄于天。保佑他、任命他，上天会赐福。'所以大德之人一定会受命担负重任。"

【原文】

子曰："无忧者，其唯文王乎！以王季为父，以武王为子，父作之，子述之。武王缵大王、王季、文王之绪，壹戎衣而有天下，身不失天下之显名，尊为天子，富有四海之内，宗庙飨之，子孙保之。武王末受命，周公成文武之德，追王大王、王季，上祀先公以天子之礼。斯礼也，达乎诸侯大夫及士庶人。父为大夫，子为士，葬以大夫，祭以士。父为士，子为大夫，葬以士，祭以大夫。期之丧，达乎大夫。三年之丧，达乎天子。父母之丧无贵贱，一也。"[礼记·中庸]

【释义】

孔子说："没有忧患的人，只有文王了。有王季做父亲，有武王做儿子，父亲创业，儿子继承。武王继承了大王、王季、文王的事业，穿着戎衣就有了天下，得到了显耀天下的美名，尊为天子，四海之内，人们修建宗庙祭祀他，子孙后代怀念他。武王晚年接受命令，周公继承文王、武王的德行，追认大王、王季为王，以天子之礼祭祀他们。这一礼制，贯彻到诸侯、大夫及士、庶人。父亲为大夫，儿子为士，那么以士之礼安葬，以大夫之礼祭祀。到了周年，执行大夫的标准。三年之丧，天子也得服。因为父母治丧没有贵贱之分,是一样的。"

【原文】

子曰:"武王、周公,其达孝矣乎!夫孝者,善继人之志,善述人之事者也。春秋修其祖庙,陈其宗器,设其裳衣,荐其时食。宗庙之礼,所以序昭穆也。序爵,所以辨贵贱也。序事,所以辨贤也。旅酬下为上,所以逮贱也。燕毛,所以序齿也。践其位,行其礼,奏其乐,敬其所尊,爱其所亲,事死如事生,事亡如事存,孝之至也。郊社之礼,所以事上帝也,宗庙之礼,所以祀乎其先也。明乎郊社之礼,禘尝之义,治国其如示诸掌乎?"[礼记·中庸]

【释义】

孔子说:"武王、周公多通晓孝道!孝道,在于善于继承先人的志向,完成先人未完成的事业。春秋时祭祀祖庙,陈列先人的器物,摆设先人的衣物,供奉四时的食物。宗庙之礼,在于辨别昭穆的顺序。排列爵位,是为了分辨贵贱。分配职事,是为了分辨贤明。众人依次敬酒,表明上下之分。祭祀后的饮酒,以年龄为序。祭祀后,按照自己的位次,行该行之礼,奏该奏之乐,敬所尊之人,爱护所亲之人,侍奉死者像侍奉生者,侍奉亡人像侍奉生人,这是孝的极致。郊社之礼是为了纪念上天,宗庙之礼是为了祭祀祖先。明白了郊社之礼和禘尝之义,治理国家不就像看自己的手掌一样容易吗?"

【原文】

哀公问政,子曰:"文武之政,布在方策。其人存,则其政举;其人亡,则其政息。人道敏政,地道敏树。夫政也者,蒲卢也。故为政在人,取人以身,修身以道,修道以仁。仁者人也,亲亲为大。义者宜也,尊贤为大。亲亲之杀,尊贤之等,礼所生也。在[1]下位不获乎上,民不可得而治矣。故君子不可以不修身,思修身,不可以不事亲;思事亲,不可以不知人;思知人,不可以不知天。天下之达道五,所以行之者三。曰君臣也,父子也,夫妇也,昆弟也,朋友之交也,五者天下之达道也。知、仁、勇三者,天下之达德也,所以行之者一也。或生而知之,或学而知之,或困而知之,及其知之一也。或安而行之,或利而行之,或勉强而行之,及其成功一也。"[礼记·中庸]

【注释】

①郑注云：此句(在下位以下十四字)在下误重在此。

【释义】

哀公询问为政之道。孔子说："文王武王的情况，都写在书上。这样的人存在，那种政治就存在。这样的人消亡了，那种政治就消失了。人对于政治的敏感，好像土地对于树的敏感。政治，就像地上的蒲卢。所以为政在于人，要从自身开始自省，以道修身，以任修道。仁就是人，以敬爱自己的亲人为最根本的法则。义就是适宜，以尊重贤者为最根本的法则，从敬爱自己的亲人出发，向四周逐渐减少，尊重贤者也根据对象而有差别，这就是礼产生的根源。处在下位的人如果得不到上级的信任，百姓就不可能治理好。所以君子不能不修身，想修养自身，不能不侍奉亲人；想侍奉亲人，不能不了解人；想了解人，不能不懂得天。天下最根本的关系有五种，其中使人际关系和谐的道德有三种。君臣、父子、夫妇、兄弟、朋友之间的关系，是最根本的五种关系。智慧、仁爱、勇敢，是最根本的三项道德，用来协调人际关系。有些人生来就懂得这些道理，有些人通过学习懂得，有些人通过克服困难懂得，但懂得的都是一样的。有些人是发自内心去实行，有些人是因为利益去实行，有些人则是勉强去实行，但获得的成功是一样的。"

【原文】

子①曰："好学近乎知，力行近乎仁，知耻近乎勇。知斯三者，则知所以修身，知所以修身，则知所以治人，知所以治人，则知所以治天下国家矣。凡为天下国家有九经，曰修身也，尊贤也，亲亲也，敬大臣也，体群臣也，子庶民也，来百工也，柔远人也，怀诸侯也。修身则道立，尊贤则不惑，亲亲则诸父昆弟不怨，敬大臣则不眩，体群臣则士之报礼重，子庶民则百姓劝，来百工则财用足，柔远人则四方归之，怀诸侯则天下畏之。齐明盛服，非礼不动，所以修身也。去谗远色，贱货而贵德，所以劝贤也。尊其位，重其禄，同其好恶，所以劝亲亲也。官盛任使，所以劝大臣也。忠信重禄，所以劝士也。时使薄敛，所以劝百姓也。日省月试，既禀称事，所以劝百工也。送往迎来，嘉善而矜不能，所以柔远人也。继绝世，举废国，治乱持危，朝聘以时，厚往而薄来，所以怀诸侯也。凡为天下国家有九经，所以行之者一也。凡事豫则立，不豫则废。言前定则不跲，事前定则不困，行前定则不疚，道前定则不穷。在下位不获乎上，民不可得而治矣。获乎上有道，不信乎朋友，不获乎上矣。信乎朋友有道,不顺乎亲,不信乎朋友矣。顺乎亲有道,反诸身不诚,不顺乎亲矣。诚身有道,不明乎善,不诚乎身矣。诚者,天之道也;诚之者,人之道也。诚者不勉而中,不思而得,从容中道,圣人也。诚之者,择善而固执之者也。博学之,审问之,慎思之,明辨之,笃行之。有弗学,学之弗能弗措也;有弗问,问之弗知弗措也;有弗思,思之弗得弗措也;有弗辨,辨之弗明弗措也;有弗行,行之弗笃弗措也。人一能之,己百之,人十能之,己千之。果能此道矣,虽愚必明,虽柔必强。"自诚明,谓之性,自明诚,谓之教。诚则明矣,明则诚矣。唯天下至诚,为能尽其性;能尽其性,则能尽人之性;能尽人之性,则能尽物之性;能尽物之性,则可以赞天地之化育;可以赞天地之化育,则可以与天地参矣。其次致曲。曲能有诚,诚则形,形则著,著则明,明则动,动则变,变则化。唯天下至诚为能化。至诚之道可以前知。国家将兴,必有祯祥;国家将亡,必有妖孽。见乎蓍龟,动乎四体。祸福将至,善必先知之,不善必先知之。故至诚如神。诚者自成也,而道自道也。诚者物之终始,不诚无物。是故君子诚之为贵。诚者,非自成己而已也,所以成物也。成己,仁也;成物,知也。性之德也,合外内之道也。故时措之宜也。故至诚无息,不息则久,久则征,征则悠远,悠远则博厚,博厚则高明。博厚所以载物也,高明所以覆物也,悠久所以成物也。博厚配地,高明配天,悠久无疆。如此者不见而章,不动而变,无为而成。天地之道,可一言而尽也:其为物不贰,则其生物不测。天地之道,博也,厚也,高也,明也,悠也,久也。今夫天,斯昭昭之多,及其无穷也,日月星辰系焉,万物覆焉。今夫地,一撮土之多,及其广大,载华岳而不重,振河海而不泄,万物载焉。今夫山,一拳石之多,及其广大,草木生之,禽兽居之,宝藏兴焉。今夫水,一勺之多,及其不测,鼋鼍蛟龙鱼鳖生焉,货财殖焉。《诗》曰:"惟天之命,于穆不已。"盖曰天之所以为天也。"于乎不显,文王之德之纯",盖曰文王之所以为文也,纯亦不已。大哉圣人之道! 洋洋乎发育万物,峻极于天。优优大哉,礼仪三百,威仪三千,待其人然后行。故曰:"苟不至德,至道不凝焉。"故君子尊德性而道问学,致广大而尽精微,极高明而道中庸,温故而知新,敦厚以崇礼。是故居上不骄,为下不倍。国有道,其言足以兴,国无道,其默足以容。《诗》曰:"既明且哲,以保其身。"其此之谓与。[礼记·中庸]

【注释】

①《孔疏》云:前文(七四六)夫子答哀公为政须修身、知人、行五道三德之事,此以下夫子更为哀公广说修身治天下之道有九种常行之事,又明修身在于至诚,若能至诚,所以赞天地动蓍龟也,博厚配地,高明配天。

【释义】

孔子说:"努力学习就近乎智,身体力行就近乎仁,懂得耻辱就近乎勇。知道这三者,就懂得了如何修养自身,知道如何修养自身,就知道如何治理别人,知道如何治理别人,就知道如何治理天下或国家了。凡是治理天下或国家,有九项基本原则,分别是修养自身,尊重贤者,孝敬亲人,尊敬大臣,体恤群臣,爱护百姓,招徕百工,怀柔远人,安抚诸侯。修养自身那么道德就能树立,尊重贤者就不会迷惑,孝敬亲人叔父兄弟就不会怨恨,尊敬大臣就不会被迷惑,体恤群臣那士人就能倾力回报,爱护百姓就能使百姓受鼓舞,招徕百工就能使钱财充足,怀柔远人那四方就会来归附,安抚诸侯就能使天下敬畏。祭器干净,祭服华丽,不符合礼节就不行动,这样才能修养自身。远离谗言和美色,看轻财物看重品德,这样才能尊重贤者。尊重亲人的地位,看重他的俸禄,与亲人同好恶,这样才能孝敬亲人。官员众多而能各司其职,这样才能尊敬大臣。提倡忠信,加大俸禄,这样才能体恤群臣。使民于时,减轻税赋,这样才能爱护百姓。经常巡视不断考察,使供给的粮食充足,这样才能招徕百工。迎接来者,送别归者,奖励善行,同情不幸,这样才能怀柔远人。使绝世延续,使国家复兴,治理乱世扶持危亡,按时上朝,待人厚道而取人微薄,这样才能安抚诸侯。凡治理国家有九项原则,可以成功执行的只有一个原则。凡事有准备就能成功,没有准备就会失败。说话有准备就不会失言,办事前有准备就不会有困难,行动前有准备就不会忧虑,预先有道德修养就不会行不通。处在下位的人如果得不到上级的信任,百姓就不可能治理好。得到上级的信任有方法,不能获得朋友的信任,就不能得到上级的信任。得到朋友的信任有方法,不能孝敬父母,就不能得到朋友的信任。孝敬父母有方法,如果反躬自省没有诚意,就不能孝敬父母。反躬自省有方法,不明白善的真义,就不能反躬自省。诚,是上天的道,达到诚,是人要遵循的道。诚,不努力就能符合,不思考就能达到,从容自在而合乎中庸之道,这就是圣人。要达到诚,就要选择善并始终坚持。广博地学习,审慎地提问,慎重地思考,清楚地辨识,笃实地践行。要么不学习,学习而未能领悟就不放下;要么不提问,提问而未懂就不放下;要么不思考,思考而未通就不放下;要么不辨识,辨识不清就不放下;要么不践行,践行不坚持就不放下。别人一次能成功,我用一百次,别人十次能成功,我用一千次。如果能这样,即使愚昧的人也能变聪明,柔弱的人也能变刚强。"从至诚达到聪明,是天性,从聪明达到至诚,是教育。至诚就能聪明,聪明就能至诚。天下只有至诚,才能呈现天地的本性;使天地呈现本性,才能使人呈现本性;使人呈现本性,才能使万物呈现本性;使万物呈现本性,才能帮助天地孵化万物;可以帮助天地孵化万物,才能与天地并列。其次是推究人事。人事中有至诚,至诚必然形之于外,形之于外就会显著突出,显著突出就会引人注目,引人注目就会感动万物,感动万物就会引起变化,引起变化就会使万物化育。只有至诚才能使万物化育。至诚之道可以预知。国家将要复兴,一定有好的兆头;国家将要灭亡,一定有坏的迹象。这些征兆,能从占卜中得知,也能从人的举止中察知。祸福将至,好的一定能预知,坏的也能预知。所以,至诚之道有如神灵。诚是自己完成,道是理所当然。诚体现在万物的始终。不诚就没有万物。所以以诚为贵。诚,不仅仅是自己完成自己,还要完成万物。完成自己,是仁,完成万物,是智。天性的原理要符合内外的常理。所以要把握合宜的分寸。所以至诚生生不息,不息就会长久,长久就会显现,显现就会永存,永存就会博厚,博厚就会高明。博厚可以载物,高明可以覆物,长久可以成物。博厚合乎天,高明合乎地,悠久没有界限。这样就在无形中显现,在不动中变化,在无为中生成。天地之道也可以用一句话概括:成物始终为一,生物变幻莫测。天地之道,博大,宽厚,高远,光明,悠久,长远。天,多么光明,推至无穷,日月星辰悬挂其下,万物在它的覆盖之下。地,一撮土不多,推至广大,载着山岳不觉得重,容纳河海不泄露,承载着万物。山,一块石头不算多,推至广大,草木在上生长,禽兽在此居住,宝藏藏于其中。水,一勺水不算多,推至无穷,鼋鼍蛟龙鱼鳖生活其中,财宝货物藏于其中。《诗经》说:"上天之命,光辉而生生不息。"这是说天之所以为天。"多么显耀,文王的道德多么纯粹",这是说文王之所以为文,就在于纯粹。圣人之道真是伟大!广大无边孕育万物,又高耸入云。宽广舒适,礼仪、威仪规范盛大,等待人们去践行。所以说:"如果没有德行,再好的道理也没法实现。"所以君子尊重德行,提倡努力学习,涉猎广泛又要专研精微,非常高明又推崇中庸,温习旧的学习新的,敦厚又推崇礼节。所以居上位不骄傲,居下位不违背。国家有道,其言论可以振兴国家,国家无道,其沉默可以保存自身。《诗经》说:"既明事理又懂哲理,才能保存自身。"说的就是这个道理。

【原文】

子曰:"愚而好自用,贱而好自专,生乎今之世,反古之道,如此者,灾及其身者也。"非天子不议礼,不制度,不考文。今天下车同轨,书同文,行同伦。虽有其位,苟无其德,不敢作礼乐焉。虽有其德,苟无其位,亦不敢作礼乐焉。[礼记·中庸]

孔子说:"愚昧又刚愎自用,贫贱又专横独断,生活在现在,又想复原古代之道,这样的人,灾祸就要降临到他头上。"不是天子,就不议论礼制,不制定制度,不考究文字。现在天下车轮的轨道相同,书写的文字相同,行为准则相同。虽然有天子之位,如果没有德行。就不敢制作礼乐。虽然有德行,如果没有天子之位,也不敢制作礼乐。

【原文】

子曰:"吾说夏礼,杞不足征也。吾学殷礼,有宋存焉。吾学周礼,今用之,吾从周。"王天下有三重焉,其寡过乎。上焉者,虽善无征,无征不信,不信民弗从。下焉者,虽善不尊,不尊不信,不信民弗从。故君子之道,本诸身,征诸庶民,考诸三王而不缪,建诸天地而不悖,质诸鬼神而无疑,百世以俟圣人而不惑。质诸鬼神而无疑,知天也;百世以俟圣人而不惑,知人也。是故君子动而世为天下道,行而世为天下法,言而世为天下则。远之则有望,近之则不厌。《诗》曰:"在彼无恶,在此无射。庶几夙夜,以永终誉。"君子未有不如此,而蚤有誉于天下者也。[礼记·中庸]

【释义】

孔子说:"我想讲夏礼,但杞国不能考察。我想学殷礼,只有宋国可以考证。我学习周礼,现在用的正是周礼,所以我遵从周礼。"治理天下要注意三件事,可以少犯错误。以前的礼制,虽然好但没有考证,没有考证就不能令人信服,不能令人信服人们就不会遵从。后代的礼制,虽然好但没有威信,没有威信就不能令人信服,不能令人信服人们就不会遵从。所以君子之道,一定要从自身出发,从人们身上体验,对照三王的制度而不违背,施行天下而不混乱,祭祀鬼神而不怀疑,这样百世以后的圣人也不会迷惑。祭祀鬼神而不怀疑,这是知天;百世以后的圣人也不会迷惑,这是知人。所以君子的举动为天下人称道,行为作为天下人的准则。远离时人们尊敬,靠近时人们也不讨厌。《诗经》说:"在远处不嫌弃,在近处不讨厌。早晨晚上一样,名声永远流传。"君子没有不如此而能闻名天下的。

【原文】

仲尼祖述尧舜,宪章文武,上律天时,下袭水土。辟如天地之无不持载,无不覆帱,辟如四时之错行,如日月之代明。万物并育而不相害,道并行而不相悖。小德川流,大德敦化,此天地之所以为大也。唯天下至圣为能聪明睿知,足以有临也;宽裕温柔,足以有容也;发强刚毅,足以有执也;齐庄中正,足以有敬也;文理密察,足以有别也。溥博渊泉,而时出之。溥博如天,渊泉如渊,见而民莫不敬,言而民莫不信,行而民莫不说。是以声名洋溢乎中国,施及蛮貊。舟车所至,人力所通,天之所覆,地之所载,日月所照,霜露所

尧

队,凡有血气者,莫不尊亲。故曰配天。唯天下至诚,为能经纶天下之大经,立天下之大本,知天地之化育,夫焉有所倚。肫肫其仁,渊渊其渊,浩浩其天,苟不固聪明圣知达天德者,其孰能知之?《诗》曰:"衣锦尚絅。"恶其文之著也。故君子之道,暗然而日章;小人之道,的然而日亡。君子之道,淡而不厌,简而文,温而理,知远之近,知风之自,知微之显,可与入德矣。《诗》云:"潜虽伏矣,亦孔之昭。"故君子内省不疚,无恶于志,君子所不可及者,其唯人之所不见乎。《诗》云:"相在尔室,尚不愧于屋漏。"故君子不动而敬,不言而信。《诗》曰:"奏假无言,时靡有争。"是故君子不赏而民劝,不怒而民威于鈇钺。《诗》曰:"不显惟德,百辟其刑之。"是故君子笃恭而天下平。《诗》曰:"予怀明德,不大声以色。"[礼记·中庸]

【释义】

孔子继承尧舜传统,遵循文武之道,上效法天时,下顺应水土。正如天地无不承载于其上,无不覆盖于其下,正如四季循环,日月交替。万物一起生长而不相互伤害,大道并行而不相互违背。小德如川流,大德孕育万物,这是天地为大的原因。只有天下最圣明的人才能聪明睿智,才能居于上位;宽容温柔,可以容纳万物;刚强坚毅,可以做事果断;恭敬庄重,可以做事认真;条理分明,可以分辨一切。犹如泉水,经常涌出。宽广如天,深沉如渊。一出现,人们没有不尊敬的,说的话人们没有不相信的,举止行为人们没有不高兴的。所以名望遍及中国,影响蛮夷。舟车所到之处,人力能通达的地方,天覆盖的地方,地承载的区域,日月照耀的地方,霜露落下的地方,凡是有人的地方,没有不尊敬的,所以说圣人可以配天。只有天下至诚之人,才能把握天下命脉,树立天下的根本,知道天地的化育,使治理天下有所依据。总是诚诚恳恳显示仁德,深沉如深渊,浩荡如上天。如果不是聪明而能通达上

天之德的人，谁能知道呢？《诗经》说："穿着锦缎加外衣。"这是担心锦缎太耀眼。所以君子之道，隐微而彰显；小人之道，耀眼而消亡。君子之道，平淡而不厌倦，简单而有才华，温和而正直，懂得遥远源于近处，知道风的来源，知道显著的隐微，这就懂得德行了。《诗经》说："虽然潜伏，但很明显。"所以君子自我反省而不内疚，无愧于自己的操守，君子让人不能及的地方，就在于人们看不到的地方。《诗经》说："看你的家里，尚无愧于角落。"所以君子不行动而能获得尊敬，不说话而能获得信任。《诗经》说："祖先默默，子孙肃静。"所以君子不加赞赏而百姓勤奋，不发怒而百姓生畏。《诗经》说："君子之道不显，天下君王都效法。"所以君子笃实谦恭而天下太平。《诗经》说："我光明磊落，说话声音不大，神情不严厉。"

【原文】

子曰："声色之于以化民，末也。"《诗》曰："德輶如毛，毛犹有伦。""上天之载，无声无臭。"至矣。[礼记·中庸]

【释义】

孔子说："声色严厉地教育百姓，这是最坏的做法。"《诗经》说："以德服人，轻而易举，轻如毛发，尚可比对。""上天承载万物，无声无息。"这是至高的道理。

【原文】

子言之："归乎！君子隐而显，不矜而庄，不厉而威，不言而信。"[礼记·表记]

【释义】

孔子说："回来吧！君子隐微而外显，不矜持而庄重，不严厉而有威信，不说话而有诚信。"

【原文】

子曰："君子不失足于人，不失色于人，不失口于人。是故君子貌足畏也，色足惮也，言足信也。《甫刑》曰：'敬忌而罔有，择言在躬。'"[礼记·表记]

【释义】

孔子说："君子举止不失态，神色不失态，说话不失态。所以君子容貌使人畏惧，神色让人忌惮，言语让人信服。《甫刑》说：'严肃恭敬，自身没有不足。'"

【原文】

子曰:"裼袭之不相因也,欲民之毋相渎也。"[礼记·表记]

【释义】

孔子说:"对于不同的人,裼和袭不能不变化,这是让人们不能轻慢。"

【原文】

子曰:"祭极敬,不继之以乐;朝极辨,不继之以倦。"[礼记·表记]

【释义】

孔子说:"祭祀恭敬,饮酒但不作乐。治理朝事,不能因疲倦而疏忽。"

【原文】

子曰:"君子慎以辟祸,笃以不掩,恭以远耻。"[礼记·表记]

【释义】

孔子说:"君子行为谨慎以避免祸患,笃实厚道以避免窘迫,恭敬以远离耻辱。"

【原文】

子曰:"君子庄敬日强,安肆日偷,君子不以一日使其躬傶焉,不终日。"[礼记·表记]

【释义】

孔子说:"君子庄重恭敬才能日日进步,安逸放肆就会退步,君子一天也不能让自己散漫,以致像小人一样惶惶不可终日。"

【原文】

子曰:"齐戒以事鬼神,择日月以见君,恐民之不敬也。"[礼记·表记]

【释义】

孔子说:"以齐戒祭祀鬼神,选择时间会见国君,这是为了防止人们不恭敬。"

【原文】

子曰:"狎侮死焉,而不畏也。"[礼记·表记]

【释义】

孔子说:"有人因狎戏轻侮而死,但并不觉得害怕。"

【原文】

子曰:"无辞不相接也,无礼不相见也,欲民之毋相亵也。《易》曰:'初筮告,再三渎,渎则不告。'"[礼记·表记]

【释义】

孔子说:"没有言辞不想接,没有礼节不想见,这是要使人们不要相互亵渎。《易经》说:'初次占卜就告诉,如果再三占卜,就不会告诉。'"

【原文】

子言之:"仁者,天下之表也,义者,天下之制也,报者,天下之利也。"[礼记·表记]

【释义】

孔子说:"仁,是天下的典范,义,是天下事物的标准,德怨之报,是天下的利益。"

【原文】

子曰:"以德报德,则民有所劝;以怨报怨,则民有所惩。《诗》曰:'无言不仇,无德不报。'《大甲》曰:'民非后,无能胥以宁。后非民,无以辟四方。'"[礼记·表记]

【释义】

孔子说:"以怨报德,人们就会相互勉励规劝。以德报怨,人们就会感到畏惧。《诗经》说:'说话有对象,好事有回报。'《大甲》说:'人民没有国君,就不会安宁;国君没有人民,也就无法开辟四方。'"

【原文】

子曰:"以德报怨,则宽身之仁也;以怨报德,则刑戮之民也。"[礼记·表记]

【释义】

孔子说:"以德报怨,是宽厚的仁者;以怨报德,是刑戮的小人。"

【原文】

子曰:"无欲而好仁者,无畏而恶不仁者。天下一人而已矣,是故君子议道自己,而置法以民。"[礼记·表记]

【释义】

孔子说:"没有欲望而好行仁德的人,无所畏惧,厌恶不行仁德的人。这种人天下很少。所以君子讨论仁德从自身出发,设置法规从百姓出发。"

【原文】

子曰:"仁有三,与仁同功而异情。与仁同功,其仁未可知也;与仁同过,然后其仁可知也。仁者安仁,知者利仁,畏罪者强仁。仁者右也,道者左也。仁者人也,道者义也。厚于仁者薄于义,亲而不尊。厚于义者薄于仁,尊而不亲。道有至,义有考。至道以王,义道以霸,考道以为无失。"[礼记·表记]

【释义】

孔子说:"仁有三种情况,效果相同心情不同。从效果看,行仁的心情不容易区分;但从人们忽视的地方看,行仁的心情就可以区分。有仁德的人,安于行仁,有智慧的人,懂得行仁,害怕惩罚的人勉强行仁。仁像右手,使用起来很顺利,道像左手,使用起来不太顺利。仁就是人,道就是义。厚于仁而薄于义,就会表现为仁爱而缺少尊敬。厚于义而薄于仁,就表现为尊敬而缺少仁爱。道有最高,义有考察。最高的道是王者,合适的道可以成为诸侯,考察之道可以没有过失。"

【原文】

子言之:"仁有数,义有长短小大。中心憯怛,爱人之仁也;率法而强之,资仁者也。《诗》云:'丰水有芑,武王岂不仕。诒厥孙谋,必燕翼子。武王烝哉。'数世之

人也。《国风》曰：'我今不阅，皇恤我后。'终身之仁也。"〔礼记·表记〕

【释义】

孔子说："仁有深浅，道有长短大小。心怀悲天悯人之情，是爱人之仁；徇法而强为之，是取资之仁。《诗经》说：'水芹长满丰水旁，武王岂是无事忙？传下谋略为子孙，保佑后代享国长。武王真是好君王！'这是数代的仁。《国风》说：'我尚不能被收容，哪里能为后代担忧呢。'这是一代的仁。"

【原文】

子曰："仁之为器重，其为道远，举者莫能胜也，行者莫能致也。取数多者，仁也。夫勉于仁者不亦难乎？是故君子以义度人，则难为人；以人望人，则贤者可知已矣。"〔礼记·表记〕

【释义】

孔子说："仁好像一件器物，也好像一条道路，想举起这个器物，没人能做到。想走完这条路，没人能达到。谁举到最终，走的最远，谁就是仁者。勉强为仁，不是很难吗？所以君子用仁的标准来看人，世人就难以称为人。以人的标准来看人，贤者就容易找到。"

【原文】

子曰："中心安仁者，天下一人而已矣。《大雅》曰：'德辅如毛，民鲜克举之。我仪图之，惟仲山甫举之，爱莫助之。'《小雅》曰：'高山仰止，景行行止。'"子①曰："《诗》之好仁如此，乡道而行，中道而废，忘身之老也。不知年数之不足，俛焉日有孳孳，毙而后已。"〔礼记·表记〕

【注释】

①"子曰"二字恐衍。

【释义】

孔子说："内心安于仁德的人，天下很少。《大雅》说：'仁德轻如毛，人们举不起。我认为只有仲山甫能举起来，但人们却爱莫能助。'《小雅》说：'高山为人们所敬仰，大路为人们所共行。'"孔子说："《诗经》是那么爱好仁德，向着大路向前，中途而废，忘了自己已老。不计较还有多少岁月，尽力行仁，死而后已。"

【原文】

子曰："仁之难成久矣。人人失其所好，故仁者之过易辞也。"［礼记·表记］

【释义】

孔子说："行仁很难由来已久。人们失去了美好的天性，所以仁者的过失容易被谅解。"

【原文】

子曰："恭近礼，俭近仁，信近情。敬让以行，此虽有过，其不甚矣。夫恭寡过，情可信，俭易容也，以此失之者，不亦鲜乎？《诗》曰：'温温恭人，惟德之基。'"［礼记·表记］

【释义】

孔子说："恭敬近乎礼，简朴近乎仁，诚信近乎人情。以谦让待人，即使有过失也不会太重。恭敬就会减少差错，近人情可以让人信任，简朴可以使人可容，这种人犯错误很少。《诗经》说：'温和谦恭，是仁德的基础。'"

【原文】

子曰："仁之难成久矣！唯君子能之。是故君子不以其所能者病人，不以人之所不能者愧人。是故圣人之制行也，不制以己，使民有所劝勉愧耻，以行其言，礼以节之，信以结之，容貌以文之，衣服以移之，朋友以极之，欲民之有壹也。《小雅》曰：'不愧于人，不畏于天。'是故君子服其服，则文以君子之容；有其容，则文以君子之辞；遂其辞，则实以君子之德。是故君子耻服其服而无其容，耻有其容而无其辞，耻有其辞而无其德，耻有其德而无其行。是故君子衰绖则有哀色，端冕则有敬色，甲胄则有不可辱之色。《诗》云：'惟鹈在梁，不濡其翼。彼记之子，不称其服。'"［礼记·表记］

【释义】

孔子说："行仁难有成就由来已久。只有君子才能做到。所以君子不以自己所能来责备别人，不以自己所不能去嘲笑别人。所以君子规范人们的行为，不是以自己的行为规范别人,而是让人们自勉,懂得羞耻,用行动来实现自己的诺言,用礼制来调节,用诚信相联系,用容貌来文饰,用衣服来改变,用朋友来团结,使人们一心向善。《小雅》说:'对人不愧疚,对天不畏惧。'所以君子穿着君子的衣服,以君子的仪容来配合;有了仪容,再以君子的言辞来修饰;有了言辞,再以君子的德行来充实。所以君子以穿着君子的衣服而无君子的仪容为耻,以有君子的仪容而无君子的言辞为耻,以有君子的言辞而无君子的德行为耻,以有君子的德行而无君子的行为为耻。所以君子穿上丧服有哀色,穿上礼服有敬色,穿上甲胄有不可辱之色。《诗经》说:'鹈鹕在石梁上,不弄湿羽毛。穿着君子衣服的人,德行与衣服不相称。'"

【原文】

子言之:"君子之所谓义者,贵贱皆有事于天下。天子亲耕,粢盛秬鬯,以事上帝,故诸侯勤以辅事于天子。"〔礼记·表记〕

【释义】

孔子说:"君子所谓的义,就是无论贵贱都要做本分的事。天子亲自耕种,把自己种的粮食做成酒,祭祀上天和祖先,所以诸侯尽力辅佐天子。"

【原文】

子曰:"下之事上也,虽有庇民之大德,不敢有君民之心,仁之厚也。是故君子恭俭以求役仁,信让以求役礼,不自尚其事,不自尊其身,俭于位而寡于欲,让于贤,卑己而尊人,小心而畏义。求以事君,得之自是,不得自是,以听天命。《诗》云:'莫莫葛藟,施于修枝。凯弟君子,求福不回。'其舜、禹、文王、周公之谓与?有君民之大德,有事君之小心。《诗》云:'惟此文王,小心翼翼,昭事上帝,聿怀多福。厥德不回,以受方国。'"〔礼记·表记〕

【释义】

孔子说:"居下位的人侍奉上位的人,下位的人即使有庇护百姓的大德,也不能有成为国君之心,这是仁德的表现。所以君子恭敬节俭以求行仁,诚信谦让以求行礼,不自我夸大,不吹嘘自己,在位节俭,减少欲望,让位给贤人,贬低自己尊重他人,做事小心而畏惧仁义。以此来事君,得意时是这样,失意时也是这样,以听从天命。《诗经》说:'茂盛的葛藟,树枝四处生长。平和的君子,一心求善行。'这是说

舜、禹、文王、周公吧？他们有治理天下的大德,有侍奉君主的小心。《诗经》说:
'只有文王,小心翼翼,侍奉上天,祈求多福。修炼品德,得到其他国家的拥护。'"

【原文】

子曰:"先王谥以尊名,节以壹惠,耻名之浮于行也。是故君子不自大其事,不
自尚其功,以求处情;过行弗率,以求处厚;彰人之善而美人之功,以求下贤。是故
君子虽自卑,而民敬尊之。"[礼记·表记]

【释义】

孔子说:"先王用谥号来概括一生的功德,为了使名声得到尊重,以名声超过德
行为耻。所以君子不夸大自己,不夸耀自己的功德,力求符合实情;不做出过分的
行为,力求处世厚道;表彰别人的善行,夸奖别人的行为,以得到贤人。所以君子虽
然处世低调,但百姓仍敬重他。"

【原文】

子曰:"后稷天下之为烈也,岂一手一足哉？唯欲行之浮于名也,故自谓便
人。"[礼记·表记]

【释义】

孔子说:"后稷是天下功业的创造者,不是一只手、一只足所能达到的。他只想
让功德超过名声,所以自称为便人。"

【原文】

子言之:"君子之所谓仁者,其难乎!《诗》云:'凯弟君子,民之父母。'凯以强
教之,弟以说安之。乐而毋荒,有礼而亲,威庄而安,孝慈而敬,使民有父之尊,有母
之亲。如此而后可以为民父母矣。非至德其孰能如此乎？今父之亲子也,亲贤而
下无能;母之亲子也,贤则亲之,无能则怜之。母亲而不尊,父尊而不亲。水之于民
也,亲而不尊,火尊而不亲;土之于民也,亲而不尊,天尊而不亲;命之于民也,亲而
不尊,鬼尊而不亲。"[礼记·表记]

【释义】

孔子说:"君子所说的仁,很难做到。《诗经》说:'和乐的君子,是民之父母。'

凯是以自强的精神教育人们,悌是以和乐的态度安抚人们。欢乐而不荒废事业,礼貌而相互亲近,威严而又安静,孝顺而又尊敬,使人们有父亲的尊严,母亲的亲和。这样才能成为人们的父母。如果没有崇高的德行,谁能做到这一点呢? 现在的父亲,亲近贤能的儿子而贬低无能的儿子;母亲则是亲近贤能的儿子,而怜惜无能的儿子。母亲有亲情而无尊严,父亲有尊严而无亲情。犹如水,只有亲近没有尊严。火,只有尊严没有亲近。犹如土,只有亲近没有尊严,天,只有尊严没有亲近。犹如政令,只有亲近没有尊严,而鬼神,只有尊严没有亲近。"

【原文】

子曰:"夏道尊命,事鬼敬神而远之,近人而忠焉。先禄而后威,先赏而后罚,亲而不尊。其民之敝,蠢而愚,乔而野,朴而不文。殷人尊神,率民以事神,先鬼而后礼,先罚而后赏,尊而不亲。其民之敝,荡而不静,胜而无耻。周人尊礼尚施,事鬼敬神而远之,近人而忠焉,其赏罚用爵列,亲而不尊。其民之敝,利而巧,文而不惭,贼而蔽。"[礼记·表记]

【释义】

孔子说:"夏朝人勤于做事,侍奉鬼神而远离鬼神之道,贴近人情并尽心尽力。先利禄而后威严,先奖赏而后惩罚,亲近而没有尊严。人们的弊病是,蠢笨愚昧,傲慢粗俗,朴实而没有才华。殷朝人尊重鬼神,带领人们侍奉鬼神,尊重鬼神而轻视礼教,先惩罚而后奖赏,有尊严而没有亲近。人们的弊病是,放荡不宁静,好胜而没有羞耻。周朝人尊重礼法并实施,侍奉鬼神而远离鬼神之道,贴近人情并尽心尽力,赏罚以爵位高低而分级,亲近而没有尊严。人们的弊病是,好利而取巧,有文采而不知羞耻,相互伤害。"

【原文】

子曰:"夏道未渎辞,不求备,不大望于民,民未厌其亲。殷人未渎礼,而求备于民。周人强民,未渎神,而赏爵刑罚穷矣。"[礼记·表记]

【释义】

孔子说:"夏朝的政道简约,不求全责备,对人们不横征暴敛,所以人们不讨厌这种亲近。殷朝人礼法简约,人们的税赋繁重。周朝人实行政教,尊敬鬼神,赏爵、刑罚很完备了。"

【原文】

子曰:"虞夏之道,寡怨于民。殷周之道,不胜其敝。"[礼记·表记]

【释义】

孔子说:"虞夏的政教简朴,人们很少有怨恨。殷周的政教烦琐,弊端很多。"

【原文】

子曰:"虞夏之质,殷周之文,至矣。虞夏之文,不胜其质;殷周之质,不胜其文。"[礼记·表记]

【释义】

孔子说:"虞夏的质朴,殷周的烦琐,都到了极致。虞夏的政教不能再质朴了,殷周的礼法不能再烦琐了。"

【原文】

子言之曰:"后世虽有作者,虞帝弗可及也已矣!君天下,生无私,死不厚其子。子民如父母,有僭怛之爱,有忠利之教,亲而尊,安而敬,威而爱,富而有礼,惠而能散。其君子尊仁畏义,耻费轻实,忠而不犯,义而顺,文而静,宽而有辨。《甫刑》曰:'德威惟威,德明惟明。'非虞帝其孰能如此乎?"[礼记·表记]

【释义】

孔子说:"后世即使再有明君,也不可能像虞舜那样了。治理天下时,生时没有私心,死时不优待自己的儿子。对待百姓像父母,真心爱护,并有利民的教化,亲近而有威严,安静又让人尊敬,庄重而有爱心,富足而有礼貌,施惠能普遍。他的臣子尊重仁德敬畏道义,反对浪费轻视钱财,忠诚而不侵犯百姓,忠义又顺从,文饰而不烦琐,宽厚而有别。《甫刑》说:'德之威严让人敬畏,德之光辉让人目眩。'除了虞舜谁能做到这样呢?"

【原文】

子言之:"事君先资其言,拜自献其身,以成其信。是故君有责于其臣,臣有死于其言。故其受禄不诬,其受罪益寡。"[礼记·表记]

【释义】

孔子说:"侍奉君主要先陈述自己的意见,接受命令后要贡献自己的力量,已达成君主的信任。所以君主可以责成大臣,大臣要鞠躬尽瘁,尽量实现。所以接受俸禄不惭愧,受到惩罚的机会很少。"

【原文】

子曰:"事君,大言入则望大利,小言入则望小利。故君子不以小言受大禄,不以大言受小禄。《易》曰:'不家食,吉。'"[礼记·表记]

【释义】

孔子说:"侍奉君主,臣子说的话效果大贡献就大,效果小贡献就小。所以君子不以贡献小而接受厚禄,不以贡献大接受小禄。《易经》说:'不在家自食,吉利。'"

【原文】

子曰:"事君不下达,不尚辞,非其人弗自。《小雅》曰:'靖共尔位,正直是与。神之听之,式谷以女。'"[礼记·表记]

【释义】

孔子说:"侍奉君主不能引导其卑下,不能投其所好,不是正直人说的话不采纳。《小雅》说:'敬畏你的职位,与正直的人为友。神灵听到之后,会给你降福。'"

【原文】

子曰:"事君远而谏,则謟也。近而不谏,则尸利也。"[礼记·表记]

【释义】

孔子说:"侍奉君主,疏远者上谏就是谄媚。亲近者不上谏,就是失职。"

【原文】

子曰:"迩臣守和,宰正百官,大臣虑四方。"[礼记·表记]

【释义】

孔子说:"君主的近臣要调和君主之德,宰相要整治百官,大臣要考虑四方的政事。"

【原文】

子曰:"事君欲谏不欲陈。《诗》云:'心乎爱矣,瑕不谓矣? 中心藏之,何日忘之?'"［礼记·表记］

【释义】

孔子说:"侍奉君主,对于过失只能上谏,不能陈说。《诗经》说:'我爱君王,为何不对他讲实话? 心里藏着愿望,什么时候才能忘掉?'"

【原文】

子曰:"事君难进而易退,则位有序;易进而难退,则乱也。故君子三揖而进,一辞而退,以远乱也。"［礼记·表记］

【释义】

孔子说:"侍奉君主,难进易退,这样位置才有序;如果易进难退,就会混乱。所以君子多方考虑才进,一句话就退,这样才能避免混乱。"

【原文】

子曰:"事君三违而不出竟,则利禄也。人虽曰不要,吾弗信也。"［礼记·表记］

【释义】

孔子说:"侍奉君主,多次离职而不出境,这是贪图利禄。这人虽然说不索求什么,我却不相信。"

【原文】

子曰:"事君慎始而敬终。"［礼记·表记］

【释义】

孔子说:"侍奉君主,应该开始时慎重,不可随意离去。"

【原文】

子曰:"事君可贵可贱,可富可贫,可生可杀,而不可使为乱。"[礼记·表记]

【释义】

孔子说:"侍奉君主,贵贱、贫富、生死都听从君主,不能自己决定混乱常理。"

【原文】

子曰:"事君,军旅不辟难,朝廷不辞贱。处其位而不履其事,则乱也。故君使其臣,得志则慎虑而从之,否则孰虑而从之。终事而退,臣之厚也。《易》曰:'不事王侯,高尚其事。'"[礼记·表记]

【释义】

孔子说:"侍奉君主,打仗时不回避危险,在朝廷中不推辞低贱的工作。身在其位不履行职责,就会混乱。所以君主使用大臣,符合自己的意志就慎重考虑去做,不符合自己的意志也慎重考虑去做。完成任务后引退,就是大臣的厚道表现。《易经》说:'不侍奉王侯,自己道德高尚。'"

【原文】

子曰:"唯天子受命于天,士受命于君。故君命顺,则臣有顺命。君命逆,则臣有逆命。《诗》曰:'鹊之姜姜,鹑之贲贲。人之无良,我以为君。'"[礼记·表记]

【释义】

孔子说:"只有天子受命于天,大臣受命于君主。所以君主顺应天理时,大臣就顺应君命。君主不顺应天理时,大臣就可以离开。《诗经》说:'喜鹊飞翔,鹌鹑飞翔。人有无良之人,我要寻找君子。'"

【原文】

子曰:"君子不以辞尽人。故天下有道,则行有枝叶;天下无道,则辞有枝叶。是故君子于有丧者之侧,不能赙焉,则不问其所费。于有病者之侧,不能馈焉,则不问其所欲。有客不能馆,则不问其所舍。故君子之接如水,小人之接如醴。君子淡以成,小人甘以坏。《小雅》曰:'盗言孔甘,乱是用餤。'"[礼记·表记]

孔子说:"君子不以言辞判断人。所以天下有道,人们行为美好;天下无道,人们言辞美好。所以君子在丧者身旁,如果不能有所馈赠,就不会问需要什么。在病者身旁,如果不能有所馈赠,就不能想要什么。有客人而不能提供住处,就不问他住在哪儿。所以君子之交犹如清水,小人之交犹如甜酒。君子因为清淡而能长久,小人因为甘甜而容易变质。《小雅》说:'坏的言语动听,灾祸由此发生。'"

【原文】

子曰:"君子不以口誉人,则民作忠。故君子问人之寒则衣之,问人之饥则食之,称人之美则爵之。《国风》曰:'心之忧矣,于我归说。'"[礼记·表记]

【释义】

孔子说:"君子不以虚言赞美他人,百姓就会忠实。所以君子问人寒冷就给人衣服,问人饥饿就给人食物,赞美人品德就给人爵位。《国风》说:'心有忧虑,和我归于有德之人。'"

【原文】

子曰:"口惠而实不至,怨菑及其身。是故君子与其有诺责也,宁有己怨。《国风》曰:'言笑晏晏,信誓旦旦,不思其反,反是不思,亦已焉哉!'"[礼记·表记]

【释义】

孔子说:"口头说得好而实际做不到,灾祸就会降临。所以君子与其诺言没有实现而遭受责备,不如拒绝答应而遭受怨恨。《国风》说:'言笑和悦,信誓旦旦,但如今和当初不一样,既然和当初不一样,那就算了吧!'"

【原文】

子曰:"君子不以色亲人。情疏而貌亲,在小人则穿窬之盗也与?"[礼记·表记]

【释义】

孔子说:"君子不以伪装的神色去亲近别人。情感疏远而神色亲近,这不跟小人挖洞偷盗的行为相似吗?"

【原文】

子曰:"情欲信,辞欲巧。"[礼记·表记]

【释义】

孔子说:"情感要真实,言辞要表达心意。"

【原文】

子言之:"昔三代明王,皆事天地之神明,无非卜筮之用,不敢以其私亵事上帝。是故不犯日月,不违卜筮。卜筮不相袭也。大事有时日,小事无时日,有筮。外事用刚日,内事用柔日,不违龟筮。"[礼记·表记]

【释义】

孔子说:"从前三代明王,侍奉天地神明,不用卜筮,不敢随便行事而亵渎神灵。所以他们尊敬日月,不违背卜筮。卜筮不能重复。祭天有时日,祭祖无时日,要用筮。祭天用刚日,祭祖用柔日,不能违反龟筮。"

【原文】

子曰(三代明王事神明,无非卜筮之用):"牺牷、礼乐、齐盛,是以无害乎鬼神,无怨乎百姓。"[礼记·表记]

【释义】

孔子说:"牺牷、礼乐、谷物不伤害鬼神,百姓也无怨言。"

【原文】

子曰:"后稷之祀易富也,其辞恭,其欲俭,其禄及子孙。《诗》曰:'后稷兆祀,庶无罪悔,以迄于今。'"[礼记·表记]

【释义】

孔子说:"祭祀后稷的祭品很容易准备,因为他言辞谦恭,欲求较少,福禄延及子孙。《诗经》说:'后稷祭祀鬼神,希望人们无罪悔,一直延续到现在。'"

【原文】

子曰:"大人之器威敬。天子无筮,诸侯有守筮。天子道以筮,诸侯非其国不以筮,卜宅寝室。天子不卜处大庙。"[礼记·表记]

【释义】

孔子说:"占卜的器具很威严庄重。天子不用筮,诸侯有守筮。太子在道路上用筮,诸侯不在自己的国内不用筮,只是搬家和安寝用筮。天子在太庙不占卜。"

【原文】

子曰:"君子敬则用祭器。是以不废日月,不违龟筮,以敬事其君长。是以上不渎于民,下不亵于上。"[礼记·表记]

【释义】

孔子说:"君子为了表示尊敬,可以用祭器招待客人。所以祭祀不废日月,不违背龟筮,用恭敬之心侍奉君主长辈。所以在上位者不欺负百姓,在下位者不亵渎上司。"

【原文】

子言之曰:"为上易事也,为下易知也,则刑不烦矣。"[礼记·缁衣]

【释义】

孔子说:"在上位的人以诚心对待下属,在下位的人以忠心对待上司,那么刑罚就没用了。"

【原文】

子曰:"好贤如《缁衣》,恶恶如《巷伯》,则爵不渎而民作愿,刑不试而民咸服。《大雅》曰:'仪刑文王,万国作孚。'"[礼记·缁衣]

【释义】

孔子说:"要像《缁衣》那样爱护贤者,要像《巷伯》那样讨厌奸佞之人,爵位不乱赐,民风淳朴,刑罚不滥用,百姓就会信服。《大雅》说:'以文王为榜样,使万国信服。'"

【原文】

子曰:"夫民,教之以德,齐之以礼,则民有格心;教之以政,齐之以刑,则民有遁心。故君民者,子以爱之,则民亲之,信以结之,则民不倍,恭以莅之,则民有孙心。《甫刑》曰:'苗民匪用命,制以刑。惟作五虐之刑,曰法。'是以民有恶德,而遂绝其世也。"[礼记·缁衣]

【释义】

孔子说:"对待百姓,要用道德教育他们,用礼仪规范他们,那百姓就会向善;以政令来教导他们,用刑罚来约束他们,百姓就会有逃避刑罚的心理。所以国君对待百姓,如果能像对待子女一样爱护他们,那百姓就会亲近国君,用诚信来团结他们,百姓就不会背离国君,用恭敬对待他们,百姓就会归附。《甫刑》说:'苗民不肯听从,所以制定了刑罚。这五种刑罚,就叫法。'这是因为百姓有恶德,所以断绝他们的世代。"

【原文】

子曰:"下之事上也,不从其所令,从其所行。上好是物,下必有甚者矣。故上之所好恶不可不慎也,是民之表也。"[礼记·缁衣]

【释义】

孔子说:"百姓对待统治者,不是听从他的命令,而是服从他的行为。国君喜欢一个事物,百姓一定会更喜欢。所以国君喜欢或厌恶什么一定要谨慎,因为他是人们的表率。"

【原文】

子曰:"禹立三年,百姓以仁遂焉,岂必尽仁?《诗》云:'赫赫师尹,民具尔瞻。'《甫刑》曰:'一人有庆,兆民赖之。'《大雅》曰:'成王之孚,下土之式。'"[礼记·缁衣]

【释义】

孔子说:"禹在位三年,百姓就很有道德,这是因为百姓天生就有仁德吗?《诗经》说：'地位显赫的太师尹，人们都望着你。'《甫刑》说：'一人有美德，天下人都受益。'《大雅》说：'成王的诚信，百姓的榜样。'"

【原文】

子曰："上好仁，则下之为仁争先人。故长民者章志，贞教，尊仁，以子爱百姓，民致行己以说其上矣。《诗》云：'有梏德行，四国顺之。'"［礼记·缁衣］

【释义】

孔子说："居上位的人爱好仁德，居下位的人就会争相行仁。所以百姓的长者，就要有仁德的志向，以正道教育百姓，尊重仁德，以爱护子女之心去爱护百姓，这样百姓就会以行为让居上位的人高兴。《诗经》说：'有正直的德行，四方都会归从。'"

【原文】

子曰："王言如丝，其出如纶；王言如纶，其出如綍。故大人不倡游言。可言也，不可行，君子弗言也；可行也，不可言，君子弗行也。则民言不危行，而行不危言矣。《诗》云：'淑慎尔止，不愆于仪。'"［礼记·缁衣］

【释义】

孔子说："君王的话像线，传播出去就像带子；君王的话像带子，传播出去就像绳子。所以君主不提倡空话。说了但做不到的，君子就不会说；能做的，但不能说，君子就不会做。这样百姓的言论就不会高于行为，行为也不会违背言论。《诗经》说：'美好的品德，不违背礼制。'"

【原文】

子曰："君子道人以言，而禁人以行，故言必虑其所终，而行必稽其所敝，则民谨于言而慎于行。《诗》云：'慎尔出话，敬尔威仪。'《大雅》曰：'穆穆文王，于缉熙敬止。'"［礼记·缁衣］

【释义】

孔子说："君子用言语教导人们向善，用行为阻止人们向恶，所以君子说话要考虑后果，行为要考虑其影响，这样人们才会在言语和行为方面谨慎。《诗经》说：

孔子家语

'谨慎说话,谨慎做事。'《大雅》说:'端庄的文王,使人们深受鼓舞。'"

【原文】

子曰:"长民者衣服不贰,从容有常,以齐其民,则民德壹。《诗》云:'彼都人士,狐裘黄黄。其容不改,出言有章。行归于周,万民所望。'"[礼记·缁衣]

【释义】

孔子说:"百姓的长者有一定的服饰,有合适的仪容,以此约束百姓,使百姓的道德专一。《诗经》说:'都城的人士,狐裘金黄。仪容有规范,出言有文采。行归于忠信,万民所敬仰。'"

【原文】

子曰:"为上可望而知也,为下可述而志也,则君不疑于其臣,而臣不惑于其君矣!尹吉曰:'惟尹躬及汤,咸有壹德。'《诗》云:'淑人君子,其仪不忒。'"[礼记·缁衣]

【释义】

孔子说:"居上位者能让人一望而知其心意,居下位者能让人从其行为中了解他的为人,那么君主不会怀疑他的臣子,臣子也不会被君主所迷惑。尹吉说:'我对汤,始终一心。'《诗经》说:'谦谦君子,仪容不忒。'"

【原文】

子曰:"有国者章善瘅恶,以示民厚,则民情不贰。《诗》云:'靖共尔位,好是正直。'"[礼记·缁衣]

【释义】

孔子说:"管理国家的人,要嘉奖善行批评恶行,以道德示百姓,民风才会始终如一。《诗经》说:'保护你的职位,喜欢你的正直。'"

【原文】

子曰:"上人疑则百姓惑,下难知则君长劳,故君民者章好以示民俗,慎恶以御民之淫,则民不惑矣。臣仪行,不重辞,不援其所不及,不烦其所不知,则君不劳矣。

《诗》云:'上帝板板,下民卒瘰。'《小雅》曰:'匪其止共,惟王之邛。'"〔礼记·缁衣〕

【释义】

孔子说:"居上位的人反复无常,百姓就会迷惑,居下位的人隐瞒实情,君王就会操劳,所以统治人们要倡导善行使民风向善,提防恶行防止人们行恶,这样百姓就不会迷惑。大臣效法君主,不看重言辞,不要求君主做不到的,不烦扰君主不知道的,那么君主就不会辛劳。《诗经》说:'君主反复无常,百姓不得安宁。'《小雅》说:'臣子举止不恭,君王就会操劳。'"

春秋服饰

【原文】

子曰:"政之不行也,教之不成也,爵禄不足劝也,刑罚不足耻也。故上不可以亵刑而轻爵。《康诰》曰:'敬明乃罚。'《甫刑》曰:'播刑之不^①迪。'"〔礼记·缁衣〕

【注释】

①郑注云:"不"衍字耳。

【释义】

孔子说:"政令无法推行,教育没有成功,那么爵禄就不能使人向善,刑罚不能让人感到耻辱。所以居上位者不能滥施刑罚、轻赐爵位。《康诰》说:'慎重才能实施惩罚。'《甫刑》说:'实施刑罚不能使人醒悟。'"

【原文】

子曰:"大臣不亲,百姓不宁,则忠敬不足,而富贵已过也。大臣不治,而迩臣比矣。故大臣不可不敬也,是民之表也。迩臣不可不慎也,是民之道也。君毋以小谋大,毋以远言近,毋以内图外,则大臣不怨,迩臣不疾,而远臣不蔽矣。叶公之顾命曰:'毋以小谋败大作,毋以嬖御人疾庄言,毋以嬖御士疾庄士、大夫、卿士。'"〔礼记·缁衣〕

【释义】

孔子说:"国君不亲近大臣,百姓就不得安宁,忠敬不足,大臣的富贵就成为过失。大臣不理政事,就会与近臣相互勾结。所以对大臣不能不尊敬,他是人们的表率。对近臣不可不慎重,他们是引导百姓的人。国君不能同小臣商量大臣的事,也不能跟远臣谈论近臣的事,不能同内臣谋划外臣的事,这样大臣就没有怨言,近臣不会妒忌,远臣不会被蒙蔽。叶公临终时说:'不要以小臣的谋略败坏大臣的行为,不要因宠妾厌倦夫人,不要因宠臣而排斥忠臣。'"

【原文】

子曰:"大人不亲其所贤,而信其所贱,民是以亲失,而教是以烦。《诗》云:'彼求我则,如不我得。执我仇仇,亦不我力。'《君陈》曰:'未见圣,若己弗克见。既见圣,亦不克由圣。'"[礼记·缁衣]

【释义】

孔子说:"居上位的人不亲近贤者,而相信那些小人,百姓因此亲近失德的人,政教就混乱了。《诗经》说:'从前君主求我从政,唯恐得不到我。让我从政后又把我闲置,不让我出力。'《君陈》说:'未见圣人,觉得自己见不到。见到圣人,又不能按圣人的旨意办事。'"

【原文】

子曰:"小人溺于水,君子溺于口,大人溺于民,皆在其所亵也。夫水近于人而溺人;德易狎而难亲也,易以溺人;口费而烦,易出难悔,易以溺。夫民闭于人而有鄙心,可敬不可慢,易以溺人。故君子不可以不慎也。《太甲》曰:'毋越厥命,以自覆也。若虞机张,往省括于厥度则释。'《兑命》曰:'惟口起羞,惟甲胄起兵,惟衣裳在笥,惟干戈省厥躬。'《太甲》曰:'天作孽,可违也。自作孽,不可以逭。'《尹吉》曰:'惟尹躬天[1]见于西邑夏,自周有终,相亦惟终。'"[礼记·缁衣]

【注释】

①郑注云:"天"当作"先"。

【释义】

孔子说:"百姓会被水淹没,君子会被言论淹没,执政者会被百姓淹没,都是因轻慢造成的。水与人亲近容易淹死人,德行轻慢难以亲近,容易淹没人。说话多招人烦,说出容易追悔难,容易淹没人。那些不通情理而心怀不轨的人,只能尊敬不能轻慢,容易淹没人。所以君子不能不谨慎。《太甲》说:'不到颠倒政令,自招覆灭。好像虞人射箭,要看清目标再射。'《兑命》说:'言语能招来怨恨,甲胄能引起争斗,衣裳会导致轻慢,干戈会滥杀无辜。'《太甲》说:'天作孽,尚可躲避。自作孽,无法逃避。'《尹吉》说:'我的先人见过西邑夏,以忠信著称,大臣也忠信,可是覆灭了。'"

【原文】

子曰:"民以君为心,君以民为体。心庄则体舒,心肃则容敬。心好之,身必安之。君好之,民必欲之。心以体全,亦以体伤。君以民存,亦以民亡。《诗》云:'昔吾有先正,其言明且清。国家以宁,都邑以成,庶民以生。谁能秉国成? 不自为正,卒劳百姓。'《君雅》曰:'夏日暑雨,小民惟曰怨。资冬祁寒,小民亦惟曰怨。'"[礼记·缁衣]

【释义】

孔子说:"百姓以君主为心脏,君主以百姓为躯体。心脏健康躯体就舒坦,心脏严肃体貌就端庄。心脏爱好什么,身体也会适应。国君爱好什么,人们也希望得到。心脏以身体而保全,也因身体而残伤。国君因为人们而生存,也因人们而灭亡。《诗经》说:'从前我有贤人,其言明白清楚。国家因此安宁,都邑因此建成,百姓因此生存。谁能管理国家? 自己要是不公正,百姓就会受苦。'《君雅》说:'夏日多雨,百姓只会抱怨。冬天寒冷,小民只能怨恨。'"

【原文】

子曰:"下之事上也,身不正、言不信,则义不壹、行无类也。"[礼记·缁衣]

【释义】

孔子说:"居下位者侍奉居上位者,行为不端正,言语不诚信,就是因为道义不专一,行为无原则。"

【原文】

子曰:"言有物而行有格也,是以生则不可夺志,死则不可夺名。故君子多闻,质而守之。多志,质而亲之。精知,略而行之。《君孙》曰:'出入自尔师虞,庶言同。'《诗》云:'淑人君子,其仪一也。'"〔礼记·缁衣〕

【释义】

孔子说:"说话有内容,行为有准则,这样的人,活着的时候不能动摇志向,死去不能夺走他的美名。所以君子见识广博,虚心坚守。见解深刻,好学多问。虚心学习,努力实践。《君孙》说:'以众人的意见为参考,与众人的意见一致。'《诗经》说:'贤人君子,行为专一。'"

【原文】

子曰:"唯君子能好其正,小人毒其正。故君子之朋友有乡,其恶有方。是故迩者不惑,而远者不疑也。《诗》云:'君子好仇。'"〔礼记·缁衣〕

【释义】

孔子说:"只有君子能喜欢正直的人,小人痛恨正直的人。所以君子与朋友志趣相同,厌恶的事有一定的标准。所以君子不会被身边的人迷惑,对远方的人不怀疑。《诗经》说:'君子是我的朋友。'"

【原文】

子曰:"轻绝贫贱而重绝富贵,则好贤不坚,而恶恶不著也。人虽曰不利,吾不信也。《诗》云:'朋友攸摄,摄以威仪。'"〔礼记·缁衣〕

【释义】

孔子说:"轻易地与贫贱的人绝交,不轻易与富贵的人绝交,那么他向善的心不坚决,嫉恶的心不显著。他说他不为了利益,我不相信。《诗经》说:'朋友之间的帮助,帮的是道义。'"

【原文】

子曰:"私惠不归德,君子不自留焉。《诗》云:'人之好我,示我周行。'"〔礼记·缁衣〕

【释义】

孔子说:"对自己的恩惠如果不是出于道义,君子不会自己留着用的。《诗经》

说:'喜欢我的人,要向我指明正道。'"

【原文】

子曰:"苟有车,必见其轼。苟有衣,必见其敝。人苟或言之,必闻其声。苟或行之,必见其成。《葛覃》曰:'服之无射。'"[礼记·缁衣]

【释义】

孔子说:"是车子,一定能见到轼。是衣服,一定能遮蔽身体。人如果说话,一定能听到他的声音。人如果行动,一定能见到成效。《葛覃》说:'穿着衣服不嫌弃。'"

【原文】

子曰:"言从而行之,则言不可饰也;行从而言之,则行不可饰也。故君子寡言而行,以成其信,则民不得大其美而小其恶。《诗》云:'白圭之玷,尚可磨也。斯言之玷,不可为也。'《小雅》曰:'允也君子,展也大成。'《君奭》曰:'昔在上帝,周田观文王之德,其集大命于厥躬。'"[礼记·缁衣]

【释义】

孔子说:"听从言语去实践,那么言语就不能掩饰;实践了再说,那么行动就不能掩饰。所以君子少说多做,来树立诚信,那么百姓就无法夸大它的优点,缩小他的缺点。《诗经》说:'白圭的瑕疵,可以磨掉。言行的瑕疵,无法抹掉。'《小雅》说:'谦谦君子,可以成功。'《君奭》说:'从上天来考察文王的德行,把天命集中在他一身。'"

【原文】

子曰:"南人有言曰:'人而无恒,不可以为卜筮。'古之遗言?与龟筮犹不能知也,而况于人乎?《诗》云:'我龟既厌,不我告犹。'《兑命》曰:'爵无及恶德民,立而正事。纯而祭祀,是为不敬。事烦则乱,事神则难。'《易》曰:'不恒其德,或承之羞。恒其德,侦,妇人吉,夫子凶。'"[礼记·缁衣]

【释义】

孔子说:"南方人说:'人如果没有恒心,就不能卜筮。'这是古人的遗言?连龟筮都无法做，更何况是了解人呢？《诗经》说：'龟已经厌弃我们，占卜也无法与之吉凶。'《兑命》说：'爵位不能赐给品德恶劣的人，百姓才能立德，事情才能正确。烦琐的祭祀，是对神的不敬。事情繁杂就容易乱，侍奉神灵就困难了。'《易经》说：'没有恒久的品德，或许会承受羞辱。有恒久的品德就正，妇人有恒久的品德也吉利，男人没有恒久的品德就有凶险。'"

【原文】

孔子曰："子生三年，然后免于父母之怀。"夫三年之丧，天下之达丧也。[礼记·三年问]

【释义】

孔子说："孩子出生三年，才能离开父母的怀抱。"父母死后子女守丧三年，也是天下最通情达理的礼仪了。

【原文】

鲁哀公问于孔子曰："夫子之服，其儒服与？"孔子对曰："丘少居鲁，衣逢掖之衣，长居宋，冠章甫之冠。丘闻之也：君子之学也博，其服也乡。丘不知儒服。"哀公曰："敢问儒行？"孔子对曰："遽数之不能终其物，悉数之乃留，更仆未可终也。"哀公命席，孔子侍曰："儒有席上之珍以待聘，夙夜强学以待问，怀忠信以待举，力行以待取。其自立有如此者。儒有衣冠中，动作慎。其大让如慢，小让如伪。大则如威，小则如愧。其难进而易退也，粥粥若无能也。其容貌有如此者。儒有居处齐难，其坐起恭敬，言必先信，行必中正。道途不争险易之利，冬夏不争阴阳之和。爱其死以有待也，养其身以有为也。其备豫有如此者。儒有不宝金玉，而忠信以为宝；不祈土地，立义以为土地；不祈多积，多文以为富。难得而易禄也，易禄而难畜也。非时不见，不亦难得乎？非义不合，不亦难得乎？先劳而后禄，不亦易禄乎？其近人有如此者。儒有委之以货财，淹之以乐好，见利不亏其义。劫之以众，沮之以兵，见死不更其守。鸷虫攫搏，不程勇者。引重鼎，不程其力。往者不悔，来者不豫。过言不再，流言不极。不断其威，不习其谋。其特立有如此者。儒有可亲而不可劫也，可近而不可迫也，可杀而不可辱也。其居处不淫，其饮食不溽，其过失可微辨而不可面数也。其刚毅有如此者。儒有忠信以为甲胄，礼义以为干橹。戴仁而行，抱义而处，虽有暴政不更其所。其自立有如此者。儒有一亩之宫，环堵之室，筚门圭窬，蓬户瓮牖，易衣而出，并日而食。上答之，不敢以疑。上不答，不敢以诏。

其仕有如此者。儒有今人与居，古人与稽。今世行之，后世以为楷。适弗逢世，上弗援，下弗推，谗谄之民有比党而危之者，身可危也，而志不可夺也。虽危，起居竟信其志，犹将不忘百姓之病也。其忧思有如此者。儒有博学而不穷，笃行而不倦，幽居而不淫，上通而不困。礼之以和为贵，忠信之美，优游之法，慕贤而容众，毁方而瓦合。其宽裕有如此者。儒有内称不辟亲，外举不辟怨。程功积事，推贤而进达之，不望其报，君得其志。苟利国家，不求富贵。其举贤援能有如此者。儒有闻善以相告也，见善以相示也，爵位相先也，患难相死也，久相待也，远相致也。其任举有如此者。儒有澡身而浴德，陈言而伏，静而正之，上弗知也。麤而翘之，又不急为也。不临深而为高，不加少而为多。世治不轻，世乱不沮。同弗与，异弗非也。其特立独行有如此者。儒有上不臣天子，下不事诸侯。慎静而尚宽，强毅以与人，博学以知服。近文章，砥厉廉隅。虽分国，如锱铢，不臣不仕。其规为有如此者。儒有合志同方，营道同术。并立则乐，相下不厌。久不相见，闻流言不信。其行本方立义，同而进，不同而退。其交友有如此者。温良者，仁之本也；敬慎者，仁之地也；宽裕者，仁之作也；孙接者，仁之能也；礼节者，仁之貌也；言谈者，仁之文也；歌乐者，仁之和也；分散者，仁之施也。儒皆兼此而有之，犹且不敢言仁也。其尊让有如此者。儒有不陨获于贫贱，不充诎于富贵，不恩君王，不累长上，不闵有司，故曰儒。今众人之名儒也妄常，以儒相诟病。"孔子至舍，哀公馆之。闻此言也，言加信，行加义，终没吾世，不敢以儒为戏。〔礼记·儒行〕

【释义】

鲁哀公问孔子说："你的衣服，是儒服吗？"孔子回答说："我小时候居住在鲁国，穿的是长衣，长大后在宋国，戴的是章甫帽。我听说：君子的学问广博，服饰却入乡随俗。我不清楚儒服。"哀公说："那儒服怎么样？"孔子回答说："仓促之间说不明白，要详细说明时间需要很长，换几个人说也说不完备。"哀公让人为孔子铺上座席，孔子陪侍着哀公说："儒者的德行就像席上的珍宝，等待人招聘，日夜学习，博闻强识，期待国君的询问，心怀忠义期待被任用，身体力行期待被录取。儒者自立就该这样。儒者的衣冠符合礼制，举止慎重。他们对大利的推辞从容，好像傲慢似的，对小利的推让舒缓不迫，好像故意为之。面临大事，仿佛畏惧似的，对待小事，仿佛惭愧似的。受聘时谨慎持重，免职时毫不迟缓，平时恭谦柔和的样子像没才能似的。儒者的容貌就是这样的。儒者平时态度严肃，举止恭恭敬敬的。他们说话一定要做到，行动一定要正直无邪。在道路上，不和别人争平坦的路，在寒冬或盛夏,不和别人争温暖或凉爽的地方。他们爱惜自己的生命是因为有所等待,保养好自己的身体是因为要有所作为。儒者就是这样做好准备的。儒者不以金玉为宝,而以忠信为宝;不求土地,而把树立道德当作土地;不求多积财物,而把学识广博作为富有。这种人很难得,给他俸禄却没什么麻烦,既容易给予俸禄,却又很难容留。不到一定的时机,他不会出来效力,不是难得吗?不符合正义他就不会合作,这不是难以容留吗?要求自己先有功劳而后享受俸禄,这不就是轻视俸禄吗?他们与人相处就是这样。儒者有时接受别人的财物,欣赏人们所喜爱的东西,但不会因此见利忘义。用人多势众胁迫他也不会惧怕,用兵器威吓他也不会动摇的,面临生命危险不会改变自己的操守。如同与野兽搏斗,不估量自己的勇气。如同牵引重物,不估量自己的实力。对已往的事情不会追悔,对未来的事不去过多考虑。对已经说错的话不会为之强辩,对流言蜚语不会寻根问底。从不丧失自己的尊严,不会挖空心思去想什么主意。他们特立独行的品格就是这样的。

儒者可以与之友善相处而不会接受威胁,可以与之亲近而不能受人逼迫,可以杀死他而不接受别人的凌辱。他平时生活起居不奢侈,饮食也从不挑剔。他的过失可以委婉地批评,但不能当面数落。他们的刚毅品格就是这样的。儒者用忠信作为自己的盔甲,用礼义作为自己的盾牌;崇尚仁德来做人,怀抱道义而处事。即使政局昏暗,也不改变自己的操守。儒者自强自立的品格就是这样的。儒者即使只有一亩大的宅院,住着一丈见方的屋子,用荆竹蓬草作门,用破瓮做窗,家人要交换衣服才能外出,两天只吃一餐饭。当上级采纳他的意见时,他不会利用上级的重视而谋私利;如果上级不采纳,也不会用谄媚的手段讨好上级。他们做官的态度就是这样。儒者虽然与今人共处,但怀有古人的志向。他现在的所作所为,后世将作为人们行为的楷模。如果生不逢时,上级不提拔,下级不推荐;那些谗言惑众的小人成帮结伙来危害他,他的人身受到危害,但志向是不会动摇的。虽然处在危难境地,日常举止也始终有正气,仍然不忘百姓的疾苦。他们忧国忧民的品德就是这样的。儒者博学而不停顿,坚定地实践而不知疲倦,虽然独处也不会放纵自己,虽然得到任用也不会得意妄为。实行礼法就以和为贵,效法温柔平和的风度。倾慕贤者而宽容对待大众,收敛自己的锋芒。他们就是这样的气度宏大。儒者举荐人才对内不避亲属,对外不避有私仇的人。呈现功劳和总结工作,推荐贤者并使他们得到提拔,并不希望被举荐的人来报答他,只求君主的意图能顺利贯彻。只求有利于国家,不追求地位和利益。他们是这样推荐和提拔贤人的。儒者听到善行就热情相告,见到善举就努力宣扬,面对爵位先让他人,遭遇患难争相先死,对有贤能的人能长久等待,在远方能千方百计去网罗。儒者任贤举能就是这样的。儒者修养身心使德行纯洁,为国君出谋划策后就不再声张,安静守着正道规劝着上级,别人并不知道这是自己出的主意。遇到大事就给上级以暗示,并不急于成功。地位虽高但不妄自尊大,有了功劳也不自我夸耀。世道清明也不掉以轻心,世道混乱也不沮丧。对意见相近的人并不十分亲近,对意见不同的人也不诋毁。他们特立独行的品格就是这样的。儒者上不做昏庸的天子的臣子,下不为无道的诸侯效命。谨慎安静又宽厚待人,以刚强坚定的性格与人交往,广博地学习,知道敬服前贤。每天都学习诗书,德行方正,即使天子分封给他国土做诸侯,他也把它看得像锱铢一样轻微,既不肯称臣也不去做官。他们就这样以正道来约束自己的。儒者相互之间志同道合,实践正道的方法也相同。他们在一起快乐相处,谦虚相待没有厌倦。长时间没相见,就是听到有关朋友的流言也不相信。儒者的行为方方正正,志向相同,就一起前进;志向不同,就分手离去。他们交朋友的原则就是这样的。温和善良,是仁德的根本;肃敬谨慎,是仁德成长的土地;宽舒从容,是仁德在举止上的体现;谦逊待人,是体现仁德的才能;礼仪节制,是仁德在外貌上的表现;言语谈说,是仁德外在的文采;诗歌音乐,表现着仁德的和悦;分财济贫,表现着仁德的施舍。儒者全部具备了这些美德,仍然不敢说自己已经达到了仁的境界。他们的谦抑逊让的品格就是这样的。儒者贫贱时不因为境遇困难而意志消沉,富贵了也不因心情欢快而趾高气扬,不因君王的羞辱、上级的斥责、有关部门的轻侮而背离正道,这才叫儒。现在的人们,都把儒当作迂腐的象征,甚至拿儒来侮辱别人。"孔子回到住所,哀公派人为他提供生活用品。鲁哀公听了这些话后,说话更讲信用了,做事更讲道义了。这辈子完结,再不拿儒来开玩笑了。

【原文】

《诗》云:"邦畿千里,惟民所止。"《诗》云:"缗蛮黄鸟,止于丘隅。"子曰:"于止,知其所止,可以人而不如鸟乎?"[礼记·大学]

【释义】

《诗经》说:"方圆千里的都城,全是人们居住。"《诗经》说:"啼叫的黄雀,栖息在山丘上。"孔子说:"鸟都知道选择栖息之处,难道人还不如鸟吗?"

【原文】

子曰:"听讼,吾犹人也,必也使无讼乎!"[礼记·大学]

【释义】

孔子说:"审理诉讼,我跟其他人差不多,我只是努力要使诉讼不发生。"

【原文】

孔子曰:"吾观于乡,而知王道之易易也。"主人亲速宾及介,而众宾自从之。至于门外,主人拜宾及介,而众宾自入,贵贱之义别矣。三揖至于阶,三让以宾升。拜至,献酬辞让之节繁,及介,省矣。至于众宾,升受,坐祭,立饮,不酢而降,隆杀之义别矣。工人,升歌三终,主人献之。笙入三终,主人献之。间歌三终,合乐三终,工告乐备,遂出。一人扬觯,乃立司正焉,知其能和乐而不流也。宾酬主人,主人酬介,介酬众宾。少长以齿,终于沃洗者焉,知其能弟长而无遗矣。降,说屦升坐,修爵无数。饮酒之节,朝不废朝,莫不废夕。宾出,主人拜送,节文终遂焉,知其能安燕而不乱也。贵贱明,隆杀辨,和乐而不流,弟长而无遗,安燕而不乱,此五行者,足以正身安国矣,彼国安而天下安。故曰:"吾观于乡,而知王道之易易也。"[礼记·乡饮酒义]

【释义】

孔子说:"我观看乡间饮酒的礼仪,就知道王道是容易实行的。"主人亲自到宾和介家邀请,其他宾客就自行前往。到了门外,主人迎接宾和介,其他宾客就自己进入,贵贱的差异就明显了。主人三次作揖到达阶前,三让后引导宾客升阶。将宾客迎接到后,主人斟酒劝宾客饮,这些礼节很烦琐。对于介,礼节就很简单了。对于众宾,登阶接受献酒,坐着享受祭食,站着饮酒,不必回敬主人,礼的隆重与否是很分明的。乐工进入,升堂唱歌三首,主人向乐工敬酒。吹笙的乐工进来后吹奏三首,主人向他敬酒。接着堂上堂下接替吹唱三次,唱歌、吹笙一块进行,乐工报告演出结束,自己就离开了。主人的管家拿着觯敬宾客,派司正监督众人的仪态,由此可知,酒礼能使宾主和谐而不会失礼。宾客向主人敬酒,主人向介敬酒,介向宾客敬酒。以年龄长幼为序,直到侍奉盥洗的人为止,由此可知,酒礼敬老爱幼而无遗漏。酒席撤了之后,众人下堂脱鞋,再登堂就坐,相互敬酒无数次。饮酒的程度,一不耽误早上的上朝,不耽误晚上办事为标准。宾客离开,主人拜送,礼节于是完成。由此可知,酒礼使主宾和谐而不混乱。酒礼使贵贱分明,隆杀有别,和谐欢乐而不放肆,敬老爱幼而无遗漏,和谐而不混乱,这五方面,足可以使个人身正,使国家安定。所以孔子说:"我观看乡间饮酒的礼仪,就知道王道是容易实行的。"

【原文】

孔子射于矍相之圃,盖观者如堵墙。射至于司马,使子路执弓矢出延射,曰:
"贲军之将,亡国之大夫,与为人后者,不入,其余皆入。"盖去者半,入者半。又使
公罔之裘、序点扬觯而语。公罔之裘扬觯而语曰:"幼壮孝弟,耆耋好礼,不从流俗,
修身以俟死者,不在此位也。"盖去者半,处者半。序点又扬觯而语曰:"好学不倦,
好礼不变,旄期称道不乱者,不在此位也。"盖廑有存者。〔礼记·射义〕

【释义】

孔子在矍相的花园射箭,围观的人像一堵墙。开始后,司正转为司马,孔子让
子路拿着弓箭对旁观者说:"败军之将,亡国的大夫,不顾宗族而为人后的人,不要
进来,其他人可以进来。"离开的人有一半,进来的人有一半。孔子又让公罔之裘、
序点拿着酒杯对大家说话。公罔之裘拿着酒杯说:"幼时能孝敬父母,敬爱兄弟,老
年时爱好礼仪。不受流俗影响,修身养性等待死去,请站在这边。"离开的人有一
半。留下的人有一半。序点拿着酒杯说:"喜欢学习不倦怠,爱好礼节不改变,到老
仍坚持正道不随波逐流的人,请站到这边。"这时只有几个人留下了。

【原文】

孔子曰:"君子无所争,必也射乎! 揖让而升,下而饮,其争也君子。"〔礼记·
射义〕

【释义】

孔子说:"君子没有什么可以争的,只有射箭时才竞争。射箭时,相互揖让再升
堂,下堂后再饮酒,这就是君子的竞争。"

【原文】

孔子曰:"射者何以射? 何以听? 循声而发,发而不失正鹄者,其唯贤者乎? 若
夫不肖之人,则彼将安能以中?"《诗》云:"发彼有的,以祈尔爵。"〔礼记·射义〕

【释义】

孔子说:"射箭的人凭什么射箭? 听什么射箭? 就是按乐曲节奏射箭,射的时
候不失去目标,恐怕只有君子吧? 如果是不肖之人,怎么能射中呢?"《诗经》说:

"对准靶心射箭,以求免除刑罚。"

【原文】

子贡问于孔子曰:"敢问君子贵玉而贱碈者何也? 为玉之寡而碈之多与?"孔子曰:"非为碈之多故贱之也,玉之寡故贵之也。夫昔者,君子比德于玉焉。温润而泽,仁也;缜密以栗,知也;廉而不刿,义也;垂之如队,礼也。叩之,其声清越以长,其终诎然,乐也;瑕不掩瑜,瑜不掩瑕,忠也;孚尹旁达,信也。气如白虹,天也;精神见于山川,地也。圭璋特达,德也;天下莫不贵者,道也。《诗》云:'言念君子,温其如玉。'故君子贵之也。"[礼记·聘义]

【释义】

子贡问孔子说:"请问君子看重玉而轻视碈是什么原因呢? 是因为玉稀少而碈数量多吗?"孔子说:"并不是因为碈多就贱,玉少就贵。从前,君子用玉象征人的品德。玉的色泽温润,犹如仁;玉的纹理细密,犹如智;玉有棱角但不会伤人,犹如义;玉质下沉,犹如礼。敲打它,声音清脆悠扬,戛然而止,犹如乐;瑕疵不能掩盖其美丽,美丽不能掩盖其瑕疵,犹如忠;玉有青光,犹如信。气如长虹冲上天,精神藏于山川大地。聘礼以圭、璋为信物,这是用其德;天下人都重视玉,是重其道。《诗经》说:'谦谦君子,温润如玉。'所以君子看重玉。"

【原文】

孔子卒,以所受鲁君之璠玉葬鲁城北。[礼记·檀弓白虎通崩薨引]

【释义】

孔子死后,用鲁国国君赠送的璠玉埋葬在鲁城的北面。

【原文】

孔子闲居,曾子侍。孔子曰:"参,今之君子,惟士与大夫之言之间①也,其至于君子之言者甚希矣。于乎! 吾主②言其不出而死乎! 哀哉!"曾子起曰:"敢问:何谓'主言'?"孔子不应。曾子惧,肃然抠衣下席曰:"弟子知其不孙也,得夫子之闲也难,是以敢问也。"孔子不应,曾子惧,退负序而立。孔子曰:"参! 女可语明主之道与?"曾子曰:"不敢以为足也,得夫子之闲也难,是以敢问。"孔子曰:"吾语女:道者,所以明德也;德者,所以尊道也。是故非德不尊,非道不明。虽有国焉③,不教不服,不可以取千里。虽有博地众民,不以其地④治之,不可以霸主。是故昔者明主内修七教,外行三至。七教修焉,可以守;三至行焉,可以征。七教不修,虽守不固;三至不行,虽征不服。是故明主之守也,必折冲乎千里之外;其征也,衽席之上还师。是故内修七教而上不劳,外行三至而财不费,此之谓明主之道也。"曾子曰:"敢问:不费、不劳,可以为明乎?"孔子愀然扬麋⑤曰:"参!女以明主为劳乎?昔者舜左禹而右皋陶,不下席而天下治。夫政之不中,君之过也。政之既中,令之不行,职事者之罪也。明主奚为其劳也?昔者明主关讥而不征,市鄽不税,税十取一,使民之力,岁不过三日,入山泽以时,有禁而无征,此六者取财之路也。明主捨其四者而节其二者,明主焉取其费也?"曾子曰:"敢问:何谓七教?"孔子曰:"上敬老则下益孝,上顺齿则下益悌,上乐施则下益谅,上亲贤则下择友,上好德则下不隐,上恶贪则下耻争,上强果则下廉耻。民皆有别,则⑥贞、则正⑦,亦不劳矣,此谓七教。七教者,治民之本也,教定是⑧正矣。上者,民之表也。表正,则何物不正?是故君先立于仁,则大夫忠,而士信、民敦、工璞、商悫、女憧、妇空空,七者教之志也。七者布诸天下而不窕,内诸寻常之室而不塞。是故圣人等之以礼,立之以义,行之以顺,而民弃恶也如灌。"曾子曰:"弟子则不足,道则至矣。"孔子曰:"参!姑止,又有焉。昔者明主之治民有法,必别地以州之,分属而治之,然后贤民无所隐,暴民无所伏;使有司日省如⑨时考之,岁诱贤焉,则贤者亲,不肖惧;使之哀鳏寡,养孤独,恤贫穷,诱孝悌,选贤举能。此七者修,则四海之内无刑民矣。上之亲下也如腹心,则下之亲上也如保子之见慈母也。上下之相亲如此,然后令则从、施则行。因民既迩者说,远者来怀。然后布指知寸,布手知尺,舒肘知寻。十寻而索。百步而堵,三百步而里,千步而井,三井而句烈,三句烈而距。五十里而对⑩,百里而有都邑。乃为畜积衣裘焉,使处者恤行者有兴⑪亡。是以蛮夷诸夏,虽衣冠不同,言语不合,莫不来至,朝觐于王。故曰:无市而民不乏,无刑而民不违。毕弋田猎之得,不以盈宫室也;征敛于百姓,非以充府库也。慢⑫恒以补不足,礼节以损有余。故曰:多信而寡貌。其礼可守,其信可复,其迹可履其于信也,如四时春秋冬夏。其博有万民也,如饥而食,如渴而饮,下土之人信之夫⑬!暑熟冻寒,远若迩;非道迩也,及其明德也。是以兵革不动而威,用利不施而亲。此之谓'明主之守也,折冲乎千里之外',此之谓也。"曾子曰:"敢问:何谓三至?"孔子曰:"至礼不让而天下治,至赏不费而天下之士说,至乐无声而天下之民和。明主笃行三至,故天下之君可得而知也,天下之士可得而臣也,天下之民可得而用也。"曾子曰:"敢问何谓也?"孔子曰:"昔者明王以尽知天下良士之名,既知其名,又知其数;既知其数,又知其所在。明主因天下之爵,以尊天下之士,此之谓'至礼不让而天下治'。因天下之禄,以富天下之士,此之谓'至赏不费而天下之士说'。天下之士说,则天下之明誉兴,此之谓'至乐无声而天下之民和'。故曰:所谓天下之至仁者,能合天下之至亲者也。所谓天下之至知者,能用天下之至和者也。所谓天下之至明者,能选天下之至良者也。此三者咸通,然后可以征。是故仁者莫大于爱人,知者莫大于知贤,政者莫大于官贤。有土之君修此三者,则四海之内拱而俟,然后可以征。明主之所征,必道之所废者也。彼废道而不行,然后诛其⑭君,致其征,吊其民,而不夺其财也。故曰:明主之征也,犹时雨也,至则民说矣。是故行施弥博,得亲弥众,此之谓'衽席之上乎还师'。"

[大戴礼记·主言]

【注释】

①宋本讹作"闲",从《杨氏大训》当改"闻"。

②"主"当作"王",以下同。武英殿校本曰:王字篇内凡十九见,曰王言者二,曰明王者十六,曰霸王者一。程本、朱本、沈本并讹作"主"。刘本、袁本、高安本"昔者明王必尽知天下良士之名"此一处未讹,今据以订正。

③宋本讹作"焉"从,家语当改"马"。

④宋本讹作"地",从大训当改"道"。

⑤"麇"一作"眉"。按:麇,古"眉"字。

⑥"则贞"二字衍。

⑦正,政之讹。

⑧宋本讹作"是",从朱本当改"则"。

⑨如,而也。

⑩宋本讹作"兴",从大训当改"与"。

⑪宋本讹作"慢",从大训当改"忧"。

⑫宋本"夫"上脱"若"字,从大训当增。

⑬"致其征",御览引作"改其政"。

⑭对封之讹。

【释义】

孔子在家闲住,曾子在一旁陪侍。孔子说:"曾参,现在的君子,所讲的话不出于士和大夫的言语之间,很少讲到君子的大道。唉!我有关君子的话恐怕还没说出来就要死了，真是可悲啊！"曾子站起来说："请问：什么叫'君子的话'？"孔子不理他。曾子害怕了，很严肃地提起衣服离开席位，恭敬地说："学生知道我有点不恭敬，我是因为老师难得空闲，所以敢请问的。"孔子还不理他。曾子更害怕了，退到墙边站着。孔子说："曾参！可以和你谈贤明君子的道理吗？"曾子说："我不以为自己有资格谈这问题，因为难得老师这么空闲，所以才敢请问的。"孔子说："我告诉你：道，是使德彰明，德，是使道尊贵。所以没有德，道就不能尊贵；没有道，德就不能彰明。虽然有国家，如果君主不施行教化，千里的国土是不能治理好的。虽然有广博的土地、众多的人民，不用道来教化，是不能成为霸主的。所以贤明的君王，对内教化七教，对外推行三至。七教教化好，就可以自保；三至推行了，就可以征战。七教不教化，虽想自保，可自己并不坚固；三至不推行，虽想征战，也不能使人臣服：所以贤明的君王自保，必使敌人远离国境；他征战，也必定能轻松获胜：所以对内教化七教，君王不会太辛苦，对外推行三至，国家财富就会消耗不大，这就是贤明君王的道理。"曾子说："请问：君王做到国家财富消耗不大、自己不用太多力气，就可以算是贤明吗？"孔子脸色一变说："曾参！你以为贤明的君王一定要用尽自己的力气吗？从前舜有禹和皋陶辅佐他，他不用自己行动而天下就治理了，所定的政令不好，这是君主的过错。政策很好，命令不能执行。那就是底下人的罪过了。贤明的君王为什么一定要用尽自己的力气呢？从前贤明的君王在界门上，只询问检查而不取费用，在市场上，只收摊位的税而不收货物的税，在田税方面，只收取收成的十分之一，要人民服劳役，每年不超过三天，砍柴打鱼，规定适当的时节，时节不适当禁止砍柴打鱼，但是政府并不收砍柴打鱼的税，这六件是政府取财的方法。贤明的君王舍弃了关、市、山、泽的税收，节省了田税和民力，贤明的君王怎么能让国家的财富消耗太大呢？"曾子说："请问：什么是七教？"孔子说："居上位的人尊敬老人，下面的人就格外孝顺，居上位的人尊重长幼之序，下面的人就格外尊敬兄长，居上位的人喜欢施德于人，下面的人就格外真诚信实，居上位的人亲近贤者，下面的人就能够选择朋友，居上位的人爱好有德行的人，下面的人就不会隐藏贤者，居上位的人厌恶贪婪，下面的人就羞于争夺，居高位的人择善固执，下面的人就明廉知耻。人们都能辨别，就人心坚定，邪恶不为，做君王的就无须用尽气力来治理了，这就叫作七教。七教，是治民的根本，教育成功，那人们就不会作恶了。居上位的人，是人民的榜样。榜样正确了，还有什么东西不正确呢？所以君王先立身于仁爱，那么大夫自会忠诚，士自会信实，人民自会敦厚，做工的人自会朴质，商人自会谨愿，未嫁的少女自会天真，已婚的妇女自会谦虚和顺，这七种是教育成功的标志。

这七种人散布天下而不觉其细小,纳入于寻常人家而不觉其庞大。所以圣人用礼来显示人的层次,用义来处理人的事宜,用顺来实践人的道理,而人民的舍弃邪恶如同清洗污秽。"曾子说:"老师讲的道理很好,可我还不够了解。"孔子说:"曾参!你先别说话,我还有话。从前贤明的君王治理人民是有办法的,将国土分为许多区域,设立官员分别治理人民的事务,这样贤良的人民没有隐蔽,暴乱的人民没法匿藏;派有职权的官吏经常检查,而且定期考核,年年都发现提拔贤能的人,这样就使好人亲附,而坏人害怕;又教人民哀怜鳏夫、寡妇,抚养孤儿、无子女的老人,救济穷苦的人,表扬孝顺父母,兄弟和睦的人,选拔贤良的人,举荐能干的人。这七件事做好了,那么就没有受刑罚的人了。居上者亲爱居下者如心腹一样,那么居下者亲附居上者就如孩子看到慈母一样。上下相亲,如果发出政令,人民就会听从,有所律令,人民就会奉行。因而人民自然是近的悦服,远的归顺。然后伸开手指就知道寸有多长,伸开手就知道尺有多长,舒开臂肘就知道寻有多长。十寻而数尽,尽了量度的能事。百步为亩,三百步为里,千步为井,三井为句烈,三句烈为距。五十里立起土界,百里就有都邑。为人民储存起衣服毛裘,使居家的人关心旅途人的有无。所以中国境内各族的人民,虽然服饰不同,言语不通,无不前来,朝拜君王。所以说:虽然没有买卖货物的市场,人民也不会匮乏,虽然没有严刑峻法,人民也不会违背政令。君王打猎所得,并不是用来充满宫室的;从人民那里征求敛取的,也不是用来装满公家的府库。君王经常拿出府库所藏,来救济百姓,经常用礼仪规范来约束自己生活的过度与有余。所以说:内心的诚信越多,外形的虚饰越少。他的礼可以遵行,他的信用可以证明,他的行迹可以从履行诚信上看出,如同春夏秋冬四季一样明显。他众多的人民,饥饿时可以食,口渴时可以饮,人民非常信仰他了。君王的教化温暖像热天一样,严峻像寒冬一样,不论远近,人民都蒙受他的教化。并不是因为道路近,而是受到光明的德教。所以他不用武力而使人畏服,不给人民封赏而人民依然亲附。这就是所谓'贤明君主自保,能使敌人远离国境',就是这个道理。"曾子说:"请问:什么叫作三至?"孔子说:"礼到了极致,不用谦让而天下就治理了;赏到了极致,不用花费而天下的人才就高兴了;音乐到了极致,没有声音而天下的人民都和睦了。贤明的君王推行三至,所以各国的首领都知道他们的底蕴,天下的人才都可以招揽来做官员,天下的人民都可以接受指挥了。"曾子说:"请问这是什么意思?"孔子说:"以前贤明的君王知道天下贤能人才的名字,既知道他们的姓名,又知道他们的人数;既知道他们的人数,又知道他们住在哪里。贤明的领袖凭着爵位,使贤能的人才尊贵,这就是所谓的'礼到极致,不用谦让而天下就治理了'；凭借着俸禄，使贤能的人富裕，这就是所谓的'赏到极处，不用私人花费而天下的人才就都喜悦了'；天下的人才都喜悦了，贤明的声誉就兴起来了，这就是所谓的'乐到极处，没有声音而天下的人民都快乐了'。所以说：天下最仁爱的人，是能团结天下成为最亲爱的人。天下最聪敏的人，是能够使天下分歧的意见和谐的人。天下最明察的人，是能够选拔天下最贤能的人。这三件都做到了，就可以征讨了。所以仁者的作为，没有比爱人再大了，智者的作为，没有比知道贤能的人再大了，为政者的作为，没有比任用贤能的人再大了。有土地的君王将这三件事做好，那么四海以内的人都听从他的领导，就可以征讨了。贤明的君王所征讨的，一定是放弃正道的人。他们废弃正道而不行，然后诛杀他们的君王。引导他们走正道，安慰他们的人民，而不夺取他们的财物。所以说：贤明君王的征讨，像适时的雨一样，降临了人民就喜悦。所以执行、实施征讨的范围越广，得到拥护的人民也越多。这就是所谓的'轻松获得胜利，班师而回'。"

【原文】

鲁哀公问于孔子曰："吾欲论①吾国之士，与之为政，何如者取之？"孔子对曰："生乎今之世，志古之道；居今之俗，服古之服。舍此而为非者，不亦鲜乎？"哀公曰："然则今夫章甫、句②屦、绅带而缙笏者，此皆贤乎？"孔子曰："否，不必然。今夫端衣、玄裳、冕而乘路者，志不在于食荤；斩衰、简屦杖而歠粥者，志不在于饮食。故生乎今之世，志古之道；居今之俗，服古之服；舍此而为非者，虽有，不亦鲜乎？"哀公曰："善！何如则可谓庸人矣？"孔子对曰："所谓庸人者，口不能道善言，而志不邑③邑；不能选贤人善士而托其身焉，以为己忧。动行不知所务。止立不知所定；日选于物，不知所贵；从物而流，不知所归；五凿为政，心从而坏；若此，则可谓庸人矣。"哀公曰："善！何如则可谓士矣？"孔子对曰："所谓士者，虽不能尽道术，必有所由焉；虽不能尽善尽④美，必有所处焉。是故知不务多，而务审其所知；行不务多，而务审其所由；言不务多，而务审其所谓；知既知之，行既由之，言既顺⑤之，若夫性命肌肤之不可易也，富贵不足以益，贫贱不足以损。若此，则可谓士矣。"公曰："善！何如则可谓君子矣？"孔子对曰："所谓君子者，躬行忠信，其⑥心不买⑦；仁义在己，而不害不知；闻志广博，而色不伐；思虑明达，而辞不争；君子犹然如将可及也，而不可及也。如此，可⑧谓君子矣。"哀公曰："善！敢问：何如谓⑨贤人矣？"孔子对曰："所谓贤人者，好恶与民同情，取舍与民同统；行中矩绳，而不伤于本；言足法于天下，而不害于其身；躬⑩为匹夫而愿⑪富贵，为诸侯而无财⑫。如此，则可谓贤人矣。"

哀公曰:"善!敢问:何如可谓圣人矣?"孔子对曰:"所谓圣人者,知通乎大道,应变而不穷,能测万物之情性者也。大道者,所以变化而凝成万物者也。情性也者,所以理然、不然、取、舍者也。故其事大,配乎天地,参乎日月,杂于云蜕,总要万物,穆穆纯纯,其莫之能循;若天之司,莫之能职;百姓淡然,不知其善。若此,则可谓圣人矣哀。"公曰:"善!"孔子出,哀公送之。[大戴礼记·哀公问五仪]

【注释】

①论,选也。

②句,绚也。

③案:邑、恺古字通。

④一本无"尽"字。

⑤顺,一作谓。

⑥其,一作而。

⑦买,当作惠。

⑧"可"上一本有"则"字。

⑨宋本"谓"上脱"可"字。

⑩躬,读为穷。

⑪文撰注:所引"愿"上有"不"字。

⑫"财"上,一本有"宛"字。

【释义】

鲁哀公问孔子说:"我想了解一下我国的士人,让他们来从政,要怎样选取呢?"孔子回答说:"生活在当代,倾慕古代的道德;住在这个社会,穿古代的服饰。自认是士而为非作歹的,不是很少吗?"哀公说:"然而现在戴章甫冠、穿屦、拖着绅带而插笏的人,都是贤人吗?"孔子说:"不,不一定。现在穿着端衣、玄裳,戴着冕,而坐着车的人,想不到吃荤食;穿着斩衰、菅屦的丧服,扶着杖,而饮稀粥的人,想不到喝酒吃饭。所以生活在现在,倾慕古代的道艺;住在这个社会,穿着古代的服饰;这样的人如果还为非作歹,虽然有,但不也是很少吗?"哀公说:"好!怎样才可以说是庸人呢?"孔子回答说:"所谓庸人,嘴不能讲善良的话,而心志散漫;不能选择贤人善士,将自己托付给他们,为自己带来忧患。行动的时候,不知道自己所做的是什么,停止的时候,不知道使自己安定的是什么;天天在财物上打算,不知道应该尊重什么；随物欲而摆动，不知道怎样回归正道；只为满足物欲和从政的目标，心地跟着败坏；这样的人，就可以说是庸人了。"哀公说："好！怎么样才可以说是士呢？"孔子回答说："所谓士，虽然不能得到道艺的全部，必然有所遵从；虽然不能做到尽善尽美，必然有所依据。所以知道的不一定多，而一定会详细了解所知道的是什么；实行的不一定多，而一定会详细了解所遵从的是什么；说得不一定多，而一定会详细了解说的内容是什么。知道的既然是道艺，实行的既然经由的是道艺，讲的既然遵行的是道艺，就像生命肌肤一样不可移动，富贵不能使他增加什么，贫贱不能使他减少什么。像这样的人，就可以说是士了。"哀公说："好！怎么样才可以说是君子呢？"孔子说："所谓君子，亲身去实践忠信，他的心不以忠信收买别人的心；尽力去实现仁义，不伤害人，也不嫉妒人；听到的、记住的知识很渊博，可是没有一点骄矜的脸色；思想很开明，考虑很通达，没有争执的言辞；君子好像是可以赶得上的，而终究是无法赶上的。像这样的人，可以说是君子了。"哀公说："好！请问：怎么样才可以说是贤人呢？"孔子说："所谓贤人，喜好和厌恶与人民的心情相同，取用或丢弃与人民的行为相同；行为合乎标准，但并非与本性冲突；言论可为天下的法则，又不会伤害到自身；自己是一个平民，却想有财有势，一直做到诸侯，自己却仍是个穷人。像这样的人，就可以说是贤人了。"哀公说："好！请问：怎么样才可以说是圣人呢？"孔子说："所谓圣人，智慧能通彻天地的大道，适应变化而不困顿，能够了解万物的性情。所谓大道，就是表现出变化以及由变化而凝成万事万物的道理。至于性情，则是理出是与非、取与舍的根源。所以圣人的事业很大，配合于天地，光明普照不亚于日月，他被人民所仰望有如云，万事万物都是敬慎、恳诚的样子，那是没有人能照着他做的；好像天所主管的事，是没有人能够掌管的；可是百姓受到了他的恩惠，还不知道是谁给他们的。像这样的人，就可以说是圣人了。"哀公说："好！"孔子离开时，哀公送他出门。

【原文】

哀公问于孔子曰："大礼何如？君子之言礼，何其尊也？"孔子曰："丘也小人，何足以知礼？"君曰："否！吾子言之也！"孔子曰："丘闻之也：民之所由生，礼为大。非礼无以节事天地之神明也，非礼无以辨君臣、上下、长幼之位也，非礼无以别男女、父子、兄弟之亲。昏姻、疏数之交也，君子以此之为尊敬然。然后以其所能教百姓，不废其会节。有成事，然后治其雕镂文章黼黻以嗣。其顺之，然后言其丧算，备其鼎俎，设其豕腊，修其宗庙，岁时以敬祭祀，以序宗族，则安其居处，丑其衣服，卑其宫室,车不雕几,器不刻镂,食不贰味,以与民同利,昔之君子之行礼者如此。"公曰:"今之君子,胡莫之行也?"孔子曰:"今之君子,好色无厌,淫德不倦,荒怠傲慢,固民是尽,忤其众以伐有道,求得当欲,不以其所。古之用民者由前,今之用民者由后。今之君子,莫为礼也!"〔大戴礼记·哀公问于孔子〕

【释义】

哀公问孔子说:"礼是什么意思? 君子言礼,为什么这么重要?"孔子说:"我是平民百姓,怎么会知道礼呢?"哀公说:"不是这样的,你还是讲讲。"孔子说:"我听说,人在社会中生存,礼是根本,没有一定的礼仪,就不能侍奉天地神灵,不能分辨君臣、上下、长幼的位置,不能分别男女、父子、兄弟的亲疏,以及不能进行婚姻、人与人之间的交往。君子由此懂得仪礼的重要性。所以用来教导百姓,使人们不废弃各种祭祀活动。有了成效之后,再雕刻各种花纹图案。顺利之后,再考虑丧期的时间安排,准备各种祭祀器具,猪、腊等祭品,修建宗庙,每年都祭祀,以表示对宗族的尊敬。使人们各安其位,注意衣服的奢华程度,以及宫室的豪华程度。车上不雕饰,器物上不雕刻,食物不丰盛,以此与百姓同利。从前君子的礼节就是这样。"哀公说:"如今的君子为什么做不到呢?"孔子说:"现在的君子,喜欢财富贪得无厌,放纵倦怠,荒怠傲慢,索取无度,违背民意而侵犯有道之人,贪求私欲,不顾百姓流离失所。从前君子用百姓是前面的情况,现在君子用百姓是后面的情况。所以说,现在的君子不懂礼。"

【原文】

孔子侍坐于哀公。哀公曰:"敢问人道谁为大?"孔子愀然作色而对曰:"君及此言也,百姓之德也,固臣敢无辞而对。人道政为大。"公曰:"敢问:何谓为政?"孔子对曰:"政者,正也。君为正,则百姓从政矣。君之所为,百姓之所从也。君所不为,百姓何从?"公曰:"敢问:为政如之何?"孔子对曰:"夫妇别,父子亲,君臣严,三者正,则庶民从之矣。"公曰:"寡人虽无似也,愿闻所以行三言之道。可得而闻乎?"孔子对曰:"古之为政,爱人为大,所以治。爱人,礼为大,所以治。礼,敬为大;敬之至也,大昏为大,大昏至矣。大昏既至,冕而亲迎,亲之也;亲之也者,亲之也。是故君子兴敬为亲,舍敬是遗亲也。弗爱不亲,弗敬不正;爱与敬,其政之本与?"公曰:"寡人愿有言,然冕而亲迎,不已重乎?"孔子愀然作色而对曰:"合二姓之好,以继先圣之后,以为天地社稷宗庙之主,君何谓已重乎?"公曰:"寡人固。不固,焉得闻此言也?寡人欲问,不得其辞,请少进。"孔子曰:"天地不合,万物不生。大昏,万世之嗣也,君何以谓已重焉?"孔子遂有言曰:"内以治宗庙之礼,足以配天地之神明;出以治直言之礼,足以立上下之敬。物耻足以振之,国耻足以兴之。为政先礼。礼者,政之本与!"孔子遂言曰:"昔三代明王之政,必敬其妻、子也有道。妻也者,亲之主也,敢不敬与?子也者,亲之后也,敢不敬与?君子无不敬也,敬身为大。身也者,亲之枝也,敢不敬与?不能敬其身,是伤其亲;伤其亲,是伤其本;伤其本,枝从而亡。三者,百姓之象也,身以及身,子以及子,配以及配,君子行此三者,则忾乎天下矣。大王之道也如此,国家顺矣。"公曰:"敢问:何谓敬身?"孔子对曰:"君子过言,则民作辞;过动,则民作则。君子言不过辞,动不过则,百姓不命而敬恭。如是,则能敬其身;能敬其身,则能成其亲矣。"公曰:"敢问:何谓成亲?"孔子对曰:"君子也者,人之成名也。百姓归之名,谓之'君子之子',是使其亲为君子也,是为成其亲名也已。"孔子遂言曰:"古人为政,爱人为大;不能爱人,不有其身;不能有其身,不能安土;不能安土,不能乐天;不能乐天,不能成身。"公曰:"敢问:何谓成身?"孔子对曰:"不过乎物?"公曰:"敢问:君①何贵乎天道也?"孔子对曰:"贵其不已。如日月西东相从而不已也,是天道也;不闭其久也,是天道也;无为物成,是天道也;已成而明,是天道也。"公曰:"寡人蠢愚冥烦,子识之心也!"孔子蹴然避席而对曰:"仁人不过乎物,孝子不过乎物,是仁人之事亲也如事天,事天如事亲,是故孝子成身。"公曰:"寡人既闻是言也,无如后罪何?"孔子对曰:"君之及此言也,是臣之福也!"〔大戴礼记·哀公问于孔子〕

【注释】

①"君"下,高安本有"子"字,宋本脱。

【释义】

孔子陪坐在哀公旁边,哀公问:"人伦之道什么最重要?"孔子严肃地回答道:"您能提出这样的问题,真是百姓的福气。孤陋之臣认真地回答:人伦之道中,政务最重要。"哀公问:"那什么是政务?"孔子回答说:"政,就是正。国君行得正,百姓就会跟从。国君的所作所为,是百姓跟从的对象。国君不做典范,百姓怎么跟从呢?"哀公说:"那如何为政呢?"孔子说:"夫妇有别,父子相亲。君臣相敬,这三者正,百姓就都会跟从。"哀公说:"我虽然没像你说的那样,但愿意了解三者能够实行的方法。可以讲讲吗?"孔子说:"古代为政,爱人是最重要的。要做到爱人,礼是最重要的。要做到礼,敬是最重要的。敬的最高境界,大婚是最重要的,大婚之礼是最高的。大婚的时候,穿着礼服亲自迎娶,表示亲爱。自己亲爱对方,对方也亲爱自己。所以君子提倡人们要相敬为亲。没有了敬重,也就没有了亲爱。没有爱,就没有亲,没有亲,就没有敬。爱和敬,不是政的根本吗?"哀公说:"我想问,穿着礼服亲自迎接,是不是太隆重了?"孔子严肃地回答道:"合二姓之好,传承先人的后代,夫妻一起主持天地、宗庙、社稷的祭祀,怎么能说太隆重呢?"哀公说:"我孤陋寡闻了。不孤陋寡闻,怎么会这么说呢? 我还有问题,但没有恰当的词语,请再解释一下。"孔子说:"天地阴阳不合,万物不生。大婚,是为了有继承的后代。怎么能说太隆重了呢?"孔子接着说:"内以宗庙之礼,体现天地阴阳的神明;外以教令之礼,体现上下相敬之道。这样,国家衰败也可以兴起,国体衰微也可以强盛,为政先要用礼,礼难道不是政的根本吗?"孔子接着说:"从前三代的明君为政,都敬爱自己的妻子和儿子,这是有道理的。妻子,是亲人的主体,能不敬爱吗? 儿子,是亲人的后代,能不敬爱吗? 君子没有不敬爱的,敬爱自身是最重要的。身体,是父母的分支,能不敬爱吗? 不能敬爱自身,就是伤害了父母。伤害了父母,就伤害了根本。伤害了根本,分支就会消亡。这三者,是百姓的榜样。爱护自身延伸到爱护他人,爱护自己的儿子延伸到爱护别人的儿子,爱护自己的妻子延伸到爱护别人的妻子。君子能做到这三点,并将其扩展到天下,就是先王的治理之道。能做到这样,国家就太平了。"哀公说:"请问什么叫爱护自身?"孔子回答说:"君子说错话,百姓也会跟着说错话,君子行为不当,百姓也会跟着行为不当。君子言行得当,行为没有过失,百姓就不用命令而能恭敬顺从,这样就能爱护自身。能爱护自身,就能成就父母的名声。"哀公说:"请问怎样才能成就父母的名声?"孔子回答道:"君子,是人有德行的称谓。百姓给予他这个名称,称他为君子之子,也就能使其父母被人称为君子,也就成就了父母的名声。"孔子接着说:"古代为政,以爱人为最重要的事。不能爱人,就不能爱自身。不能爱自身,就不能守土。不能守土,就不能乐天。不能乐天,就不能成就自身。"哀公说:"请问怎样才能成就自身?"孔子回答道:"凡事无过失。"哀公说:"请问君子为什么重视天道?"孔子回答道:"是看重它的生生不息。像日月一样相从而不息,这是天道。畅行无阻,这是天道,无为而成功,这是天道,成物而明白,这是天道。"哀公说:"我愚蠢昏庸,你的话我都记住了。"孔子严肃地离开座位说:"仁人中庸行事,小子中庸行事。所以仁人侍奉双亲就像侍奉天地,侍奉天地就像侍奉双亲,所以孝子成就自身。"哀公说:"我听说了这些话,如果没做到会怎么样?"孔子说:"国君能担忧以后的过失,这是臣子的福气。"

【原文】

孔子曰:"君子之道,譬犹防与? 夫礼之塞,乱之所从生也;犹防之塞,水之所从来也。故以旧防为无用而坏之者,必有水败;以旧礼为无所^①用而去之者,必有乱患。"故婚姻之礼废,则夫妇之道苦,而淫辟^②之罪多矣。乡饮酒之礼废,则长幼之序失,而争斗之狱繁矣。聘射之礼废,则诸侯之行恶,而盈溢之败起矣。丧祭之礼废,则臣子之恩薄,而倍死忘生之礼^③众矣。凡人之知,能见已然,不能见将然。礼者,禁将^④然之前;而法者,禁于已然之后。是故法之用易见,而礼之所为生^⑤难知也。若夫庆赏以劝善,刑罚以惩恶,先王执此之正,坚如金石,行此之信,顺如四时,处此之功,无私如天地尔,岂顾不用哉? 然如^⑥曰礼云礼云,贵绝恶于未萌,而起敬于微眇,使民日徙善远罪而不自知也。[大戴礼记·礼察]

【注释】

①一本无"所"字。
②"辟"读为"僻"。
③礼,徒之讹。
④一本"将"上有"于"字。
⑤生,至之讹。
⑥"如"读为"而"。

【释义】

孔子说:"做君王的道理,就好像筑堤吧? 礼如果阻塞不行,祸乱就会发生;就好像堤坝阻塞了,洪水就会泛滥一样。所以认为旧堤防没有用而毁弃它,一定会遭到水灾;认为旧礼教没有用而废弃它的,一定会引发大动乱。"如果婚姻的礼教废弃了,夫妻就很难相处,而淫乱苟且的事就发生了。大家喝酒的礼废止了,长幼的次序就丧失,而争夺打斗的事就多起来了。聘射的礼废弃了,诸侯就肆意作恶,而骄奢蛮横的灾祸就发生了。丧祭的礼废弃了,为人臣、为人子的就薄情寡义,因而背叛死者忘记祖先的人就多了。一般人的智慧,能看到已经发生的事情,不能看到将要发生的事情。礼,是在恶事发生之前加以禁止;而法,是在恶事发生之后加以惩治。所以法的作用很容易看到,而礼的作用却很难被人知道了。至于用奖赏来鼓励人行善,用刑罚来惩罚人作恶,先王把握这一原则就如金石一样坚定,推行这一原则就如四季轮回一样忠诚，对这原则所采取的立场就如天地一样公正无私，怎么会不用赏罚呢？然而所谓礼，就是在罪恶还没有产生前就先消灭它，从极微小的地方培养起诚信，使百姓一天天接近善良，远离罪恶，而自己并不知道。

孔①子曰："少成若性，习贯之为常。"［大戴礼记·保传］①《贾子新书·保传》文小异。

【释义】

孔子说："孩提时期养成的习惯，成人以后似乎本性就如此。"

【原文】

子曰："可人①也，吾任其过；不可人也，吾辞其罪。《诗》云：'有子七人，莫慰母心。'子之辞也。'夙兴夜寐，无忝尔所生'，言不自舍也。不耻其亲，君子之孝也。"［大戴礼记·曾子立孝］

【注释】

①"人"当作"入"，下同。宋本皆讹作"人"。

【释义】

孔子说："劝谏的话，说进去，我就承担那过错；不能说进去，我就责备自己的罪过。《诗经》说：'有子七人，莫慰母心。'这是儿子责备自己的话。'夙兴夜寐，无忝尔所生'，是说一刻也不放松自己。不把耻辱加到父母的身上，这就是君子的孝啊！"

乐正子春

【原文】

乐正子春下堂而伤其足，伤瘳，数月不出，犹有忧色。门弟子问曰："夫子伤足瘳矣，数月不出，犹有忧色，何也？"乐正子春曰："善如①尔之问也。吾闻之曾子，曾子闻诸夫子曰：'天之所生，地之所养，人为大矣。父母全而生之，子全而归之，可谓孝矣；不亏其体，可谓全矣。故君子顷②步之不敢忘也。'今予忘夫孝之道矣，予是以有忧色。"［大戴礼记·曾子大孝］

【注释】

①"如"读为"哉"。

②"顷"当为"跬"。

【释义】

乐正子春下堂损伤了脚,伤愈之后,好几个月没出门,脸上有忧虑的神色。弟子说:"你的脚已经好了,几个月没出门,脸上有忧虑的神色,这是为什么?"乐正子春说:"你问得很好。我听曾子说,曾子曾听孔子:'天之所生,地之所养,没有比人更大的。父母生下完美的我,我们也得完整地回归天地,这叫作孝。身体不损毁,不受侮辱,这叫作全。'所以君子每走一步路都不忘记孝道。现在我却忘了孝道,所以有忧虑的神色。"

【原文】

夫①子曰:"伐一木,杀一兽,不以其时,非孝也。"[大戴礼记·曾子大孝]

【注释】

①庐注云:夫子,孔子。

【释义】

孔子说:"砍伐一棵树,宰杀一头兽,不按一定的时节,也不符合孝道。"

【原文】

曾子曰:"参尝闻之夫子曰:'天道曰圆,地道曰方,方曰幽而圆曰明;明者吐气者也,是故外景;幽者含气者也,是故内景。'"[大戴礼记·曾子天圆]

【释义】

曾子说:"我曾经听孔夫子说过:'天的道理如圆形,地的道理如方形,方静之道是幽深,而圆通之道是光明;光明的一面吐出元气,所以它显示万物的影像是在本体之外;幽深的一面接受元气,所以它显示万物的影像是在本体之内。'"

【原文】

卫将军文子问于子贡曰:"吾闻夫子之施教也,先以诗世;道①者②孝悌,说之以义，而观诸体③，成之以文德；盖受教者七十有余人。闻之，孰为贤也？"子贡对，辞以不知。文子曰："吾子学焉，何谓不知也。"子贡对曰："贤人无妄，知贤则难，故君子曰：'智莫难于知人'，此以难也。"文子曰："若夫知贤，人莫不难；吾子亲游焉，是敢问也。"子贡对曰："夫子之门人，盖三就焉；赐有逮及焉，有未及焉，不得辩④知也。"文子曰："吾子之所及，请问其行也。"子贡对曰："夙兴夜寐，讽诵⑤崇礼；行不贰过，称言不苟，是颜渊之行也。孔子说之以《诗》，《诗》云：'媚兹一人，应侯顺德。永言孝思，孝思惟则。'故国⑥一逢有德之君，世受显命，不失厥名，以御于天子以申之。在贫如客，使其臣如借；不迁怒，不探⑦怨，不录旧罪，是冉雍之行也。孔子曰：'有土君子，有众使也，有刑用也，然后怒；匹夫之怒，惟以亡其身。'《诗》云：'靡不有初，鲜克有终。'以告之。不畏强御，不侮矜寡；其言曰性，都其富哉⑧，任其戎，是仲由之行也。夫子未⑨知以文也，《诗》⑩云：'受小共大共，为下国恂蒙。何天之宠，传奏其勇。'夫强乎武哉，文不胜其质。恭老恤孤，不忘宾旅，好学省物而不⑪勌，是冉求之行也。孔子因而语之曰：'好学则智，恤孤则惠，恭老则近礼，克笃恭以天下，其称之也，宜为国老。'志通而好礼，摈相两君之事，笃雅其有礼节也，是公西赤之行也。孔子曰：'礼义三百，可勉能也；威仪三千，则难也。'公西赤问曰：'何谓也？'孔子曰：'貌以摈礼，礼以摈辞，是之谓也。'主人闻之以成。孔子之语人也，曰：'当宾客之事则通矣。'谓门人曰：'二三子欲学宾客之礼者，于赤也。'满而不满，实如虚，通⑫之如不及，先生难之；不学其貌，竟其德，敦其言；于人也，无所不信，其桥大人也，常以皓皓，是以眉寿，是曾参之行也。孔子曰：'孝，德之始也；弟，德之序也；信，德之厚也；忠，德之正也。参也，中夫四德者矣哉。'以此称之也。业功不伐，贵位不善，不侮可侮，不佚可佚，不敖无告，是颛孙之行也。孔子言之曰：'其不伐则犹可能也，其不弊百姓者，则仁也。《诗》云："恺悌君子，民之父母。"'夫子以其仁为大也。学以深，厉以断，送迎必敬，上友下交，银手⑬如断，是卜商之行也。孔子曰：'《诗》云："式夷式已，无小人殆。"而⑭商也其可谓不险也。'贵之不喜，贱之不怒；苟于民利矣，廉于其事上也，以佐其下，是澹臺灭明之行也。孔子曰：'独贵独富，君子耻之，夫也中之矣。'先成其虑，及事而用之，是故不忘，是言偃之行也。孔子曰：'欲能则学，欲知则问，欲善则讯，欲给则豫，当是⑮如偃也得之矣。'独居思仁，公言言义；其闻之《诗》也，一日三复'白圭之玷'，是南宫绍之行也。夫子信其仁，以为异姓。自见孔子，入户未尝越屦，往来过人不履影；开蛰不杀，方长不折；执亲之丧，未尝见齿，是高柴之行也。孔子曰：'高柴执亲之丧则难能也，开蛰不杀则天道也，方长不折则恕也，恕则仁也；汤恭以恕，是以日跻也。'此赐之所亲睹也，吾子有命而讯,赐则不足以知贤。"文子曰:"吾闻之也,国有道则贤人兴焉,中人用焉,百姓归焉。若吾子之语审茂,则一诸侯之相也,亦未逢明君也。"子贡既与卫将军文子言,适鲁,见孔子曰:"卫将军问二三子之行于赐也,不一而三,赐也辞不获命,以所见者对矣;未知中否,请尝以告。"孔子曰:"言之。"子贡以其质⑯告。孔子既闻之,笑曰:"赐,汝伟为知人,赐!"子贡对曰:"赐也焉能知人? 此赐之所亲睹也。"孔子曰:"是女所亲也。吾语女耳之所未闻,目之所未见,思之所未至,智之所未及者乎?"子贡曰:"赐得则愿闻之也。"孔子曰:"不克不忌,不念旧恶,盖伯夷、叔齐之行也。晋平公问于祁傒曰:'羊舌大夫,晋国之良大夫也,其行如何?'祁傒对,辞曰:'不知也。'公曰:'吾闻女少长乎其所,女其闻知之。'祁傒对曰:'其幼也恭而逊,耻而不使其过宿也;其为侯大夫也悉善而谦,其端也;其为公车尉也信而好直,其功也;至于其为和容也,温良而好礼,博闻而时出,其志也。'公曰:'乡者问女,女何曰弗知也?'祁傒对曰:'每位改变,未知所止,是以不知。'盖羊舌大夫之行也。畏天而敬人,服义而行信,孝乎父而恭于兄,好从善而教往,盖赵文子之行也。其事君也不敢爱其死,然亦不亡⑰其身,谋其身不遗其友,君陈则进,不陈则行而退,盖随武子之行也。其为人之渊泉也,多闻而难诞也,不内辞⑱足以没世;国家有道,其言足以生;国家无道,其默足以容,盖桐提伯华之行也。外宽而内直,自设于隐栝之中,直己而不直人,以善存,亡汲汲,盖遽伯玉之行也。孝子⑲慈幼,允德禀义,约货去怨,盖柳下惠之行也。其言曰:君虽不量于臣,臣不可以不量于其君。是故君择臣而使之,臣择君而事之。有道顺君,无道横命,晏平仲之行也。德恭而行信,终日言不在尤之内,在尤之外,贫而乐也,盖老莱子之行也。易行以俟天命,居下位而不援其上;观于四方也,不忘其亲;苟思其亲,不尽其乐;以不能学为己终身之忧,盖介山子推之行也。"[大戴礼记·卫将军文子]

【注释】

①道,导也。

②者,读为诸。

③体,一作礼。

④辩,读为偏。

⑤诵,一作诗。

⑥国,一作回。

⑦探,一作深。

⑧哉，读为材。

⑨未知，当作知未。

⑩"诗"上脱"曰"字。

⑪案不字衍。

⑫过，宋本讹作通。

⑬乎，宋本讹作手。

⑭而，读为如。

⑮是如，当作如是。

⑯质，读为实。

⑰亡，元本作忘。

⑱辞，恐乱之讹。

⑲子，从方本当为老。

【释义】

卫将军文子问子贡说："我听说孔子施教，先教学生诵读诗篇；引导学生实行孝悌，以义理告诉他们，而在礼法中观察他们，以道艺德行完成其人格；大约受教的有七十多人。我听说是这样，那到底谁是最贤的人呢？"子贡回答时，推说不知道。文子说："你在孔子门下学习，怎么会不知道呢？"子贡回答说："称赞别人贤能不可虚妄，了解贤才是件难事。所以君子说：'智慧，没有比知人更难的了'，因此我感到困难。"文子说："说到知贤，没有人不感到困难；你亲身在孔门学习，我才敢问你。"子贡答说："老师的学生，大概有三种成就；有的我能赶得上，有的赶不上，不能全知道啊！"文子说："就你所知道的，请问他们的行为。"子贡答说："早起晚睡，诵读诗篇，崇尚礼法；不犯同样的过失，言谈称呼不随便，这是颜渊的行为。孔子引用《诗经》评价他，《诗经》说：'进用于天子，在国君左右，能成就他的德行；增长孝道，是用来做人的法则。'所以遇到有德的国君，就世代受到显达的爵位，名声不坠，进而天子便器重他。身处贫困却如同作客，使用臣仆如同借力；不转移怒气，不找寻怨恨，不记旧恶，这是冉雍的行为。孔子说：'有土地的领导者，有大众可使用，有刑法可利用，然后可以发怒；个人的怒气，只会自取灭亡。'《诗经》说：'没有不开始，很少能有结果。'以这两句话告诉他。不畏强暴，不欺侮矜寡，言谈出自天性，非常美妙，这样的人可以担任军事家，这是仲由的行为。孔子知道他未受礼乐熏陶，《诗经》说：'受小法大法，下国在蒙受他的福惠。上天宠爱他，赋予他勇敢。'这人刚强勇敢，礼乐熏陶还没胜过他的本质。尊敬老人，抚恤孤儿，不忘以待客之礼待客，好学并仔细观察事物而不觉得劳苦，这是冉求的行为。孔子因而告诉他：'好学就是智，恤孤就是惠，敬老近于礼，能以忠厚恭敬对待天下人，被举荐时，应该能担任卿相。'触类旁通而好礼，两君相会时，担任礼相，公正而有礼节，这是公西赤的行为。孔子说：'礼经三百，可以早起勤学；在三千人面前有威仪，就比较困难了。'公西赤问：'这是什么意思呢？'孔子说：'容貌用来辅助礼制，礼制用来辅助辞令，就是这意思。'从别人的立场看，公西赤对礼法已有成就了。孔子告诉别人说：'接待宾客的礼仪，公西赤是明白了。'告诉学生说：'各位想要学接待宾客的礼节，找公西赤去。'充实而不自满，实有也当做空虚，超过仿佛不及，老师做到这些也有困难；不图表面上的样子，而是实践君子的德行，言谈敦厚；对于他人，非常诚信。出自真心地孝敬父母，使父母长寿，这是曾参的行为。孔子说：'孝是道德的开端，悌是道德的次序，信是道德的充实，忠是道德的正轨。曾参，具备这四种德行了。'以此来称赞他。有功劳而不自夸，居高位而不自喜，不欺侮可以欺侮的，不丢失可以丢失的，不凌傲穷困无告的人，这是颛孙的行为。孔子说：'他的不自夸，一般人还能做到，他的不伤百姓，则是仁道了。《诗经》说："欢乐平易的领导者，有如百姓的父母。"'夫子以他的仁心为大。求学能深究其中，性格严厉而果断，送迎宾客毕恭毕敬，上下交流，严格而有限制，这是卜商的行为。孔子说：'《诗经》说："以公正交友就好，别和小人交往而生危险。"卜商的交友，可以说不会有危险。'让他居高位，不会因此而高兴，让他居卑职，不会因此而愤怒；只要对百姓有好处，宁可对在上的人俭省，来帮助在下的人，这是澹台灭明的行为。孔子说：'独享富贵，是君子的耻辱，这个人做到这点了。'做事先定计划，面对情况灵活应用，因此没有漏洞，这是言偃的行为。孔子说：'想做到就要多学习，想知道就要多问，想做好就要请教，想充足就要预备，言偃做到了。'独居时思考仁道，在公家谈论义理；听到《诗经》时，一天三次思索'白圭之玷'一章，这是南宫绦的行为。孔子相信他的仁道，把侄女嫁给他。自从见过孔子后，进门没有将自己鞋子摆在他人鞋子的前面，经过别人身旁不踏人的影子；不杀害出土的昆虫，不折断成长中的植物；守父母的丧，从不曾露齿笑过，这是高柴的行为。孔子说：'高柴守父母之丧的表现，一般人很难做到。不杀出土的昆虫，是合乎天意，不折成长中的植物，是行恕道，恕就是仁；商汤恭敬而宽恕，所以德行日益提高。'这些是我亲眼看见的，因为你问起我就谈谈，对他人的贤处知道得还不够。"文子说："我听说，国家有道时，贤人就兴起了，正人就被任用了，百姓也就归附了。像你所说实在是太美好了，那他们应该都是诸侯的官员，怕是没遇到明君吧!"子贡和文子谈过后,到鲁国,见到孔子说:"卫将军问我同学们的行为如何,再三问,我推辞不掉,就将亲眼看见的告诉他,不知是否恰当,请允许我向老师报告。"孔子说:"讲吧!"子贡于是原原本本地说了。孔子听完笑着说:"赐,你真是知人啊,赐。"子贡回答说:"我哪能知人呢?这些是我亲眼见到的啊!"孔子说:"不错,是你亲眼见到的。我告诉过你不曾听到的,眼睛不曾见过的,思想不曾达到的,智慧不曾领会的吗?"子贡说:"我很愿意听听。"孔子说:"不好胜,不算计,不计较旧恶,大概是伯夷、叔齐的行为了。晋平公问祁傒说:'羊舌大夫是晋国的良大夫,他的行为如何?'祁傒回答,推辞说:'不知道。'平公说:'我听说你从小在那地方长大,你应该知道的。'祁傒回答说:'他自幼恭敬而顺从,知羞耻而时刻改正自己的错误;当他是侯大夫时,尽力做到善良而谦虚,这是他做事的开始;当他是公车尉时,诚信而正直,这是他的事功;至于他应酬时温良而喜好礼节,博学而应对得时,这是他的志节。'平公说:'刚才问你,你怎么说不知道呢?'祁傒回答说:'他每在不同的官位都有改变,不知到底止于哪里,因此不知。'这大概是羊舌大夫的行为了。对天恐惧而谨慎人事,服从义理而实行信用,孝顺父母而恭敬兄长,喜欢遵从善道而效法过去,这大概是赵文子的行为了。侍奉国君,不敢爱惜生命,但也不会为不义而牺牲,为自身考虑而不遗弃朋友,国君实行他的德教就出来做官,否则就引退,这大概是随武子的行为了。为人深沉静默,博学而不狡诈,一生可以不内疚;国家有道,他的言论可以使国家新生,国家无道,他的沉默又可以保全自己,这大概是桐提伯华的行为了。外貌平和而内心正直,自觉置身于法律规矩之内,纠正自己,不必等别人来纠正,以善道生活,而不急匆匆地追求出人头地,这大概是遽伯玉的行为了。敬老爱幼,崇信道德,坚持义理,舍弃财物,消除怨恶,这大概是柳下惠的行为了。他说:国君虽然可以不衡量臣子,臣子却不可不衡量国君。所以国君固然可以选择臣子来差遣,臣子也是可以选择国君来侍奉;国君有道则顺从君命,无道则权衡君命,这是晏平仲的行为。德性恭谨而行为忠诚,整天所谈的不在过失之内,而在过失之外,贫也安乐,大概是老莱子的行为了。以平静的行为来等待天命,居下位而不攀上;随文公流亡四方,还不忘他的尊亲;一想念尊亲,就不能继续欢乐;以不能学习为自己终身的遗憾,这大概是介之推的行为了。"

【原文】

宰我问于孔子曰:"昔者予闻诸荣伊,令①黄帝三百年。请问黄帝者人邪?抑非人邪?何以至于三百年乎?"孔子曰:"予!禹、汤、文、武、成王、周公,可胜观邪!

夫黄帝尚矣,女何以为^②?先生难言之。"宰我曰:"上世之传,隐微之说,卒业之辨,暗昏^③忽之,意非君子之道也,则予之问也固矣。"孔子曰:"黄帝,少典之子也,曰轩辕。生而神灵,弱而能言,幼而彗^④齐,长而敦敏,成而聪明。治五气,设五量,抚万民,度四方;教熊罴貔豹虎,以与赤帝战于版泉之野,三战然后得行其志。黄帝^⑤黼黻衣,大带黼裳,乘龙扆云,以顺天地之纪,幽明之故,死生之说,存亡之难。时播百谷草木,故^⑥教化淳鸟兽昆虫,历离日月星辰;极畎土石金玉,劳心力耳目,节用水火材物。生而民得其利百年,死而民畏其神百年,亡而民用其教百年,故曰三百年。"宰我:"请^⑦问帝颛顼。"孔子曰:"五帝用记^⑧,三王用度,女欲一日辨^⑨闻古昔之说,躁哉予也。"宰我曰:"昔者予也闻诸夫子曰:'小子无有宿问。'"孔子曰:"颛顼,黄帝之孙,昌意之子也,曰高阳。洪渊以有谋,疏通而知事;养材以任地,履时以象天,依鬼神以制义;治气以教民,絜诚以祭祀。乘龙而至四海:北至于幽陵,南至于交阯,西济于流沙,东至于蟠木,动静之物,大小之神,日月所照,莫不祇^⑩励。"宰我曰:"请问帝喾。"孔子曰:"元嚣之孙,蟜极之子也,曰高辛。生而神灵,自言其名;博施利物,不于其身;聪以知远,明以察微;顺天之义,知民之急。仁而威,惠而信,修身而天下服。取地之财而节用之,抚教万民而利海之,历日月而迎送之,明鬼神而敬事之。其色郁郁,其德嶷嶷,其动也时,其服也士。春夏乘龙,秋冬乘马,黄黼黻衣,执中而获天下;日月所照,风雨所至,莫不从顺。"宰我曰:"请问帝尧。"孔子曰:"高辛之子也,曰放勋。其仁如天,其知如神;就之如日,望之如云;富而不骄,贵而不豫;黄黼黻衣,丹车白马。伯夷主礼,龙、忧^⑰教舞,举舜、彭祖而任之,四时先民治之。流共工于幽州,以变北狄;放驩兜于崇山,以变南蛮;杀三苗于三危,以变西戎;殛鲧于羽山,以变东夷。其言不贰,其德不回,四海之内,舟舆所至,莫不说夷。"宰我曰:"请问帝舜。"孔子曰:"蟜牛之孙,瞽瞍之子也,曰重华。好学孝友,闻于四海;陶家^⑪事亲,宽裕温良。教^⑫敦而知时,畏^⑬天而知时,畏天而爱民,恤远而亲亲^⑭。承受大命,依于倪皇,睿明通知,为天下工。使禹敷^⑮土,主明山川,以利于民;使后稷播种,务勤嘉谷,以作饮食;羲和掌历,敬授民时;使益行火,以辟山菜^⑱;伯夷主礼,以节天下;夔作乐,以歌钥舞,和以钟鼓;皋陶作士,忠信疏通,知民之情;契作司徒,教民孝友,敬政率经。其言不惑,其德不慝,举贤而天下平。南抚交阯、大、教,鲜^⑯支、渠庚、氐、羌,北山戎、发、息慎,东长鸟夷、羽民。舜之少也,恶悴劳苦,二十以孝闻乎天下,三十在位,嗣帝所,五十乃死,葬于苍梧之野。"宰我曰:"请问禹。"孔子曰:"高阳之孙,鲧之子也,曰文命。敏给克济,其德不回,其仁可亲,其言可信;声为律,身为度,称以上士;亹亹穆穆,为纲为纪。巡九州,通九道,陂九泽,度九山。为神主,为民父母;左准绳,右规矩;履四时,据四海;平九州,戴九天,明耳目,治天下。举皋陶与益,以赞其身,举干戈以征不享、不道、元德之民;四海之内,舟车所至,莫不宾服。"孔子曰:"予! 大者如说,民说至矣;予也,非其人也。"宰我曰:"予也不足,诚也,敬承命矣。"他日,宰我以语人,有为道诸夫子之所。孔子曰:"吾欲以颜色取人,于灭明邪改之;吾欲以语言取人,于予邪改之;吾欲以容貌取人,于师邪改之。"宰我闻之,惧,不敢见。[大戴礼记·五帝德]

【注释】

①言,宋本为令,当从《史记》索隐引改。

②"为"下当有"问"字。

③戴氏校本删"昏"字。

④暜,慧古假借,通用。

⑤"帝"字衍。

⑥"故教"二字衍。

⑦"请"上戴氏校本增"曰"字。

⑧记,一作说。

⑨辨,遍古通。

⑩砥砺,表本为祇励,当从朱本改。

⑪家,朱本、卢本作渔。

⑫教敦,宋本之讹,当作敦敏。

⑬"畏天而知时"五字衍。

⑭亲,朱本作近。

⑮敷,分也。

⑯"鲜"上当有"西"字。

【释义】

宰我问孔子说:"以前我听荣伊说,黄帝留传三百年。请问黄帝是人呢? 还是不是人呢? 为什么会三百年呢?"孔子说:"予! 禹、汤、文、武、成王、周公的事迹,可以够看了! 黄帝年代更久远,你为什么问这个? 这是前人们都难以说清楚的。"宰我说:"上古的传说,是不详尽的说法,事迹虽过但至今尚有争论,因模糊不清而忽略,不是君子应有的态度,所以当然要提问。"孔子说:"黄帝,是少典氏的孩子,名轩辕。生来神奇灵异，很小就会说话，幼年才智敏捷，长大后敦厚勤勉，成年后很聪明。调理五气，设定五量，安抚百姓，量度四方；训练熊罴貔貅豹虎；用来和赤帝在版泉之野交战，三战后才打败赤帝。黄帝制定黄色的上衣，衣上绣黼黻，束大带，下身是绣有黼的裳，骑着龙，屏风绘有云彩，以顺应天地的纲纪、阴阳的气数、死生的理论、存亡的辨别。按时节播种百谷草木，德化遍布于鸟兽昆虫，修历法分别日月星辰；整治四境以内的土石金玉，劳苦自己的心力耳目，教百姓依时节取用水火材物。生时百姓蒙受他的利益百年，死后百姓敬畏他的神灵百年，亡后百姓遵用他的教化百年，因此说是三百年。"宰我说："请问帝颛顼。"孔子说："五帝的事迹，从现存的传记里可以知道，三王的事迹，从现存的法度里可以知道，你想一天内听遍从前的事，太急躁了啊！"宰我说："我从前听老师说：'学生不要把问题留到第二天。'"孔子说："颛顼是黄帝的孙子，昌意的儿子，叫高阳。他博大精深而有谋略，通达而明白事理；培养生物依据土地的肥瘠，实行政令效法天道，依从鬼神而制定义理；调治阴阳来教化万民，洁净虔诚以祭祀。骑龙巡行四夷：北到幽陵，南到交阯，西渡流沙，东到蟠木，动物、植物、大神、小神，凡日月所照到的，无不均平。"宰我说："请问帝喾。"孔子说："他是元嚚的子孙，蟠极的儿子，叫高辛。生来神奇灵异，自己叫自己的名字；广施恩惠，利于万物，不厚养自身；他的聪明足以知远察微；顺应天时，知道百姓的苦痛。仁德而威严，慈爱而忠信，修养自身而天下服从。取地上的财物而节制使用，安抚百姓又教诲他们，观察日月的运行而迎送它们，明白鬼神的道理而敬事它们。他的神情肃穆，品德高尚，举动顺应天时，所穿的是士服。春夏骑龙，秋冬骑马，穿黄色绣黼黻的上衣，执守中道而得天下；凡日月所照，风雨所至的地方，无不顺从。"宰我说："请问帝尧。"孔子说："他是高辛的儿子，叫放勋。他的仁德如天一般，智慧如神；亲近他如太阳般的温暖，远望他如云彩般灿烂；富有而不骄傲，高贵而不放逸；穿黄色绣黼黻的上衣，乘丹漆的车，骑白色的马。让伯夷主持礼仪，命龙、忧教导乐舞，任用舜和彭祖，传授百姓四时的节令。流放共工于幽州，以变化北狄；放逐驩兜于崇山，以变化南蛮；除掉三苗于三危，以变化西戎；放逐鲧于羽山，以变化东夷。他的话不用怀疑，品德不邪恶，四海之内，舟车所到的地方，无不悦服安定。"宰我说："请问帝舜。"孔子说："他是蟠牛的孙子，瞽叟的儿子，叫重华。爱学习又尊重朋友，名传四海；做陶器，侍奉双亲，宽裕温良。敦厚勤勉而知时宜，敬畏天命而知时宜，敬畏天命而爱护百姓，抚恤远方而亲近双亲。承受天命，为倪皇所倚重；圣明知人，为天下所归往。命禹划分天下，主持山川的命名，以便利百姓；让后稷教民播种，务必为粮食的成熟而劳作，以供应饮食；羲和掌管历法,敬慎地告诉百姓时令;命益放火,以开辟山泽草莱;伯夷主持礼仪,以节制天下;夔作乐,作为钥舞的歌,并与钟鼓相应;皋陶做首领,忠信通达,了解民情;契做司徒,教百姓孝顺友爱,敬重政事,遵循伦理。舜的言辞不惑乱,德行不邪恶,任用贤人而天下太平。南方安抚到交阯、大、教,西方鲜支、渠庾、氐、羌,北方山戎、发、息慎,东方长夷、鸟夷、羽民。他年少时憔悴劳苦,二十岁以孝闻名于天下,三十岁被任用,后来代尧理政,到五十年才死,葬在苍梧的郊野。"宰我说:"请问禹。"孔子说:"他是高阳的孙子,鲧的儿子,叫文命。做事敏捷,品德高尚。仁慈让人亲近,言语让人信赖;声音合音律,身体合尺度,可以说是一个德行最高的人;勤勉恭敬,以纲纪治理天下。巡看九州,开通九道,建筑九泽的堤岸,测量九山的高低。做百神的祭主,做百姓的父母;用规矩标准来约束自己;履行四时节令,安定四海人民;平定九州,尊崇九天,使耳目聪明,治理天下。任用皋陶和益来帮助他,动干戈,征伐不献神、不正直、无道的人;四海之内,凡舟车所到的地方,无不朝贡顺服。"孔子说:"予!关于五帝的重大事迹就如以上所说,人们都说五帝的德行是极致了,你还不够资格谈这些。"宰我说:"我还不够资格,很显然,我遵从老师的教诲。"不久,宰我把听到的向别人讲,有人告诉了孔子。孔子说:"我想以颜色取人,澹台灭明使我改变了想法;我想以语言取人,宰我使我改变了想法;我想以容貌取人,子张使我改变了想法。"宰我听说后,心里害怕,不敢再见孔子。

【原文】

孔子曰:"吾尝终日思矣,不如须臾之所学。吾尝跂而望之,不如升高而博见也。升高而招,非臂之①长也,而见者远;顺风而呼,非声加疾也,而闻者著;假车马者,非利足②,而致千里;假舟楫者,非能水也,而绝江海;君子之性非异也,而善假于物也。"[大戴礼记·劝学]

【注释】

①之,一本作加。
②"足"下宋本脱"也"字。

【释义】

孔子说:"我曾经整天思索,却不如片刻学到的知识多。我曾经踮起脚远望,却不如登到高处看得广阔。登到高处招手,胳膊没有比原来加长,可是别人在远处也看得见;顺着风呼喊,声音没有变得洪亮,可是听的人却听得很清楚;借助车马的人，并不是脚走得快，却可以日行千里，借助舟船的人，并不善于游泳，却可以横渡江河。君子的资质跟一般人没什么不同，只是君子善于借助外物罢了。"

【原文】

孔子曰："野①哉！君子不可以不学，见人不可以不饰。"不饰无貌，无貌不敬，不敬无礼，无礼不立。夫远而有光者，饰也；近而逾明者，学也。譬之如污耶，水潦灂焉，茪蒲生焉，从上观之，谁知其非源泉也。[大戴礼记·劝学]

【注释】

①野哉当作鲤。

【释义】

孔子说："鄙俗啊！君子不可不学，看到人不可以不修饰。"不修饰就没有仪容，没有仪容就意味不恭敬，不恭敬就意味没有礼貌，没有礼貌就立不住。离人远而有光彩的，是修饰；靠人近而更明亮的，是学习。譬如浊水不流的地方，雨水、流潦都归到那里，茪草、蒲草都生长在那里，从上面看下去，谁知道它不是活水的源泉呀！

【原文】

子贡曰："君子见大川必观，何也？"孔子曰："夫水者，君子比德焉：偏与之而无私，似德；所及者生，所不及者死，似仁；其流行痹①下，倨句②皆循其理，似义；其赴百仞之溪不疑，似勇；浅者流行，深渊不测，似智；弱③约危通，似察；受恶不让，似贞④；苞里⑤不清似入，鲜洁以出，似善化；必⑥出，量必平，似正；盈不求概，似厉⑦；折必以东西⑧，似意，是以见⑨。"[大戴礼记·劝学]

【注释】

①痹，当作卑。
②句，当作钩。
③弱约危通，当作绰约微达。
④贞字衍。
⑤里，一作裹。
⑥必字衍。

⑦厉当作度万，此文旧脱烂，唯存度上广合于万字之首，为成厉字。

⑧西字衍。

⑨见下。诸本有"大川必观焉"五字。四部丛刊本为附注。

【释义】

子贡说："君子看到大河大川，必要观望，为什么？"孔子说："水，君子拿来比喻德行；给予万物未必周全，但是没有私心，这像德；被它碰到就生长，碰不到就死亡，这像仁；流行在卑下的地方，直行或曲行都遵循着条理，这像义；它奔赴深谷，毫不迟疑，又像勇；在浅处灵活运行，在深渊里又使人不可测度，这像智；遇到微弱的地方就旋绕，遇到危险的地方就通达，这像察；碰到污秽而不逃避，这像贞；容纳污秽的东西，将之变成清洁的东西，这像善化；当流行时必流行，流到凹凸的地方，水面是平的，这像公正；盈满了不须用盖来平抑，这像严谨；曲折必定分东西，这又像意愿。所以看到大河大川，必要观望了。"

【原文】

子张问人官于孔子。孔子曰："安身取誉为难也。"子张曰："安身取誉如何？"孔子曰："有善勿专，教不能勿搢①，已过勿发，失言勿踦。不善辞勿遂，行事勿留。君子入官，自行此六路者，则身安誉，至而政从矣。且夫忿数者狱之所由生也，距谏者虑之所以塞也，慢易者礼之所以失也，堕怠者时之所以后也，奢侈者财之所以不足也，专者事之所以不成也，历者狱之所由生也。君子入官，除②七路者，则身安誉至，而政从矣。故君子南面临官，大城而公治之，精知而略行之，合是忠信，考是大伦，存是美恶，而进是利，而除是害，而无求其报焉，而民情可得也。故临之无抗民之志，胜之无犯民之言，量之无狡民之辞，养之无扰于时，爱之勿宽于刑；言③此则身安誉至，而民自得也。故君子南面临官，所见迩，故明不可弊④也；所求迩，故不劳而得也；所以治者约，故不用众而誉至也；法象在内，故不远。源泉不竭，故天下积也；而木不寡短长，人得其量，故治而不乱。故六者贯乎心，藏乎志，形乎色，发乎声，若此则身安而誉至，而民自得也。故君子南面临官，不治则乱至，乱至则争，争之至又反于乱。是故寡裕以容其民，慈爱以优柔之，而民自得也已。故躬行者政之始也，调悦者情之道也。善政行易则民不怨，言调悦则民不辨法，仁在身则民显以佚之也。财利之生微⑤矣，贪以不得；善政必简矣，苟以乱之；善言必听矣，详⑥以失之；规谏日至，烦以不听矣。言之善者在所日闻，行之善者在所能为。故上者民之仪也,有司执政⑦民之表也,迩臣便辟者群臣仆之伦也。故仪不正则民失誓,表弊则百姓乱,迩臣便辟不正廉而群臣服汙矣,故不可不慎乎三伦矣。故君子修身反道察说,而迩道之服存焉;是故夫工女必自择丝麻、良工必自择齐材、贤君良上必自择左右始⑧。故佚诸取人,劳于治事;劳于取人,佚于治事。故君子欲誉则谨其所便⑨,欲名则谨于左右。故上者辟⑩如缘木者务高,而畏下者滋甚。六马之离必于四面之衢,民之离道必于上之佚政也。故上者尊严而绝⑪,百姓者卑贱而神。民而⑫爱之则存,恶之则亡也。故君子南面临官,贵而不骄,富恭有本能图,修业居久而谭;情迩畅而及乎远,察一而关于多。一物治而万物不乱者,以身为本者也。故君子莅民,不可以不知民之性⑬,达诸民之情;既知其以⑭生有习,然后民特从命也。故世举则民亲之,政均则民无怨。故君子莅民,不临以高,不道以远,不责民之所不能。今临之明⑮王之成功,则民严而不迎也;道以数年之业,则民疾,疾则辟⑯矣。故古者冕而前旒,所以蔽明也;统⑰紞塞耳,所以弇聪也。故水至清则无鱼,人至察则无徒。故枉而直之,使自得之;优而柔之,使自求之;揆而度之,使自索之;民有小罪,必以其善以赦其过,如死⑱使之生,其善也,是以上下亲而不离。故惠者政之始也,政不正则不可教也,不习则民不可使也。故君子欲言之见信也者,莫若先虚其内也;欲政之速行也者,莫若以身先之也;欲民之速服也者,莫若以道御之也。故不先以身,虽行必隣⑲也;不以道御之,虽服必强矣。故非忠信,则无可以取亲于百姓矣;外内不相应,则无可以取信者矣。四者治民之统也。"〔大戴礼记·子张问入官〕

【注释】

①撍,当作进。

②"除"下一本有"此"字。

③言,若之讹。

④弊,当作蔽。

⑤徵,一作微。

⑥详,读为佯。

⑦"政"下大训有"者"字。

⑧始字衍。

⑨便,当作使。

⑩辟读为譬。

⑪绝，当作危。

⑫而，读为若。

⑬"性"下一本有"而"字。

⑭以，已也。

⑮"明"上一本有"以"字。

⑯辟，避也。

⑰黄本，宋本为统。

⑱死，一本作此。

⑲隣，方本作遴。

【释义】

子张向孔夫子请教做官的方法。孔子说："取得稳固的职位和声誉是最难的。"子张说："那怎么才能取得稳固的职位和声誉?"孔子说："已经取得的成果不要独占，教育工作能力差的人不要急倦，对于他人已经犯下的过错不要张扬，别人说了错话不要得理不让人。不善的行为不要再做下去了，应该做的事情不要拖延。君子入世做官，做到这六个方面，就能有稳固的职位和美好的名声，而政事随着教化就会实行。而且忿数是牢狱产生的原因，阻止劝谏是思虑堵塞的原因，傲慢轻视，礼节因此丧失，急慢懒惰，因此总赶不上时机，贪图奢侈浪费，财物因此而不足，专制独裁，事情因此不能成功，严厉苛刻，是牢狱产生的原因。君子入世做官，消除了这七种行为，那么职位稳固而声名鹊起，而且政绩斐然了。所以君子面朝南居在官位，面对百姓进行治理时，要做到"大诚而公"，理解"精知而略行"的大道理，凡事合乎忠信，辨别是否合乎伦理，体察什么是好的什么是坏的，更进而兴利除害，不索求百姓的报答，这样，百姓的真情便可得到了。所以管理百姓时，没有虐待他们的心，在说服百姓时，没有逼迫他们的话，在衡量百姓时，没有狡诈地说辞，让百姓富足，得让他们有充足的生产时间，应爱护百姓，但不过分纵容。如果能这样做，那么不但自身安定，而赞誉也来了，自然也得到了百姓的心。所以君子面向南居于官位，应从近处去观察，所以他看得清楚，不会被蒙蔽;从近处去寻求，不须费事，就能获得;治理百姓的办法很简单，所以用不着去役使民众，而赞誉就来了;一切的法则都是从在位者本身做起，所以取则不远。这就像永不竭尽的泉源一般，天下的人才都聚积过来;就像树木不乏长短一样，可以随心所欲地衡量才能而加以利用，所以得以治理而不纷乱。所以把六种善行时刻记在心中，牢记在脑子里，表现在日常的举止言谈上，这样做，不但自身安定而赞誉也来了，百姓的心自然也得到了。所以君子面朝南居在官位，不能治理，乱事便起了，乱事起来，争斗便会产生，争凶斗狠便会导致动乱了。所以能以坦荡的胸怀来包容百姓，心存着慈爱来安抚百姓，百姓的心也就能得到了。所以，以身作则是为政的开始，和颜悦色是和百姓沟通的途径。好的政令推行容易，不会引起百姓的怨恨，对百姓讲话和颜悦色，百姓就不会违抗法纪，身行仁道，百姓便能尊重他而使他安乐。社会财富已经增长，如果贪婪搜刮反而不能得到财宝；好的政治要清简，如果苟且马虎，就会引起乱子；好的意见要接受，如果考虑太多，反而不能实行；规谏的话天天听，会感觉厌烦而不能听从。但是好话是要天天听的，好事是要能够做到的。所以国君是百姓的表率，卿大夫是百姓的准则，侍从人员是供职的一类人。所以表率不当，百姓就要失去法制，准则坏了，百姓就会作乱，侍从亲近的人不公正、不廉洁，那些大臣就要做坏事了，所以这些人的行为不可不谨慎。因此，君子要能修身，反省自己的行为，检查自己的言论，那么那些贴近的事就能做到了；好比女工要从选择丝麻开始，好的工匠要从选择木质开始，贤明的君主要从选择左右开始。所以用人不费力，办起事来就吃力；用人费些力，办起事来就不吃力。因此君子要想取得他人的赞赏，就要谨慎选择他所亲近的人，要想博取声名，就要谨慎地去选择身边的官员。居上位者正如爬树一样，越想往上爬，越怕跌下来。六匹马的跑散，一定是在四通的道路上，百姓的离经叛道，必然是由于居上位者不费力办理政事。所以居上位者虽然尊贵，反而和百姓隔绝，百姓虽然卑贱，却是最有潜力的。百姓爱戴你，你就可以存在，百姓厌恶你，你就要灭亡了。所以君子面向南居于官位，地位尊贵而不骄傲，钱财多还能谦让，能为自身着想，建立事业，能够维持长久宏大；感情不但同靠近的人沟通，而且能够感染远处的人，彻底弄明白了一件事，就可推知许多事。整理了一件事，经历再多事也不会乱的，这些都是以修养自身为根本的。所以君子管理百姓时，不可不知道百姓的本质，不可不了解百姓的心理；知道了他们的心理和习惯，百姓就能服从你的政令。所以说，国家治理得好，百姓便爱戴你，政治清明，百姓自然没有怨尤。所以君子管理百姓时，理想不可太高，目标不可定得太远，不要责求百姓做力所不及的事。如果用前贤圣人取得的成功来要求百姓，恐怕百姓要敬而远之了；要求他们未来遥远的目标，百姓如果做得痛苦，就会躲避。所以古代帝王的冠冕上，垂挂着一串玉，是为了警惕自己，不可看得太明察了；用棉絮塞耳朵，是为了警惕自己，不可听得太细了。所以水太清澈，鱼就无法生存，人太精明，就没有人跟随你了。所以把百姓的坏事改正过来，使他心安理得；用教导来引导百姓，使他们寻求自身的完美；衡量百姓的资质，让他们自己找到前途；百姓偶然犯了过错，必要找出他的好处来赦免他，如果要判死刑，要想法子让他活下去，这样他就会变好了，这样才能上下打成一片，不分离了。所以说仁惠是施政的前提，施政不当，就没法教导百姓，百姓不学习，就无法驱使他们。所以君子要让人家相信他的话，不如先虚心检讨一下自己；要政令迅速推行，不如先自己做出榜样；要百姓很快地服从，不如用自己的德行来引导。所以如果不能以身作则，虽发了政令，也是推行不远的；不能用"道"来驾驭，虽表面服从，心里也是勉强的。所以不存忠信之心，就无法让百姓来亲近你；言行不一，就无法让百姓信赖你。这四项，就是管理百姓的要旨了。"

【原文】

公曰："千乘之国，受命于天子，通其四疆，教其书社，循①其灌庙，建其主②，设其四佐，列其五官，处其朝市，为仁如何？"子曰："不仁，国不化。"公曰："何如之谓仁？"子曰："不淫于色。"子曰："立妃设如太庙然，乃中治；中治，不相陵；不相陵，斯庶嬺違；違，则事上静；静，斯洁信在中。朝大夫必慎以恭；出会谋事，必敬以慎言；长幼小大，必中度，此国家之所以崇也。立子设㉘宗社，宗社先示威，威明显见；辨爵集德，是以母弟官子咸有臣志，莫敢援于外，大夫中妇私谒不行，此所以使五官治，执事政③也。夫政以教百姓，百姓齐以嘉善，故蛊佞不生，此之谓良民。国有道则民昌，此国家之所以大遂也。卿设如大门，大门显美，小大尊卑中度。开明闭幽，内禄出灾，以顺天道，近者闲焉，远者稽焉。君发禁宰④而行之，以时通于地，散布于小。理天之灾祥，地宝丰省，及民共飨其禄，共任其灾，此国家之所以和也。国有四辅，辅，卿也。卿设如四体，毋易事，毋假名，毋重食。凡事尚贤进能，使知事爵不世，能⑤之不怨。凡民戴名以能，食力以时成，以事立⑥，此所以使民让也。民咸孝弟而安让，此以怨省而乱不作也，此国之所以长也。下无用，则国家富；上有义，则国家治；长有礼，则民不争；立有神，则国家敬；兼而爱之，则民无怨心；以为无命⑦，则民不偷。昔者先王立此六者，而树之德，此国家所以茂也。误㉙其四佐而官之；司徒典春，以教民之不则时不若不令，成长幼老疾孤寡以时通于四疆。有阘而不通，有烦而不治，则民不乐生，不利衣食。凡民之藏贮，以及山川之神明加于民者，发国⑧功谋。齐戒必敬，会时必节。日历巫祝，执伎以守官，俟命而作。祈王年，祷民命，及畜谷蚕征庶虞草⑨。方春三月，缓施生育，动作百物，于时有事，享于皇祖皇考，朝孤子八人，以成春事。司马司夏，以教士车甲。凡士执伎论功，修四卫。强股肱，质射御，才武聪慧，治众长卒，所⑩以为仪缀于国。出可以为率，诱于军旅。

四方诸侯之游士，国中贤余秀兴⑪阅焉。方夏三月，养长秀蕃庶物。于时有事，享于皇祖皇考，爵士之有庆者七人，以成夏事。司寇司秋，以听狱讼，治民之烦乱，执权变民中。凡民之不刑，崩⑫本以要⑬闲，作起不敬以欺惑憧愚。作于财贿六畜五谷曰盗。诱居室家有君子曰义⑭。子女专曰娆。餝五兵及木石曰贼。以中情出，小曰闲，大曰讲⑮。利辞以乱属曰谗。以财投长曰贷⑯。凡犯天子之禁，陈刑制辟，以追国民之不率上教者。夫是故一家三夫道行，三人饮食，哀乐平，无狱。方秋三月，收敛以时。于时有事，尝新于皇祖皇考，食农夫九人，以成秋事。司空司冬，以制度制地事，准揆山林，规表衍沃，畜水行，衰濯浸，以节四时之事。治地远近，以任民力，以节民食，太古食壮之食，攻老之事。"公曰："功事不少，而馔粮不多乎？"子曰："太古之民，秀长以寿者，食也。在今之民，羸丑以齿者，事也。太古无游民，食节事时，民各安其居，乐其宫室⑰，服事信上，上下交信，地移民⑱在。今之世，上治不平，民治不和，百姓不安其居，不乐其宫；老疾用财，壮狡用力，于兹民游。薄事贪食，于兹民忧。古者殷书为成男成女名属升于公门，此以气食得节，作事得时，劝⑲有功；夏服君事不及喝，冬服君事不及冻；是故年谷不成，天之饥馑，道无殣者。在今之世，男女属散，名不升于公门，此以气食不节，作事不成⑳；天之饥馑，于时委民，不得以疾死。是故立民之居，必于中国之休地，因寒暑之和，六畜育焉，五谷宜焉；辨轻重，制刚柔，和五味，以节食时事。东辟之民曰夷，精以侥，至于大远，有不火食者矣。南辟之民曰蛮，信以朴，至于大远，有不火食者矣。西辟之民曰戎，劲以刚，至于大远，有不火食者矣。北辟之民曰狄，肥以戾，至于大远，有不火食者矣。及中国之民，曰五方之民。有㉑安民㉒和味，咸有实用利器，知通之，信令之。及量地度㉓居，邑㉔有城郭，立朝市。地以度邑，以度民，以观安危。距封后利，先虑久固，依固可守，为奥可久。能节四时之事，霜露时降。方冬三月，草木落。庶虞藏，五谷必㉕人于仓。于时有事，蒸于皇祖皇考，息国老六人，以成冬事。民咸知孤寡之必不未㉖也，咸知有大功之必进等也，咸知用劳力之必以时息也。推而内之水火，人㉖也弗之顾矣，而况有强适㉗在前，有君长正之者乎？"公曰："善哉。"［大戴礼记·千乘］

【注释】

①修，宋本讹循。

②"主"上朱本有"宗"字。

③政，一作正。

④"宰"下大训有"受"字。

⑤"能"下大训有"官"字。

⑥"立"字当在"以事"之上。

⑦无命,戴氏校本改曲令。

⑧国,图之讹。

⑨"草"上一本有"百"字。

⑩所,大训作可。

⑪兴,一作与。

⑫崩,萌之讹。

⑬要,安之讹。

⑭有君子曰义,方本作及幼子曰不义。

⑮讲,当作谋。

⑯贷,读为货。

⑰大训无"室"字。

⑱"民"下方本有"聚"字。

⑲"劝"上大训有"民"字。

⑳成,大训作时。

㉑"有"上大训有"成"字。

㉒民,大训作居。

㉓度,读为宅,居也。以下同。

㉔"邑"字,从戴氏校本,当在地以度下。

㉕必、毕通用。

㉖人,卢本作入。

㉗适,读为敌。

㉘"设"下大训有"如"字。

㉙误,设之讹。

㉚未,末之讹。

【释义】

　　鲁哀公说:"有一千辆兵车的国家,接受了周天子的册封,政令能够贯穿四方,对于百姓讲习军旅诗书的事,顺着庙来排定昭穆的次序,建立起对宗族的领导,设立四佐,并在四佐之下,列置五官,为百姓设置市场,像这样施行仁政,怎么样呢?"孔子说:"不实行仁政,国家就不能被教化。"鲁哀公说:"怎么样才算仁呢?"孔子说:"不沉迷在女色里。"孔子接着说:"册立后夫人,要像设置太庙一样小心,因为她是要治理内宫

春秋时期的战车

的;内宫能治理好,嫔妃间就不相互欺凌;嫔妃间不相互欺凌,那地位就分明;地位分明,侍奉国君就能相安;能相安,宫中就能洁净诚信。和大夫在朝廷里相见,一定要恭谨;出国和诸侯会商,一定要恭敬慎言;长幼的序次,一定要合乎理法,这样,国家才能得到别人的尊崇。册立太子要建造宗庙社稷,宗庙社稷是告诉百姓法则,法则明确,百姓才能听服;册立太子,要按照爵位的尊卑、品德的高下,其他的人才能顺服,不敢向外国求援进行颠覆,而平日受着宠幸的大臣、嫔妃,才不敢相互勾结作乱。这样,才能使得五官服从管理,任职的都遵循正道。政治是在教化百姓,百姓接受教化而乐于行善,那么蛊惑、邪佞之事就不会发生,这便叫良民。国家有道,百姓就兴旺,这样国家就能昌兴。卿的设置犹如宫中的大门,大门有威仪的气象,小大贵贱皆合礼制。打开时明亮,关闭后幽暗,内以纳福,外以除灾,顺应天道,使就近的人轻松,远方的人有所稽考。国君发布政令,宰相就去施行,要顺应天时,将仁德的心推广到细小的物上。看到上天降示的灾祥,和土地作物的丰减,和百姓共享安乐,共担灾祸,国家才会安乐。国家有四个辅佐的大臣,辅佐的大臣,就是卿。设这四卿,好比人的四肢,不可把国家大事看得简单,不可假借名义乱来,不可一味看重官禄。凡事都尊尚有贤德的人,提拔有才干的人,使大家都知道职务和官爵不是世袭的,只要有能力,就有机会表现。凡百姓有才能,有声名,各种行业的人都顺应天时,发挥力量。这样才可让百姓知道谦让。百姓都孝顺亲长,友爱兄弟,并且相安、互让,这样就能减少怨恨,而为非作乱的事也不会发生了,这样国家就会长久。居下位者浪费,国家自然富足;居上位者有仪法,国家自然能治理;长者能礼让,百姓自然没有争执;立祀如有神明,人们自然都能恭敬;对所有的事物都怀有亲爱之心,百姓自然没有怨恨;不持命中注定的观念,百姓自然没有苟且的心。以前圣王依据这六项,来建立德政,这样国家才会兴盛。设置四位辅佐,委以官位:司徒掌管春官的事宜,百姓不顺应天时,不服从政令,不做好事,要教导他们;长幼老病孤寡

的人,要给他们妥善地照顾。如果百姓有隐情而不能通达,有烦乱而不能解决,那么百姓就不能生活安乐,衣食恐怕也要出现问题了。凡百姓贮藏在山林川谷的资源,用于祭祀保佑百姓的山川神明,以及那些对国家有功劳的人。斋戒时一定要恭敬,祭祀时要合于礼仪。而那些掌卜筮、祭祀的人,要用他们的技艺各尽其职,随时等待命令来工作。祈求国家平安,祷告百姓生活顺遂,甚至于牲畜谷物、树木花草都得到祈祷。春天三月,要使生养之事缓慢施行,生物都得到滋长,在有祭事的时候,能祭享于皇祖皇考,并召见为国死难者的子女八人,来完成春时的政事。司马掌管夏官的事,教士兵学习作战打仗。凡是士,要熟练武功,打造四境的防卫。锻炼臂力,使射御成为长处,才武聪慧的人要治理众人,成为国家的仪表。司马出征时,可以成为帅,发号施令。四方诸侯的游士,国家卿大夫中贤能的人,推荐到司马这里的人才,都要好好考察。夏季的三月,万物生养、滋长、繁殖。在行夏天的祭礼时,享祭皇祖皇考,对士中有吉庆的人七位赐以爵位,以完成夏时的政事。司寇掌管秋官的事,处理诉讼、牢狱的事务,治理百姓的烦乱,把握百姓的变化。凡是不守法的百姓,总是要败坏法律,利用法律的漏洞,做不守法的事,来欺骗没有知识的百姓。诈取人家的钱财、家畜、谷物的,叫作强盗;拐诱有夫之妇的,叫作奸;女子自作主张、不听父母之命的,叫作妖;私藏武器的,叫作贼;把国家机密泄露给外国,轻微的叫作反间,大的叫作间谍;巧言强辩,颠倒是非的,叫作谗;靠钱财结交上司,叫作贿赂。凡触犯天子的禁令,就得利用刑法,制裁罪犯,用以管治那些不遵天子教令的人。因此,一家只要有三个人去工作,三个人吃饭,便能够苦乐均平,没有讼狱。秋天中的三月,要适时收割,在有祭事的时候,要尝祭于皇祖皇考,请乡里的耆老九人会宴,以完成秋时的政事。司空掌管冬官的事,用制度来规划土地,度量山林,将平坦的灌溉区规划分明,储蓄水源,疏导沟渠,调节灌溉的水量,来调节农家四时的事。依据地域的远近,来分配百姓的劳役,调理百姓的口粮,使百姓吃青年人的那份食粮,而服老年人那样的劳役。"鲁哀公说:"不会劳役的事做得少了,粮食给得多了吧?"孔子说:"上古的人们,长得俊秀强壮,而且长寿,因为他们吃得好啊!而今天的人们瘦弱、丑陋,又早死,是因为劳役太苦。上古时没有游手好闲的人,粮食得到调配,耕作顺应时节,百姓都各得其所,喜欢他们的家室,服从命令,信任长官,上下相互信赖,虽然地域不同,百姓也能聚集在一起。今天的社会,在位的施政不公,治理百姓不和谐,他们不能各得其所,也不喜欢自己的家室;老年人、残废的人还要用钱财,健壮的人还要出劳力,这样百姓就流离逃亡了。成天为劳役所逼迫,吃也吃不饱,百姓就会忧愁痛苦。古时把成年的男女登记在政府的户籍中,以此作为分配食物的依据,使农事进行得符合时宜,让百姓努力工作;夏天为公家做事,不会过劳而中暑,冬天为公家做事,不会因受寒而冻坏。所以一年收成不好,遇到天灾,道路上也没有饿死的人。现在的社会,男女都流散了,户籍也没有登记在政府里,食物也得不到配给,农事的进行也不符合时宜。遇到天灾,百姓流离失所,病死都不能在家了。所以建百姓的住所,一定要在好的地方,顺应寒暑的调和,使六畜兴旺,五谷宜于播种;权衡事情的轻重,制定刚柔的标准,调和食物的味道,使粮食得到适当的分配,耕作按时节而进行。东方偏僻的人们叫夷,精悍而狡猾,到了很远的地方,还有吃生食的人了。南方偏僻的人们叫蛮,诚实而朴实,到了很远的地方,还有吃生食的人了。西方偏僻的人们叫戎,强劲而刚直,到了很远的地方,还有吃生食的人了。北方偏僻的人们叫狄,肥胖而乖戾,到了很远的地方,还有吃生食的人了。再加上住在中原的人们,总称为五方之民。他们有一定的居处,有适宜的口味,有实用的工具,要借助翻译来传达他们的情意,用诚信来领导他们的行为。至于量度土地,规划百姓的居处,使每座城邑都有城郭,又建起城市。土地要用来规划城邑,以安定百姓,观察他们的吉凶。要先注意形势,而后才想到地利,要先考虑到长久而牢固,依据牢固的地势,才可固守。作为深渊大泽,才可守得长久。能够调节四时的事情,露霜依时而降。冬天中的三月,草木凋零。山林川泽的作物已经藏贮,五谷全归入仓库。在有祭事的时候,要蒸祭于皇祖皇考,养息国老六人,以完成冬时的政事。能让百姓都知道孤寡的人不会受到轻待,有大功的人一定能得以晋升,有劳役的事一定会得到适时的休息。那么,即使让他们赴汤蹈火,他们也会义无反顾,更何况有强敌当前,有君长领导着他们呢?"鲁哀公说:"讲得真好。"

【原文】

公曰:"四代之政刑,论①其明者,可以为法乎?"子曰:"何哉? 四代之政刑,皆可法也。"公曰:"以我行之,其可乎?"子曰:"否,不可。臣愿君之立知而以观闻也。四代之政刑,君若用之,则缓急将有所不节;不节,君将约之;约之,卒将弃法;弃法,是无以为国家也。"公曰:"巧匠辅绳而斲,胡为其弃法也?"子曰:"心未之度,习未之狃,此以数逾而弃法也。夫规矩准绳钧衡,此昔者先王之所以为天下也。小以及大,近以知远,今日行之,可以知古,可以察今,其此耶! 水火金木土谷,此谓六府,废一不可,进一不可,民并用之;今日行之,可以知古,可以察今,其此耶! 昔夏、商之未兴也,伯夷谓此二帝之眇。"公曰:"长国治民恒干;论政之大体,以教民辨;历大道,以时地性;兴民之阳德,以教民事;上服周室之典,以顺事天子;修政勤礼,以交诸侯。大节无废，小眇其后乎？"子曰："否，不可后也。《诗》云：'东有开明，于时鸡三号，以兴庶虞，庶虞动，蚩征作。啬民执功，百草咸②淳，地倾水流之。'是以天子盛服朝日于东堂，以教敬示威于天下也。是以祭祀，昭有神明，燕食，昭有慈爱；宗庙之事，昭有义；率礼朝廷，昭有五官；无废甲胄之戒，昭果毅以听；天子曰崩，诸侯曰薨，大夫曰卒，士曰不禄，庶人曰死，昭哀。哀爱无失节，是以父慈子孝兄爱弟敬。此昔先王之所先施于民也，君而后此，则为国家失本矣。"公曰："善哉，子察教我也。"子曰："乡也，君之言善，执国之节也。君先眇而后善中备，以君子③言，可以知古，可以察今。免然而兴④，民壹⑤始。"公曰："是非吾言也，吾一闻于师也。"子呼焉其色曰："嘻，君行道矣。"公曰："道耶？"子曰："道也！"公曰："吾未能知人，未能取人。"子曰："君何为不观器视才？"公曰："视可明乎？"子曰："可以表仪。"公曰："愿学之。"子曰："平原大薮，瞻其草之高丰茂者，必有怪鸟兽居之，且草可财也，如艾而夷之，其地必宜五谷；高山多林，必有怪虎豹蕃孕焉；深渊大川，必有蛟龙焉；民亦如之，君察之，此可以见器见才矣。"公曰："吾犹未也。"子曰："群然、戚然、颐然、睪然、蹎然、柱然、抽然、首然、金然、湛然、渊渊然、淑淑然、齐齐然、节节然、穆穆然、皇皇然。见才色修声不视闻，怪物恪⑥命不改志，舌不更气。君见之举也，得之取也，有事事也。事必与食，食必与位，无相越逾。昔虞舜天德嗣尧，取相十有六人如此。"公曰："嘻，美哉。子道广矣。吾恐惛而不能用也。何以哉？"曰⑦："由德径径。"公曰："请问图德何尚？"子曰："圣，知之华也；知，仁之实也；仁，信之器也；信，义之重也；义，利之本也。委利生孽。"公曰："嘻，言之至也。道天地以⑧民辅之，圣人何尚？"子曰："有天德，有地德，有人德，此谓三德。三德率行，乃有阴阳；阳曰德，阴曰刑。"公曰："善哉，再闻此矣！阳德何出？"子曰："阳德出礼，礼出刑，刑出虑，虑则节事于近，而扬声于远。"公曰："善哉！载事何以？"子曰："德以监⑨位，位以充局，局以观功，功以养民，民于此乎上。"公曰："禄不可后乎？"子曰："食为味，味为气，气为志，发志为言，发言定名，名以出信，信载义而行之，禄不可后也。"公曰："所谓民与天地相参者，何谓也？"子曰："天道以视，地道以履，人道以稽⑩。废一日失统，恐不长飨国。"公愀然其色。子曰："君藏玉惟慎用之，虽⑪慎敬而勿爱，民亦如之。执事无贰，五官有差，喜无并爱，卑无加尊，浅无测深，小无招大，此谓楣机。楣机宾荐不蒙，昔舜徵荐此道于尧，尧亲用之，不乱上下。"公曰："请问民征。"子曰："无以为也。难行。"公曰："愿学之，几⑫必能。"子曰："贪于味不让，妨于政。愿富不久⑬，妨于政。慕宠假贵，妨于政。治民恶众，妨于政。为父不慈，妨于政。为子不孝，妨于政。大纵耳目，妨于政。好色失志，妨于政。好见小利，妨于政。变从无节⑭,挠弱不立,妨于政。刚毅犯神,妨于政。鬼神过节,妨于政。幼勿与众,克勿与比,依⑮勿与谋,放勿与游,徼勿与事。臣闻之弗庆⑯,非事君也。君闻之弗用,以乱厥德,臣将庆其简者。盖人有可知者焉,貌色声众有美焉,必有美质在其中者矣。貌色声众有恶焉,必有恶质在其中者矣。此者⑰伯夷之所后出也。"子曰:"伯夷⑱建国建政,修国修政。"公曰:"善哉。"[大戴礼记·四代]

【注释】

①论,选也。

②咸,感也。

③子,大训作之。

④兴,当作与。

⑤壹,当作更。

⑥恪,大训作怪。

⑦"曰"上脱"子"字。"曰由德径径"当属"何以哉"之下。

⑧以,与也。

⑨监,莅也。

⑩稽,同也。

⑪虽,惟之讹。

⑫几,期也。

⑬久当作以,以、已通。

⑭"节"下高安本有"妨于政"三字,宋本脱。

⑮依当作旅,旅读为鲁。

⑯庆,大训作荐,以下同。

⑰者,高安本作皆。

⑱"夷"下大训有"曰"字。

【释义】

　　鲁哀公说:"古时四代的政令刑法,选择好的,也可以用来效法吗?"孔子说:"还要选什么呢?四代的政令刑法,都是值得效法的。"鲁哀公说:"以我当前的情况,来实行四代的政令刑法,你看行吗?"孔子说:"不,不行。我希望您能将所知道的保留着,来观察所见所闻。四代的政令刑法,您如果去用,恐怕轻重缓急不能适应;不合适,您再用刑法来约束;约束到头,终将导致律法无效而废弃;废弃了律法,国家就无法治理了。"鲁哀公说:"巧妙的工匠也得靠绳墨的帮助,才能够削斫,怎么能说废弃律法的呢?"孔子说:"心中还不能分辨清楚,也还没有练习娴熟,这样就常越了常规而废弃了律法。规矩、准绳、均衡,这些都是以前圣王用来治理天下的。可以从小及大,由近及远,现在用来实行,可以推知古代,也可以检查现在,就是这样。水、火、金、木、土、谷,这叫作六种库藏,缺一不可,多一也不可,百姓全得用它们;今天用来实行,可以推知古代,也可以察知现在,就是这样。以前夏朝、商朝还没有建立的时候,伯夷就是用它辅佐二帝而成功的。"鲁哀公说:"领导国家、治理百姓的常理是:规定政制的大纲,教导百姓伦常的道理;观看自然的天道,来顺应土地的特性;启发百姓,来教百姓从事生产;上从周代的法典,来服侍天子;修治政制,勤行礼节,来结交诸侯。这些重大的事都做到了,那些小事可以慢点了吧?"孔子说:"不行,不可以延后的。《诗经》说:'东方有启明星,那时鸡起来叫了几次,山林川泽的百物跟着活跃起来,农夫拿着农具,从事农活。农夫们播种着,五谷繁衍生长着,雨水灌溉着、滋润着。'因此,天子穿戴着威严的衣冠,在东堂行春分时的祭祀,是要教导天下人,告诉天下人仪礼。所以行祭祖的礼,是显示神鬼的存在;宴请亲长,是显示有慈爱的心;祭祀宗庙,是显示大义;遵循朝廷班列的礼制,是显示各种政务的不同;不忘记国防的警戒,是显示要克敌制胜的心意;天子死叫作崩,诸侯死叫作薨,大夫死叫作卒,士死叫作不禄,庶人死叫作死,是表达哀痛。哀痛而又不失礼节,所以父亲慈爱,儿子孝顺,兄长友爱,弟弟恭敬。这些都是以前圣王教导百姓的,如果您把这些缓慢实行,那就使国家失去根本啦。"鲁哀公说:"很好,你这样教导我。"孔子说:"您方才讲的也不错,也是治国的道理。您先从看来是渺小的事做起,使内在完备,从您的话可以知道古代的情状,可以检查现在的情况。国家就能兴盛起来,百姓就能专注于根本的道理了。"鲁哀公说:"这些话不是我讲的,是我从老师那里听来的。"孔子惊喜地说:"呀,您是在实行治国的大道理啊!"鲁哀公说:"是大道理吗?"孔子说:"是大道理。"鲁哀公说:"我还不能知人善任。"孔子说:"您为什么不看人的学识与才能呢?"鲁哀公说:"看才识人准确吗?"孔子说:"可以作为衡量人才的标准。"鲁哀公说:"希望学到这些道理。"孔子说:"宽广的平原川泽,草长得高大茂密,里头一定藏有珍禽异兽,而且那些草也是有用的材料。如果把它们刘平,那土地一定适宜五谷的生长;崇山峻岭林木茂盛,一定有很多虎豹在其中繁衍生息,很深的河川山谷,一定藏有蛟龙;百姓也是一样的,您到百姓里去观察,就可以看出谁有才能了。"鲁哀公说:"我还不十分明白。"孔子说:"要看与人相处的样子、与人相亲的样子、喜悦的样子、宽广的样子、勤敏的样子、特别的样子、超群的样子、正直的样子、赞同的样子、安闲的样子、深刻的样子、清静的样子、恭敬的样子、检束的样子、肃穆的样子、伟大的样子。对于美色和美声不看、不听，山鬼神怪和好坏变化不能改变他的情志，别人的花言巧语不能改变他的行为。您见到这样的人就应该选拔他，得到他就要任用他，有事就让他去做。他的俸禄一定要和他做的事相符，爵位也要和俸禄相当，不可超越限度。以前虞舜以他伟大的德性继承尧的帝位，便是这样任用辅佐他的十六个人。"鲁哀公说："啊，说得真好。你的道理实在很博大。可惜我怕自己糊涂，不能实行，怎么办呢？"孔子说："用道德去实行，就和走捷径一样快了。"鲁哀公说："请问修养德行，什么是最重要的呢？"孔子说："圣是智慧的花朵；知是仁爱的果实；仁爱是诚信的工具；诚信是道义的内容；道义是取利的根本。总是在利上打主意，就要生祸害了。"鲁哀公说："啊，您说得真是好极了！要通于天地的道理，用百姓来辅佐，圣人以何为先呢？"孔子说："有天德，有地德，有人德，这叫作三德。遵循三德去实行，才有所谓阴阳；阳叫德，阴叫刑。"鲁哀公说："好啊，我又学了这些。那么，阳德会引发什么呢？"孔子说："阳德产生礼仪，礼仪产生刑法，刑法产生思虑，思虑就能减少近处的事，使好的声名传到远方。"鲁哀公说："好啊！拿什么成就这些事呢？"孔子说："用德行来受爵位，用爵位来推广各部门的工作，用各部门的工作来考查官吏的业绩，用官吏的业绩来养护百姓。百姓自然会爱戴居高位的人了。"鲁哀公说："俸禄不可以延后吗？"孔子说："食禄为五味，五味为气血，气血为心志，抒发心志而成言语，发出言语而为号令，用号令来表示诚信，诚信建立在道义上，才能行得通。所以俸禄是不可以延后的。"鲁哀公说："百姓和天地的德行有关系，是什么意思呢？"孔子说："天道是用来看的，地道是用来实践的，人道是用来考查的。少了一样，就是失去纲纪，恐怕不能长久地保有国家。"鲁哀公突然改变了脸色。孔子说："您珍藏着美玉，谨慎地用它，虽谨慎而不吝惜，百姓也是这样的。对执政的官吏不要有猜疑的心，五官的任用要有差别，不要因为喜欢某人而变成了滥爱，不要让少欺长，不要以资历浅的衡量资历深的，不要以小的去危害大的，这是用人的要理。用人的要理是要谨慎地利用，从前舜便是阐明这道理，告诉帝尧的，帝尧亲自用这道理，所以上下井然有序。"鲁哀公说："请问怎么样才可从百姓那里看出征兆呢？"孔子说："不问也罢。很不容易做到的。"鲁哀公说："我愿意学学，希望能做得到。"孔子说："贪图食禄而不谦让，政事就很难推行。老想富贵而不愿贫穷的，政事就很难推行。美慕别人受宠，也想谋求高位的，政事就很难推行。治理百姓，却暴虐他们，政事就很难推行。

父亲不知慈爱子女的,政事就很难推行。子女不孝敬亲长的,政事就很难推行。成天纵情于耳目声色之欲的,政事就很难推行。爱好美色,使意志消沉的,政事就很难推行。好贪小利的,政事就很难推行。一天到晚老在改变的,政事就很难推行。处理事情不能当机立断,政事就很难推行。心性强悍,不敬信鬼神的,政事就很难推行。信奉鬼神太过分的,政事就很难推行。年纪轻的人,不可让他治理百姓。好胜的人,不和他比较。愚笨的人,不和他计谋。任性放纵的人,不和他交游。没有见识的人,不可和他谈事。臣子有所闻,而不进言给国君的,不是服侍国君的道理。进于国君而没被采用,使得品德不正,臣子应再进上比较简约的。人有可知的地方,容貌、声音、风度大家都说好的,一定会有美好的本质。容貌、声音、风度大家都说不好的,他的本质一定不好。这就是伯夷以后所采用的道理。"孔子说:"伯夷认为,建立国家要建立政制,治理国家要治理政事。"鲁哀公说:"好啊!"

【原文】

公曰:"昔有虞戴德何以? 深虑何及? 高举安取?"子曰:"君以①闻之,唯丘无以更也。君之闻如②未成也,黄帝慕修之。"曰:"明法于天明,开③施教于民;行此以上明于天化也,物必④起,是故民命⑤而弗改也。"公曰:"善哉! 以天教于民,可以班⑥乎?"子曰:"可哉。虽可而弗由,此以上知所以行斧钺也。父之于子,天也。君之于臣,天也。有子不事父,有臣不事君,是非反天而到⑦行耶? 故有子不事父,不顺;有臣不事君,必刃。顺天作刑,地生庶物,是故圣人之教于民也,率天如⑧祖地,能用民德。是以高举不过天,深虑不过地,质知而好仁,能用民力,此以三常之礼明而名不蹇。礼失则坏,名失则惛。是故上古不讳,正天名也;天子之官四通,正地事也;天子御珽,诸侯御荼,大夫服笏,正民德也;敛此三者而一举之,戴天履地,以顺民事。天子告朔于诸侯,率天道而敬行之,以示威于天下也。诸侯内贡于天子,率名淑⑨地实也,是以不至必诛。诸侯相见,卿为分⑩。以其教士毕行,使仁⑪守会,朝于天子。天子以岁二月为坛于东郊,建五色,设五兵、具五味、陈六律、品⑫奏五声,听明教。置离,抗⑬大侯规鹄,坚⑭物。九卿佐三公,三公佐天子。天子践位,诸侯各以其属就位。乃升诸侯,诸侯⑮之教士,教士执弓挟矢,揖让而升,履物以射其地⑯。心端色容正,时以激伎。时有庆以地,不时有让以地。天下之有道也,有天子存;国之有道也,君得其正;家之不乱也,有仁父存。是故圣人之教于民也,以其近而见者,稽其远而明者。天事曰明,地事曰昌,人事曰⑰比,两以庆。违此三者,谓之愚民。愚民曰奸,奸必诛。是以天下平而国家治,民亦无贷⑱。居小不约,居大则治；众则集，寡则缪⑲；祀则得福，以征则服；此唯官民之上德也。"公曰："三代之相授，必更制典物，道乎？"子曰："否。猷⑳德保㉑，保悎乎前，以小继大，变民示㉒也。"公曰："善哉！子之察教我也。"子曰："丘于君唯无言，言必尽，于他人则否。"公曰："教他人则如何？"子曰："否，丘则不能。昔商老彭及仲傀，政之教大夫，官之教士，技之教庶人。扬则抑，抑则扬，缀㉓以德行，不任以言，庶人㉔以言。犹以夏后氏之袥怀袍褐也，行不越境。"公曰："善哉！我则问政，子事教我！"子曰："君问已参黄帝之制，制之大礼也。"公曰："先圣之道，斯为美乎？"子曰："斯为美。虽有美者必偏。属于斯，昭天之福，迎之以祥；作地之福㉕，制之以昌；兴民之德，守之以长。"公曰："善哉。"［大戴礼记·虞戴德］

【注释】

①以，大训作已。

②如，而也。

③"开"字当在下文"物必起"之上。

④必，一作毕。

⑤"命"上一本有"听"字。

⑥班，齐也。

⑦到，即倒也。

⑧如，而也。

⑨敩效古，通用。下同。

⑩分，卢本作介。

⑪"仁"下御览引有"者"字。

⑫品字衍。

⑬抗，张也。

⑭坚，大训作竖。

⑮"诸侯"二字衍。

⑯"地心"方本作"心志"。

⑰"曰"下宋本脱"乐"字。

⑱贷，忒也。

⑲缪与穆通。

⑳猷，由也。

㉑保当作桀纣字之误。

㉒示,视也。

㉓缀,表也。

㉔"庶人"疑当作"度人"。

㉕福,大训作稸。

【释义】

鲁哀公说:"以前帝舜推行德政,用的什么办法呢？深谋远虑,想的是什么呢？崇高的行为,又得到了什么呢？"孔子说:"您已听我讲完四代的政制了,我也没什么可说的了。如果您觉得知道得还不够,那么就研究黄帝的大道吧!"孔子接着说:"效法自然,弄懂这些现象,对百姓进行教化,用这些教化来表现天地间变化的道理,万物跟着兴起,所以百姓听政府的命令,而不改变。"鲁哀公说:"好啊!但是以自然的道理教导百姓,大家能接受吗？"孔子说:"可以的。虽说可以,但他们不理您这一套,这就是为什么国君也要用刑罚了。父亲对于儿子来说,是天。国君对于臣下来说,也是天。子女不孝于父亲,臣子不忠于国君,这不是把是非颠倒过来,违反天道的行为吗？所以有子女不孝于父亲的,要治以大罪;有臣子不忠于国君的,要处以重刑。顺天道而制定刑法,顺地道而养万物,所以圣人施教化于百姓时,要遵循天道而效法地道的,是要能发掘百姓的美德。因此,再崇高的行为也超不过天,再深远的谋虑也超不过地,以智慧为本质又爱好仁道,善于运用民力,又能发挥天、地、人这三种常道的礼制,那么号令的施行就不困难了。失去礼制,国家就要腐败,失去号令,国家就要混乱。所以上古不避讳,以天的号令为准则;天子的明堂四面通达,是以地的业绩为准则:天子使用斑笏,诸侯使用荼笏,大夫使用竹笏,以端正百姓的德行;这三样一起施行,头戴着天,脚履着地,来顺应百姓的心性。天子在十二月时告诉诸侯农耕的时节,遵循自然的现象而谨慎地推行,用以告示天下人。诸侯向天子进贡,说明服从号令,贡献土产,所以不来进贡的,一定要加以诛伐。诸侯彼此之间相见,这时就以卿作为介绍人。朝见天子时,得把本国的教士带去,让仁厚的人留守国家,然后一起朝见天子。天子在每年的二月,在东郊设坛,摆放五色的旌旗,设置五种兵器,准备五味的肴馔,演奏六律,吹奏五声的音乐,听取政教的情况。设置位置,竖起国君用的大箭靶子,并画出射击位置的线。九卿辅佐三公,三公辅佐天子。天子登上坛台,诸侯率他们的随从站在北面的位置。于是让诸侯、诸侯的教士走上前,诸侯的教士执弓挟矢,互相揖让走上射坛,站到画着射击位置的线里，来射那靶子。澄神凝志，端正姿势，以这样来考验他们的技艺。射中了有喜庆，赏赐他们封地，射不中有责任，削减他们的封地。天下太平，由于有天子的存在；国家政治清明，由于国君做得正当；家庭安定，由于有慈父存在。所以圣人教化百姓，要以他周围看见的好事情、好德行，来研究那些远的大道。天道叫作明，地道叫作昌，人事叫作比。以人事配以天道、地道，就有喜庆。违背了这三者，叫愚弄百姓。愚弄百姓的人，叫作奸邪，奸邪的人一定要加以诛杀。这样天下太平，国家安定，百姓也没有了过失。积蓄少而不穷困，积蓄多而能平治；百姓多而能安乐，百姓少而能安详；祭祀便得到神的降福，征伐便能将叛逆降服；这是治理百姓的最高道德。"鲁哀公说："继承三代，一定要更改法制、服色，这也是道吗？"孔子说："不是。是想要以德政平定天下，安定前朝的混乱，以小国的诸侯继承天子的大位，是一种改变百姓视听的手法。"鲁哀公说："好啊！你这样明白地告诉我。"孔子说："我对您，只是没什么说的，但所说的必然都倾尽我所知。如果是别人，可不是这样了。"鲁哀公说："教别人又怎样呢？"孔子说："不行，我还做不到。以前商朝的大夫彭咸和仲傀，教大夫治理政事，教士做官吏，教庶人各种技艺。太张扬就压抑他们，不及就推进他们，同时培养他们的德行，不因会讲话而派他们工作，不会拿讲话的好坏来衡量他们。这就好比夏后氏穿着粗糙的褐色衣服，怀藏着美玉，那他们就无法过境。"鲁哀公说："好啊！我请教你政制，你却事事告诉我。"孔子说："您问的已包括黄帝的政制，那是政制的大体。"鲁哀公说："以前圣人治理天下的道理，这是最好的吗？"孔子说："这是最好的了。即使还有好的，也不完备。能用这种道理，就能显示天道的福泽，而得到安详；因顺地道的福泽，而能昌盛；发扬百姓的德行，爱护国家而使其久长。"鲁哀公说："好啊！"

【原文】

公曰："诰志无荒，以会民义，斋戒必敬，会时必节，牺牲必全，齐①盛必洁，上下禋祀，外内无失节，其可以省怨远灾乎？"子曰："丘未知其可以省怨也！"公曰："然则何以事神？"子曰："以礼会时。夫民见其礼则上下援②，援则乐，乐斯毋忧，以此怨省而乱不作也。夫礼会其四时，四孟四季，五牲五谷，顺至必时其节也，丘未知其可以远灾也。"公曰："然则为此何以？"子曰："知仁合则天地成，天地成则庶物时，庶物时则民财敬③，民财敬以时作④；时作则节事，节事以动众，动⑤众则有极；有极以使民则劝，劝则有功，有功则无怨，无怨则嗣世⑥久，唯⑦圣人！是故政以胜众，非以陵众；众以胜事，非以伤事；事以靖民，非以征民；故地广而民众，非以为灾长之禄也。丘闻周太史曰：'政不率天，下⑧不由人，则凡事易坏而难成。'虞史伯夷曰：'明，孟也。幽，幼也。明幽，雌雄也。雌雄迭兴而顺至，正之统也。日归于西，起明于东；月归于东，起明于西。'虞夏之历，正⑨建于孟春。于时冰泮发蛰，百草权舆，瑞雉无释⑩。物乃岁俱生于东，以顺四时，卒于冬万⑪。于时鸡三号，卒⑫明。载于青色，抚⑬十二月节，卒于丑。日月成岁历，再闰以顺天道，此谓岁⑭虞汁月。天曰作明，曰与，维天是戴。地日作昌，曰⑮与，惟地是事。人曰作乐，曰⑯与，惟民是嬉。民之动能⑰，不远厥事；民之悲⑱色，不远厥德。此谓表里时合，物之所生，而蕃昌之道如此。天生物，地养物，物备兴而时用常节，曰圣人，主祭于天曰天子。天子崩，步于四川，代⑲于四山，卒葬曰帝。天作仁，地作富，人作治。乐治不倦，财富时节，是故圣人嗣则治。文王治以俟时；汤治以伐乱；禹治以移众，众服，以立天下；尧贵以乐治时，举舜；舜治以德使力。在国统民而⑳恕，在家抚官而㉑国。安之勿变，动之勿沮，民咸废恶如㉒进良。上诱善而行罚，百姓尽于仁而遂安之，此古之明制之治天下也。仁者为圣，贵次，力次，美次，射御。次古之治天下者必圣人。圣人有国，则日月不食，星辰不陨，勃㉓海不运，河不满溢，川泽不竭，山不崩解，陵不施㉔谷，川浴㉕不处，深渊不涸。于时龙至不闭㉖，凤降忘翼，鸷兽忘攫，爪鸟忘距，蜂虿不螫婴儿，蝱虻不食㉗驹，雒出服㉘，河出图。自上世以来，莫不降仁，国家之昌，国家之臧，信仁。是故不赏不罚，如民咸尽力；车不建戈，远迩咸服；胤㉙使来往，地宾㉚毕极；无怨无恶，率惟懿德。此无空礼，无空名，贤人并忧㉛，残毒以时省；举良良，举善善，恤民使仁，日教㉜仁宾也。[大戴礼记·诰志]

【注释】

①齐，当作粢。

②"两援"上大训有"不"字。

③敬，大训作侄侄，聚也。

④作，用也。

⑤大训不叠出"动众"。

⑥大训叠出"世久"。

⑦唯，一作惟。

⑧大训无"下"字，《史记》作又。

⑨《晋书》引此文，"正"在"建"下。

⑩无释当作先湟，竝形之误。

⑪万,大训作方。

⑫卒,一作平,又作斯。

⑬抚,循也。

⑭大训无"岁"字。

⑮⑯曰,日之伪。

⑰能,读为态。

⑱悲,当作斐。

⑲代,大训作伐。

⑳如,而也。

㉑而,如也。

㉒如,而也。

㉓勃,大训作孛。

㉔施,读为随。

㉕浴,当作谷。

㉖闭,当作闪。

㉗"天疑"当为"虞"之省。

㉘服,疑版之误。

㉙胤,继也。

㉚宾,滨也。

㉛忱,读为优。

㉜敩,效,古通用。

【释义】

　　鲁哀公说:"告示臣民的政令,不使其荒废,以适应百姓的要求,斋戒时一定心存敬慎,祭祀时一定有节度,祭祀用的畜牲一定很完备,所使用的祭器一定很干净,以虔诚来祭享天地神灵,对于祭祀对象没有失礼的行为,这样可以减少鬼神的不满,而远离灾祸吗?"孔子说:"我不知道这样做能不能减少鬼神的不满。"鲁哀公说:"那该怎么侍奉鬼神呢?"孔子说:"祭祀的时候要有隆重的礼仪。百姓看到这样隆重的礼仪,就会互相亲近,相亲就能安乐,安乐就没有忧患,这样一来便减少了鬼神的不满,而乱事也不会起来。用礼仪为四时祭祀,如四孟月、四季月,并用五畜牲、五谷物,按照礼制进行,不可失去时节,但我可不知这样做能不能远离天灾。"鲁哀公说:"那么该怎么做才能远离天灾呢?"孔子说:"智慧与仁道相合,便成就了天地,成就了天地,万物就可以按时节生长,万物按时节长生,百姓的财富就能积累起来;百姓积累了财富,就能顺应时节作业;百姓能应时节作业,做事就有节度,做事有节度,就可以让民众劳动,让百姓劳动,得有个限度;有限度,百姓就得到鼓励,得到鼓励,就可以有功效,有功效,就没有怨言,没有怨言,国家就可以长久继承。能做到这些,只有圣人。所以劳役的事情要分给百姓一起做,不是借此来压迫百姓的;百姓来分担事情,不是来败坏事情的;劳役的事情是用来安抚百姓的,不是用来惩罚百姓的;所以土地广大,百姓众多,并不是灾害,而是国君的福禄。我听周朝的太史说:'建立朝政而不遵循天道,也不顺从人心,那么凡事都容易败坏而难以成功。'虞史伯夷说:'阳明在先,阴幽在后。明幽是和雌雄一样,雌雄的更迭兴作,循序而行,是正朔的统纪。太阳从西边落下去,从东边升上来;月亮从东边落下去,从西边升上来。'虞夏的历法,是以孟春作为正月。这时冰冻融化,冬眠的万物开始复苏,百草也开始生长,祥瑞的野鸡也开始啼叫了。万物和岁星都从东方升起,遵循着四时的顺序,终于冬分。这个时候鸡叫了三次,天就亮了。从东方开始,循着十二个月份,到丑的月份结束了。以日月的运行来推断一年的历法,再把剩下来的日数合计成闰月,而顺天道的循环,这叫作用岁星量度而配合月球的运行。天道叫作作明,叫作生,只有天道才可乘载万象。地道叫作昌,叫作生,只有地道才可从事生养。人性叫作作乐,叫作生,只有百姓追求安逸。百姓的生活状态,不违背地事;百姓的脸色表情,不违背天德。这叫作内外都符合事物的规律,万物的生养,繁衍昌盛的道理就是这样:上天产生万物,土地养活万物,万物都能生养,而用时常常有节制,这叫作圣人,主祭天帝的人,叫作天子。天子死了叫崩,四川的祭祀,叫步,四山的祭祀,叫代,最后殡葬了,叫帝。天创造仁道,地创造财富,人创造安宁。能够乐于平治而不倦息,那么就能富有,天时就可以调节,所以圣人承继,就天下太平了。周文王治理天下,是等待成熟的时机;商汤治理天下,是征伐乱国;夏禹治理天下,是发动百姓,平治洪水,使大家悦服,因而得到天下;帝尧以音乐治理天下,最后推举舜;舜以德行领导群臣治理百姓,而治理天下。在朝廷做事,治理百姓,要宽恕,在家操持家务,要像在朝廷里做事一样地认真。使百姓的生活安定,不要随意改变他们,劝勉他们做好事,不要随意去打击他们的信心,能这样,百姓都会抛弃坏的行为,而一心向善。在上位的人能引导百姓行善,而且处罚不良的人,百姓就都能爱人,而且生活安乐,这些都是古代的贤明君主平治天下的措施。爱人的人是圣人,其次是有爵位的人,又次是有功绩的人,再次是才学好的人,再次是有技艺的人。

古代平治天下的人，一定是圣人。圣人治理国家的时候，日月不亏蚀，星辰不陨落，大海不改变。河水不泛滥，川泽不枯竭，高山不崩塌，山陵不塌陷，川谷不壅塞，深渊不干涸。这时龙络绎不绝地来到，凤凰也不愿飞走，猛兽和凶禽都忘记了攫取和残杀，毒蜂不会用毒针去刺婴儿，蚊子和牛虻也不叮幼小的马，洛水出现了《洛书》，河水出现了《河图》。从上古以来，治国的君主没有不崇尚仁道的，国家的昌盛美好，全系在仁道上。所以不用奖赏惩罚，百姓都尽力生产；战车不必装备戈戟，近远的国家都来归服；信使相继不绝地往来，连偏远地方的人也都来了；没有怨恨和恶意，都遵循美好的德行。没有虚伪的礼仪和名望，贤人都在忧虑国事，想害人的人因此就减少了；推荐贤良的人，百姓都跟着学会贤良，推荐行为美好的人，百姓的行为也都跟着美好起来，爱护百姓，使他们心存仁道，每天以仁道教导百姓。

【原文】

公曰："寡人欲学小辨，以观于政，其可乎？"子曰："否，不可。社稷之主爱日，日不可得，学不可以辨。是故昔者先王学齐大道，以观于政。天子学乐辨风，制礼以行政；诸侯学礼辨官政以行事，以尊事天子；大夫学德别义，矜行以事君；士学顺，辨言以遂志；庶人听长辨禁，农以行力。如此，犹恐不济，奈何其小辨乎？"公曰："不辨则何以为政？"子曰："辨而不小。夫小辨破言，小言破义，小义破道，道小不通，通道必简。是故循弦以观于乐，足以辨风矣；尔①雅以观于古，足以辨言矣。传言以象，反舌皆至，可谓简矣。夫道不简则不行，不行则不乐。夫亦②固十祺③之变，由④不可既也，而况天下之言乎？"曰："微子之言，吾壹乐辨言。"子曰："辨言之乐，不若治政之乐。辨言之乐不下席，治政之乐皇于四海。夫政善则民说，民说则归之如流水，亲之如父母；诸侯初入而后臣之，安用辨言？"公曰："然则吾何学而可？"子曰："礼⑤乐而力忠信，其君⑥其习可乎？"公曰："多与我言忠信而不可以入患。"子曰："毋乃既明忠信之备，而口倦其⑦君则不可。而有明忠信之备，而又能行之，则可立待也。君朝而行忠⑧信，百官承事，忠满于中而发于外，刑于民而放于四海，天下其孰能患之？"公曰："请学忠信之备。"子曰："唯社稷之主实知忠信。若丘也，缀学之徒，安知忠信？"公曰："非吾子问之而焉也？"子三辞，将对。公曰："疆，避！"子曰："疆，侍。丘闻，大道不隐。丘言之君，发之于朝，行之于国，一国之人莫不知，何一之疆辟？丘闻之，忠有九知：知忠必知中，知中必知恕，知恕必知外，知外必知德，知德必知政，知政必知官，知官必知事，知事必知患，知患必知备。若动而无备，患而弗知，死亡而弗知，安与知忠信？内思毕必⑨曰知中，中以应实曰知恕，内恕外度曰知外,外内参意曰知德⑩,以柔政曰知政。正义辨方曰知官,官治物则曰知事,事戒不虞曰知备,毋患曰乐,乐义曰终。"[大戴礼记·小辨]

【注释】

①尔,迩也。

②亦,盖古文借为"奕"字。

③棋,大训作棋。

④由,犹也。

⑤"礼"上大训有"行"字。

⑥"君"上戴氏校本删"其"字。

⑦其,疑当作与。

⑧忠,中也。

⑨必,戴氏校本作心。

⑩"德"下宋本脱"德"字。

【释义】

鲁哀公说:"我想要学习小辨给,用这种方法来检查国政,行吗?"孔子说:"不,不行。治理国家的君王应当爱惜时间,时间是一去不复返的,不可以学习小辨给。所以以前的君王都是学习大道,来检查政事的。天子学习音乐用来辨别各地的风俗,制定礼制来推行政令;诸侯学习礼制、划分政务来推行事宜,来侍奉天子;大夫学习修养品格、辨别义理,谨慎地为国君服务;士人学习敬顺,分析言辞来达成志愿;百姓顺从长上,辨别禁令,致力于农事。即使这样,还担心做不好,怎么可以学习小辨给呢?"鲁哀公说:"不懂辨别又如何从政呢?"孔子说:"要能辨别,但不是小辨给。因为小辨给会损害言辞,琐碎的言辞会损害义理,琐碎的义理又会损害道理,而琐碎的道理是不通达的,通达的道理必定是简单的。所以抚摩琴弦来审察音乐,就足够辨别风俗了;以现代语言来审察古语,就足以辨别言辞了。凭翻译来传话,说各种不同语言的人都来了,这道理可以说简单极了。要是道理不简单就行不通了,行不通就不愉快。就像下棋,十着棋以后的种种变化,还不能够算尽,何况是天下的言语呢?"鲁哀公说:"要不是你这席话,我会一心一意去学辨析语言了。"孔子说:"辨析语言的乐趣,是不如治理政事的乐趣。辨析言语的乐趣局限在室内的小范围里,治理政事的乐趣是全天下的。政治清明,人们就喜悦,人们喜悦,就会像水一样归附过来，像对父母那样亲爱君王；诸侯也会先归附而后臣服的，何必在辨析语言上下功夫呢？"鲁哀公说："那么我该学什么呢？"孔子说："推行礼乐而致力于忠信，您就学这些可以吗？"鲁哀公说："请跟我多说点忠信而不至于陷入祸患的道理吧！"孔子说："不能透彻明白忠信的道理，只是嘴里乱说，这不行。能透彻明白忠信的道理，又能切实去做，那么这道理立刻就能充实起来。在朝廷里本着忠信去做，百官依你的命令行事，内心全是忠诚，而表现在外，被百姓所效法，而普及到四海之内，这样，天下还有谁会构成祸患呢？"鲁哀公说："请让我向您学习忠信的道理吧！"孔子说："只有主持国家的君王才懂得忠信的道理。像我，不过是个偶尔学习的人，怎么知道忠信的道理呢？"鲁哀公说："我不问你，问谁呢？"孔子谦让了三次，正要回答。鲁哀公说："疆，你回避一下。"孔子说："疆还是留在这儿好。我听说，大道理是公开的。我向你讲过后，就在朝廷表现出来，然后推行到全国，全国的人没有不知道的，为什么独独要疆一个人回避呢？我听说，要知道忠的道理，有九句话：知道尽忠就必定了解自己的内心，了解自己的内心就必定明白宽恕，明白宽恕就必定知道外界的事物，知道外界的事物就必定知道道德，知道道德就必定知道政治的道理，知道政治的道理就必定知道官员的职责，知道官员的职责就必定知道公共的事务，知道公共的事务就必定知道祸患发生的原因，知道祸患发生的原因就必定知道如何去防备。如果行动时而没有防备，祸患发生时也不知道，死亡临头也不知道，怎么能知道忠信的道理呢？尽心去想就会知道自己的内心，内心以诚相待就会知道宽恕，内心宽恕就能替别人设想，就会知道外界的事物，沟通外物和内心，就会知道道德，以这种德行来从事政治，就会知道政治的道理。能端正名义使官有常道，就会知道官员的职责，官员使事物都依常法，就会知道公共的事务，凡事都提防意外发生，就会知道防备，没有祸患就会安乐，乐于道义，就会有好的结果。"

【原文】

公曰："用兵者，其由不祥乎？"子曰："胡为其不祥也？圣人之用兵也，以禁残止暴于天下也；及后世贪者之用兵也，以刈百姓，危国家也。"公曰："古之戎兵，何世安起？"子曰："伤害之生久矣，与民皆①生。"公曰："蚩尤作兵与？"子曰："否！蚩尤庶人之贪者也，及利无义，不顾厥亲，以丧厥身。蚩尤惛慾而无厌者也，何器之能作？蜂虿挟螫而生，见害而校，以卫厥身者也。人生有喜怒，故兵之作，与民皆生。圣人利用而弥②之乱，人兴之丧厥身。《诗》云：'鱼在在藻，厥志在饵。鲜民之生矣，不如死之久矣。校德不塞，嗣武孙③武子。'圣人爱百姓而忧海内，及后世之人，思其德，必称其仁④，故今之道尧舜禹汤文武者犹威致王⑤，今若存。夫民思其德，必称其人，朝夕祝之，升闻皇天，上神歆焉，故永其世而丰其年也。夏桀商纣嬴⑥暴于天下，暴极不辜，杀戮无罪，不祥于天，粒食之民，布散厥亲，疏远国老，幼色是与，而暴慢是亲，谖贷⑦处谷⑧，法言法行处辟。祆替天道，逆乱四时，礼乐不行，而幼风是御。历失制，摄提失方，郰⑨大无纪。不告朔于诸侯，玉瑞不行，诸侯力政，不朝于天子，六蛮四夷交伐于中国。于是降之灾，水旱臻焉，霜雪大满，甘露不降，百草歹焉⑩黄，五谷不升，民多夭疾，六畜悴皆⑪，此大上之不论不议也。祆伤厥身，失坠天下，夫天下⑫之报祆于无德者，必与其民。"公惧⑬焉，曰："在民上者，可以无惧乎哉？"［大戴礼记·用兵］

【注释】

①皆，偕也。以下同。
②弥，卢本作弭。
③孙武，元本作于孙。
④仁，大训作人。
⑤致王当作至于。
⑥嬴，大训作赢。
⑦贷，当作货。
⑧谷，禄也。
⑨郰大当作孟陬。
⑩歹焉，当作蔫。
⑪皆，大训作瘁。
⑫"下"字衍。
⑬惧，当读瞿。

【释义】

鲁哀公说："使用武力，是件不吉祥的事吗？"孔子说："为什么使用武力不吉祥呢？圣人使用武力，是用来禁止天下残杀暴虐的事情；到了后代，贪功的人使用武力，就用来残杀百姓，危害国家了。"鲁哀公说："古人使用武力，是从什么时候开始的呢？"孔子说："伤害的事发生得很早，与人类一起产生的。"鲁哀公说："蚩尤是发明兵器的人吗？"孔子说："不是，蚩尤不过是普通人中有贪心的人，遇到利益就不顾道义,不顾他的亲长,以致丧命。蚩尤不过是个迷恋贪欲而不知满足的人,怎么能发明兵器呢?蜂、蝎一类的毒虫都带着毒针而生,受到危害就行毒报复,来保护自己。人类有喜怒的感情,发怒就有战斗,所以兵器的发明是一有人类就有的事。圣人把它用到好的地方来防止祸乱的发生,普通人发展它却丧失了性命。《诗经》说:'鱼在水草里悠然自得,却偏偏要去追求那诱饵。那些生活在战祸里的百姓,还不如早些死掉好。只知道兴兵违反德教,还将武事传给子子孙孙。'圣人爱护百姓而心忧天下,后代人想起他们的德泽,就赞美他们的为人,所以现代还有人称道尧舜禹汤武,好像他们还活在现代。凡是人民想念他们的恩德,必定也赞美他们的为人,早晚都为他们祈福,祈求的声音升到上天,天神很欣喜,所以使他们的后代长久而收成丰收。到了夏桀商纣,对天下人凶残,虐待无辜的人,杀戮无罪的人,连对上天都不怀好意,百姓不能安居而和亲人离散,疏远有经验的老年人,接近年轻献媚的人,和暴虐轻慢的人亲密,邪恶的人处在禄位,正言正行的人反而被治罪。歪曲废弃了天道,扰乱了四时的节序,礼乐都废止了,只喜欢听靡靡之音。历法失去了制度,以致摄提星所指的方位不正确,而什么时候是正月也没有固定的顺序。不能将历法颁给诸侯,也不能颁布圭给诸侯以确定他们的爵位,诸侯之间各自以力相争,不再朝觐天子,四周的野蛮部落纷纷侵犯中原。于是上天就降下了灾害,水灾、旱灾都来了,霜雪下得过了头,甘露又不降,百草枯黄,五谷都没收成,人民多夭折疾病,六畜也病倒长瘤,这些是上古时代的人都没有提到的事。而暴君本身也受到伤害,丧失了他们的天下,天下给予这些无德暴君的报应,必定是依照他的民意的。"鲁哀公恐惧了,说:"在人民之上当君主的人,怎么能够不警惕呢?"

【原文】

公曰:"今日少闲,我请言情于子。"子愀焉变色,迁席而辞曰:"君不可以言情于臣,臣请言情于君,君则不可。"公曰:"师之而不言情焉?其私不同。"子曰:"否。臣事君而不言情于君则不臣,君而不①言情于臣则不君。有臣而不臣犹可,有君而不君,民无所错手足。"公曰:"吾度其上下咸通②之,权其轻重居之;准民之色,目既见之;鼓民之声,耳既闻之;动民之德,心既和之;通民之欲,兼而壹之;爱民亲贤而教不能,民庶说乎?"子曰:"说则说矣,可以为家,不可以为国。"公曰:"可以为家,胡为不可以为国?国之民,家之民也。"子曰:"国之民诚家之民也;然其名异,不可同也。同名同食,曰同等。唯不同等,民以知极。故天子昭有③神于天地之间,以示威于天下也;诸侯修礼于封内,以事天子;大夫修官守职,以事其君;士修四卫,执技论力,以听乎大夫;庶人仰视天文,俯视地理,力时使,以听乎父母。此唯不同等,民以可治也。"公曰:"善哉!上与下不同乎?"子曰:"将以时同,时不同;上谓之闲,下谓之多疾。君时同于民,布政也;民时同于君,服听也;上下相报,而终于施。大犹④已成,发其小者;远犹已成,发其近者;将行⑤重器,先其轻者。先清而后浊者,天地也。天政曰正,地政曰生,人政曰辨。苟本正,则华英必得其节以秀乎矣,此官民之道也。"公曰:"善哉!请少复进焉。"子曰:"昔尧取人民⑥状,舜取人以色,禹取人以言,汤取人以声,文王取人以度,此⑦四代五王之取人以治天下如此。"公曰:"嘻!善之不同也。"子曰:"何为其不同也?"公曰:"同乎?"子曰:"同。"公曰:"人状可知乎?"子曰:"不可知也。"公曰:"五王取人,各有以举之,胡为人之不可知也?"子曰:"五王取人,比而视,相而望。五王取人,各以己焉,是以同状。"公曰:"以子相人何如?"子曰:"否,丘则不能五王取人。丘也传闻之以委于君,丘则否能⑧,亦又不能。"公曰:"我闻子之言始蒙矣。"子曰:"由君居之,成于纯,胡为其蒙也?虽古之治天下者,岂生于异州哉?昔虞舜以天德嗣尧,布功散德制礼。朔方幽都来服;南抚交阯,出入日月,莫不率俾,西王母来献其白琯。粒盒之民昭然明视,民明教,通于四海,海外肃慎、北发、渠搜、氏⑨、羌来服。舜崩,有禹代兴。禹卒受命,乃迁邑姚姓于陈。作物配天,修德使力。民明教,通于四海,海之外,肃慎、北发、渠搜、氏、羌来服。禹崩,十有七世,乃有末孙桀即位。桀不率先王之明德,乃荒耽于酒,淫泆于乐,德昏政乱。作宫⑩高台汙池,土察,以民为虐,粒食之民惛焉几亡。乃有商履代兴,商履循礼法,以观天子。天子不说,则嫌于死。成汤卒受天命,不忍天下粒食之民刘戮,不得以疾死,故乃放移夏桀,散亡其佐,乃迁姒姓于杞。发厥明德,顺民⑪天心啬⑫地,作物配大,制典慈民。咸合诸侯,作八政,命于总章。服禹功以修舜绪,为副于天。粒食之民昭然明视,民明教,通于四海,海之外肃慎、北发、渠搜、氏、羌来服。成汤卒崩,殷德小破,二十有二世,乃有武丁即位。开先祖之府,取其明法,以为君臣上下之节,殷民更眩⑬,近者说,远者至,粒食之民昭然明视。武丁年⑭崩,殷德大破,九世,乃有末孙纣即位。纣不率先王之明德,乃上祖夏桀行,荒耽于酒,淫泆于乐,德昏政乱。作宫室高台汙池,土察,以焉民虐,粒食之民忽然几亡。乃有周昌霸,诸侯以佐之。纣不说诸侯之听于周昌,别⑮嫌于死,乃退伐崇许魏,以客事天子。文王卒受天命,作物配天,制元⑯用,行三明,亲亲尚贤。民明教,通于四海,海之外肃慎、北发、渠搜、氏、羌来服。君其志焉,或俟将至也。"公曰:"大哉!子之教我政也。列五王之德,烦烦如⑰繁诸⑱乎!"子曰:"君⑲无誉臣,臣之言未尽,请尽臣之言,君如财⑳之。"曰:"于此有功㉑匠焉,有利器焉,有措扶焉，以时令其藏必周密。发如㉒用之，可以知古，可以察今；可以事亲，可以事君；可用于生，又用之死。吉凶并兴，祸福相生，卒反生福，大德配天。"公愀然其色曰："难立哉！"子曰："臣愿君之立知，如以闲㉓观也；时天之气，用地之财，以生杀于民。民之死，不可以教。"公曰："我行之，其可乎？"子曰："唯此在君。君曰足，臣恐其不足；君曰不㉔，举其前必举其后，举其左必举其右。君既教矣，安能无善？"公吁焉其色曰："大哉！子之教我制也。政之丰也，如㉕木㉖之成也。"子曰："君知未成，言未尽也。凡草木根鞁伤，则枝叶必偏㉗枯，偏枯是为不实。谷㉘亦如之，上失政，大及小㉙人畜谷。"公曰："所谓失政者，若夏商之谓乎？"子曰："否，若夏商者，天夺之魄，不生德焉。"公曰："然则何以谓失政？"子曰："所谓失政者：疆萎㉚未亏，人民未变，鬼神未亡，水土未絪；糟者犹糟，实者犹实，玉者犹玉，血者犹血，酒者犹酒。优以继愵㉛，政出自家门，此之谓失政也。非天是反，人是㉜反。臣故曰君无言情于臣，君无假人器，君无假人名。"公曰："善哉。"［大戴礼记·少闲］

【注释】

①大训无"不"字。

②通，达也。

③有常作百。

④犹、猷同。下同。

⑤行，一作持。

⑥民，大训作以。

⑦戴氏校本省此字。

⑧注首能字，宋本混入，卢本无。

⑨氏，卢本作氐，以下同。

⑩"官"下朱本有"室"字。

⑪民天心，汪照补注本省"民心"二字。

⑫喑与稽通。

⑬眩，大训作服。

⑭年，大训作卒。

⑮别，则之讹。

⑯元用疑当作典要，无盖典之讹。

⑰如，读为而。

⑱诸，读为者。

⑲君，如汪拔贡《大戴礼记》正误作而君。

⑳财、裁古字通用。

㉑功，当作巧。

㉒如，朱本作而。

㉓闲观，朱本作观闻。

㉔汪拔贡《大戴礼记》正误足下，补"臣则曰足"四字。

㉕如，当作知。

㉖木，大训及元本作未。

㉗偏，一作偏，下同。

㉘谷，恐政之误。

㉙小人字当倒置。

㉚蒌，孙氏《大戴礼记》补作禹，禹即字之借字。

㉛惵，湛也。

㉜是，朱本作自。

【释义】

　　鲁哀公说："今天闲一些，我想向你说说我的心情。"孔子变了脸色，离开座席推辞说："君主不可以向臣子诉说心情，臣子可以向君主诉说心情，君主不可以这么做。"鲁哀公说："对老师也不能说自己的心情吗？这和君臣之间的私人谈话不同。"孔子说："不。臣子侍奉君主而不向君主表白他的心情，就不能成为臣子，君主也向臣子表白心情，就不成为君主。有的臣子不像臣子，还过得去，做君主不像君主，百姓就是举手投足也不知该怎么办了。"鲁哀公说："我区别尊卑，使上下都能互相通达，权衡轻重，使臣子处于应处的地位；观察百姓的生活，眼睛已经看到了；鼓励人们说话，耳朵已经听到了；发扬人们的德性，心意已协和了；沟通人们的愿望，把它们归纳起来；爱护百姓，亲近贤人，帮助那些无能的人，百姓也许会喜悦吧？"孔子说："喜悦是会有的，只是可以用来治理家，而不能用来治理国。"鲁哀公说："可以用来治家，为什么不能用来治国呢？国家中的人，也就是家庭中的人啊！"孔子说："国家中的人当然也就是家庭中的人；但是他们的地位名声不同，就不可混为一谈。名位、食禄相同，才是同等。由于不同等，人们知道怎么做才适当。所以天子祭祀天地间的神祇，让天下人懂得天子的威严；诸侯在封地内修明礼仪，来事奉天子；大夫治理政事，恪守职分，来事奉国君；士要做好保卫四境的事，维持他们技艺比赛的能力，来听从大夫的指示；百姓仰头观看天象的变化，低头观看地理的变化，尽力做各季节中该做的事，来听从父母的吩咐。正因为有各种不同的等级，所以人们可以治理。"鲁哀公说："好啊！君和臣有不同吗？"孔子说："有时候相同，有时候不相同；就像国君订些规则来预防祸患，臣却以为太麻烦。君有时和民相同，就像君主施政时；民有时和君相同，就像臣民服从政令时。上下是相对的，但其极致是只求施予。伟大计划的完成，是先从小的地方着手的；长远计划的完成，是先从近的地方着手的；要送贵重的礼物，是先从轻微的礼物送起的。天地的生成，是先清而后浊的。上天的职责是定下原则，土地的职责是生成万物，人类的职责是辨别事物。要是根本正确。那么花朵必定能按时节而生长，这就是管理人们的道理了。"鲁哀公说："好啊！请为我做进一步的说明。"孔子说："从前尧凭面貌来选择人才，舜凭表情来选择人才，禹凭言语来选择人才，汤凭声音来选择人才，文王凭器度来选择人才，这是四代五王选择人才来治理天下的方法。"哀公说："啊！五王取人的好处很不同。"孔子说："怎么说不同呢？"鲁哀公说："相同吗？"孔子说："相同。"鲁哀公说："从人的外貌可以了解他们吗？"孔子说："不能了解。"鲁哀公说："五王选拔人才，都各有所举荐，还有什么人是不可知的呢？"孔子说："五王选拔人才，先与他们亲近再来观察，仔

成汤

细衡量再加以察望。五王选拔人才，都各以他们自己认为的善为标准，所以选拔的都是同样的人。"鲁哀公说："你来相人怎么样呢？"孔子说："不行，我不能像五王一样选拔人才。我不过是传达我所知的道理给您，我自己不能看人，也不能像五王一样来考察别人。"鲁哀公说："我听你的话，开始有点糊涂了。"孔子说："您处在选择贤良的地位，只要专心就会成功，怎么会糊涂呢？即使古代治理天下的人，难道他们是生在别的世界吗？从前虞舜以他天赋的品德继承尧的帝位，施展天功，发扬九德，制定五礼。远在北方的幽也都来归顺；又安抚南方的交阯，东西一直到日出月入的地方，没有不归从听命的，连西王母也来献上白玉的管子。百姓对事理都看得明白，人们都发扬圣人的教化，流传到四方荒远的地区，连边远的肃慎、北发、渠搜、氐、羌都来归顺。舜帝逝世，又有大禹接着兴起＝禹终于接受天命，就把姚姓迁到陈邑。创造了一些合于天意的事物，修明文德，努力建设。人们都能发扬禹的教

化,流传到四方荒远的地方,连边远的肃慎、北发、渠搜、氏、羌都来归顺。大禹去世,传了十七代,有末代王孙桀继承王位。桀不遵循先王的光明德性,反而沉迷于酒,放纵于靡靡之乐,德性昏迷,政治紊乱。还兴建了宫室高台,挖了酒池,虐待百姓,百姓几乎不能生存。于是有商履接着兴起,商履遵循礼节法制,做给夏桀看。夏桀不高兴,还几乎杀了商履。成汤最后接受上天的使命,不忍心天下的百姓受到杀戮,不能因病而死,于是就把夏桀放逐了,而且把辅佐夏桀的大臣也遣散放逐,把姓姒的子孙都迁到杞去。他发扬光明的德性,顺从天意,努力耕作,创造许多合乎天意的事物,制定法制来爱护人民。把诸侯团结起来,创造了八种政治制度,自己在堂屋下达命令。重现大禹的功绩,重修帝舜的事业,来帮助天道的弘扬。天下的百姓对这些看得清清楚楚,人们都发扬汤的教化,传播到四方荒远的地区,连边远的肃慎、北发、渠搜、氏、羌都来归顺。成汤逝世,殷代的德教稍微破损了一些,传了二十二世,又有武丁即位。武丁打开成汤的档案,拿出汤王那完善的法制,作为君臣上下的准则,殷代的人民就更加顺服了,近处的人都觉得愉悦,而远方的人也都纷纷归附,天下的人民也都看得清清楚楚。武丁逝世,殷代的德教受到严重的破坏,又传了九代,于是有末代子孙纣王即位。纣王不遵循先王的光明德性,反而去效法古时夏桀的行为,沉迷于美酒音乐,德性昏迷,政治紊乱。还兴建许多宫室高台,掘了酒池,把百姓当作粪土一样不在意,虐待百姓,百姓一下子变得活不下去了。于是有周昌起来领导诸侯,许多诸侯都帮助他。纣王不喜欢诸侯服从周昌,周昌就退下,讨伐无道的崇侯和许魏,仍然恭敬地服侍天子。文王最终接受了上天赋予他的使命,创立了一些配合天意的事,禁止奢侈浪费的器物,祭祀天上的日月星,接近亲族,尊敬贤人。百姓都发扬文王的教化,流传到四方荒远的地区,连边远的肃慎、北发、渠搜、氏、羌都来归顺。只要您立定志向,以前圣王政治的实现,只不过是早晚的事情。"鲁哀公说:"伟大啊!你教我的这些政治道理。陈述五位圣王的德教,头绪多得像蚕丝一样。"孔子说:"您先别称赞我,我的话还没说完,等我说完之后,您再裁断吧!"孔子又说道:"现在有工巧的匠人,很精细的工具,有得力的帮手,把握时机,好好隐藏着,必定要藏得很周密。到了发动起来运用它,就可以知道往古,察见当今;可以用来事奉亲长,可以用来侍奉君主;可用于服务生人,又可用于纪念死者。吉凶是相对发生的,祸福也是循环相生的,能够终于反祸为福,就要靠那合于天意的大德了。"鲁哀公的表情变得很凝重,说:"真难办啊!"孔子说:"我希望您能确立您的知识,以此为标准来观察事物;把握天气的变化,利用土地的生产,来教育人们或诛杀。那些被诛杀的人,是无法教化的人。"鲁哀公说:"我照这样做,行吗?"孔子说:"只有您才能这么做。您如果认为足够了,我却还担心有不够的地方;您如果认为不足够,我却要鼓励您已经足够了。任用了前面的人,也别忘了后面的,任用了左边的人,也别忘了右边的。您既然教化了他们,哪会还有不善的人呢?"鲁哀公换了口气说:"伟大啊!您教了我这些法制。政治的兴盛,正如树木的成长,不是一下子就可以长成的啊!"孔子说:"您知道的还不全,我的话还没有说完。凡草木的根本受到伤害,那么枝叶必定会枯萎,枝叶枯萎了就不会结果。为政的道理也是一样,君主的政治失去正道,就会影响到老百姓和牲畜谷物了。"鲁哀公说:"您所说的政治失去正道,就像夏桀商纣那样子吗?"孔子说:"不是,像夏桀商纣那样,根本就是上天夺走他们的魂魄,连一点德性都谈不上。"哀公说:"那么怎样才是政治失去正道呢?"孔子说:"所谓政治失去正道,是指国家的领土完整,人民仍然爱国,祖先的宗庙还在,水土还没有涸塞;而糟还是糟,实还是实,玉还是玉,血还是血,酒还是酒。只是君主寻欢作乐而且乐此不疲,政令由大夫来下达,这才叫作失政。这不是天意反常,而是自己反常而已。所以我说,君主不可以向臣子抒发他的情绪,君主不要将权势落在别人手里,不要将威望落在别人身上。"鲁哀公说:"很好。"

【原文】

子曰:"夫易之生,人、禽、兽、万物昆虫各有以生。或奇或偶,或飞或行,而莫知其情。惟达道德者,能原本之矣。"天一,地二,人三。三三而九,九九八十一。一主日,日数十,故人十月而生。八九七十二,偶以承奇,奇主辰,辰主月,月主马,故马十二月而生。七九六十三,三主升[1],升主狗[2],狗三月而生。六九五十四,四主时,时主豕,故豕四月而生。五九四十五,五主间,音主猿,故猿五月而生。四九三十六,六主律,律主禽鹿,故禽鹿六月而生也。三九二十七,主[3]星,星主虎,故虎七月而生。二九十八,八主风,风之[4]虫,故虫八月化也。其余各以其类也。鸟鱼皆生于阴而属于阳,故鸟鱼皆卵;鱼游于水,鸟飞于云。故冬燕雀入于海,化而为蚧。万物之性各异类:故蚕食而不饮,蝉饮而不食,蜉蝣不饮不食,介鳞夏食冬蛰。龁蚕[5]者八窍而卵生,咀嚼者九窍而胎生。四足者无羽翼,戴角者无上齿。无角者膏而无前齿,有羽者脂而无后齿。昼生者类父,夜生者类母。凡地:东西为纬,南北为经。山为积德,川为积刑。高者为生,下者为死。丘陵为牡,溪谷为牝。蟾蜍龟珠,与月盛虚。是故坚土之人肥,虚土之人大,沙土之人细,息土之人美,耗土之人丑。是故食水者善游能[6]寒,食土者无心而不息,食木者多力而拂,食草者善走而愚,食桑者有丝而蛾,食肉者勇敢而捍⑦,食谷者智惠而巧,食气者神明而寿,不食者不死而神。故曰:有羽之虫三百六十,而凤凰为之长;是有毛之虫三百六十,而麒麟为之长;有甲之虫三百六十,而神龟为之长;有鳞之虫三百六十,而蛟龙为之长;倮之虫三百六十,而圣人为之长。此乾坤之美类,禽兽万物之数也。故帝王好坏巢破卵,则凤凰不翔焉;好竭水搏鱼,则蛟龙不出⑧焉;好刳胎杀夭,则麒麟不来焉;好填溪塞谷,则神龟不出焉。故王者动必以道。静必以理;动不以道,静不以理,则自夭而不寿,祆孽⑨数起,神灵不见,风雨不时,暴风水旱并兴,人民夭死,五谷不滋,六畜不蕃息。[大戴礼记·易本命]

【注释】

①升升斗斗之讹。
②"狗"下宋本脱"故"字。
③"主"上同上脱"七"字。
④之,主之讹。
⑤蚤,吞之讹。
⑥能读为耐。
⑦捍,丁校改悍。
⑧出,高安本作至。
⑨孽,卢本作孼。

【释义】

孔子说:"阴阳互易导致生生不息,人类、禽、兽、万物昆虫各有他们生长的道理。或者是奇,或者是偶,或者是飞,或者是走,很难明白其中的原因。只有懂得自然的大道,才能研究出这些道理的本源。"宇宙的生成首先有天,然后有了地,然后有了人,人和天地相配而为三。以三自乘,得出数字的极限"九",以极限的九自乘而得八十一。一代表太阳,太阳又统摄了十天干,所以人恰好怀胎十月而诞生。以八乘九是七十二,所得的尾数是二,二是偶数,偶数是跟着奇数而来的,而时辰正好是东南西北各三,是奇数,所以奇数主导时辰,而时辰有十二个,月份也有十二个,因此时辰主导月,月主导马,因此马是怀胎十二月而诞生。以七乘九是六十三,而斗星有三部分,应了三的尾数,且斗星正好指着戌方,而戌就是狗,因此狗是怀胎三月而诞生的。以六乘九是五十四,一年正好有春、夏、秋、冬四时,应了四的尾数,而猪最能感觉季节变化的，所以猪是怀胎四月而生的。以五乘九是四十五，而全音阶正好有五等，应了五的尾数，而猿又是最善于啼叫的动物，所以猿是怀胎五月而生的。以四乘九是三十六，而乐律正好有六阳律，应了六的尾数，乐律随节气而变化，鹿角也是如此，所以麋鹿是怀胎六月而生的。以三乘九是二十七，天上的二十八星宿是平均分在四方，各方正好七星，应了七的尾数，而虎纹斑斓，恰如星光，所以老虎是怀胎七月而生的。以二乘九是十八，风有八种，应了八的尾数，而昆虫是受空气而孵化的，所以昆虫从产卵到孵化正好是八个月。其余动物也分别受各种自然现象的支配。鸟和鱼都是生于阴，而长于阳的，因此鸟和鱼都是卵生。而鱼孵化后却游于水中，鸟则飞翔于云上。由于它们禀性类似，所以燕雀在冬天就飞进海里，变成和鱼一样生存于水中的蛤蜊。万物的性质形成不同的类别，因此蚕只是吃而不会喝，蝉只是喝而不会吃，蜉蝣却不吃不喝，有壳或长鳞甲的动物是夏天才吃食而冬天则蛰伏不动。用喙啄了囫囵吞的禽类只有八个孔窍而是卵生的，咀嚼了咽下去的兽类却有九个孔窍，而且都是胎生的。有四条腿的走兽没有翅膀，头上长了角的就没有锐利的牙齿。没有角的走兽都肥腴，没有发达的门牙，长了角的走兽肥肉少些，没有发达的犬齿。白天生的孩子像父亲，夜里生的像母亲。地理的划分：由东到西的横线叫纬，从南到北的纵线叫经。山岭是阳，积恩德，河川是阴，含刑罚。高地仿佛充满了生机，而低处像有死亡的危险。丘陵象征着雄性，溪谷象征着雌性。蚌蛤龟珠都属阴，所以随着月的盈亏而充满或虚空。所以生长在坚实土地上的人肥壮，生长在高地上的人高大，生长在沙土上的人瘦小，生长在肥沃土地上的人美丽，生长在粗劣土地上的人丑陋。因此吃水的动物善于游泳且耐寒，吃土的动物没有脑袋且不呼吸，吃树木的动物力气大且脾气暴躁，吃草的动物跑得快但愚昧，吃桑叶的动物会吐丝并会蜕变成蛾，吃肉的动物勇敢而强悍，吃五谷的动物有知识有爱心，且很灵巧，吃气的人精神奕奕且长寿，什么都不吃的就长生不老，变成神了。所以说，长着羽毛的动物有三百六十种，而以凤凰为领袖；长着毛发的动物有三百六十种，而以麒麟为领袖；长着甲壳的动物有三百六十种，而以神龟为领袖；长着鳞片的动物有三百六十种，而以蛟龙为领袖；光着身子的动物也有三百六十种，而以圣人做它们的领袖。这些都是天地的杰作，全部动物的总领。所以如果帝王喜欢拆散鸟巢，打破鸟蛋，那么凤凰就不会在天空飞翔了；喜欢放干水来捉鱼，那么蛟龙就不会出现了；喜欢残杀怀孕的兽类取出胎儿，或残杀幼小的兽类，那么麒麟就不会前来了；喜欢填塞溪谷，那么神龟就不会出现了。所以天子行动的时候，一定要守天道。静思的时候，一定要思索事理，如果行动不守天道，静思不思考事理,那么本身固然会短命,而且各种亡国的凶兆也会时常发生,神灵不显灵了,风雨不在合适的节气来到了,暴风、水灾、旱灾同时发作,人们都短命而死,五谷不生长,六畜不繁殖了。

【原文】

孔子受业而有疑,捧手问之,不当避席。[《孔子三朝记》文选东都赋注引]

【释义】

孔子学习时有所疑问,恭敬地拱手问老师,并离开座位。

【原文】

春王正月,戊申,宋督弑其君与夷及其大夫孔父。[春秋·桓公二年]

【释义】

春天,周历的正月,戊申这天,宋国的华父督杀了宋殇公、夷以及大夫孔父嘉。

【原文】

宋杀其大①夫。[春秋·僖公二十五年]

【注释】

①《谷梁传》云:其不称名姓,以其在祖之位尊之也。○孔子之祖也。

【释义】

宋国杀了它的大夫。

【原文】

夏四月己丑,孔丘卒。[春秋续经·哀公十六年,左氏传所载]

【释义】

夏季,四月十一日,孔丘死了。

【原文】

宋穆公疾,召大司马孔父而属殇公焉。[左氏传·隐公三年]

【释义】

宋穆公病重了,召见大司马孔父而把殇公托给他。

【原文】

宋华父督见孔父之妻于路,目逆而送之,曰:"美而艳。"[左氏传·桓公元年]

【释义】

宋国的华父督在路上看到孔父的妻子,看着她从对面走过来,又回头目送她离开,说:"既美丽又动人。"

【原文】

春,宋督攻孔氏,杀孔父而取其妻。公怒,督惧,遂弑殇公。(中略)宋殇公立,十年十一战,民不堪命。孔父嘉为司马,督为大宰,故因民之不堪命,先宣言曰:"司马则然。"已杀孔父而弑殇公。[左氏传·桓公二年]

【释义】

二年春天,宋卿华父督攻打孔氏,杀死了孔父而霸占了他的妻子。宋殇公大怒,华父督害怕了,就把殇公也杀了。宋殇公即位以后,十年内发动了十一次战争,百姓苦不堪言。孔父嘉做了司马,华父督做太宰。华父督由于百姓不能忍受,就先宣传说:"这都是司马所造成的。"不久就杀了孔父和殇公。

【原文】

冬,会于温。(中略)此会也,晋侯召王,以诸侯见,且使王狩。仲尼曰:"以臣召君,不可以训。故书曰:天王狩于河阳。"[左氏传·僖公二十八年]

【释义】

冬季,僖公和其他人在温地会见。这次会见,晋文公请周襄王前来,并且带领诸侯朝见他,又让周襄王打猎。孔子说:"以臣下的身份请君主,是不能作为榜样的。"所以书上记载说:天王狩于河阳。

【原文】

仲尼曰:"臧文仲,其不仁者三,不知者三。下展禽,废六关,妾织蒲,三不仁也。

作虚器,纵逆祀,祀爰居,三不知也。"［左氏传·文公二年］

【释义】

孔子说:"臧文仲,不仁爱的事情有三件,不聪明的事情有三件。使展禽居于下位,设立六个关口,小妾织席贩卖,这是三件不仁爱的事情。迷信卜卦,纵容不当的祭祀,祭祀爰居,这是三件不聪明的事情。"

【原文】

晋灵公不君。(中略)宣子骤谏。公患之,使鉏麑贼之。晨往,盛门闭矣。盛服将朝,尚早,坐而假寐。麑退,叹而言曰:"不忘恭敬,民之主也。贼民之主,不忠;弃君之命,不信。有一于此,不如死也。"触槐而死。秋九月,晋侯饮赵盾酒,伏甲,将攻之。其右提弥明知之,趋登,曰:"臣侍君宴,过三爵,非礼也。"遂扶以下。公嗾夫獒焉,明搏而杀之。盾曰:"弃人用犬,虽猛何为?"斗且出。提弥明死之。(中略)乙丑,赵穿攻灵公于桃园。宣子未出山而复。太史书曰:"赵盾弑其君。"以示于朝。宣子曰:"不然。"对曰:"子为正卿,亡不越竟,反不讨贼,非子而谁?"宣子曰:"乌呼!'我之怀矣,自诒伊戚',其我之谓矣!"孔子曰:"董狐,古之良史也,书法不隐。赵宣子,古之良大夫也,为法受恶。惜也,越竟乃免。"［左氏传·宣公二年］

【释义】

晋灵公做事不符合为君之道。赵盾屡次进谏。晋灵公很讨厌他,派鉏麑去暗杀他。一天早晨,赵盾的室门已经打开了,他穿戴整齐准备上朝。因为时间还早,赵盾正坐着打瞌睡。鉏麑退出来,感叹地说:"不忘记恭敬,真是百姓的主人。刺杀百姓的主人,就是不忠;放弃国君的使命,就是不信。两件事情有了一件,就不如死了好了。"于是他撞在槐树上死了。秋季,九月,晋灵公请赵盾喝酒,埋伏了甲士,准备杀死赵盾。赵盾的车右提弥明察觉了,快步登上殿堂,说:"臣下侍奉国君饮酒,超过三杯,就不合礼了。"于是扶着赵盾下殿堂。晋灵公让恶狗扑过去,提弥明上前搏斗,把狗杀了。赵盾说:"不用人而用狗,虽然凶猛,又有什么用?"赵盾一边搏斗一边退出去,提弥明被伏兵杀死。九月二十六日,赵穿在桃园杀死了晋灵公。赵盾没有走出晋国国境就回来再度做官。太史记载说:"赵盾弑其君。"在朝廷上公布。赵盾说:"不是这样的。"太史回答说:"您是正卿,逃亡而没有离开国境,回来不惩罚凶手,弑君的人不是你,那是谁?"赵盾说:"哎呀!'因为我的怀恋,给自己带来了忧患。'恐怕说的就是我了。"孔子说："董狐，是古代的好史官，据事直书而不加隐讳。赵宣子，是古代的好大夫，因为法而蒙受恶名。太可惜了，要是走出了国境，就可以避免背上弑君的罪名了。"

【原文】

陈灵公与孔宁、仪行父通于夏姬，皆衷其袒服以戏于朝。泄冶谏曰："公卿宣淫，民无效焉，且闻不令，君其纳之。"公曰："吾能改矣。"公告二子，二子请杀之。公弗禁，遂杀泄冶。孔子曰："《诗》云：'民之多辟，无自立辟。'其泄冶之谓乎！"［左氏传·宣公九年］

【释义】

陈灵公和孔宁、仪行父与夏姬通奸，都把夏姬的汗衣贴身穿着，而且在朝廷上开玩笑。泄冶进谏说："国君和卿宣扬淫乱，百姓就无所效法，而且名声不好。国君还是把那件衣服收起来吧！"陈灵公说："我能够改过。"陈灵公把泄冶的话告诉孔宁、仪行父两个人，这两个人请求杀死泄冶，陈灵公不加阻拦，于是就杀了泄冶。孔子说："《诗经》说：'百姓多行邪恶，就不要再去自立法度。'这说的就是泄冶吧！"

【原文】

新筑人仲叔于奚救孙桓子，桓子是以免。既，卫人赏之以邑，辞。请曲县、繁缨以朝，许之。仲尼闻之曰："惜也，不如多与之邑。唯器与名，不可以假人，君之所司也。名以出信，信么守器，器以藏礼，礼以行义，义以生利，利以平民，政之大节也。若以假人，与人政也。政亡，则国家从之，弗可止也已。"［左氏传·成公二年］

【释义】

新筑人仲叔于奚救了孙良夫，孙良夫因此幸免于难。不久，卫国人把城邑赏给仲叔于奚。仲叔于奚辞谢，而请求得到诸侯所用的乐器，并用繁缨装饰马匹来朝见，卫君允许了。孔子听说了这件事，说："可惜啊，还不如多给他城邑。只有器物和名号，不能假借给别人，这是国君掌握的。名号用来赋予威信，威信用来保持器物，器物用来体现礼制，礼制用来推行道义，道义用来产生利益，利益用来治理百姓，这是政权中的大节。如果把名位、礼器假借给别人，这就是把政权给了别人。失去了政权，国家也就跟着失去了，这是无法阻止的。"

【原文】

齐庆克通于声孟子，与妇人蒙衣乘辇而入于闳。鲍牵见之，以告国武子，武子召庆克而谓之。庆克久不出，而告夫人曰："国子谪我！"夫人怒。国子相灵公以会，高、鲍处守。及还，将至，闭门而索客。孟子诉之曰："高、鲍将不纳君，而立公子角。国子知之。"秋七月壬寅，刖鲍牵而逐高无咎。（中略）仲尼曰："鲍庄子之知不如葵，葵犹能卫其足。"［左氏传·成公十七年］

【释义】

齐国的庆克和声孟子私通，穿着女人衣服和女人一起坐辇进入宫中的夹道门，鲍牵见了，报告了国武子。武子把庆克召来告诉他。庆克躲在家里很久不出门，报告声孟子说："国子责备我。"声孟子于是发怒了。国武子作为齐灵公的相礼参加会见，高无咎、鲍牵留守。等到回国，将要到达的时候，关闭城门，检查旅客。声孟子诬陷说："高、鲍两人打算不接纳国君而立公子角，国子参与了这件事。"秋季，七月十三日，砍去了鲍牵的双脚，并驱逐了高无咎。孔子说："鲍牵的聪明不如葵菜，葵菜还能保护自己的脚。"

【原文】

逼阳人启门，诸侯之士门焉。县门发，耶人纥抉之，以出门者。［左氏传·襄公十年］

【释义】

逼阳人打开城门，诸侯的将士乘机进攻。内城的人把闸门放下，耶县长官纥双手举门，把进攻城里的士兵放出来。

【原文】

孟献子以秦堇父为右，生秦丕兹，事仲尼。［左氏传·襄公十年］

【释义】

孟献子让秦堇父做车右。秦堇父生了秦丕兹，拜孔子为师。

【原文】

高厚围臧纥于防。师自阳关逆臧孙，至于旅松。耶叔纥、臧畴、臧贾帅甲三百，

宵犯齐师,送之而复。[左氏传·襄公十七年]

【释义】

高厚把臧纥包围住了。军队从阳关出发,迎接臧纥,到达旅松。耶叔纥、臧畴、臧贾率领甲兵三百人,夜袭齐军,把臧纥送到旅松然后返回。

【原文】

仲尼曰:"知之难也。有臧武仲之知,而不容于鲁国,抑有由也。作不顺而施不恕也。《夏书》曰:'念兹在兹。'顺事、恕施也。"[左氏传·襄公二十三年]

【释义】

孔子说:"聪明是很难的。像臧武仲那么聪明,而不能为鲁国所容纳,这是有原因的。因为他的所作所为不顺于事理,而所施不合于恕道。《夏书》说:'想着这个,一心在干这个。'这就是顺于事理,合于恕道啊!"

【原文】

郑子展、子产帅车七百乘伐陈,宵突陈城,遂入之。(中略)郑子产献捷于晋,戎服将事,晋人问陈之罪。对曰:"昔虞关父为周陶正,以服侍我先王。我先王赖其利器用也,与其神明之后也,庸以元女大姬配胡公,而封诸陈,以备三恪。则我周之自出,至于今是赖。桓公之乱,蔡人欲立其出,我先君庄公奉五父而立之,蔡人杀之。我又与蔡人奉戴厉公,至于庄、宣,皆我之自立。夏氏之乱,成公播荡,又我之自入,君所知也。今陈忘周之大德,蔑我大惠,弃我姻亲,介恃楚众,以冯陵我敝邑,不可亿逞。我是以有往年之告,未获成命,则又有我东门之役。当陈隧者,井堙木刊。敝邑大惧不竟,而耻大姬。天诱其衷,启敝邑之心。陈知其罪,授手于我。用敢献功!"晋人曰:"何故侵小?"对曰:"先王之命,唯罪所在,各致其辟。且昔天子之地一圻,列国一同,自是以衰。今大国多数圻矣!若无侵小,何以至焉?"晋人曰:"何故戎服?"对曰:"我先君武、庄,为平、桓卿士。城濮之役,文公布命,曰:'各复旧职!'命我文公戎服辅王,以授楚捷,不敢废王命故也。"士庄伯不能诘,复于赵文子。文子曰:"其辞顺,犯顺不祥。"乃受之。(中略)仲尼曰:"《志》有之:'言以足志,文以足言。'不言,谁知其志?言之无文,行而不远。晋为伯,郑入陈,非文辞不为功。慎辞也!"[左氏传·襄公二十五年]

国学经典文库

孔子家语

孔子言行典籍译注

图文珍藏版

【释义】

　　郑国的子展、子产率领七百辆战车攻打陈国,夜里发动攻击,就进了城。郑国的子产向晋国奉献战利品,穿着军装主持事务。晋国人质问陈国的罪过,子产回答说:"从前虞父做周朝的陶正,服侍我们先王。我们先王因为他能制作器物,于人有利,并且是虞舜的后代,就把大女儿太姬匹配给胡公,封他在陈地,以表示对黄帝、尧、舜后代的敬意。所以陈国是我周朝的后代,到今天还依靠着周朝。陈桓公死后发生动乱,蔡国人想立他们的后代,我们先君庄公侍奉五父而立了他,蔡国人杀死了五父。我们又和蔡国人侍奉厉公,至于庄公、宣公,都是我们所立的。夏氏的祸乱导致灵公死亡,成公流离失所,又是我们让他回国的,这是君王知道的。现在陈国忘记了周朝的大德,丢弃了我们的大恩,抛弃我们这个亲戚,倚仗楚国人多,以进逼我们敝邑,而且并不满足,我国因此而有去年请求攻打陈国的报告。没有得到贵国的命令,反倒有了陈国进攻我国东门的那次战役。在陈军经过的路上,水井被填塞,树木被砍伐。敝邑非常害怕敌兵压境,给太姬带来羞耻,上天诱导我们的心,启发了敝邑攻打陈国的念头。陈国知道自己的罪过,在我们这里得到惩罚。因此我们敢于奉献俘虏。"晋国人说:"为什么侵犯小国?"子产回答说:"先王的命令,只要是罪过所在,就要分别给予刑罚。而且从前天子的土地方圆一千里,诸侯的土地方圆一百里,以此递减。现在大国的土地多到方圆几千里,如果没有侵占小国,怎么能到这种地步呢?"晋国人说:"为什么穿上军服?"子产回答说:"我们先君武公、庄公做周平王、周桓王的卿士。城濮这一役后,晋文公发布命令,说:'各人恢复原来的职务。'命令我郑文公穿军服辅佐天子,以接受楚国俘虏献给天子,现在我穿着军服,这是因为不敢废弃天子命令的缘故。"士庄伯已经不能再质问,于是向赵文子回复。赵文子说:"他的言辞顺理成章,违背了情理不吉利。"于是就接受郑国奉献的战利品。孔子说:"《志》上说:'言语用来完成意愿,文采用来完成言语。'不说话,谁知道他的意愿是什么?说话没有文采,不能到达远方。晋国成为霸主,郑国进入陈国,不是善于辞令就不能成功。要谨慎地使用辞令啊!"

【原文】

　　六月丁未朔,宋人享赵文子,叔向为介。司马置折俎,礼也。仲尼使举是礼也,以为多文辞。[左氏传·襄公二十七年]

【释义】

六月初一,宋国人设享礼招待赵文子,叔向作为副手。司马把煮熟的牲畜切成块,放在盘子里,这是礼节。以后孔子看到了这次礼仪的记载,认为文辞太多。

【原文】

郑人游于乡校,以论执政。然明谓子产曰:"毁乡校,何如?"子产曰:"何为?夫人朝夕退而游焉,以议执政之善否。其所善者,吾则行之;其所恶者,吾则改之。是吾师也,若之何毁之?我闻忠善以损怨,不闻作威以防怨。岂不遽止?然犹防川,大决所犯,伤人必多,吾不克救也。不如小决使道,不如吾闻而药之也。"然明曰:"蔑也今而后知吾子之信可事也,小人实不才。若果行此,其郑国实赖之,岂唯二三臣?"仲尼闻是语也,曰:"以是观之,人谓子产不仁,吾不信也。"[左氏传·襄公三十一年]

【释义】

郑国人到乡校休闲聚会,议论政策的好坏。郑国大夫然明对子产说:"把乡校毁了,怎么样?"子产说:"为什么要毁掉?人们早晚干完活儿到这里聚一下,议论一下政策的好坏。他们喜欢的,我们就推行;他们讨厌的,我们就改正。这是我们的老师,为什么要毁掉它呢?我听说尽力做好事以减少怨恨,没听说过依仗权势来防止怨恨。难道很快制止这些议论不容易吗?然而那样做就像堵塞河流一样,河水大决口造成的损害,伤害的人必然很多,我是挽救不了的。不如开个小口泄洪,听取这些议论后把它当作治病的良药。"然明说:"我从现在起才知道您确实可以成大事,小人确实没有才能。如果真的这样做,恐怕郑国真的就有了依靠,岂止是有利于我们这些臣子?"孔子听到了这番话后说:"照这些话看来,人们说子产不仁,我不相信。"

【原文】

(竖)牛立昭子而相之。(中略)昭子即位,朝其家众,曰:"竖牛祸叔孙氏,使乱大从,杀适立庶,又披其邑,将以赦罪,罪莫大焉。必速杀之。"竖牛惧,奔齐。孟、仲之子杀诸塞关之外,投其首于宁风之棘上。仲尼曰:"叔孙昭子之不劳,不可能也。周任有言曰:'为政者不赏私劳,不罚私怨。'《诗》云:'有觉德行,四国顺之。'"[左氏传·昭公四年及五年]

【释义】

竖牛立了昭子并辅佐他。昭子即位，召集家族上下人等来朝见，说："竖牛给叔孙氏造成祸乱，搅乱了正常的秩序，杀死嫡子立庶子，又分裂封邑，将要以此逃避罪责，罪过没有比这再大的了。一定要赶紧杀死他！"竖牛害怕了，出奔齐国。孟丙、仲壬的儿子把他杀死在塞关之外，把脑袋扔在宁风的荆棘上。孔子说："叔孙昭子不酬劳竖牛，这是一般人做不到的。周任有话说：'掌握政权的人不赏赐对于私人的功劳，不惩罚个人的怨恨。'《诗经》说：'具有正直的德行，四方的国家都来归顺。'"

【原文】

孟僖子病不能相礼，乃讲学之，苟能礼者从之。及其将死也，召其大夫，曰："礼，人之干也。无礼，无以立。吾闻将有达者曰孔丘，圣人之后也，而灭于宋。其祖弗父何以有宋而授厉公。及正考父，佐戴、武、宣，三命兹益共，故其鼎铭云：'一命而偻，再命而伛，三命而俯，循墙而走，亦莫余敢侮。饘于是，鬻于是，以糊余口。'其共也如是。臧孙纥有言曰：'圣人有明德者，若不当世，其后必有达人。'今其将在孔丘乎？我若获没，必属说与何忌于夫子，使事之，而学礼焉，以定其位。故孟懿子与南宫敬叔师事仲尼。仲尼曰：'能补过者，君子也。'《诗》曰：'君子是则是效。'孟僖子可则效已矣。"［左氏传·昭公七年］

【释义】

孟僖子不满意自己对礼仪不熟悉，就学习礼仪，如果有精通礼仪的人就跟他学习。等到临死的时候，他召集手下的大夫，说："礼仪，是做人的根本。没有礼仪，就不能自立。我听说有一个将要得志的人叫孔丘，是聪明人的后代，而他的家族却在宋国灭亡了。他的祖先弗父何本来应当据有宋国，但让给了宋厉公。到了正考父，辅佐戴公、武公、宣公，三命而做了上卿就更加恭敬了，所以他的鼎铭说：'一命低头，二命弯身，三命把腰深深弯下，沿着墙赶快走，也没有人敢把我欺侮。稠粥在这里，稀粥也在这里，用来糊住我的口。'他的恭敬就像这样。臧孙纥有话说：'聪明人里具有明德的人，如果不能做国君，他的后代必然有显贵的。'现在恐怕会在孔丘身上吧！我如得以善终，一定把说和何忌托给他老人家，让他们侍奉他而学习礼仪，以稳定他们的地位。"所以孟懿子和南宫敬叔把孔子作为老师来事奉。孔子说："能够弥补过错的，就是君子啊！《诗经》说，'要取法仿效君子'。孟僖子可以学习仿效了。"

【原文】

　　楚子狩于州来,次于颍尾,使荡侯、潘子、司马督、嚣尹午、陵尹喜帅师围徐以惧吴。楚子次于乾溪,以为之援。雨雪,王皮冠,秦复陶,翠被,豹舄,执鞭以出,仆析父从。右尹子革夕,王见之,去冠、被、舍鞭,与之语曰:"昔我先王熊绎,与吕级、王孙牟、燮父、禽父并事康王,四国皆有分,我独无有。今吾使人于周,求鼎以为分,王其与我乎?"对曰:"与君王哉!昔我先王熊绎,辟在荆山,筚路蓝缕,以处草莽。跋涉山林,以事天子。唯是桃弧、棘矢,以共御王事。齐,王舅也。晋及鲁、卫,王母弟也。楚是以无分,而彼皆有。今周与四国服侍君王,将唯命是从,岂其爱鼎?"王曰:"昔我皇祖伯父昆吾,旧许是宅。今郑人贪赖其田,而不我与。我若求之,其与我乎?"对曰:"与君王哉!周不爱鼎,郑敢爱田?"王曰:"昔诸侯远我而畏晋,今我大城陈、蔡不羹,赋皆千乘,子与有劳焉。诸侯其畏我乎?"对曰:"畏君王哉!是四①国者,专足畏也,又加之以楚,敢不畏君王哉!"工尹路请曰:"君王命剥圭以为鏚柲,敢请命。"王人视之。析父谓子革:"吾子,楚国之望也!今与王言如响,国其若之何?"子革曰:"摩厉以须,王出,吾刃将斩矣。"王出,复语。左史倚相趋过。王曰:"是良史也,子善视之。是能读《三坟》《五典》《八索》《九丘》。"对曰:"臣尝问焉。昔穆王欲肆其心,周行天下,将皆必有车辙马迹焉。祭公谋父作《祈招》之诗,以止王心,王是以获没于祗宫。臣问其诗而不知也。若问远焉,其焉能知之?"王曰:"子能乎?"对曰:"能。其诗曰:'祈招之愔愔,式昭德音。思我王度,式如玉,式如金。形民之力,而无醉饱之心。'"王揖而入,馈不食,寝不寐,数日,不能自克,以及于难。仲尼曰:"古也有志:'克己复礼,仁也。'信善哉!楚灵王若能如是,岂其辱于乾溪?"[左氏传·昭公十二年]①孔疏云:四当为三。

【释义】

　　楚灵王在州来打猎,驻扎在颍尾,派荡侯、潘子、司马督、嚣尹午、陵尹喜带兵包围徐国,以威胁吴国。楚灵王驻扎在乾溪,作为他们的后援。下雪了,楚灵王戴着皮帽子,穿着秦国的羽衣,披着翠羽披肩,脚穿豹皮鞋,手拿着鞭子走了出来,仆析父作为随从。右尹子革晚上去朝见,楚王接见了他,脱去帽子、披肩,放下鞭子,对他说:"从前我们先王熊绎,和吕级、王孙牟、燮父、禽父一起事奉康王,齐、晋、鲁、卫四国都分赐了宝器,唯独我国没有。现在我派人到周,请求赏赐鼎,周天子会给我吗?"子革回答说:"会给君王的啊!从前我们先王熊绎住在荆山僻处,乘柴车、穿破衣,以开辟丛生的杂草,跋山涉水以事奉天子,只能用桃木弓、枣木箭作为进贡。齐国,是天子的舅父。晋国和鲁国、卫国,是天子的同胞兄弟。楚国因此没有得到赏赐,而他们却有。现在是周朝和四国侍奉君王了,将会都听您的命令,难道还爱惜鼎吗?"楚灵王说:"以前我的皇祖伯父昆吾,居住在旧许,现在郑国人贪利这里的土地,而不给我们。我们如果求取,他会给我们吗?"子革回答说:"会给君王的啊!周朝不爱惜鼎,郑国还敢爱惜土地?"楚灵王说:"从前诸侯认为我国偏僻而害怕晋国,现在我们修筑陈国、蔡国两个不羹城,每地都有战车一千辆,这你是有功劳的。诸侯会害怕我们吗?"子革回答说:"害怕君王啊!光是这四个城邑,就足够使人害怕了,再加上楚国全国的力量,岂敢不怕君王呢?"工尹路请求说:"君王命令破开圭玉以装饰斧柄,谨请发布命令。"楚灵王走进去察看。析父对子革说:"您是楚国有名望的人。现在和君王说话,对答好像回声一样,国家将怎么办呢?"子革说:"我磨快了刀刃等着,君王出来后,我的刀刃就将砍下去了。"楚灵王出来后,又和子革说话。左史倚相快步走过,楚灵王说:"这个人是好史官,您要好好对待他,这个人能够读《三坟》《五典》《八索》《九丘》。"子革回答说:"我曾经问过他。从前周穆王想要放纵自己的私心,周游天下,想要让天下到处都有他的车辙马迹。祭公谋父作了《祈招》这首诗来阻止穆王的私心,穆王因此得以善终于祗宫。下臣问他这首诗,他都不知道。如果问更远的事情,他哪里能知道?"楚灵王说:"你能知道吗?"子革回答说:"能。这首诗说:'祈招安详和悦,表现有德者的声音。想起我们君王的风度,样子好像玉好像金。保存百姓的力量,而自己没有醉饱之心。'"楚灵王向子革作揖,便走了进去,送上饭来不吃,睡觉睡不着,有好几天,不能克制自己,所以终于遇上了祸难。孔子说:"古时候有话说:'克制自己回到礼仪上,这就是仁。'真是说得好啊!楚灵王如果能够这样,难道还会在乾溪受到羞辱?"

【原文】

（八月）同盟乎平丘,（中略）令诸侯日中造于除。癸酉,退朝。子产命外仆速张于除,子大叔止之,使待明日。及夕,子产闻其未张也,使速往,乃无所张矣。及盟,子产争承,曰:"昔天子班贡,轻重以列,列尊贡重,周之制也。卑而贡重者,甸服也。郑伯,男也,而使从公侯之贡,惧弗给也,敢以为请。诸侯靖兵,好以为事。行理之命,无月不至,贡之无艺,小国有阙,所以得罪也。诸侯修盟,存小国也。贡献无极,亡可待也。存亡之制,将在今矣。"自日中以争,至于昏,晋人许之。既盟,子大叔咎之曰："诸侯若讨，其可渎乎？"子产曰："晋政多门，贰偷之不暇，何暇讨？国不竞亦陵，何国之为？"（中略）仲尼谓："子产于是行也，足以为国基矣。《诗》曰：'乐只君子，邦家之基。'子产，君子之求乐者也。"且曰："合诸侯，艺贡事，礼也。"［左氏传·昭公十三年］

【释义】

八月，在平丘结成同盟。命令诸侯在中午到达盟会地点。初六，朝见晋国完毕。子产命令外仆赶紧在盟会的地方搭起帐篷，子太叔阻拦仆人，让他们等到第二天再搭。到晚上，子产听说他们还没有搭起帐篷，就派他们赶紧去，到那里已经没有地方可以搭帐篷了。等到结盟的时候，子产争论进贡物品的轻重次序，说："从前天子确定进贡物品的次序，是根据地位排列的。地位尊贵，贡赋就重，这是周朝的制度，地位低下而贡赋重的，这是距天子近的小国。郑伯，是男服。让我们按照公侯的贡赋标准，恐怕不能足数供应，竟敢以此作为请求。诸侯之间应当休息甲兵，友好行事。使者催问贡税的命令，没有一个月不来到。贡赋没有限度，小国不能满足要求而有所缺少，这就是得罪的原因。诸侯重温旧盟，这是为了使小国得以生存。贡赋没有限制，灭亡的日子将会马上到来。决定存亡的规定，就在今天了。"从中午开始争论，直到晚上，晋国人同意了。结盟以后，子太叔责备子产说："诸侯如果来讨伐，难道可以轻易地对待吗？"子产说："晋国的政事出于很多家族，他们不能一心一意，苟且偷安还来不及，哪里来得及讨伐别人？国家不和别国竞争，也就会遭到欺凌，还成个什么国家？"孔子说："子产在这次盟会中，足以成为国家的柱石了。《诗经》说：'君子欢乐，他是国家和家族的柱石。'子产是君子中追求欢乐的人。"又说："会合诸侯，制定贡赋的限度，这就是礼。"

【原文】

仲尼曰："叔向，古之遗直也。治国制刑，不隐于亲，三数叔鱼之恶，不为末减。曰义也夫，可谓直矣。平丘之会，数其贿也，以宽卫国，晋不为暴。归鲁季孙，称其诈也，以宽鲁国，晋不为虐。邢侯之狱，言其贪也，以正刑书，晋不为颇。三言而除三恶，加三利，杀亲益荣，犹义也夫！"［左氏传·昭公十四年］

【释义】

孔子说："叔向，有着古代流传下来的正直作风。治理国家大事使用刑罚，不包庇亲人，三次指出叔鱼的罪恶，不给他减轻。做事合于道义，可以说得上是正直。

平丘的盟会,责备他贪财,以宽免卫国,晋国就做到了不凶暴。让鲁国季孙回去,称道他的欺诈,以宽免鲁国,晋国就做到了不凌虐。邢侯这次案件,说明他的贪婪,以执行法律,晋国就做到了不偏颇。三次说话而除掉三次罪恶,增加三种利益。杀死了亲人而名声更加显著,这也是合乎道义的吧!"

【原文】

秋,郯子来朝,公与之宴。昭子问焉,曰:"少暤氏鸟名官,何故也?"郯子曰:"吾祖也,我知之。昔者黄帝氏以云纪,故为云师而云名;炎帝氏以火纪,故为火师而火名;共工氏以水纪,故为水师而水名;大暤氏以龙纪,故为龙师而龙名。我高祖少暤挚之立也,凤鸟适至,故纪于鸟,为鸟师而鸟名。凤鸟氏,历正也。玄鸟氏,司分者也;伯赵氏,司至者也;青鸟氏,司启者也;丹鸟氏,司闭者也;祝鸠氏,司徒也;鸤鸠氏,司马也;鸬鸠氏,司空也;爽鸠氏,司寇也;鹘鸠氏,司事也。五鸠,鸠民者也。五雉,为五工正,利器用、正度量,夷民者也。九扈为九农正,扈民无淫者也。自颛顼以来,不能纪远,乃纪于近,为民师而命以民事,则不能故也。"仲尼闻之,见于郯子而学之。既而告人曰:"吾闻之:'天子失官,学在四夷。'犹信。"[左氏传·昭公十七年]

【释义】

秋季,郯子来鲁国朝见,昭公为他举办宴席。昭子询问他,说:"少暤氏用鸟名作为官名,这是什么原因?"郯子说:"他是我的祖先,我知道。从前黄帝氏用云记事,所以设置各部门长官都用云字命名。炎帝氏用火记事,所以设置各部门长官都用火字命名。共工氏用水记事,所以设置各部门长官都用水字命名。太暤氏用龙记事,所以设置各部门长官都用龙来命名。我的高祖少暤挚即位的时候,凤鸟正好来到,所以就从鸟开始记事,设置各部门长官都用鸟来命名。凤鸟氏,就是掌管天文历法的官;玄鸟氏,就是掌管春分、秋分的官;伯赵氏,是掌管夏至、冬至的官;青鸟氏,是掌管立春、立夏的官;丹鸟氏,是掌管立秋、立冬的官;祝鸠氏,就是司徒;鸣鸠氏,就是司马;鸬鸠氏,就是司空;爽鸠氏,就是司寇;鹘鸠氏,就是司事。这五鸠,是鸠聚百姓的。五雉是五种管理手工业的官,是改善器物用具、统一尺度容量、让百姓得到平均的。九扈是九种管理农业的官,是制止百姓不让他们放纵的。自从颛顼以来,不能记述远古的事情,就从近古开始记述,做百姓的长官而用百姓的事情来命名,那已经是不能照过去办理了。"孔子听到这件事,进见郯子并向他学习古代官制。不久以后告诉别人说："我听说:'在天子那里失去了古代官制,官制的学问还保存在远方的小国。'这话可以相信。"

【原文】

琴张闻宗鲁死,将往吊之。仲尼曰:"齐豹之盗,而孟絷之贼,女何吊焉?君子不食奸,不受乱,不为利疚于回,不以回待人,不盖不义,不犯非礼。"[左氏传·昭公二十年]

【释义】

琴张听说宗鲁死了,准备去吊唁。孔子说:"齐豹之所以成为坏人,孟絷之所以被害,都是由于他的缘故,你为什么要去吊唁呢?君子不吃坏人的俸禄,不接受动乱,不为了利而受到邪恶的侵扰,不用邪恶对待别人,不袒护不义的事情,不做出非礼的事情。"

【原文】

齐侯田于沛,招虞人以弓,不进。公使执之,辞曰:"昔我先君之田也,旃以招大夫,弓以招士,皮冠以招虞人。臣不见皮冠,故不敢进。"乃舍之。仲尼曰:"守道不如守官,君子韪之。"[左氏传·昭公二十年]

【释义】

齐景公在沛地打猎,用弓召唤虞人,虞人没有来。齐景公派人扣押了他,虞人辩解说:"从前我们先君打猎的时候,用红旗召唤大夫,用弓召唤士,用皮冠召唤虞人。下臣没有见到皮冠,所以不敢进见。"齐景公于是就释放了虞人。孔子说:"遵守道义,不如遵守官制。君子认为说得对。"

【原文】

郑子产有疾,谓子大叔曰:"我死,子必为政。唯有德者能以宽服民,其次莫如猛。夫火烈,民望而畏之,故鲜死焉。水懦弱,民狎而玩之,则多死焉。故宽难。"疾数月而卒。大叔为政,不忍猛而宽。郑国多盗,取人于萑苻之泽。大叔悔之,曰:"吾早从夫子,不及此。"兴徒兵以攻萑苻之盗,尽杀之,盗少止。仲尼曰:"善哉!政宽则民慢,慢则纠之以猛。猛则民残,残则施之以宽。宽以济猛,猛以济宽,政是以和。《诗》曰:'民亦劳止,汔可小康。惠此中国,以绥四方。'施之以宽也。'毋从

孔子家语

诡随，以谨无良。式遏寇虐，惨不畏明。'纠之以猛也。'柔远能迩，以定我王。'平之以和也。又曰：'不竞不絿，不刚不柔。布政优优，百禄是遒。'和之至也。"及子产卒，仲尼闻之，出涕曰："古之遗爱也。"[左氏传·昭公二十年]

【释义】

郑国的子产生病了，对子太叔说："我死以后，你必须执政。只有有德行的人能够用宽大来使百姓服从，其次就莫如严厉。火势猛烈，百姓看着就害怕，所以很少有人死于火。水性懦弱，百姓轻视并玩弄它，很多人就死在水中。所以宽大不容易。"子产病了几个月就死去了。子太叔执政，不忍心严厉却奉行宽大政策。郑国盗贼很多，聚集在芦苇塘里。太叔后悔了，说："我早点听从他老人家的话，就不至于到这一步。"于是发动士兵攻打藏在芦苇丛生的湖泽里的盗贼，全部杀死他们，盗贼稍稍收敛了一些。孔子说："好啊！政事宽大百姓就怠慢，怠慢就要用严厉来纠正。严厉了百姓就受到伤害，伤害了就实施宽大。用宽大调节严厉，用严厉调节宽大，因此政事调和。《诗经》说，'百姓已经很辛劳，差不多可以稍稍安康。赐恩给中原各国，用以安定四方。'这是实施宽大。'不要放纵随声附和的人，以约束不良之人。应当制止侵夺残暴的人，他们从来不怕法度。'这是用严厉来纠正。'安抚边远，柔服近邦，用来安定我国王。'这是用和平来安定国家。又说：'不争强不急躁，不刚猛不柔弱。施政平和宽裕，各种福禄都聚集。'这是和谐的顶点。"等到子产死去，孔子听到这消息，流着眼泪说："他的仁爱，是古人流传下来的遗风啊！"

【原文】

秋，晋韩宣子卒，魏献子为政。分祁氏之田以为七县，分羊舌氏之田以为三县。司马弥牟为邬大夫，贾辛为祁大夫，司马乌为平陵大夫，魏戊为梗阳大夫，知徐吾为涂水大夫，韩固为马首大夫，孟丙为孟大夫，乐霄为铜鞮大夫，赵朝为平阳大夫，僚安为杨氏大夫。谓贾辛、司马乌为有力于王室，故举之。谓知徐吾、赵朝、韩固、魏戊，余子之不失职，能守业者也。其四人者，皆受县而后见于魏子，以贤举也。魏子谓成鱄："吾与戊也县，人其以我为党乎？"对曰："何也？戊之为人也，远不忘君，近不逼同，居利思义，在约思纯，有守心而无淫行。虽与之县，不亦可乎？"（中略）贾辛将适其县，见于魏子。魏子曰："辛来！（中略）今女有力于王室，吾是以举女。行乎！敬之哉！毋堕乃力！"仲尼闻魏子之举也，以为义，曰："近不失亲，远不失举，可谓义矣。"又闻其命贾辛也，以为忠："《诗》曰：'永言配命，自求多福。'忠也。

魏子之举也义,其命也忠,其长有后于晋国乎!"〔左氏传·昭公二十八年〕

秋天,晋国的韩宣子死了,魏献子执政。把祁氏的土地分割为七个县,把羊舌氏的土地分割为三个县。司马弥牟做邬大夫,贾辛做祁大夫,司马乌做平陵大夫,魏戊做梗阳大夫,知徐吾做涂水大夫,韩固做马首大夫,孟丙做盂大夫,乐霄做铜鞮大夫,赵朝做平阳大夫,僚安做杨氏大夫。认为贾辛、司马乌曾经给王室出过力,所以提拔他们。认为知徐吾、赵朝、韩固、魏戊是卿的庶子中不失职、能够保守家业的人。另外四个人,都先接受县的职务然后进见魏献子,是由于贤能而加以提拔的。魏献子对成鱄说:"我把一个县给了戊,别人会认为我是偏袒吗?"成鱄回答说:"哪里会呢?戊的为人,远不忘国君,近不逼同事,处在有利的地位上想到道义,处在困难之中想到保持纯正,有保持礼义之心而没有过度的行为,即使给了他一个县,不也是可以的吗?"贾辛将要到他的县里去,进见魏献子。魏献子说:"辛,过来!现在你为王室出了力,我因此提拔你。动身吧!保持着恭敬,不要损毁了你的功劳。"孔子听到魏献子提拔的事,认为合乎道义,说:"提拔近的而不失去亲族,提拔远的而不失去应当提拔的人,可以说是合乎道义了。"又听说他命令贾辛的话,认为体现了忠诚,说:"《诗经》说,'永远符合于天命,自己求取各种福禄。'这是忠诚。魏子提拔合乎道义,他的命令又体现了忠诚,恐怕他的后代会在晋国长享禄位吧!"

【原文】

冬,晋赵鞅、荀寅帅师城汝滨,遂赋晋国一鼓铁,以铸刑鼎,著范宣子所为刑书焉。仲尼曰:"晋其亡乎!失其度矣。夫晋国将守唐叔之所受法度,以经纬其民,卿大夫以序守之。民是以能尊其贵,贵是以能守其业。贵贱不愆,所谓度也。文公是以作执秩之官,为被庐之法,以为盟主。今弃是度也,而为刑鼎,民在鼎矣,何以尊贵?贵何业之守?贵贱无序,何以为国?且夫宣子之刑,夷之蒐也,晋国之乱制也,若之何以为法?"〔左氏传·昭公二十九年〕

【释义】

冬季,晋国的赵鞅、荀寅带兵在汝水岸边筑城,于是向晋国的百姓征收了四百八十斤铁,用来铸造刑鼎,在鼎上铸着范宣子所制定的刑书。孔子说:"晋国恐怕要灭亡了吧!失掉法度了。晋国应该遵守唐叔传下来的法度,作为百姓的准则,卿大夫按照他们的位次来维护它,百姓才能尊敬贵人,贵人因此才能守住他们的家业。

贵贱的差别没有错乱,这就是所谓的法度。文公因此设立执掌官职位次的官员,在被庐制定法律,以作为盟主。现在废弃这个法令,而铸造了刑鼎,百姓都能看到鼎上的条文,还用什么来尊敬贵人?贵人还有什么家业可守住?贵贱没有次序,还怎么治理国家?而且范宣子的刑书,是在夷地检阅时制定的,是违犯晋国旧礼的乱法,怎么能把它当成法律呢?"

【原文】

秋七月癸巳,葬昭公于墓道南。孔子之为司寇也,沟而合诸墓。[左氏传·定公元年]

【释义】

秋季,七月二十二日,在墓道南面安葬昭公。孔子做司寇的时候,在昭公坟墓外挖沟扩大墓地,使它和先公的坟墓同在一个范围内。

【原文】

阳虎(中略)逃奔宋,遂奔晋,适赵氏。仲尼曰:"赵氏其世有乱乎?"[左氏传·定公九年]

【释义】

阳虎逃亡到宋国,又逃到晋国,归顺赵氏。孔子说:"赵氏恐怕世世代代都会有祸乱吧!"

【原文】

春,及齐平。夏,公会齐侯于祝其,实夹谷。孔丘相。犁弥言于齐侯曰:"孔丘知礼而无勇,若使莱人以兵劫鲁侯,必得志焉。"齐侯从之。孔丘以公退,曰:"士,兵之!两君合好,而裔夷之俘以兵乱之,非齐君所以命诸侯也。裔不谋夏,夷不乱华,俘不干盟,兵不逼好。于神为不祥,于德为愆义,于人为失礼,君必不然。"齐侯闻之,遽辟之。将盟,齐人加于载书曰:"齐师出竟,而不以甲车三百乘从我者,有如此盟。"孔丘使兹无还揖对曰:"而不反我汶阳之田,吾以共命者,亦如之。"齐侯将享公,孔丘谓梁丘据曰:"齐、鲁之故,吾子何不闻焉?事既成矣,而又享之,是勤执事也。且牺象不出门,嘉乐不野合。飨而既具,是弃礼也。若其不具,用秕稗也。用秕稗,君辱,弃礼,名恶,子盍图之?夫享,所以昭德也。不昭,不如其已也。"乃不

果享。齐人来归郓、欢、龟阴之田。［左氏传·定公十年］

【释义】

春季，鲁国和齐国讲和。夏季，鲁定公在祝其会见齐景公，祝其也就是夹谷。孔丘相礼。犁弥对齐景公说："孔丘懂得礼而缺乏勇，如果派莱地人用武力劫持鲁侯，一定可以如愿以偿。"齐景公听从了。孔丘领着定公退出，说："士兵拿起武器攻上去！两国的国君会见友好，而边远的东夷俘虏用武力来捣乱，这不是齐君对待诸侯的态度。边远地区不能图谋中原，东夷之人不能搅乱华人，俘虏不能侵犯盟会，武力不能逼迫友好，这些对于神明来说是大不吉祥的，对于德行来说是丧失道义的，对于人们来说是丢弃礼仪的，君王必定不会这样做。"齐景公听了以后，很快就让莱地人离开了。将要盟誓时，齐国人在盟书上加了一句话说："如果齐军出境，而鲁国不派三百辆甲车跟随我们的话，有盟誓为证！"孔丘让兹无还作揖回答说："你们不归还我们汶阳的土地，让我们用来供应齐国的需要，也有盟誓为证！"齐景公准备设享礼招待定公。孔丘对梁丘据说："齐国、鲁国旧有的典礼，您为什么没有听说过呢？事情已经完成了，而又设享礼，这是麻烦执事。而且牺尊、象尊不出国门，钟磬不在野外合奏。设享礼而具备这些东西，这是不合礼仪的。如果不具备，那就像秕子、稗子一样轻微而不郑重。像秕子、稗子一样的礼节，这是君王的耻辱。不合礼仪，就名声不好，您何不考虑一下呢？享礼，是用来宣扬德行的。如果不能宣扬的话，不如不用。"于是最终没有设享礼。齐国人前来归还郓、欢、龟阴的土地。

【原文】

仲由为季氏宰，将堕三都，于是叔孙氏堕邱。季氏将堕费，公山不狃、叔孙辄帅费人以袭鲁。公与三子入于季氏之宫，登武子之台。费人攻之，弗克。入及公侧。仲尼命申句须、乐颀下，伐之，费人北。［左氏传·定公十二年］

【释义】

仲由做了季氏的家臣，准备毁掉三都，因此叔孙氏毁掉了邱邑。季氏准备毁掉费邑，公山不狃、叔孙辄率领费邑人袭击鲁国国都。鲁定公和季孙等三个人躲进季氏的宫室，登上武子之台。费邑人进攻，没有攻下。费邑人已经攻到了定公的附近。孔子命令申句须、乐颀下台反击，费邑人被打败了。

【原文】

春,邾隐公来朝,子贡观焉:邾子执玉高,其容仰;公受玉卑,其容俯。子贡曰:"以礼观之:二君者皆有死亡焉。夫礼,死生存亡之体也。将左右周旋、进退俯仰于是乎取之,朝、祀、丧、戎于是乎观之。今正月相朝而皆不度,心已亡矣! 嘉事不体,何以能久? 高、仰,骄也;卑、俯,替也。骄近乱,替近疾。君为主,其先亡乎!"(中略)夏,五月壬申,公薨。仲尼曰:"赐不幸言而中,是使赐多言者也。"[左氏传·定公十五年]

【释义】

春季,邾隐公来鲁国朝见。子贡观礼:邾隐公把玉高高地举着,他的脸朝上;定公把玉低低地接过来,他的脸朝下。子贡说:"用礼来看这件事:两位国君都有死亡的预兆。礼,是死生存亡的主体。一举一动、或左或右以及进退、俯仰就从这里来选取,朝聘、祭祀、丧事、征战就从这里来观察。现在在正月相互朝见却都不合乎法度,两位国君的心中已经失掉礼了! 朝会不符合礼,怎么能够长久? 高和仰,是骄傲;卑和俯,是怠惰。骄傲接近动乱,怠惰接近疾病,君主是主人,大概会先死去吧!"夏季,五月二十二日,鲁定公死了。孔丘说:"赐不幸而说中了,这件事使他成为多嘴的人了。"

【原文】

孔子在陈,闻火,曰:"其桓、僖乎?"[左氏传·哀公三年]

【释义】

孔子在陈国,听说发生火灾了,说:"恐怕是桓公庙、僖公庙吧!"

【原文】

昭王有疾。卜曰:"河为祟。"王弗祭。大夫请祭诸郊,王曰:"三代命祀,祭不越望。江、汉、睢、漳,楚之望也。祸福之至,不是过也。不谷虽不德,河非所获罪也。"遂弗祭。孔子曰:"楚昭王知大道矣。其不失国也,宜哉!《夏书》曰:'惟彼陶唐,帅彼天常,有此冀方。今失其行,乱其纪纲,乃灭而亡。'又曰:'允出兹在兹。'由己率常可矣。"[左氏传·哀公六年]

【释义】

楚昭王得病了,占卜的人说:"黄河之神在作怪。"楚昭王不去祭祀。大夫们请求在郊外祭祀。楚昭王说:"三代时规定的祭祀制度,祭祀不超越本国的山川。长江、汉水、睢水、漳水,是楚国的大川。祸福的来到,不会超过这些地方。我即使没有德行,也不会得罪黄河之神。"于是就不去祭祀。孔子说:"楚昭王理解大道理。他不失去国家,是当然的了!《夏书》说:'那位古代的君王陶唐,遵循天道纲常,占有中国这地方。现在走到邪道上,搅乱了治国的大纲,于是就灭亡。'又说:'付出了什么,就会收获什么。'由自己来服从天道,这就可以了。"

【原文】

春,齐(中略)伐我,及清。季孙谓其宰冉求曰:"齐师在清,必鲁故也。若之何?"求曰:"一子守,二子从公御诸竟。"季孙曰:"不能。"求曰:"居封疆之间。"季孙告二子,二子不可。(中略)武叔呼而问战焉,对曰:"君子有远虑,小人何知?"懿子强问之,对曰:"小人虑材而言,量力而共者也。"武叔曰:"是谓我不成丈夫也。"退而蒐乘,孟孺子泄帅右师。(中略)冉求帅左师。(中略)冉有以武城人三百为己徒卒。老幼守宫,次于雩门之外。五日,右师从之。公叔务人见保者而泣,曰:"事充政重,上不能谋,士不能死,何以治民? 吾既言之矣,敢不勉乎!"师及齐师战于郊。(中略)公为与其嬖僮汪锜乘,皆死,皆殡。孔子曰:"能执干戈以卫社稷,可无殇也。"冉有用矛于齐师,故能入其军。孔子曰:"义也。"[左氏传·哀公十一年]

【释义】

春季,齐国进攻我国,到达清地。季孙对他的家臣冉求说:"齐国驻扎在清地,必然是因为鲁国的缘故,怎么办?"冉求说:"您三位中间一位留守,两位跟着国君在边境抵御。"季孙说:"不行。"冉求说:"那就在境内近郊抵御。"季孙告诉了叔孙、孟孙,这两人不同意。……叔孙喊来冉求,问他关于作战的意见。冉求回答说:"君子有着深远的考虑,小人知道什么?"孟孙硬是问他,他回答说:"小人是考虑了才干而说话,估计了力量才出力的。"叔孙说:"这是说我成不了大丈夫啊!"退回去以后就检阅部队。孟孺子泄率领右军。……冉求率领左军。……冉有带着三百个武城人作为自己的亲兵,老的小的守在宫里,驻扎在雩门外边。过了五天,右军才跟上来。公叔务人见到守城的人就掉眼泪说:"徭役烦、赋税多,上面不能谋划,战士不能拼命,用什么来治理百姓? 我已经这么说了,怎么敢不努力呢?"鲁军和齐军在郊外作战。……国君为和他宠爱的小僮汪绮同坐一辆战车,结果一起战死,都加以殡敛。孔子说:"能够拿起干戈保卫国家,可以不作为夭折来对待。"冉有使用矛攻杀齐军,所以能攻破齐军。孔子说:"这是合乎道义的。"

【原文】

(卫大叔)疾娶于宋子朝,其娣嬖。子朝出。孔文子使疾出其妻而妻之。疾使侍人诱其初妻之娣,置于犁,而为之一宫,如二妻。文子怒,欲攻之。仲尼止之。(中略)孔文子之将攻大叔也,访于仲尼。仲尼曰:"胡簋之事,则尝学之矣。甲兵之事,未之闻也。"退,命驾而行,曰:"鸟则择木,木岂能择鸟?"文子遽止之,曰:"圉岂敢度其私,访卫国之难也。"将止。鲁人以币召之,乃归。[左氏传·哀公十一年]

【释义】

卫太叔疾娶了宋国子朝的女儿,她的妹妹受到宠爱。子朝逃亡出国,孔文子让太叔疾休了他的妻子,而把女儿嫁给他。太叔疾派随从引诱他前妻的妹妹,把她安置在犁地,为她造了一所房子,好像有两个妻子一样。孔文子发怒了,想要攻打太叔疾,孔子加以劝阻。……孔文子将要攻打太叔的时候,去征求孔子的意见,孔子说:"祭祀的事情,那是我曾经学过的;打仗的事情,我没有听说过。"退下去,叫人套上车子就走,说:"鸟可以选择树木,树木哪里能选择鸟?"孔文子立刻阻止他,说:"圉哪里敢自己打算,为的是防止卫国的祸患。"孔子打算留下来。鲁国人用财礼来召请他,于是他就回到鲁国了。

【原文】

季孙欲以田赋,使冉有访诸仲尼。仲尼曰:"丘不识也。"三发,卒曰:"子为国老,待子而行,若之何子之不言也?"仲尼不对。而私于冉有曰:"君子之行也,度于礼,施取其厚,事举其中,敛从其薄。如是则以丘亦足矣。若不度于礼,而贪冒无厌,则虽以田赋,将又不足。且子季孙若欲行而法,则周公之典在。若欲苟而行之,又何访焉?"弗听。[左氏传·哀公十一年]

【释义】

季孙想要按田亩征税,派冉有征求孔子的意见。孔子说:"我不懂得这个。"问了三次,最后说:"你是国家的元老,等着你的意见办事,为什么你不说话呢?"孔子不作正式答复,私下对冉有说:"君子推行政事,要根据礼来衡量,施舍要力求丰厚,事情要做得适当,赋税要尽量微薄。如果这样,那么照我看来也就够了。如果不根据礼来衡量,贪婪没有满足,那么虽然按田亩征税,还会不够的。而且季孙如果办事合乎法度,那么周公的典章就在那里。如果要随便办事,又何必征求意见呢?"季孙不听孔子的建议。

【原文】

夏五月,昭夫人孟子卒。(中略)孔子与吊,适季氏。季氏不绖,放绖而拜。[左氏传·哀公十二年]

【释义】

夏季,五月,鲁昭公夫人孟子死了。……孔子参加吊唁,到了季氏那里。季氏不脱帽,除掉丧服跪拜。

【原文】

冬十二月,螽。季孙问诸仲尼,仲尼曰:"丘闻之,火伏而后蛰者毕。今火犹西流,司历过也。"[左氏传·哀公十二年]

【释义】

冬季,十二月,蝗虫成灾。季孙向孔子询问这件事。孔子说:"我听说,大火星下沉以后,昆虫都蛰伏完毕。现在大火星还在经过西方,这是司历官的过错。"

【原文】

春,西狩于大野,叔孙氏之车子鉏商获麟,以为不祥,以赐虞人。仲尼观之曰:"麟也。"然后取之。[左氏传·哀公十四年]

【释义】

春季,在西部的大野打猎,叔孙氏的驾车人子鉏商猎获了一只麒麟,认为不吉利,赏赐给管山林的人。孔子细看后,说:"这是麒麟。"然后收下它。

【原文】

(六月)齐陈恒弑其君壬于舒州。孔丘三日齐,而请伐齐三。公曰:"鲁为齐弱久矣,子之伐之,将若之何?"对曰:"陈恒弑其君,民之不与者半。以鲁之众,加齐之半,可克也。"公曰:"子告季孙。"孔子辞。退而告人曰:"吾以从大夫之后也,故不敢不言。"［左氏传·哀公十四年］

【释义】

六月,齐国的陈恒在舒州杀了他们的国君壬。孔子斋戒三天,三次请求攻打齐国。哀公说:"鲁国被齐国削弱已经很久了,您攻打他们,打算怎么办?"孔子回答说:"陈恒杀了他们的国君,百姓不亲附他的有一半。以鲁国的群众加上齐国不服从陈恒的一半,是可以战胜的。"哀公说:"您告诉季孙吧!"孔子辞谢,退下去告诉别人说:"我由于曾经列于大夫之末,所以不敢不说话。"

【原文】

孔子闻卫乱,曰:"柴也其来,由也死矣。"［左氏传·哀公十五年］

【释义】

孔子听说卫国发生动乱,说:"柴能回来,可是由死去了。"

【原文】

夏四月己丑,孔丘卒。公诔之曰:"旻天不吊,不慭遗一老。俾屏余一人以在位,茕茕余在疚。呜呼哀哉! 尼父,无自律。"子赣曰:"君其不没于鲁乎! 夫子之言曰:'礼失则昏,名失则愆。'失志为昏,失所为愆。生不能用,死而诔之,非礼也。称一人,非名也。君两失之。"［左氏传·哀公十六年］

【释义】

夏季,四月十一日,孔子死了,哀公致悼词说:"上天不善,不肯留下这样一位国老,让他捍卫我一人居于君位,使我孤零零地忧愁成病。呜呼哀哉! 尼父,我失去了律己的榜样。"子赣说:"国君恐怕不能在鲁国善终吧! 他老人家的话说:'礼仪丧失就要昏暗,名分丧失就有过错。'失去意志就是昏暗,失去身份就是过错。活着不能任用,死了又致悼词,这不合乎礼仪,自称一人,这不合乎名分。国君把礼与名这两样都丧失了。"

【原文】

(宋)督将弑殇公,孔父生而存,则殇公不可得而弑也,故于是先攻孔父之家。

殇公知孔父死,己必死,趋而救之,皆死焉。孔父正色而立于朝,则人莫敢过而致难于其君者,孔父可谓义形于色矣。[公羊传·桓公二年]

【释义】

宋国华父督将要杀殇公,孔父要是活着,殇公就不会被杀,于是就先攻打孔父的家。殇公知道孔父死了,自己肯定也会死,于是跑去救孔父,两个人都死了。孔父一脸正气地站在朝廷上,没有人敢对他的国君发难。孔父可以说是大义凛然表现在脸上。

【原文】

闵子要经而服事。既而曰:"若此乎古之道,不即人心。"退而致仕。孔子盖善之也。[公羊传·宣公元年]

【释义】

闵子戴着经带去办事。后来他说:"这样符合古人的原则,但不符合人心。"就退休了,把官位推给国君。孔子很认可他。

【原文】

十有一月庚子,孔子生。[公羊传·襄公二十一年]

【释义】

十一月庚子这天,孔子诞生了。

【原文】

伯于阳者何?公子阳生也。子曰:"我乃知之矣。"在侧者曰:"子苟知之,何以不革?"曰:"如尔所不知何?《春秋》之信史也,其序则齐桓、晋文,其会则主会者为之也,其词则丘有罪焉耳。"[公羊传·昭公十二年]

【释义】

在阳为伯的人是谁?是公子阳生。孔子说:"我现在知道了。"在旁边的人说:"如果你已经知道了,为什么不改正呢?"孔子说:"那你不知道的怎么办呢?《春秋》是一部信史,它的顺序是齐桓、晋文,聚会由每次开会的主持记下,至于文辞,我

【原文】

　　昭公将弑季氏，告子家驹曰：“季氏为无道，僭于公室久矣，吾欲弑之，何如？”子家驹曰：“诸侯僭于天子，大夫僭于诸侯，久矣。”昭公曰：“吾何僭矣哉？”子家驹曰：“设两观，乘大路，朱干，玉戚，以舞《大夏》，八佾以舞《大武》，此皆天子之礼也。且夫牛马维娄，委已者也，而柔焉。季氏得民众久矣，君无多辱焉。”昭公不从其言，终弑而败焉。走之齐，齐侯唁公于野井，曰：“奈何君去鲁国之社稷？”昭公曰：“丧人不佞，失守鲁国之社稷，执事以羞。”再拜颡。庆子家驹曰：“庆子免君于大难矣。”子家驹曰：“臣不佞，陷君于大难，君不忍加之以鈇锧，赐之以死。”再拜颡。高子执箪食与四脡脯，国子执壶浆，曰：“吾寡君闻君在外，馂饔未就，敢糗致于从者。”昭公曰：“君不忘吾先君，延及丧人锡之以大礼。”再拜稽首以衽受。高子曰：“有夫不祥，君无所辱大礼。”昭公盖祭而不尝。景公曰：“寡人有不腆先君之服，未之敢服。有不腆先君之器，未之敢用，敢以请。”昭公曰：“丧人不佞，失守鲁国之社稷，执事以羞，敢辱大礼，敢辞。”景公曰：“寡人有不腆，先君之服，未之敢服，有不腆先君之器，未之敢用，敢固以请。”昭公曰：“以吾宗庙之在鲁也，有先君之服，未之能以服，有先君之器，未之能以出，敢固辞。”景公曰：“寡人有不腆先君之服，未之敢服，有不腆先君之器，未之敢用，请以飨乎从者。”昭公曰：“丧人其何称？”景公曰：“孰君而无称？”昭公于是嗷然而哭，诸大夫皆哭。既哭以人为菑，以币为席，以鞌为几，以遇礼相见。孔子曰：“其礼与其辞足观矣！”〔公羊传·昭公二十五年〕

【释义】

　　昭公要杀季孙氏，告诉子家驹说：“季氏无道，他像僭越公室很久了，我想把他杀了，怎么样？”子家驹说：“诸侯僭越天子，大夫僭越诸侯。已经很久了。”昭公说：“我僭越天子了吗？”子家驹说：“你宫门外设两座门楼，又常坐天子的大车，用红色的盾牌，玉石的斧头，表演《大夏》的舞曲，用八人跳《大武》的舞蹈，这都是天子的礼节。把牛马拴起来，就属于饲养它们的人，变得柔顺了。季孙氏得民心很久了，你何必自取其辱呢？”昭公不听他的话，想杀季氏但失败了。逃到齐国去，齐景公在野井慰问昭公，说：“你为什么丢掉了齐国的社稷？”昭公说：“丧失国家的人不幸，丢掉鲁国的社稷，让随从的人感到羞辱。”再次伏下磕头。齐景公祝贺子家驹说：“祝贺你让国君免除大难。”子家驹说：“是我不好，让国君陷入危难，国君又不肯把刀放在我的脖子上,赐我死罪。"他也两次伏地叩头。齐国的高子拿着竹篮子里盛的饭食和四角的肉脯,国子拿着一壶浆水,说:"我们的国君听说你在外边,熟食也没有了,就让我们给您的随从送上食物。"昭公说:"你不忘我的先君,恩情延续到逃亡的人身上,用大礼赏赐我。"又两次叩头,用衣服接受礼物。高子说:"到处都有不好的人,您没有什么有辱大礼的。"昭公祭祀而不吃食物。齐景公说:"我有先君的衣服不敢穿,有先君的器物不敢用,敢请行礼。"昭公说:"逃亡的人不好,失去鲁国的社稷,使您感到羞耻,我敢辞谢大礼。"景公说:"我有先君的衣服不敢穿,有先君的器物不敢用,敢坚持请你行礼。"昭公说:"我的宗庙在鲁国,有先君的衣服不敢穿,有先君的器物不敢用,敢固辞行礼。"景公说:"我有先君的衣服不敢穿,有先君的器物不敢用,请你的随从享用吧!"昭公说:"逃亡的人怎么称呼呢?"景公说:"哪位国君能没有称呼呢?"昭公于是号啕大哭,随行的鲁国大夫也都哭了。哭完后,以人作墙,以车围作席,以马鞍作桌子,以国君相遇之礼相见。孔子说:"这种礼和它的文辞足以让人观看。"

【原文】

齐人曷为来归运、欢、龟阴田?孔子行乎季孙,三月不违,齐人为是来归之。[公羊传·定公十年]

【释义】

齐国人为什么送还运、欢、龟阴的田地呢?因为孔子的主张在季孙那里实行,三个月不违背,因此齐国人送还这些土地。

【原文】

孔子行乎季孙,三月不违,曰:"家不藏甲,邑无百雉之城。"于是帅师堕郈、帅师堕费。[公羊传·定公十二年]

【释义】

孔子的主张在季孙那里实行,三个月不违背,孔子说:"大臣家里不能藏有甲兵,城邑不应该有上百雉的城墙。"

【原文】

春,西狩获麟。(中略)麟者,仁兽也。有王者则至,无王者则不至。有以告者曰："有麕而角者。"孔子曰："孰为来哉！孰为来哉！"反袂拭面涕沾袍。颜渊死，子曰："噫！天丧予。"子路死，子曰："噫！天祝予。"西狩获麟，孔子曰："吾道穷矣。"［公羊传·哀公十四年］

【释义】

十四年春天，在都城的西边，捕到一头麒麟。……麒麟是仁兽，有圣明的王者就来，没有圣明的王者就不来。有人把这件事告诉孔子说："有个长角的怪兽。"孔子说："为什么要来呀！为什么要来呀！"把衣襟翻过来擦眼泪。颜渊死了，孔子说："哎！上天要灭掉我。"子路死了，孔子说："哎！上天在诅咒我。"西边打猎得到麒麟，孔子说："我的道路走到头了。"

【原文】

《春秋》何以始乎隐？祖之所逮闻也，所见异辞，所闻异辞，所传闻异辞。何以终乎哀十四年？曰："备矣！"君子曷为为《春秋》？拨乱世，反诸正，莫近诸《春秋》。（中略）制《春秋》之义，以俟后圣。［公羊传·哀公十四年］

【释义】

《春秋》为什么开始于隐公？祖先的事情还没有听过，所看见的记载不一样，所听到的不一样，所传下来的也不一样。为什么到哀公十四年就结束了呢？回答说："到此就完整了。"君子为什么做《春秋》呢？拨开乱世，回归正道，没有比《春秋》更接近这个道理的了。……制作《春秋》的义理，以等待后来的圣贤来体会。

【原文】

春，王正月戊申，宋督弑其君与夷（中略）及其大夫孔父。孔父先死，其曰及何也？书尊及卑，《春秋》之义也。孔父之先死何也？督欲弑君而恐不立，于是乎先杀孔父，孔父闲也。何以知其先杀孔父也？曰子既死，父不忍称其名，臣既死，君不忍称其名。以是知君之累之也。孔，氏，父，字，谥也。或曰其不称名，盖为祖讳也，孔子故宋也。［谷梁传·桓公二年］

【释义】

春天，周历的正月，戊申这天，宋国的华父督杀了宋殇公和夷……以及大夫孔父。孔父先死，为什么记"及孔父"呢？记载的顺序是由尊到卑，这是《春秋》的义理。孔父为什么先被杀死？华父督想弑君又怕争不到君位，于是先杀掉孔父，孔父是他的障碍。怎么知道先杀了孔父呢？儿子死了，父亲不忍心称他的名字，大臣死了，国君不忍心称他的名字。依此知道孔父先死，宋君跟着也死了。孔是氏，父是字，也是谥号。有人说不称呼他的名字，大概是为了避祖讳，孔子的祖先在宋国。

【原文】

孔子曰："名从主人，物从中国。"[谷梁传·桓公二年]

【释义】

孔子说："名跟随主人，物随从中原的叫法。"

【原文】

子贡曰："冕而亲迎，不已重乎？"孔子曰："合二姓之好，以继万世之后，何谓已重乎？"[谷梁传·桓公三年]

【释义】

子贡说："国君亲自迎亲，不是太隆重了吗？"孔子说："和二姓成婚好，以致延续万代，怎么能说隆重呢？"

【原文】

孔子曰："听远音者，闻其疾而不闻其舒；望远者，察其貌而不察其形。立乎定、哀，以指隐、桓，隐、桓之日远矣。"[谷梁传·桓公十四年]

【释义】

孔子说："听远处的声音，能听到激扬而听不到舒缓的；看远处的物体，能看到大体形貌但看不出具体的姿容。处于定公、哀公时代，指望隐公、桓公的事情，隐公、桓公的时代离得太遥远。"

【原文】

子曰："石，无知之物，鹢微有知之物。石无知，故曰之；鹢微有知之物，故月之。君子之于物，无所苟而已。"[谷梁传·僖公十六年]

【释义】

孔子说:"石头是无知之物,鹢鸟是稍微有灵性的动物。石头无知,所以记下日期;鹢鸟稍微有灵性,所以记下月份。君子对于万物,没有随随便便的。"

【原文】

宋杀其大夫。其不称名姓,以其在祖之位,尊之也。[谷梁传·僖公二十五年]

【释义】

宋国杀了自己的大夫。不称大夫的名姓,是因为他在先祖的地位,尊敬他。

【原文】

梁山崩,壅遏河,三日不流。晋君召伯尊而问焉。伯尊来,遇辇者,辇者不辟。使车右下而鞭之。辇者曰:"所以鞭我者,其取道远矣。"伯尊下车而问焉,曰:"子有闻乎?"对曰:"梁山崩,壅遏河,三日不流。"伯尊曰:"君为此召我也。为之奈何?"辇者曰:"天有山,天崩之。天有河,天壅之。虽召伯尊如之何?"伯尊由忠问焉,辇者曰:"君亲素缟,帅群臣而哭之,既而祠焉,斯流矣。"伯尊至。君问之,曰:"梁山崩,壅遏河,三日不流。为之奈何?"伯尊曰:"君亲素缟,帅群臣而哭之,既而祠焉,斯流矣。"孔子闻之,曰:"伯尊其无绩乎,攘善也!"[谷梁传·成公五年]

【释义】

梁山崩塌,堵住了河道,三天水不能流动。晋侯召见伯尊问这件事。伯尊在来的路上,遇到一个推车的人,不给他让路。伯尊让车右下车鞭打那个推车的人。推车的人说:"打我的原因,是因为赶远路吧!"伯尊下车问他,说:"你听说什么了吗?"回答说:"梁山崩塌,堵住了河道,三天水不能流动。"伯尊说:"国君因为这件事召见我,该怎么办呢?"推车人说:"老天造了山,老天又让它崩塌。老天造了河,老天又让它阻塞。即使召见伯尊,又能怎么样呢?"伯尊诚恳地问他,推车人说:"国君亲自穿着孝服,带领群臣一起哭,然后祭祀,水就会流动。"伯尊到了京城,国君问他说:"梁山崩塌,堵住了河道,三天水不能流动。该怎么办呢?"伯尊说:"国君亲自穿着孝服,带领群臣一起哭,然后祭祀,水就会流动。"孔子听了这件事后,说:"伯尊恐怕没有功劳吧,他盗用了别人的好主意。"

【原文】

(冬十月)庚子,孔子生。[谷梁传·襄公二十一年]

【释义】

冬季,十月,庚子日,孔子降生了。

【原文】

颊谷之会,孔子相焉。两君就坛,两相相揖。齐人鼓噪而起,欲以执鲁君。孔子历阶而上,不尽一等,而视归乎齐侯,曰:"两君合好,夷狄之民何为来?"为命司马止之。齐侯逡巡而谢曰:"寡人之过也。"退而属其二三大夫曰:"夫人率其君与之行古人之道,二三子独率我而入夷狄之俗,何为?"罢会,齐人使优施舞于鲁君之幕下。孔子曰:"笑君者罪当死!"使司马行法焉,首足异门而出。齐人来归郓、讙、龟阴之田者,盖为此也。因是以见虽有文事,必有武备,孔子于颊谷之会见之矣。[谷梁传·定公十年]

【释义】

颊谷之会,孔子担任礼相。两国国君登上土台,两国的礼相相互作揖。齐国人一起起哄,想抓住鲁国国君。孔子一步步登上台阶,只差最后一级没登,视死如归地看着齐景公说:"两国国君友好相见。夷狄之民为什么会来这里呢?"并命令司马官拦住齐人。齐景公退却谢罪说:"这是我的过错。"退下后对群臣说:"那个人领着国君行古代的礼节,你们为什么偏偏领着我行夷狄人的恶俗,这是为什么?"开会结束后,齐国又让优人在鲁国国君的帐下跳舞。孔子说:"戏弄国君的人该杀。"于是让司马官执行军法,把优人的头扔出大门。齐国人归还了郓、讙、龟阴的土地,大概就是因为这次大会。由此可见,即使是盟会,也一定要有武装准备,孔子从颊谷之会看出这个

夫差

道理。

【原文】

吴王夫差曰:"好冠来!"孔子曰:"大矣哉! 夫差未能言冠而欲冠也。"[谷梁传·哀公十三年]

【释义】

吴王夫差说:"好帽子拿来。"孔子说:"大胆呀! 夫差说不出帽子的差别,还想戴帽子。"

【原文】

仲尼曰:"始作俑者,其无后乎!"[孟子·梁惠王上]

【释义】

孔子说:"第一个制作木偶用于陪葬的人,应该是没有后代吧!"

【原文】

仲尼之徒无道桓、文之事者。[孟子·梁惠王上]

【释义】

孔子的学生没有讲述、谈论齐桓公、晋文公霸业的人。

【原文】

孔子曰:"德之流行,速于置邮而传命。"[孟子·公孙丑上]

【释义】

孔子说:"仁德的流行,比驿站传递上级的政令还要迅速。"

【原文】

昔者曾子谓子襄曰:"子好勇乎? 吾尝闻大勇于夫子矣:自反而不缩,虽褐宽博,吾不惴焉;自反而缩,虽千万人,吾往矣。"[孟子·公孙丑上]

【释义】

从前,曾子对子襄说:"你崇尚勇敢吗?我曾经听老师孔子说过关于勇气的论述:反躬自问后,知道道理不在自己一方时,即使对方是普通百姓,我也不会欺凌;但反躬自问后确信道理在我一方,即使对方有千万人,我也不会退缩。"

【原文】

宰我、子贡善为说辞,冉牛、闵子、颜渊善言德行。孔子兼之,曰:"我于辞命则不能也。"[孟子·公孙丑上]

【释义】

宰我、子贡擅长言辞,冉牛、闵子、颜渊以德行见长。孔子兼有他们的长处,却说:"我对于说话,不太擅长。"

【原文】

昔者子贡问于孔子曰:"夫子圣矣乎?"孔子曰:"圣则吾不能,我学不厌而教不倦也。"子贡曰:"学不厌,智也;教不倦,仁也。仁且智,夫子既圣矣。"[孟子·公孙丑上]

【释义】

子贡曾经问孔子说:"老师您是圣人吗?"孔子说:"我还达不到圣人的地步,只不过是对于学习不厌倦,教诲别人不知疲惫罢了。"子贡说:"学习不厌倦是智的表现,教诲别人不知疲惫是仁的表现。智仁兼备,老师您称得上是圣人了!"

【原文】

可以仕则仕,可以止则止,可以久则久,可以速则速,孔子也。自有生民以来,未有孔子也。[孟子·公孙丑上]

【释义】

可以做官时就做官,可以隐居时就隐居,可以久留时就久留,想急速离开就能急速离开,这是孔子的行事风格。自有人类以来,没出现过孔子这样伟大的人物。

【原文】

宰我曰:"以予观于夫子,贤于尧舜远矣。"[孟子·公孙丑上]

【释义】

宰我说:"以我对老师的观察,他远比尧舜优胜。"

【原文】

子贡曰:"见其礼而知其政,闻其乐而知其德,由百世之后,等百世之王,莫之能违也。自生民以来,未有夫子也。"[孟子·公孙丑上]

【释义】

子贡说:"看见一个国家的礼仪,就能知道这个国家的政治,听到一个国家的音乐,就能知道道德教化的状况。在百世之后,用这个标准去评价百世的王者,没有一个人能够违背这种礼乐的标准。自有人类以来,没有人具有像孔子这样的功德。"

【原文】

有若曰:"岂惟民哉?麒麟之于走兽,凤凰之于飞鸟,泰山之于丘垤,河海之于行潦,类也。圣人之于民,亦类也。出于其类,拔乎其萃,自生民以来,未有盛于孔子也。"[孟子·公孙丑上]

【释义】

有若说:"难道只有人类这样吗?麒麟对于走兽,凤凰对于飞鸟,泰山对于小土堆,河海对于小水塘,都是同类。圣人对于人民,也是同类。高出同类,超出群体,自从人类以来,没有谁比孔子更伟大。"

【原文】

以力服人者,非心服也,力不赡也;以德服人者,中心悦而诚服也,如七十子之服孔子也。[孟子·公孙丑上]

【释义】

以力服人,并不能使人从内心臣服,只是因为力量不如你;而以德服人,别人就会心悦诚服,就像孔子的弟子诚心归附孔子那样。

【原文】

诗云:"迨天之未阴雨,彻彼桑土,绸缪牖户。今此下民,或敢侮予。"孔子曰:"为此诗者,其知道乎!"[孟子·公孙丑上]

【释义】

《诗经》上说:"趁着天还没下雨,把桑树根的皮剥下来,把门窗修理好。这样住在下面的人,谁敢来欺侮我呢?"孔子说:"作这首诗的人,真是知道治理国家的道理。"

【原文】

孔子曰:"里仁为美。择不处仁,焉得智?"[孟子·公孙丑上]

【释义】

孔子说:"邻居里有有仁德的人才是好的。如果你选择的住处没有有仁德的人,那怎么能算是明智呢?"

【原文】

孔子曰:"君薨,听于家宰,歠粥,面深墨,即位而哭,百官有司莫敢不哀,先之也。上有好者,下必有甚焉者矣。君子之德,风也;小人之德,草也。草上之风,必偃。"[孟子·滕文公上]

【释义】

孔子说:"君王去世,太子把政务都交给宰相代理,自己每天喝稀粥,面色深黑,一临孝子之住便哭泣,文武百官没有谁敢不悲哀,这是因为太子带了头。在上位的人有所喜好,下面的人一定会喜好得更厉害。领导的德行是风,百姓的德行是草。草受风吹,必随风倒。"

【原文】

孔子曰:"大哉尧之为君!惟天为大,惟尧则之,荡荡乎民无能名焉。君哉舜也,巍巍乎有天下而不与焉。"[孟子·滕文公上]

【释义】

孔子说:"尧作为帝王真是伟大! 只有天最伟大,只有尧能效法天,他的圣德无边无际,百姓找不到恰当的词语来形容他。舜也是了不起的帝王,令人信服地管理天下,却并不占有它。"

【原文】

昔者孔子没,三年之外,门人治任将归,入揖于子贡,相向而哭,皆失声,然后归。子贡反,筑室于场,独居三年,然后归。他日,子夏、子张、子游以有若似圣人,欲以所事孔子事之,强曾子。曾子曰:"不可。江汉以濯之,秋阳以暴之,皜皜乎不可尚已。"[孟子·滕文公上]

【释义】

从前孔子去世的时候,为他守孝三年后,弟子们准备收拾行李回家,去向子贡行礼告别,彼此相对而哭,都泣不成声,然后才离开。子贡又返回到孔子的墓地,重新筑屋,独自守墓三年,然后才离开。后来,子夏、子张、子游认为,有若的模样像孔子,便想用尊敬孔子的礼节来尊敬他,并希望曾子同意。曾子说:"不行。就像用江汉的水洗过,又在盛夏的太阳下暴晒过,光明洁白没人比得上。"

【原文】

昔齐景公田,招虞人以旌,不至,将杀之。志士不忘在沟壑,勇士不忘丧其元。孔子奚取焉? 取非其招不往也。[孟子·滕文公下]

【释义】

从前齐景公打猎,用旌旗召唤看守猎场的小官,小官不来,齐景公准备杀了他。一个有志之士不怕弃尸山沟,一个勇士不怕丢掉脑袋。孔子赞扬小官哪一点? 就是赞扬他敢于坚守礼仪,不接受不符合礼仪的召唤。

【原文】

传曰:"孔子三月无君,则皇皇如也,出疆必载质。"[孟子·滕文公下]

【释义】

传记上说:"孔子三个月无官可做,就惶惶不安,出国时,一定会带上拜见其他国家君主的见面礼。"

【原文】

阳货欲见孔子而恶无礼,大夫有赐于士,不得受于其家,则往拜其门。阳货瞰孔子之亡也,而馈孔子蒸豚;孔子亦瞰其亡也,而往拜之。[孟子·滕文公下]

【释义】

阳货想要孔子来拜见他,又害怕自己不懂礼仪,当时大夫如果赏赐士人东西,士人没有在家亲自接受的话,就得上大夫家去拜谢。阳货趁孔子不在家的时候,便赐给孔子一只蒸猪腿。孔子也趁阳货不在家的时候,前去拜谢。

【原文】

世衰道微,邪说暴行有作,臣弑其君者有之,子弑其父者有之。孔子惧,作《春秋》。《春秋》,天子之事也。是故孔子曰:"知我者其惟《春秋》乎!罪我者其惟《春秋》乎!"[孟子·滕文公下]

【释义】

世风衰微,王道荒废,邪说、暴行又随之兴起,臣子杀害君主的事情出现了,儿子杀害父亲的事情出现了。孔子深感忧虑,写了《春秋》。《春秋》写的是天子的事,因此孔子说:"将使世人了解我的恐怕只有《春秋》了,将使世人责怪我的恐怕只有《春秋》了。"

【原文】

孔子成《春秋》而乱臣贼子惧。[孟子·滕文公下]

【释义】

孔子写了《春秋》,那些乱臣贼子就感到害怕。

【原文】

孔子曰:"道二,仁与不仁而已矣。"[孟子·离娄上]

【释义】

孔子说:"治理国家的道义只有两条,实施仁政与不实施仁政。"

【原文】

孔子曰："仁不可为众也。"［孟子·离娄上］

【释义】

孔子说："仁德不是用人数来衡量的。"

【原文】

有孺子歌曰："沧浪之水清兮,可以濯我缨;沧浪之水浊兮,可以濯我足。"孔子曰："小子听之! 清斯濯缨,浊斯濯足矣。自取之也。"［孟子·离娄上］

【释义】

有小孩唱道："清澈的水可以洗我帽子上的缨,浑浊的水可以洗我的脚。"孔子说："你们听着! 清的水可以洗帽缨,浑的水可以洗脚。这是水本身决定的。"

【原文】

求也为季氏宰,无能改于其德,而赋粟倍他日。孔子曰："求非我徒也,小子鸣鼓而攻之可也!"［孟子·离娄上］

【释义】

冉求做了季世的家臣,却没能力改变他的所作所为,而征收的谷物赋税比以前增加了一倍。孔子说："冉求不是我的学生,你们可以大张旗鼓地声讨他。"

【原文】

仲尼不为已甚者。［孟子·离娄下］

【释义】

孔子不做过分的事。

【原文】

徐子曰："仲尼亟称于水,曰:'水哉,水哉!'何取于水?"孟子曰："源泉混混,不舍昼夜,盈科而后进,放乎四海。有本者如是,是之取尔。"［孟子·离娄下］

【释义】

徐子说:"孔子多次赞美水,说:'水啊,水啊!'水有哪一点可取的?"孟子说:"有源的泉水滚滚向前,不舍昼夜,注满了洼地又向前,一直到大海。有源的都是这样,孔子取的就是这一点。"

【原文】

王者之迹熄而《诗》亡,《诗》亡然后《春秋》作。晋之《乘》,楚之《梼杌》,鲁之《春秋》,一也。其事则齐桓、晋文,其文则史。孔子曰:"其义则丘窃取之矣。"[孟子·离娄下]

【释义】

圣王们的事迹消失了,《诗经》就亡失了,《诗经》亡失了,《春秋》就产生了。晋国的《乘》,楚国的《梼杌》,鲁国的《春秋》,都是一样的。它们记载的都是齐桓公、晋文公争霸的事情,文字就是历史。孔子说:"《诗经》的微言大义,我在《春秋》中借用过来。"

【原文】

禹、稷当平世,三过其门而不入,孔子贤之。颜子当乱世,居于陋巷。一箪食,一瓢饮。人不堪其忧,颜子不改其乐,孔子贤之。[孟子·离娄下]

【释义】

禹、稷处于政治和平时代,三次经过自己家门都不进去,孔子称赞他们。颜子处于政治混乱时代,住在狭窄的巷子里,一篓饭,一瓢水,谁都受不了这种苦生活,他却自得其乐,孔子也称赞他。

【原文】

咸丘蒙问曰:"语云:'盛德之士,君不得而臣,父不得而子。'舜南面而立,尧帅诸侯北面而朝之,瞽瞍亦北面而朝之。舜见瞽瞍,其容有蹙。孔子曰:'于斯时也,天下殆哉,岌岌乎!'不识此语诚然乎哉?"孟子曰:"否。此非君子之言,齐东野人之语也。尧老而舜摄也。《尧典》曰:'二十有八载,放勋乃徂落,百姓如丧考妣,三年,四海遏密八音。'孔子曰:'天无二日,民无二王。'舜既为天子矣,又帅天下诸侯

以为尧三年丧,是二天子矣。"[孟子·万章上]

【释义】

成丘蒙问道:"俗语说:'道德高尚的人,君主不能把他当臣子看,父亲不能把他当儿子看。'舜做了帝王,尧带领诸侯面北朝见他,瞽瞍也面北朝见他。舜看见瞽瞍,神情局促不安。孔子说:'这个时候,天下真是岌岌可危呀!'不知道这话是否属实?"孟子说:"不。这不是君子说的话,是齐国东部老百姓的话。尧老了,让舜接管天下。《尧典》说:'舜管理天下二十八年,尧才死去,百官像死了父母一样,天下三年之内没有音乐。'孔子说:'天上没有两个太阳,百姓没有两个君王。'要是舜当了君王,又带领天下诸侯为尧守孝三年,天下就有两个天子了。"

【原文】

孔子曰:"唐虞禅,夏后、殷、周继,其义一也。"[孟子·万章上]

【释义】

孔子说:"唐尧虞舜禅让,夏商周三代子孙相传,道理都是一样的。"

【原文】

万章问曰:"或谓孔子于卫主痈疽,于齐主侍人瘠环,有诸乎?"孟子曰:"否,不然也。好事者为之也。于卫主颜雠由。弥子之妻与子路之妻,兄弟也。弥子谓子路曰:'孔子主我,卫卿可得也。'子路以告。孔子曰:'有命。'孔子进以礼,退以义,得之不得曰'有命'。而主痈疽与侍人瘠环,是无义无命也。孔子不悦于鲁卫,遭宋桓司马将要而杀之,微服而过宋。是时孔子当阨,主司城贞子,为陈侯周臣。吾闻观近臣,以其所为主;观远臣,以其所主。若孔子主痈疽与侍人瘠环,何以为孔子?"[孟子·万章上]

【释义】

万章问道:"有人说孔子在卫国住在痈疽家里,在齐国住在瘠环家里,有这回事吗?"孟子说:"没有,不是这样的。这是好事的人捏造出来的。孔子在卫国住在颜雠由家里。弥子的妻子与子路的妻子是姐妹。弥子对子路说:'孔子要是住在我家,就能当上卫国的卿相。'子路告诉了孔子。孔子说:'这都是上天注定的。'孔子无论进与退都合乎礼仪,是否得到官位都说'上天注定的'。如果住在痈疽和瘠环家里,就不符合道义和天命了。孔子在鲁国和卫国不开心,又遇上宋国的司马桓要截杀他,因此乔装通过。这时孔子正在蒙难,住在司城贞子家里,是陈侯周的臣子。我听说要观察朝中的大臣,就要观察他家里住的客人;要观察外来的远臣,就要观察他住在什么人家里。如果孔子住在痈疽和瘠环家里,那还是孔子吗?"

【原文】

孔子之去齐,接淅而行。去鲁,曰:"迟迟吾行也,去父母国之道也。"可以速而速,可以久而久,可以处而处,可以仕而仕,孔子也。〔孟子·万章下〕

【释义】

孔子离开齐国的时候,把已经下锅的米漉干就走。离开鲁国时,说:"我们慢慢走吧,这是离开祖国的做法。"该快走就快走,该时间久点就时间久点,改退隐就退隐,该做官就做官,这就是孔子的态度。

【原文】

孔子,圣之时者也。孔子之谓集大成。〔孟子·万章下〕

【释义】

孔子,是圣人中能合乎时宜的人。孔子是集大成的人。

【原文】

其交也以道,其接也以礼,斯孔子受之矣。〔孟子·万章下〕

【释义】

依据规矩来交往,依据礼节来接触,这样孔子也会接受礼物的。

【原文】

(孟子曰)孔子之仕于鲁也,鲁人猎较,孔子亦猎较。(中略)(万章)曰:"然则孔子之仕也,非事道与?"曰:"事道也。""事道奚猎较也?"曰:"孔子先簿正祭器,不以四方之食供簿正。"曰:"奚不去也?"曰:"为之兆也,兆足以行矣而不行,而后去;是以未尝有所终三年淹也。孔子有见行可之仕,有际可之仕,有公养之仕。于季桓子,见行可之仕也;于卫灵公,际可之仕也;于卫孝公,公养之仕也。"〔孟子·万章

【释义】

孔子在鲁国做官时,鲁国人争取猎物,孔子也参加了。(中略)(万章)说:"那么孔子做官,不是为了实现道义吗?"孟子说:"是为了实现道义。"万章说:"那为什么要参加争取猎物的活动?"孟子说:"孔子用书籍文册来规范祭器,不用四方献来的食物祭祀。"万章说:"那孔子为什么不离开呢?"孟子说:"他要以此为开端,如果他的主张行得通,而国君不肯实施下去,他才会离开,所以他没在一个地方停留超过三年。孔子有见到道义可行而做官,有因礼遇而做官,有因国君养贤而做官。对于季桓子,是因为道义可行而做;对于卫灵公,是因为礼遇而做官;对于卫孝公,是因为国君养贤而做官。"

【原文】

孔子尝为委吏矣,曰:"会计当而已矣。"尝为乘田矣,曰:"牛羊茁壮长而已矣。"[孟子·万章下]

【释义】

孔子曾经做过仓库管理员,说:"账目清楚就行了。"曾经做过管理牲畜的小官,说:"牛羊膘肥体壮就行了。"

【原文】

齐景公田,招虞人以旌,不至,将杀之。志士不忘在沟壑,勇士不忘丧其元。孔子奚取焉?取非其招不往也。[孟子·万章下]

【释义】

从前齐景公打猎,用旌旗召唤看守猎场的小官,小官不来,齐景公准备杀了他。一个有志之士不怕弃尸山沟,一个勇士不怕丢掉脑袋。孔子赞扬小官哪一点?就是赞扬他敢于坚守礼仪,不接受不符合礼仪的召唤。

【原文】

万章曰:"孔子,君命召,不俟驾而行。然则孔子非与?"(孟子)曰:"孔子当仕有官职,而以其官召之也。"[孟子·万章下]

【释义】

万章说:"君主一召唤孔子,他不等马车套好就出发,那么孔子做得不对吗?"孟子说:"孔子当时正做官,有官职在身,国君是靠职务召唤他的。"

【原文】

《诗》曰:"天生蒸民,有物有则。民之秉彝,好是懿德。"孔子曰:"为此诗者,其知道乎!"〔孟子·告子上〕

【释义】

《诗经》说:"上天养育百姓,有物便有法则。百姓掌握常道,便喜欢美德。"孔子说:"作这诗的人,大概懂得道理。"

【原文】

孔子曰:"操则存,舍则亡;出入无时,莫知其乡。"惟心之谓与?〔孟子·告子上〕

【释义】

孔子说:"把握它就存在,舍弃它就消亡。出入没有定时,不知道它在什么地方。"这说的就是心吧?

【原文】

孔子曰:"舜其至孝矣,五十而慕。"〔孟子·告子下〕

【释义】

孔子说:"舜算是最孝顺的人了,到五十岁还爱慕父母。"

【原文】

孔子为鲁司寇,不用,从而祭,燔肉不至,不税冕而行。不知者以为为肉也,其知者以为为无礼也。乃孔子则欲以微罪行,不欲为苟去。〔孟子·告子下〕

【释义】

孔子担任鲁国的司寇,不受重用,跟随国君去参加祭祀,祭肉却没有送到,孔子连祭祀的帽子也没脱就走了。不知道的人以为孔子是因为祭肉，知道的人明白孔子是因为没有按照礼节办事。于是孔子想在未酿成大错时离开，并不是随随便便地离开。

【原文】

孔子登东山而小鲁，登泰山而小天下。[孟子·尽心上]

【释义】

孔子登上东山觉得鲁国小，登上泰山觉得天下也小了。

【原文】

孔子之去鲁，曰："迟迟吾行也，去父母国之道也。"去齐，接淅而行，去他国之道也。[孟子·尽心下]

【释义】

孔子离开鲁国时，说："我们慢慢走吧，这是离开祖国的做法。"离开齐国时，把已经下锅的米漉干就走，这是离开他国的态度。

【原文】

君子之厄于陈、蔡之间，无上下之交也。[孟子·尽心下]

【释义】

孔子在陈国蔡国之间遭围困，是因为他跟这两国的君臣没有交往。

【原文】

《诗》云："忧心悄悄，愠于群小。"孔子也。[孟子·尽心下]

【释义】

《诗经》说："我忧虑烦恼，招致小人怨恨。"孔子就是这样的人。

五、子史所载孔子言行

【原文】

景公之时,雨雪三日而不齐,公被狐白之裘,坐堂侧陛^①。晏子入见,立有间。公曰:"怪哉!雨云^②而天不寒。"晏子对曰:"天不寒乎?"公笑。晏子曰:"婴闻古之贤君,饱而知人之饥,温而知人之寒,逸而知人之努,今君不知也。"公曰:"善!寡人闻命矣。"乃令出裘发粟,与饥寒。令所睹于途者,无问其乡;所睹于里者,无问其家;循国计数无言其名,士既事者兼月,疾者兼岁。孔子闻之曰:"晏子能明其所欲,景公能行其所善也。"〔晏子春秋内篇谏上〕

【注释】

①"陛"当作"阶"。

②"云雪"之讹。

【释义】

　　齐景公在位的时候,大雪下了三天而不停,景公披着白色的狐皮裘衣,坐在殿堂侧边的台阶上。晏子进宫拜见景公,站了一会儿,景公说:"怪啊!大雪下了三天而天气竟然不寒冷。"晏子回答说:"天气果真不寒冷吗?"景公笑了笑。晏子说:"我听说古代的贤德君王,吃饱的时候能知道有人在挨饿,穿暖的时候知道有人在受寒,安逸的时候知道有人在辛苦。现在君王不知道民间的疾苦啊!"景公说:"说得对!我听从您的教诲了。"于是就下令拿出衣物和粮食,发放给饥寒交迫的人。命令凡看见路途上有饥寒的人,不问他是哪个乡,看见在乡里有饥寒的人,不问他是哪一家。巡行全国统计发放数字,不必报他们的姓名。已任职的发给两月救济粮,生病的发给两年救济粮。孔子听到这件事后说:"晏子能够明白自己应做的事,景公能做他所高兴做的事。"

【原文】

　　晏子使于鲁,比其返也,景公使国人起大台之役,岁寒不已,冻馁之^①者乡有焉,国人望晏子。晏子至,已复事,公遁^②坐,饮酒乐。晏子曰:"君若赐臣,臣请歌之。"歌曰:"庶民之言曰:'冻水洗我,若之何! 太上靡散我,若之何!'"歌终,喟然欺而流涕。公就止之曰:"夫子曷为至此? 殆为大台之役夫! 寡人将速罢之。"晏子再拜。出而不言,遂如大台,执朴鞭其不务者,曰:"吾细人也,皆有盖庐,以避燥湿,君为一台而不速成,何为?"国人皆曰:"晏子助天为虐。"晏子归,未至,而君出令趣罢役,车驰而人趋。仲尼闻之,喟然叹曰:"古之善为人臣者,声名归之君,祸灾归之身。人则切磋其君之不善,出则高誉君之德义。是以虽事惰君,能使垂衣裳、朝诸侯,不敢伐其功。当此道者,其晏子是耶。"[晏子春秋内篇谏下]

【注释】

①"之"字"衍"。

②"乃"当作"延"。

【释义】

晏子出使鲁国,等到他回到齐国的时候,景公命令齐国的百姓服劳役修筑大台,到年终寒冬也不停息,挨冻挨饿的人每乡都有,齐国的百姓盼望晏子回国。晏子回到齐国后,汇报了出使鲁国的公事,景公邀请晏子坐下,喝酒取乐。晏子说:"您如果赏赐我,请让我唱歌给您听。"歌中唱道:"平民百姓说:'冰水将冻死我,怎么办? 上天要消灭我,怎么办?'"歌唱完了后,长长地叹了一口气,流出了眼泪。景公走上前制止晏子说:"您为什么要这样呢? 大概是为了修筑大台的劳役吧? 我将马上把工程停下来。"晏子拜了两拜,出门后也不说话,就往大台走去。拿起木棍,鞭打不做事的人,说:"我们是地位卑微的人,都有住屋,用来避免干燥和潮湿,现在国君要修筑一座大台却不赶快修成,服的什么劳役?"齐国人都说:"晏子帮着老天作恶。"晏子回去,还没有到家,景公已发出命令,催

晏子

促停止劳役,坐车的赶着马飞跑,走路的飞快地走。孔子听了后,叹了一口气说:"古代善于做臣子的人,好的名声归国君,灾祸归自身,朝堂上就相互研讨国君不好的方面,对外就极力称赞国君的道德仁义,因此,即使是侍奉懈怠的君主,也能使他

无所事事却能治理好国家,使诸侯来朝见,而做臣子的不敢夸耀自己的功劳。与这种治国方法相称的,恐怕晏子就是啊!"

【原文】

景公之嬖妾婴子死,公守之,三日不食,肤著于席不去。左右以复,而君无听焉。晏子入,复曰:"有术客与医俱言曰:'闻婴子病死,愿请治之。'"公喜,遽起,曰:"病犹可为乎?"晏子曰:"客之道也,以为良医也,请尝试之。君请屏,洁沐浴饮食,间病者之宫,彼亦将有鬼神之事焉。"公曰:"诺。"屏而沐浴。晏子令棺人入殓,已殓,而复曰:"医不能治病,已殓矣,不敢不以闻。"公作色不说,曰:"夫子以医命寡人,而不使视,将殓而不以闻,吾之为君,名而已矣。"晏子曰:"君独不知死者之不可以生耶?婴闻之,君正臣从谓之顺,君僻臣从谓之逆。今君不道顺而行僻,从邪者迩,导害者远,谗谀萌通,而贤良废灭,是以谄谀繁于间,邪行交于国也。昔吾先君桓公用管仲而霸,嬖乎竖刁而灭,今君薄于贤人之礼,而厚嬖妾之哀。且古圣王畜私不伤行,殓死不失①爱,送死不失哀。行荡则溺己,爱失则伤生,哀失则害性。是故圣王节之也。即②。毕殓,不留生事,棺椁衣衾,不以害生养,哭泣处哀,不以害生道。今朽尸以留生,广爱以伤行,修③以害性,君之失矣。故诸侯之宾客惭入吾国,本朝之臣惭守其职,崇君之行,不可以导民,从君之欲,不可以持国。且婴闻之,朽而不殓,谓之僇尸,臭而不收,谓之陈胔。反明王之性,行百姓之诽,而内嬖妾于僇胔,此之为不可。"公曰:"寡人不识,请因夫子而为之。"晏子复:"国之士大夫,诸侯四邻宾客,皆在外,君其哭而节之。"仲尼闻之曰:"星之昭昭,不若月之喷曀,小事之成,不若大事之废,君子之非,贤于小人之是也。其晏子之谓欤!"[晏子春秋内篇谏下]

【注释】

①"失"上从孙校当补"哀"字。

②"即"上当补"死"字。

③"修"常作"循"。

【释义】

齐景公的一个最喜爱的姬妾婴子死了,齐景公守丧,三天不吃饭,坐在那里不离开,左右群臣多次劝说,他就是不听。晏婴进来说:"外面来了一个术士和一个医生都说:'听说婴子病死了,他们愿来救人。'"齐景公听了大喜,马上就起来了,说:

"她的病可以治好吗?"晏婴说:"这是客人说的,他一定是良医,请他试试吧! 但是他们来救人时,得请国君您离开这里,好好地去洗浴吃饭,他们还要在这里求鬼降神。"齐景公说:"好。"于是晏婴下令让棺人马上把死人入殓,入殓之后,他又对齐景公说:"医生治不了她的病,我们已经把她入殓,不敢不告诉您。"齐景公听了很不高兴,说:"您以医生看病为由让我离开,然后把死人入殓又不告诉我。我这个当国君的,已经有名无实了。"晏婴说:"您难道不知道死人不能复生吗? 我听说,君王臣从叫作顺,君僻臣从叫作逆。现在君王不走正道而走邪道,跟着走邪道的人亲近,劝导做善事的就疏远,谄谀小人明目张胆地勾结,而贤德善良的人却废弃消失,所以阿谀谄媚的人在宫中繁衍,邪僻恶行的人交错于国内。过去先君桓公任用管仲而称霸,宠幸于竖习而衰败。现在君王对贤人礼薄,而对宠妾厚哀。再说古代的君王畜养嬖妾不损害德行,殡殓死者不过分钟爱,送葬死者不过分悲哀。损伤德行,就会沉溺于私欲,钟爱失度,就会伤害生理,悲哀过分就会损害性情。所以圣王能节制他们呀! 人死了就要立即殡殓,不要有侥幸活过来的念头,棺椁的衣服耗费要适度,不要因此损害活人的衣食供养,哭泣哀伤,不能因此损害生存的原则。现在人死尸朽还想让她复生,哀伤害性,已经有失为君之道了。诸侯宾客听说您这样都不愿意出使我国,本朝大臣看到您这样也羞于当官。按照您的这种行为做事,不能引导好人民;顺从您的欲望,也不能保住国家。况且我听说,朽尸不入殓,叫作羞辱尸体。臭了不殡葬,叫作陈设腐肉。违背圣明君王的本性,做百姓非议的事情,而将宠妾置于陈尸受辱的地步,您这样是不对的。"齐景公说:"我不明白这些,请告诉我怎么做吧!"晏婴说:"国家的士大夫,诸侯四邻的宾客,都在外面等着见您,您要哭而节哀。"孔子听说后说:"群星灿烂,比不上被云遮住的月光,小事的成功,比不上大事的废弃,君子的过错,比小人做的好事还有一出,这说的就是晏子吧!"

【原文】

仲尼居处惰倦,廉隅不正,则季次、原宪侍;气郁而疾,志意不通,则仲由、卜商侍;德不盛,行不厚,则颜回、骞雍侍。[晏子春秋内篇问上]

【释义】

孔子居处困倦、举止随便的时候,季次、原宪就帮助他;精气拥塞,郁积生病,思想不顺畅时,仲由、卜商就帮助他;德义不昌盛,行为不勤勉时,颜回、骞雍就帮助他。

【原文】

景公问于晏子曰："为政何患？"晏子对曰："患善恶之不分。"公曰："何以察之？"对曰："审择左①右善，则百僚务得其所宜，而善恶分。"孔子闻之曰："此言也信矣，善进，则不善无由入矣；不善进，则善无由入矣。"〔晏子春秋内篇问上〕

【注释】

①一本叠出"左右"二字。

【释义】

齐景公问晏子："处理政务最担心什么？"晏子回答说："担心善恶不分也。"齐景公问："靠什么明察这个问题？"晏子回答说："审慎地选择近臣。近臣善，那么百官就能明确各自应该做什么，善恶从而分明。"孔子听到这件事说："这话确实不错啊！善的人得到任用，那么不善的人就无从进入（朝廷）；不善的人得到任用，那么善的人就无从进入（朝廷）。"

【原文】

梁丘据问晏子曰："子事三君，君不同心，而子俱顺焉，仁人固多心乎？"晏子对曰："婴闻之，顺爱不懈，可以使百姓，强暴不忠，不可以使一人。一心可以事百君，三心不可以事一君。"仲尼闻之曰："小子识之！晏子以一心事百君者也。"〔晏子春秋内篇问下〕

【释义】

梁丘据问晏子说："你服侍了三个国君，三个国君的想法都不同，而你侍奉他们都很顺利，仁智的人有好几个心吗？"晏子说："我听说，顺君爱民，可以驱使百姓，强暴不忠，不能使唤一个人。一心一意可以服侍好一百个君主，三心二意不能侍奉好一个君主。"孔子听后说："你们记住了！晏子是用一颗心服侍一百个国君的人。"

【原文】

晋平公欲伐齐，使范昭往观焉。景公觞之，饮酒酣，范昭曰："请君之弃樽①，更之。"樽觯具矣，范昭佯醉，不悦而起舞，谓太师曰："能为我调成周之乐乎？吾为子舞之。"太师曰:"冥臣不习。"范昭趋而出。景公谓晏子曰:"晋,大国也,使人来将观吾政,今子怒大国之使者,将奈何?"晏子曰:"夫范昭之为人也,非陋而不知礼也,且欲试吾君臣,故绝之也。"景公为②太师子③曰:"何以不为客调成周之乐乎?"太师对曰:"夫成周之乐,天子之乐也,调之,必人主舞之。今范昭人臣,欲舞天子之乐,臣故不为也。"范昭归以报平公曰:"齐未可伐也。臣欲试其君,而晏子识之;臣欲犯其礼,而太师知之。"仲尼闻之曰:"夫不出于尊俎之间,而知千里之外,其晏子之谓也。可谓折冲矣!而太师其与焉。"[晏子春秋内篇杂上]

【注释】

①罇下从孙校,常补:公曰:"酌寡人之樽,进之于客。"范昭已饮,晏子曰:"彻樽。"二十字。

②"为","谓"之误用。

③"子曰"字倒。

【释义】

晋平公打算进攻齐国,便派大夫范昭去观察齐国的政治动态。齐景公设宴进行招待,当酒喝得兴致正浓时,范昭说:"请将国君用过的酒杯给我斟酒。"景公说:"那就用我的酒杯给客人进酒吧!"当范昭喝完自己杯中的酒,他假装喝醉了,不高兴地跳起舞来,并对齐国太师说:"能为我演奏一支成周乐曲吗?我将随乐而起舞。"太师回答说:"盲臣未曾学过。"范昭无趣地离开筵席后。齐景公责备臣下说:"晋国是个大国,派人来观察我国政局,如今你们触怒了大国的使臣,这可怎么办呢?"晏子说:"范昭的为人,并不是不懂礼法,他是故意试探我们君臣,所以我不能服从您的命令。"景公又对太师说:"你为什么不为客人演奏成周的乐曲呢?"太师说:"成周之乐乃是天子享用的乐曲,只有国君才能随之起舞。而今范昭不过是一大臣,却想用天子之乐伴舞,所以我不能为他演奏乐曲。"范昭回到晋国后,向晋平公报告说:"齐国是不可进攻的。因为我想羞辱其国君,结果被晏子看穿了;想冒犯他们的礼法,又被其太师识破了。"孔子听到这件事后,赞叹说:"不越出筵席之间,而能抵御千里之外敌人的进攻,晏子正是这样的人。而乐官也协助了这件事。"

【原文】

晏子使鲁,仲尼命门子①弟往观。子贡反,报曰:"孰谓晏子习于礼乎?夫礼曰:'登阶不历,堂上不趋,授玉不跪。'今晏子皆反此,孰谓晏子习于礼者?"晏子既已有事于鲁君,退见仲尼。仲尼曰:"夫礼,登阶不历,堂上不趋,授玉不跪。夫子反此乎?"晏子曰:"婴闻两楹之闲,君臣有位焉,君行其一,臣行其二。君之来速,是以登阶历堂上趋以及位也。君授玉卑,故跪以下之。且吾闻之,大者不逾闲,小者出入可也。"晏子出,仲尼送之以宾客之礼,不②计之义,维晏子为能行之。[晏子春秋内篇杂上]

【注释】

①"子弟"当作"弟子"。

②《初学记·文部》引不上有"反命斗弟子曰"六字。

【释义】

(孔子听说)晏子将要出使鲁国,便趁机打发自己的学生子贡去观察晏子的言行。子贡回来对孔子说:"人们称赞晏婴是个熟习礼节的贤明之士,可我今日所见,并非如此。"孔子不信,便问:"何以见得?"子贡说:"礼书上写道:登阶梯时不能跨越,殿堂上不能快走,进献宝玉不应该跪着,可是晏婴的所为和上述规定相违背,可见他不过是个名不副实的贤士罢了。"晏子完成了拜见鲁国国君的事后,退出会见孔子。孔子说:"礼仪有规定,登阶梯时不能跨越,殿堂上不能快走,进献宝玉不应该跪着,你违反了礼仪吧?"晏子说:"我听说殿堂的东楹和西楹之间,国君和臣子之间有固定的位置,国君跨一步,臣子行两步。国君走得迅速,所以我登阶梯快走是为了及时到位。国君接受玉器时身子下倾,所以我跪下来授玉给他。况且我听说,大的规矩不超越,小的方面有点出入是可以的。"晏子离开时,孔子以宾客的礼仪送晏子出来,返回后,对弟子说:"没有明文写上的礼仪,只有晏子能实行它。"

【原文】

晏子居晏桓子之丧,麤衰斩,斩,苴绖带,杖,菅屦,食粥,居倚庐,寝苫,枕草。其家老曰:"非大夫丧父之礼也。"晏子曰:"唯卿为大夫。"曾子以问孔子,孔子曰:"晏子可谓能远害矣。不以己之是驳人之非,逊辞以避咎,义也夫!"[晏子春秋内篇杂上]

【释义】

晏子的父亲晏桓子死后,晏子居丧,穿着粗麻布做成的丧服,腰间拴着绳子,手里拿着丧杖,脚穿草鞋,喝粥,住在倚庐里,睡草席上,用草做枕头。他的老管家说:

"这不是大夫丧父的礼仪。"晏子说："只有卿才是大夫。"曾子将这件事告诉孔子。孔子说："晏子可以说能远离祸害呀！不用自己的对去驳斥别人的错，而是用谦逊的言辞来避免祸害，这就是义。"

【原文】

仲尼曰："灵公汙，晏子事之以整齐；庄公壮①，晏子事之以宣武；景公奢，晏子事之以恭俭。君子也！相三君而善不通下，晏子细人也。"晏子闻之，见仲尼曰："婴闻君子有识于婴，是以来见。如婴者，岂能以道食人者哉！婴婴②宗族待婴而祀其先人者数百家，与齐国之间士待婴而举火者数百家，臣为此仕者也。如臣者，岂能以道食人者哉！"晏子出，仲尼送之以宾客之礼，再拜其辱。反，命门弟子曰："救民之姓③而不夸，行补三君而不有，晏子果君子也。"[晏子春秋外篇重而异者]

【注释】

①"壮"当作"怯"。

②婴之之殷。

③"姓"与"生"古通。

【释义】

孔子说："齐灵公行为放纵，晏子用整齐的行为规范侍奉他；齐庄公胆怯，晏子用扬威尚武来侍奉他；齐景公奢侈，晏子用恭身节俭来侍奉他。真是个君子！不过当了三位国君的宰相而善教不能下达到百姓，晏子终究是个见识短浅的人。"晏子听了这话，去会见孔子说："我听先生有规劝我的话，所以前来拜见。像我这样的人，哪里是用德行去向人乞食呢？我的宗族中等待我接济才能祭祀祖先的人有几百家，齐国无业的人等待我接济才能生活的有几百家，我是为了他们才去做官的。像我这样的人，哪里是用德行去向人乞食呢？"晏子出门，孔子用送宾客的礼仪送他，再次拜谢晏子的光临。孔子返回，对弟子们说："晏子救济百姓而不自夸，德行补益了三个国君而不自以为有功劳，晏子果然是君子呀！"

【原文】

仲尼之齐，见景公，景公说之，欲封之以尔稽，以告晏子。晏子对曰："不可。彼浩①裾自服，不可以教下；好乐绥②民，不可使亲治；立命而建③事，不可守职；厚葬破民贫国，久丧道④哀费日，不可使子⑤民。行之难者在内，而传⑥者无⑦其外，故异于服,勉于容,不可以道众而驯百姓。自大贤之灭,周室之卑也,威仪加多,而民行滋薄。声乐繁充,而世德滋衰。今孔丘盛声乐以侈世,饰弦歌鼓舞以聚徒,繁登降之礼,趋翔之节以亲众,博学不可以仪世,劳思不可补民,兼寿不能殚其教,当年不能究其礼,积财不能赡其乐,繁饰邪术么营⑧世君,盛为声乐以淫愚其民。⑨也,不可以示⑩;其教也,不可以导民。今欲封之,以移齐国之俗,非所以导众存民也?"公曰:"善。"于是厚其礼而留其⑪,敬⑫见不问其道,仲尼乃行。[晏子春秋外篇不合经术者]

【注释】

① "浩裾"为"傲倨"之假。

② "绥"孙氏校本作"缓"。

③ "建"常作"逮怠"之假。

④ "道"当作"遁","遁"与"循"同。

⑤ "子"读为"慈"。

⑥ "传"当作"儒"。

⑦ "无"为"抚"之假。

⑧ "营"同"瞥惑"也。

⑨ "民"下从孙氏校本当补"其道"二字。

⑩ "示"下从孙氏校本当补"世"字。

⑪ "其"下从孙氏校本当补"封"字。

⑫ 敬,苟之误,亟也。

【释义】

孔子到了齐国,拜见齐景公。景公很喜欢孔子,打算将尔稽封给他。景公将自己的想法告诉晏子。晏子回答说:"不行。他傲慢而自以为是,不能用来教导百姓;喜好礼乐而对百姓宽容,不能让他亲自治理百姓;修身从命而厌倦于事,不能使他勤于职守;主张厚葬破费钱财,而使国家贫困,丧期长久,哀悼不休,不能让他做官。德行修养的艰难在于内心,而儒者只注意外表的装饰,所以服装奇特,注意仪容举止,不能用来引导众人教化百姓。自从大贤之人死去后,周王室就衰微了,礼仪的细则增加了很多,百姓的行为却越加浅薄。歌舞礼乐繁冗充斥,而世间的德行却日渐衰微。现在孔子用盛大的歌乐来使世风奢侈,用弦歌鼓舞来聚集众人,用烦琐的上下尊卑礼仪、趋翔的礼节来使百姓效法。他们博学却不能为世人做榜样,思虑劳苦对百姓却没有益处,寿命加倍也不能完成他们的礼教,人到壮年还搞不清他们的礼仪,积蓄钱财不足以供给礼乐的费用,繁饰邪术来蛊惑国君,盛为声乐来愚弄百姓。他们的主张,不能用来示范于世。他们的学问,不能用来教育人民。现在打算封赏孔子,用他那一套来改变齐国的风俗,不是可以用来教育百姓保存人们的办法。"景公说:"好。"于是赠给孔子厚重的礼物,而留下封赏的土地,并很快会见了孔子,但不问他的学说,于是孔子就走了。

【原文】

仲尼游齐,见景公。景公曰:"先生奚不兑寡人宰乎?"仲尼对曰:"臣闻晏子事三君而得顺焉,是有三心,所以不见也。"仲尼出,景公以其言告晏子,晏子对曰:"不然!婴①为三心,三君为一心故,三君皆欲其国之安,是以婴得顺也。婴闻之,是而非之,非而是之,犹非也。孔丘必据虑此一心矣。"〔晏子春秋外篇不合经术者〕

【注释】

①"婴"上当有"非"字。

【释义】

孔子到齐国游说,拜见景公。景公说:"先生怎么不见我的宰相呢?"孔子回答说:"我听说晏子侍奉三位国君都很顺利,是有三个心,所以不见他。"孔子离开后,景公将孔子的话告诉晏子,晏子回答说:"不是这样。不是我有三个心,而是三位国君同有一个心意的缘故,三位国君都希望自己的国家安定,所以我能顺利地侍奉三位国君。我听说,把正确的说成错误的,把错误的说成正确的,这就等同于诽谤。孔子一定是根据这一点才说的。"

【原文】

仲尼之齐,见景公而不见晏子。子贡曰:"见君不见其从政者,可乎?"仲尼曰:"吾闻晏子事三君而顺焉,吾疑其为人。"晏子闻之曰:"婴则齐之世民也,不维其行,不识其过,不能自立也。婴闻之,有幸见爱,无幸见恶,讲誉为类,声乡相应,见行而从之者也。婴闻之,以一心事三君者,所以顺焉;以三心事一君者,不顺焉。今未见婴之行,而非其顺也。婴闻之,君子独立不惭于影,独寝不惭于魂。孔子拔树削迹，不自以为辱；穷陈蔡，不自似为约；非人不得其故，是犹泽人之非斤斧，山人之非纲罟也。出之其口，不知其困也，始吾望传①而贵之，今吾望传而疑之。"仲尼闻之曰："语有之：言发于尔②，不可止于远也；行存于身，不可掩于众也。吾窃议晏子而不中夫③人之过，吾罪几④矣！丘闻君子过人以为友，不及人以为师。今丘失言于夫子，讥⑤之，是吾师也。"因宰我而谢焉，然仲尼见之。［晏子春秋不合经术者］

【注释】

① "传"当作"儒"，下同。

② "尔"与"迩"同。

③ "夫"当作"诬"。

④ "几"读为"危"。

⑤ "讥"之上当更有"夫子"二字。

【释义】

孔子到齐国去，谒见景公却不去见晏子。子贡说："谒见君主却不去见他的执政的人，可以吗？"孔子说："我听说晏子侍奉三位君主而且都能顺从他们，我怀疑他的为人。"晏子听说这话以后说："我家世世代代是齐国的平民，我难以保住自己的品行，难以知道自己的过错，不能自立于齐国。我听说过，运气好就受宠，运气不好就遭厌恶，遭诽谤或受赞誉都与自己的行为相随，就像回声和声音相应和一样，应该看清行为如何然后再决定是责备还是赞誉。我听说过，用一个心眼侍奉三位君主的，因而能顺从君主，用三个心眼侍奉君主的，不能顺从君主。现在还没有看到我的行为如何，就责备我顺从君主。我听说过，君子独自站立着，对身影不感到有愧；独自睡觉，对梦魂不感到有愧。孔子在大树下习礼，被人拔掉大树后就离开了，自己并不认为受辱，在陈国、蔡国绝粮，处于困境时，自己并不认为贫穷。责难人却找不到正确的原因，就如同住在水边的人认为斧刀没有用处而加以责难，住在山上的人认为渔网没有用处而加以责难一样。话从他的嘴里说了出来，他自己却不知道因此而陷入困境。当初我看见儒者很尊重他们，现在我看见儒者就开始怀疑了。"孔子听到这些话以后，说："俗语有这样的话'近处说的话，传到远处也不能停止；自己的所作所为，不能掩盖众人的耳目。'我私下议论晏子却没有说中他的过错，我的罪过不可避免了。我听说君子超过别人就把他当朋友，赶不上别人就把他当老师。现在我在他身上说错了话，他批评我，他就是我的老师啊！"于是通过宰我去向晏子道歉，然后孔子去会见晏子了。

【原文】

仲尼相鲁，景公患之，谓晏子曰："邻国有圣人，敌国之忧也。今孔子相鲁若何？"晏子对曰："君其勿忧。彼鲁君，弱主也；孔子，圣相也。君不如阴重孔子，设以相齐，孔子强谏而不听，必骄鲁而有①齐，君勿纳也。夫绝于鲁，无主于齐，孔子困矣。"居期年，孔子去鲁之齐，景公不纳，故困于陈蔡之间。[晏子春秋外篇不合经术者]

【注释】

①"有"常作"适"。

【释义】

孔子去鲁国当宰相，齐景公对此很担心，对晏子说："邻国有圣人，那可是敌国的忧患。如今孔子去鲁国当宰相会怎么样？"晏子回答说："您不要担心。鲁国的国君，是个软弱的君主；孔子，是圣人。您不如暗地里给孔子一些好处，暗示他来齐国当宰相。孔子强行进谏鲁君必不听，他肯定会对鲁国失望而对齐国有好感，到时候您不要接纳他。跟鲁国断绝，在齐国又没有后台，孔子就会陷入困境。"过了一年，孔子离开鲁国去齐国，景公不接纳，所以受困在陈、蔡之间。

【原文】

景公为大钟，将悬之。晏子、仲尼、柏常骞三人朝，俱曰："钟将毁。"冲之，果毁。公召三子者而问之。晏子曰："钟大，不祀先君而以燕，非礼，是以曰钟将毁。"仲尼曰："钟大而悬下，冲之其气下回而上薄，是以曰钟将毁。"柏常骞曰："今庚申，雷日也，音莫胜于雷，是以曰钟将毁也。"[晏子春秋外篇不合经术者]

【释义】

景公造了一口大钟，准备悬挂它。晏子、仲尼、柏常骞三人上朝，都说："大钟将要毁坏。"撞击它，果然坏了。景公召见三人，问他们。晏子说："钟太大，不用来祭祀祖先而用来做宴饮的乐器，不符合礼仪，所以钟将会毁坏。"孔子说："钟太大而悬挂向下，撞击它的声音向下受阻，返回向上压迫，所以钟将毁坏。"柏常骞说："今天是庚申，雷击的日子，钟声不能胜过雷声，所以钟将毁坏。"

【原文】

孔子为元宫仙。［酉阳杂俎卷二玉格］

【释义】

孔子是元宫仙。

【原文】

夫荣启期一弹，而孔三日乐，感于和。［淮南子主术训］

【释义】

荣启期弹奏一支乐曲，孔子听后快乐了三天，这是因为孔子受到了曲调平和之情的感染。

【原文】

孔子学鼓琴于师襄，而谕文王之志，见微以知明矣。［淮南子主术训］

【释义】

孔子向师襄学习鼓瑟弹琴，从中明白了周文王的志向，这是孔子通过音乐语言而领悟出的主题内涵。

【原文】

孔子之通，智过于苌弘，勇服于孟贲，足蹑郊菟，力招城关，能亦多矣。然而勇力不闻，伎巧不知，专行孝道，以成素王，事亦鲜矣。《春秋》二百四十二年，亡国五十二，弑君三十六，采善钮丑，以成王道，论亦博矣。然而围于匡，颜色不变，弦歌不辍，临死亡之地，犯患难之危，据义行理而志不慑，分亦明矣。然为鲁司寇，听狱必为断，作为《春秋》，不道鬼神，不敢专己。［淮南子主术训］

【释义】

孔子算得上通才，他的智慧超过苌弘，勇力压倒孟贲，腿脚灵敏能追上野兔，力气能举起城门闩门的横木，他的才能够多的了。然而孔子的勇力并不为常人所知，孔子的技艺也并不为人们所了解，他专门推行政教之道，终被人们尊称为"素王"，可见他的处事原则是强调简约的。《春秋》二百四十二年中，被灭亡的国家有五十二个，被臣下杀掉的国君有三十六，孔子收集善事、隐去丑事，编写《春秋》以弘扬王道，其中阐述的理论也够广博的。然而孔子在宋国被人围困，却面不改色，弦歌不停，身临死亡境地，遭受患难危险，仍根据义理行事而心无恐惧，这说明孔子对命运的理解也相当透彻的。到孔子担任鲁国司寇时，处理案件诉讼总能谨慎决断，著述《春秋》，又不言及鬼神，也不敢专任己意主观臆断。

【原文】

夫子见禾之三变也，滔滔然曰："狐乡丘而死，我其首禾乎！"［淮南子缪称训］

【释义】

孔子看到庄稼由种子变成禾苗、又长出穗谷的生长过程后，感慨地说："狐狸头朝着山丘而死，那么人类也不应忘本吧？"

【原文】

（闵子骞三年之丧毕，援琴而弹，其弦是也，其声切切而哀用。）夫子曰："弦则是也，其声非也。"［淮南子缪称训］

【释义】

（当闵子骞在守完三年孝后，拿琴弹奏时，琴还是这把琴，但是琴声却是非常的哀痛。）孔子说："琴还是这把琴，但弹出的琴声音调却不一样了。"

【原文】

子曰："钧之哭也，曰：'子予奈何兮乘我何！'其哀则同，其所以哀则异。"［淮南子缪称训］

【释义】

孔子说："子予说同样是哭，有什么不一样。我对他说：'子予，你这样的问题怎么奈何得了我呢！尽管他们的哭是一样的，但哀哭的原因却是不一样的呀！'"

【原文】

鲁以偶人葬而孔子叹。［淮南子缪称训］

【释义】

鲁国用木偶人殉葬使孔子心痛叹息。

【原文】

子路撜溺而受牛谢。孔子曰:"鲁国必好救人于患。"子赣赎人,而不受金于府。孔子曰:"鲁国不复赎人矣。"子路受而劝德,子赣让而止善。孔子之明,以小知大,以近知远,通于论者也。[淮南子齐俗训]

【释义】

子路救起溺水者而接受主人作为答谢的牛,孔子对此事评论说:"鲁国一定会兴起助人为乐的好风气。"子赣用钱财赎救出奴隶而不接受官府的钱财,孔子对此事评论说:"鲁国再也不会有自己掏钱财来赎救人的事了。"子路接受谢礼而能鼓励人们修养善德,子赣推辞赏钱却停止了人们行善。孔子之所以伟大,是能从小处看到大处,从近处看到远处,在这个意义上说,孔子真是一位通晓事理的圣人。

【原文】

孔子谓颜回曰:"吾服汝也忘,而汝服于我也亦忘,虽然汝虽忘乎吾,犹有不忘者存。"[淮南子齐俗训]

【释义】

孔子对颜回说:"我以前的那些言行,你可以忘掉;你向我学到的那些言行,我也要忘掉。虽然如此,你忘掉以前的我,我还有可值得记取的新精神保存着呢!"

【原文】

晋平公出言而不当,师旷举琴而撞之,跌枉宫①壁。左右欲涂之,平公曰:"舍之,以此为寡人失。"孔子闻之曰:"平公非不痛其体也,欲来谏者也。"[淮南子齐俗训]

【注释】

①"宫"当作"中"。

【释义】

晋平公讲话不妥,师旷举起琴撞击平公,琴掠过平公的衣襟撞到墙上,平公身边的人准备将撞破的墙补上,平公说:"算了,别补了,蘦着它可以记着寡人的过失。"孔子听到此事后,说:"平公不是不爱惜自己的身体,而想要用这种宽宏大量的态度来鼓励群臣的进谏。"

【原文】

白公问于孔子曰:"人可以①微言?"孔子不应。白公曰:"若以石投水中,何如?"曰:"吴、越之善没者能取之矣。"曰:"以水投水,何如?"孔子曰:"蕾渑之水合,易牙尝而知之。"白公曰:"然则人固不可与微言乎?"孔子曰:"何谓不可?谁知言之谓者乎!夫知言之谓者,不以言言也。争鱼者濡,逐兽者趋,非乐之也。故至言去言,至为无为,夫浅知之所争者末矣。"白公不得也,故死于浴室。[淮南子道应训]

【注释】

①以赏作与。

【释义】

白公问孔子:"人可以密谋吗?"孔子不回答。白公又问:"假如石头扔到水里,怎么样?"孔子说:"吴越地区善于潜水的人可以把它捞起来。"白公又说:"假如水泼入水中,怎么样?"孔子说:"蕾水和渑水汇合一起,但辨味专家易牙能尝辨出来。"白公于是说:"这么说来,人就根本不能和他们密谋了?"孔子说:"怎么说不可以啊!那些能明白你说话意思的人就可以和他密谋呀!但话又说回来,那些能明白你说话意思的人,你不去和他说,他也会明白。"争夺鱼的人没有不湿衣服的,追逐野兽的人没有跑得慢的,他们并不是乐意这样做,而是利欲之心驱动他们这样做。所以,最高妙的话是不说出来别人就已领悟,最好的行为是不做什么却能样样成功。那些才智浅薄的人才会去争夺那些枝末小利(才会想到与人密谋这样末流的事)。白公就是不懂这其中的道理,所以导致最后因事败走投无路而自缢于浴室之地。

【原文】

襄子攻翟而胜之,取尤人、终人。使者来谒之,襄子方将食,而有忧色。左右曰:"一朝而两城下,此人之所喜也,今君有忧色,何也?"襄子曰:"江河之大也,不过三日。飘风暴雨,日中不须臾。今赵氏之德行无所积,今一朝两城下,亡其及我乎!"孔子闻之曰:"赵氏其昌乎!"[淮南子道应训]

【释义】

赵襄子攻打翟国而取得胜利,攻取尤人、终人两个都邑。使者来报告这个消息,襄子正准备吃饭,听后露出忧虑的神色。身边的人说:"一个早上就灭掉两座城,这是人们所高兴的,现在您却显得忧愁,是为什么呢?"襄子说:"长江黄河发大水,不超过三天就会退下去。狂风暴雨,太阳正顶,都不会持续很久。而赵氏的德行没有什么积蓄,现在一早上就攻下两座城,灭亡大概要让我赶上了吧!"孔子听到后说:"赵氏大概会昌盛了!"

【原文】

孔子劲杓国门之关,而不肯以力闻。[淮南子道应训]

【释义】

孔子的力气能拉开城门门栓,却不肯以力气大而著称。

【原文】

鲁国之法:鲁人为人妾于诸侯,有能赎之者,取金于府。子赣赎鲁人于诸侯,来而辞不受金。孔子曰:"赐失之矣!夫圣人之举事也,可以移风易俗,而受教顺可施后世,非独以适身之行也。今国之富者寡而贫者众,赎而受金,则为不廉;不受金,则不复赎人。自今以来,鲁人不复赎人于诸侯矣。"[淮南子道应训]

【释义】

鲁国的法律:鲁国人在别的诸侯国当人家的奴仆,有能够把他赎回来的,可以到国库领取金钱。子赣在别的诸侯国赎回鲁国人,回来后推辞不接受国库的金钱。孔子说:"端木赐做错了!圣人做事情,可以移风易俗,而教训可以影响后世,不只是满足自身的行为。现在国中富裕的人少而贫困的人多,赎人回来接受金钱,就算是不廉洁;不接受金钱,则没有人再去赎人。从今以后,鲁国人不再到其他诸侯国赎人回来了。"

【原文】

颜回谓仲尼曰:"回益矣!"仲尼曰:"何谓也?"曰:"回忘礼乐矣。"仲尼曰:"可矣,犹未也。"异日复见曰:"回益矣。"仲尼曰:"何谓也?"曰:"回忘仁义矣。"仲尼曰:"可矣,犹未也。"异日复见曰:"回坐忘矣。"仲尼遽然曰:"何谓坐忘?"颜回曰:"隳支体,黜聪明,离形去知,洞于化通,是谓坐忘。"仲尼曰:"洞则无善也,化则无常矣。而夫子荐贤,丘请从之后。"[淮南子道应训]

【释义】

颜回对仲尼说:"我进步了!"仲尼说:"怎么进步了呢?"颜回说:"我忘记礼乐了。"仲尼说:"好啊,但还不够。"他日颜回又来拜见说:"我进步了。"仲尼说:"怎么进步了呢?"颜回说:"我忘记仁义了。"仲尼说:"好啊,但还不够。"他日颜回又来拜见说:"我坐忘了。"仲尼猝然变了脸色,说:"什么叫坐忘?"颜回说:"遗忘肢体,废弃聪明,离开形体,抛却智慧,明澈变化,这就叫坐忘。"仲尼说:"明澈则没有什么偏爱,变化则没有什么拘泥。你真是先贤啊,我愿意跟随在你的后面。"

【原文】

季子治亶父三年,而巫马期绕衣短褐,易容貌往观化焉。见夜鱼释之,巫马期问焉曰:"凡子所为鱼者,欲得也。今得而释之,何也?"渔者对曰:"季子不欲人取小鱼也。所得者小鱼,是以释之。"巫马期归以报孔子曰:"季子之德至矣!使人暗行若有严刑在其侧者。季子何以至于此?"孔子曰:"丘尝问之以治。言曰:'诚于此者刑于彼。'季子必行此术也。"[淮南子道应训]

【释义】

季子治理亶父三年了,巫马期穿着粗劣的麻布衣,改变容貌前去观察他的教化。看见打鱼人捕到鱼后又放掉,巫马期问打鱼人说:"你之所以要打鱼,是为了得到鱼。现在你得到鱼却放掉它,是为什么呢?"打鱼人回答说:"季子不希望人们捕取小鱼,所以放掉它。"巫马期回去报告孔子说:"季子的道德达到最高境界了!能使人夜晚独自行动也好像有严酷的刑罚在旁边监督一样。季子怎么会达到这种境界呢?"孔子说:"我曾经问他如何治理人民,他说:'在这里教诫,便等于在那里执罚。'季子一定是施行这种方法了。"

【原文】

　　荆有佽飞非，得宝剑于干队。远还反渡江，至于中流，阳侯之波，两蛟挟绕其船。佽非谓枪舡栌船者曰："尝有如此而得活者乎？"对曰："未尝见也。"于是佽飞非瞋目勃然攘臂拔剑曰："武王可以仁义之礼说也，不可劫而夺也。此江中之腐肉朽骨，弃剑而已，余有奚爱焉！"赴江刺蛟，遂断其头。船中人尽活，风波毕除。荆爵为执圭。孔子闻之曰："夫善哉！腐肉朽骨弃剑者，佽非之谓乎！"［淮南子道应训］

【释义】

　　楚国有个叫佽非的人，在干队得到一把宝剑。返回时渡过长江，船到中流，波浪涌起，有两条蛟龙挟持缠绕着船。佽非对船夫说："碰到这种情况有人活下来吗？"船夫回答说："没有见过。"这时佽非睁大眼睛，勃然大怒，捋起手臂，拔出宝剑说："武勇之士可以用仁义之礼来劝说，而不能威迫抢夺。人总是要变为腐肉朽骨的，就是弃剑而能保全性命也没什么意义，所以生命又有什么吝惜的呢！"他跳入江中刺杀蛟龙，终于砍断它的头。船中人全都活了下来，风波也平息了。楚国君赐给他执圭的爵位。孔子听到后说："好啊！不因为吝惜生命而丢弃宝剑，说的就是佽非这样的人啊！"

【原文】

　　孔子观桓公之庙。有器焉，谓之宥卮。孔子曰："善哉，予得见此器！"顾曰："弟子取水。"水至，灌之，其中则正，其盈则覆。孔子造然革容曰："善哉，特盈者乎！"子贡在侧曰："请问持盈。"曰："挹而损之。"曰："何谓挹而损之？"曰："夫物盛而衰，乐极则悲，日中而移，月盈而亏。是故聪明睿智，守之以愚；多闻博辩，守之以陋；武力毅勇，守之以畏；富贵广大，守之以俭。德施天下，守之以让。此五者，先王所以守天下而弗失也。反此五者，未尝不危也。"［淮南子道应训］

【释义】

　　孔子参观鲁桓公庙。庙中有一容器，叫作宥卮。孔子说："好啊，我能见到这容器！"他回过头说："弟子们拿水来。"水拿来了，灌了进去，灌得适中它就放得平正，灌满了就倾覆。孔子突然神情严肃说："好啊，能保持盈满！"子贡在旁边问："请问怎样保持盈满呢？"孔子说："盈满了就得减损。"子贡又问："为什么盈满了就得减损呢?"孔子说:"事物到了兴盛则走向衰亡,欢乐到了极点则变为悲哀,太阳到了中天则走向西斜,月亮到了盈满则走向亏缺。所以聪明有智慧,就用愚笨来持守;听闻广博,能言善辩,就用卑陋来持守;勇武刚毅有力气,就用畏惧来持守;富贵宽裕阔大,就用俭约来持守;德泽施及天下,就用谦让来持守。这五个方面,是先王所以能够持守天下而不丧失的道理。违反者五个方面,没有不危险的。"

【原文】

夫弦歌鼓舞以为乐,盤旋揖让以修礼,厚葬久丧以送死,孔子之所立也。〔淮南子·氾论训〕

【释义】

演奏弦歌乐器、唱歌跳舞来表达欢乐,用回旋周转、作揖谦让的仪式来修饰礼,用丰厚的陪葬、长久的服丧来送别死者,这是孔子所主张的。

【原文】

孔子辞廪丘,终不盗刀钩。〔淮南子·氾论训〕

【释义】

孔子连廪丘的封地都辞去了,那他终身也不会去偷刀呀钩呀这些东西。

【原文】

孔子诛少正卯,而鲁国之邪塞。〔淮南子·氾论训〕

【释义】

孔子杀少正卯,鲁国的歪门邪道就被堵住了。

【原文】

孔子读《易》至《损》《益》,未尝不愤然而叹曰:"益损者,其王者之事与!"事或欲以利之,适足以害之;或欲害之,乃反以利之。利害之反,祸福之门户,不可不察也。〔淮南子人间训〕

【释义】

孔子读《易》到《损》《益》的时候,无不愤然慨叹说:"对待益损,大概是王者的事情吧!"有的事情本来想使人得利,却恰好使人受害;有的事情本来想使人受害,却恰好使人得利。得利和受害的转变,祸福的门径,是不能不明察的。

【原文】

人或问孔子曰:"颜回何如人也?"曰:"仁人也,丘弗如也。""子贡何如人也?"曰:"辨人也,丘弗如也。""子路何如人也?"曰:"勇人也,丘弗如也。"宾曰:"三人皆贤夫子,而为夫子役,何也?"孔子曰:"丘能仁且忍,辨且讷,勇且怯。以三子之能,易丘一道,丘弗为也。"孔子知所施之也。[淮南子人间训]

【释义】

有人问孔子说:"颜回是怎样的人呢?"孔子说:"是仁慈的人,我不如他。""子贡是怎样的人?"孔子说:"是善辩的人,我不如他。""子路是怎样的人?"孔子说:"是勇敢的人,我不如他。"客人说:"这三个人都比先生贤能,但都成为您的弟子,为什么呢?"孔子说:"我能够仁慈而又可以容忍,善辩而又可以讷口少言,勇敢而又胆怯。用三个人的才能来交换我这处世之道,我还不愿呢。"孔子是懂得怎样做的人。

【原文】

孔子行游,马失,食农夫之稼。野人怒,取马而系之。子贡往说之,卑辞而不能得也。孔子曰:"夫以人之所不能听视人,譬犹以大牢享野兽,以《九韶》乐飞鸟也。予之罪也,非彼人之过也。"乃使马圉往说之。至见野人曰:"子耕于东海,至于西海,吾马之失,安得不食子之苗?"野人大喜,解马而与之。[淮南子人间训]

【注释】

①失佚通下同。

【释义】

孔子出游,马跑脱了,食了农夫的庄稼。农夫很生气,抓住马拴起来。子贡前去请求农夫放还马,言辞很谦卑却不能成功。孔子说:"用人家不喜欢的话去劝说人家,就好像用丰盛的肉食款待野兽,用《九韶》古乐招待飞鸟。这是我的过失,不是那个人的过错。"于是派马夫前去劝说。马夫去见了农夫说:"您耕种的田从东海直到西海,我的马跑脱了,哪能不食您的庄稼呀?"农夫非常高兴,解开马交回给他。

【原文】

昔者卫君朝于吴,吴王囚之,欲流之于海。说者冠盖相望,而弗能止。鲁君闻之,撤钟鼓之县①,缟素而朝。仲尼入见曰:"君胡为有忧色?"鲁君曰:"诸侯无亲,以诸侯为亲;大夫无党,以大夫为党。今卫君朝于吴王②,吴王囚之,而欲流之于海。孰③意卫君之仁义而遭此难也!吾欲免之而不能,为④奈何?"仲尼曰:"若欲免之,则请子贡行。"鲁君召子贡,授之将草之印。子贡辞曰:"赏⑤无益于解患,在所由之道。"敛躬而行,至于吴,见太宰嚭。太宰嚭甚悦之,欲荐之于王。子贡曰:"子不能行⑥说于王,奈何吾因子也!"太宰嚭曰:"子为知嚭之不能也?"子贡曰:"卫君之来也,卫国之半曰:不若朝于晋。其半曰:不若朝于吴。然卫君以为吴可以归骸骨也,故束身以受命。今子受卫君而囚之,又欲流之于海,是赏言朝于晋者,而罚言朝于吴也。且卫君之来也,褚侯皆以为耆龟兆。今朝于吴而不利,则皆移心于晋矣。子之欲成霸王之业,不亦难乎!"太宰嚭入,复之于王。王报出令于百官曰:"比十日而卫君之礼不具者,死。"子贡可谓知所以说矣。[淮南子人间训]

【注释】

①县悬也。
②王字衍。
③孰下一本有意字。
④为下一本有之字。
⑤赏一作贵。
⑥能行二字衍。

【释义】

以前卫出公入朝于吴国,吴王夫差把他拘囚起来,打算流放到海岛中。前去劝说的人车盖互相望得见,却不能使吴王改变主意。鲁哀公听到了,撤去悬挂的钟鼓,穿着丧服临朝。孔子进去朝见,问道:"国君为什么显出忧虑的神色?"鲁哀公说:"一个诸侯,没有亲近的人,就以其他诸侯作为亲人;一个大夫没有朋友,就以其他大夫作为朋友。现在卫出公朝见吴王,吴王把他拘囚起来,还打算流放到海岛中。谁想到卫出公如此仁义却遭这样的灾难!我想免除他的灾难却做不到。怎么办呢?"孔子说:"如果想免除卫出公的灾难,那就请子贡去一趟吧!"鲁哀公召见子贡,把将军的印绶交给他。子贡推辞说:"尊贵的地位对解除忧患没有好处,关键在所依据之道。"于是秘密前往,到了吴国,拜见太宰嚭。太宰嚭非常高兴,准备把子贡推荐给吴王。子贡说:"您在吴王前不能推行自己的主张,我又怎么能依靠您呢!"太宰嚭说:"您怎么知道我不行?"子贡说:"卫国君来朝见的时候,卫国有一半的人说:不如朝见晋国。另一半的人说:不如朝见吴国。然而卫国君认为吴国是可以归还他的骸骨的,所以绑着自己前来听从命令。现在您接受了卫国君却拘囚他,还想把他流放到海岛,这是奖赏那些说要朝见晋国的人,而惩罚那些说要朝见吴国的人。况且卫国君来的时候,诸侯都把他的出行当作占卜的卦兆。现在见他朝见吴国而不吉利,那就都把归附之心转移到晋国了。您想帮助吴王完成霸主的功业,不也就

伯嚭

难了吗!"太宰嚭进王宫,将这番话向吴王报告。吴王听后马上下令:"等到十天,对卫国君的礼节还不完备的话,就要处死。"子贡可以说是懂得怎样游说了。

【原文】

孔子无黔突。[淮南子修务训]黔一作黔。

【释义】

孔子的烟囱没被熏黑过。

【原文】

夫项托七岁为孔子师,孔子有以听其言也。[淮南子修务训]

【释义】

项托七岁就做孔子的老师,孔子有听他说话的气度。

【原文】

孔子为鲁司寇,道不拾遗,市买不豫贾,田渔皆让长,而斑白不戴负,非法之所能致也。[淮南子泰族训]

【释义】

孔子当鲁国司寇,国内道路上没人拾取他人遗失的东西,市场上没有见机抬价的现象,耕田、捕鱼的都谦让长辈,而头发发白的老人不用头顶肩背重物,这就不是法律所能达到的。

【原文】

孔子曰:"小辩破言,小利破义,小艺破道,小见不达,必简。"[淮南子泰族训]

【释义】

孔子说:"小的辩说破坏言论,小的利益破坏大义,小的技艺破坏道,小的见识不能通达,一定要简约。"

【原文】

孔子欲行王道,东西南北,七十说而无所偶,故因卫夫人、弥子瑕而欲通其道。[淮南子泰族训]

【释义】

孔子想推行王道,东西南北奔波,七十次游说而没有被接受,所以借助卫夫人、弥子瑕以便推行他的学说。

【原文】

孔子修成、康之道,述周公之训,以教七十子,使服其衣冠,修其篇籍,故儒者之学生焉。[淮南子要略]

【释义】

孔子研究成、康王治国的道理,记述周公的教导,用来教育他的七十名学生,让他们穿戴先王衣冠,学习先王著作,于是儒家学说就产生了。

【原文】

项托年七岁,穷难孔子,而为之作师。[淮南子高诱注]

【释义】

项托年纪七岁时,(遇见孔子)极尽反驳质问他,并做了他(孔于)的老师。

【原文】

孔丘摄鲁相,七日而诛少正卯。门人进问曰:"夫少正卯,鲁之闻人也。夫子为政而先诛,得无失乎?"孔子曰:"居,吾语汝其故。人有恶者五,而窃盗奸私不与焉。一曰心达而险,二曰行僻而坚,三曰言伪而辨,四曰强记而博,五曰顺非而泽。此五者,有一于人,则不免君子之诛。而少正卯兼有之,故居处足以聚徒成群,言谈足以饰邪荧众,强记足以反是独立。此小人雄桀也,不可不诛也。是以汤诛尹谐,文王诛潘正,太公诛华士,管仲诛付里乙,子产诛邓析、史付。此六子者,异世而同心,不可不诛也。《诗》曰:'忧心悄悄,愠于群小。'小人成群,斯足畏也。"[尹文子大道下]

【释义】

孔子代理鲁国相国职务,七天后就诛杀了少正卯。孔子的弟子进门问孔子说:"少正卯是鲁国非常有名望的人,先生执政后首先就诛杀了他,恐怕有些失当吧?"孔子说:"坐下来,我告诉你们这里的原因。人有五种罪恶,不包括窃奸私之类。一类通晓事理但居心险恶,二是行为怪癖而本性固执,三是言辞虚伪而善于诡辩,四是记忆力极强且广闻博见,五是顺应错误并从中得到好处。这五种罪恶,只要有人具备其中一项,都不免遭到君子的诛杀。而少正卯却兼有这五种罪恶,所以他能在自己周围聚集成群的门徒,言辞话语足以掩饰邪恶、迷惑民众,良好的记忆力足以能标新立异。他是小人中最为突出的一个,不可不诛杀。因此,商君诛杀尹谐,周文王诛杀潘正,姜太公诛杀华士,管仲诛杀付里乙,子产诛杀邓析、史付。这六个人虽然处在不同时代,但思想却是相同的,所以不能不诛杀他们。《诗经》说:'心中忧愁呀,这些小人实在可恶。'小人成群,这足以使人畏惧害怕。"

【原文】

昔者,陈成恒相齐简公,欲为乱。惮齐邦鲍、晏,故徙其兵而伐鲁。鲁君忧也,孔子患之,乃召门人弟子而谓之曰:"诸侯有相伐者尚耻之,今鲁父母之邦也。丘墓存焉。今齐将伐之,可然一出乎?"颜渊辞出,孔子止之;子路辞出,孔子止之。子贡辞出,孔子遣之。[越绝书内传陈成恒第九]

【释义】

从前，陈成子做齐简公的相国，阴谋篡国作乱，但又害怕国内鲍氏、晏氏等大家族阻挠。所以派军攻打鲁国，企图建立功勋以压服群臣。鲁哀公非常忧愁，孔子也非常焦急，便召集学生和门客共商对策。孔子对大家说："诸侯间互相攻打，我们都感到羞耻，鲁国是我们的父母之邦，大家的祖坟都埋在这里，如今齐君要来攻打鲁国，我能不派人出国奔走，以救国难吗？"颜渊听了，便向孔子请求接受任命，孔子制止了他；子路又向孔子请求接受任命，孔子又制止了他。子贡向孔子请求接受任命，孔子便派他出使各国。

【原文】

勾践伐吴，霸关东，从琅琊起观台，台周七里，以望东海。死士八千人，戈船三百艘。居无几，躬求贤圣。孔子从弟子七十人，奉先王雅琴，治礼往奏。勾践乃身被赐夷之甲，带步光之剑，杖物卢之矛，出死士三百人为阵关下。孔子有顷姚稽到越。越王曰："唯唯，夫子何以教之？"孔子对曰："丘能述五帝三王之道，故奉雅琴至大王所。"勾践哨然叹曰："夫越性脆而愚，水行而山处，以船为车，以楫为马，往若飘风，去则难从，锐兵任死，越之常性也，夫子异则不可。"于是孔子辞，弟子莫能从乎。〔越绝书外传记地传〕

【释义】

勾践灭了吴国，称霸于关东，在琅琊修建起观海的高台，台的周围七华里，坐在台上就可以眺望东海。他的身边有八千名不顾生死的勇士，三百艘战船。在琅琊住下不久，他又亲自召求圣贤帮他治理国家。孔子听到消息，带着七十个弟子，捧着先王的古琴，按照朝见诸侯的礼仪去见勾践。勾践身披赐夷特制的铠甲，佩戴着步光宝剑，手中拿着物卢造的戈矛，带领三百名敢死的武士，在关下摆好迎宾的阵势。过了一会，孔子从远处向越王叩头行礼。越王勾践热情招呼道："哎呀！老夫子远道而来，有何见教啊？"孔子回答说："我能向您讲述五帝三王治国安民之道，所以捧着这张古琴来见大王。"越王勾践感慨地叹息道："我们越国人生性轻薄而缺乏教养，他们久住深山惯行水路，把大船当车使，把小船当马骑，来来往往就像风一样飘忽不定，跑起来追也追不上，坚甲利兵生死不顾，越国人天生的个性就这样，老夫子想要改造他们恐怕是做不到的。"孔子听了便告辞而去，连同他的弟子也不肯听从勾践这一套做法。

【原文】

"子贡与夫子坐,告夫子曰:'太宰死。'夫子曰:'不死也。'如是者再。子贡再拜而问:'何以知之?'夫子曰:'天生宰嚭者,欲以亡吴,吴今未亡,宰何病乎?'后人来言不死。"[越绝书外传]

【释义】

"子贡陪孔子坐着闲谈,告诉孔子说:'传说吴太宰伯嚭死了。'孔子说:'他不会死的。'这样重复了两次。子贡恭敬地向孔子叩了两个头,问道:'您怎么知道伯嚭不会死呢?'孔子说:'老天爷生下伯嚭,就是让他灭亡吴国,吴国还没有灭亡,伯嚭怎么会死呢?'事后吴国来人说伯嚭真的没死。"

【原文】

孔子奉先王雅琴,语治礼。勾践乃身被啄禹之甲,带步光之剑。[越地传北堂书钞武功部九引]

【释义】

孔子捧着先王的古琴,按照朝见诸侯的礼仪去见勾践。勾践身披赐夷特制的铠甲,佩戴着步光宝剑。

【原文】

路妇,不知何处人也。孔子游行,见之头戴乌牙栉,谓诸弟子曰:"谁能得之?"颜渊曰:"回能得之。"即往,至妇人前跪曰:"吾有徘徊之山,百草生其上,有枝而无叶;万兽集其裹,有饮而无食。故从夫人借罗纲而柿之。"妇人取栉舆之。颜渊曰:"夫人不问由委,乃取栉与回,何也?"妇人答曰:"徘徊之山,是君硕也;百草生其上,有枝而姆桑者,是君类也;离默集其裹者,是君虬也;借网捕之者,是吾栉也。以故取栉与君,何怪之有?"颜渊嘿然而退。孔子闻之曰:"妇人之智尚尔,况于学士者乎!"[逸珮玉集十二古传]

【释义】

有位在路上行走的妇人,不知是哪里人氏。孔子一路游览,见到了这位妇人。见她头戴牙栉,孔子便对弟子们说:"谁能把妇人头上的牙栉取到手?"颜渊说:"我有办法。"他走到妇人跟前,跪着说:"我有徘徊的山,百草生在上面,有枝没有无叶;万兽集中在里面,有喝的没有吃的。因此想向夫人借罗网捕捉它。"妇人马上取下头上的梳给他。颜渊说:"夫人不问清楚原委,便取下梳给我,为什么呀?"妇人答道:"你讲的徘徊之山,是你的头;百草生其上,有枝而叶,是你的头发;万兽集其里者,是你头发的虱子;借网捕之者,是借我的牙梳。所以我才拿梳给你,这有什么可奇怪的呢?"颜渊沉默无言回到孔子身边。孔子听了,说:"这位妇人如此聪慧,你们读书人又该怎样呢?"

【原文】

孔子曰:"古之知法者能省刑,本也;今之知法者不失有罪,末矣。"又曰:"今之听狱者,求所以杀之;古之听狱者,求所以生之。"[汉书刑法志]

【释义】

孔子说:"上古执法的人能减除刑罚,防患于未然,所以是本;现在执法的人,只是听讼判罪,所以是末。"又说:"现在办案的人,谋求怎样杀人;古代办案的人,谋求使犯人获得生路。"

【原文】

孔子曰:"虽小道必有可观者焉。致远恐泥,是以君子弗为也。"[汉书艺文志]

【释义】

孔子说:"虽然只是小路而已,但是也一定会有值得欣赏的景色。如果走得太远恐怕就会有泥泞了,正因为这样,明智的人才不会这么做。"

【原文】

仲尼没而微言绝,七十子丧而大义乖。[汉书艺文志]

【释义】

孔子死后精微要妙之言断绝了,七十弟子死了诸经之要义四分五裂了。

【原文】

宓戏氏……始作八卦……文王……重易六爻,作上下篇。孔氏为之彖、象、系

辞、文言、序卦之属十篇。[汉书艺文志]

【释义】

宓戏氏……始创了八卦……文王……重视《易》之六爻，于是作了上下两篇。孔子为之做了彖、象、系辞、文言、序卦之类的文章共十篇。

【原文】

尧知其贤才，立以为大农，姓之曰姬氏。姬者，本也。诗人美而颂之曰"厥初生民"，深修益成，而道后稷之始也。

孔子曰："昔者尧命契为子氏，为有汤也；命后稷为姬氏，为有文王也；太王命季历，明天瑞也；太伯之吴，遂生源也。"[史记三代世表]

【释义】

孔子说："从前尧赐姓契为子氏，是为了他的后代有汤；赐姓后稷为姬氏，是为了他的后代有文王；大王为其子命名为季历，是表明上天的祥瑞所在；太伯逃到吴而没有回来，是为了让周朝的大统得以绵延不绝。"

【原文】

孔子闻卫乱，曰："嗟乎！柴也其来乎？由也其死矣！"[史记卫康叔世家]

【释义】

孔子在鲁国听说卫国发生内乱，叹道："哎！高柴会回到我这儿来吗？而仲由恐怕就会死掉了！"

【原文】

孔子适周，将问礼于老子。老子曰："子所言者，其人与骨皆已朽矣，独其言在耳，且君子得其时则驾，不得其时则蓬累而行。吾闻之，良贾深藏若虚，君子盛德，容貌若愚。去子之骄气与多欲，态色与淫志，是皆无益于子之身。吾所以告子，若是而已。"孔子去，谓弟子曰："鸟，吾知其能飞；鱼，吾知其能游；兽，吾知其能走。走者可以为罔，游者可以为纶，飞者可以为矰。至于龙吾不能知，其乘风云而上天。吾今日见老子，其犹龙邪！"[史记老子韩非列传]

【释义】

孔子来到周,将向老子问礼。老子说:"你所说的人,他的人和骨骸都已腐朽了,只有他的言论尚存世间。况且作为一个君子,如果得到从政机遇,就做官,坐马车,得不到从政机遇,就像蓬蒿一样,流移而行。我听说,会做生意的精明商人,把宝货严密地保藏,不让别人看见,仿佛什么也没有似的;而君子之人,德仁盛隆,其容貌应谦卑就像愚鲁之人似的。要把娇气与多欲,神态表情与过高的志向都去掉,这些对你都没有好处的。我要告诉你的,就是这些而已。"孔子离开周以后,回去告诉他的学生说:"鸟,我知道它能在天空中飞翔;鱼,我知道它能够在深水中游弋;走兽,我知道它能够在旷野奔跑。在旷野奔跑的走兽,可以用网去捕捉;深水的鱼,可以用钓线去钓;在天空中飞翔的鸟,可以用猎箭去射;至于龙,我不知道它是不是乘驾风云升天的。今天我看见老子,他大概就是龙吧!"

【原文】

孔丘有言曰:"推贤而戴者进,聚不肖而王者退。"[史记商君列传]

【释义】

孔子有句话说:"举用贤能之士,爱国忧民的能士会前来;任用不贤能的人,会使成就王业的人隐退。"

【原文】

故云(龟)神至能见梦于元王,而不能自出渔者之笼。身能十言尽当,不能通使于河,还报于江。贤能令人战胜攻取,不能自解于刀锋,免剥刺之患……孔子闻之曰:"神龟知吉凶,而骨直空枯。"[史记龟策列传]

【释义】

所以说,龟之神明,能托梦见元王,但不能自己逃出渔夫的笼中,自己说什么都灵验,但不能完成通使大河的使命,还报于江神。能力可使人战必胜,攻必取,而自己却不能从刀下逃脱。免受割剥之灾……孔子听说了有关神龟的事,说:"神龟能预知吉凶,可是骨头是直的,中间是干的。"

【原文】

孔子曰:"六艺于治一也。《礼》以节人,《乐》以发和,《书》以道事,《诗》以达

意,《易》以神化,《春秋》以义。"[史记滑稽列传]

史庍父鼎

【释义】

孔子说:"六经对于治理国家来说,有着共同的作用。《礼经》可以规范人的行为,《乐经》可以引导人和谐融洽,《书经》可以使人借鉴效法往事,《诗经》可以表达情感,《易经》可以预测天地的神奇变化,《春秋》可以使人明白大义。"

【原文】

子曰:"我欲载之空言,不如见之行事之深切著明也。"[史记太史公自序]

【释义】

孔子说:"如果只讲空话是无用的,不如举出具体的人和事来证明是非得失,这样更加透彻。"

【原文】

子华子反自郊,遭孔子于途,倾盖而顾,相语终日,甚相欢也。孔子命子路曰:"取束帛以赠先生。"子路屑然而对曰:"由闻之,士不中闲见,女嫁无媒,君子不以交礼也。"子曰:"固哉!由也,《诗》不云乎? '有美一人,清扬婉兮。邂逅相遇,适我愿兮。'今程子天下之贤士也,于斯不赠,则终身弗能见也。小子!行之。"[子华子孔子赠]

【释义】

程子从郊地回来,在路上遇到孔子,两人倾车相看,畅谈终日,非常高兴。孔子命子路道:"拿束帛来赠给先生。"子路很在意地回答说:"我听说,男人没有中介而见面,女子没有媒人而出嫁,君子不认为是礼仪之交。"子说:"太固执了!子由,《诗经》上不是说了吗? '有位美人站在那里,眉清目秀气度婉约。不期相遇漫漫长道,正好畅谈我心寂寥。'当今,程子乃天下贤达之士,如果今天不能有所馈赠,可能终生不会再见。你这小子!拿束帛来。"

【原文】

夫子曰:车唯恐地之不坚也,舟唯恐水之不深也。有其器则以人之难为易。夫道,以人之难为易也。[尸子劝学群书治要引]

【释义】

夫子说:"有车唯恐道路不坚硬,有船唯恐水积不深厚,有车、船之器就不惧坚、深;人有了器量才德就能把他人难能的变为易行的。这说的就是他人的难能,在自己这里就易行。"

【原文】

孔子曰:自娱于隐括之中,直己而不直人。以善废而不邑邑,蘧伯玉之行也。[尸子劝学群书治要引]

【释义】

孔子说:"在道德规范中自我作乐,修养提高自己而不匡正苛求他人,有才德而被废置不用,却能不郁郁寡欢,这就是蘧伯玉的高行。"

【原文】

孔子曰:大哉!河海乎下之也。夫河下天下之川,故广;人下天下之士,故大。[尸子明堂群书治要引]

【释义】

孔子说:伟大啊!黄河沧海谦虚居下。黄河能够居于天下百川之下,所以非常广阔;人能够礼下天下之士,所以能成就其大。

【原文】

孔子曰:临事而惧,希不济。[尸子发蒙群书治要引]

【释义】

孔子说:遇到事情就谨慎戒惧,很少有不成功的。

【原文】

郑简公谓子产曰："饮酒之不乐,钟鼓之不鸣,寡人之任也。国家之不乂,朝廷之不治,与诸侯交之不得志,子之任也。子无入寡人之乐,寡人无入子之朝。"自是已来,子产治郑,城门不闭,国无盗贼,道无饿人。孔子曰:若郑简公之好乐,虽抱钟而朝可也。[尸子治天下群书治要引]

【释义】

郑简公对子产说:"饮酒不能尽兴,钟鼓不能长鸣,这是我的责任;国家不能治,朝廷不能理,与诸侯交往不能如意得志,这是你的责任。你不要干预我为君的快乐,我也不干预你的朝政。"自从这样以后,子产治理郑国,城门不用关闭,国内没有盗贼,道路上没有饥饿的人。孔子说:像郑简公那样爱好音乐,即使是抱着钟听理朝政都可以。

【原文】

孔子曰:欲知则问,欲能则学,欲给则豫,欲善则肆。国乱则择其邪人去之,则国治矣。胸中乱则择其邪欲而去之,则德正矣。[尸子处道群书治要引]

【释义】

孔子说:想知道就得请教,想会就得学,想富足就得预先准备,想有善德就得修习。国家昏乱,就选择那些奸邪之人把他们抛弃,那么国家就有序了;胸中杂乱就选择那些邪恶的欲望把它们抛弃,那么德行就纯正了。

【原文】

孔子曰:君者盂也,民者水也。盂方则水方,盂圆则水圆。上何好而民不从?[尸子处道群书治要引]

【释义】

孔子说:君王就像盂,民众就像是水。盂是方的水也就方了,盂是圆的水也就圆了。君王有什么喜好民众不模仿趋从呢?

【原文】

仲尼曰:得之身者得之民,失之身者失之民。不出于户而知天下,不下其堂而

治四方,知反之于己者也。[尸子处道群众治要引]

【释义】

孔子说:自身先做好,民众也就做好了;自身过失了,民众也就有所失误了。不出家门却能知天下,不下堂屋却能治理四方,那是因为返身及物,推己及人。

【原文】

孔子谓子夏曰:商,汝知君之为君乎?子夏曰:鱼失水则死,水失鱼犹为水也。孔子曰:商,汝知之矣。[尸子君治诸子彙函引]

【释义】

孔子对子夏说:卜商,你知道君怎样才能成为君吗?子夏回答说:鱼离开水就死了,水离开鱼还是水。孔子说:卜商,你是明白了。

【原文】

孔子至于胜母,暮矣,而不宿;过于盗泉,渴矣,而不饮,恶其名也。[尸子文选陆机猛虎行注引]

【释义】

孔子走到胜母,已经傍晚了,但他也不进去过夜;经过盗泉的时候,口渴了,但他也不喝那泉水。只是因为他讨厌这类不好的名称。

【原文】

昔周公反政,孔子非之曰:周公其不圣乎?以天下让,不为兆人也。[尸子长短经惧诫引]

【释义】

往昔周公返政给成王,孔子指责他说:周公大概不能成为圣人吧!他把天下让给成王是不为万民着想。

【原文】

孔子曰:诵《诗》读《书》与古人居,读《书》诵《诗》与古人谋。[尸子意林一引]

【释义】

孔子说:诵《诗》读《书》就像与古人生活在一起,读《书》诵《诗》就像与古人谋划一样。

【原文】

子贡问孔子曰:古者黄帝四面,信乎?孔子曰:黄帝取合己者四人,使治四方,不谋而亲,不约而成,大有成功,此之谓四面也。[尸子御览七十九又三百六十五引]

【释义】

子贡问孔子说:古时候黄帝有"四面",是真的吗?孔子说:黄帝选取与自己相合的四个人,使他们治理四方,不用谋划他们就亲附,不用相约就能诚信,成就了伟大的功业,这就是所说的"四面。"

【原文】

鲁哀公问孔子曰:鲁有大忘徙而忘其妻,有诸?孔子曰:此忘之小者。昔商纣有臣曰王子须务,为谄,使其君乐须臾之乐而忘终身之忧,弃黎老之言而用姑息之谋。[尸子御览四百九十引]

【释义】

鲁哀公问孔子道:人说我们鲁国有健忘的糊涂虫连自己的妻子都忘了,有这样的事吗?孔子回答说:这忘的还是小的呢。往昔商纣王有臣叫王子须务,他以谄媚之道侍奉他的君王,使他的君王贪享一时的快乐却忘了终身的大忧,遗弃老人的经验却信用妇人小孩的策谋。

【原文】

孔子曰:诎寸而信尺,小枉而大直,吾为之也。[尸子御览八百三十引]

【释义】

孔子说:委屈退让一寸却能伸长一尺,小弯曲却能换来大的平直,我是肯做这样的事的。

【原文】

仲尼志意不立,子路侍;仪服不修,公西华侍;礼不习,子贡侍;辞不辨,宰我侍;亡忽古今,颜回侍;节小物,冉伯牛侍。曰:吾以夫六子自励也。[尸子广博物志二十引]

【释义】

孔子意志不坚定时,子路陪坐;仪表服饰不修整时,公西华陪坐;礼仪不修习时,子贡陪坐;言辞不利辩时,宰我陪坐;古今之事模糊不清时,颜回陪坐。孔子说:我用这六个弟子激励自己。

【原文】

鲁人所学,谓之鲁论;齐人所学,谓之齐论;孔壁听得,谓之古论。[七略别录皇侃论语疏叙引]

【释义】

鲁人学习的,称为鲁论;齐人学习的,称为齐论;孔壁中听到的,称为古论。

【原文】

(孔子三朝记七篇)孔子见鲁哀公问政,比三朝退,而为此记。故曰三朝。凡七篇,并入大戴礼。[七略别录史记五帝本纪索隐引]

【释义】

(孔子三次朝见写七篇)孔子见鲁哀公,哀公问政,三次朝见后退,记述七篇。因此称三朝。共七篇,并进大戴礼。

【原文】

(孝经古孔氏一篇)庶人章分为二也,曾子敢问章为三,又多一章,凡二十二章。[七略别录汉书艺文志注引○今从玉函山房辑佚书收入此篇]

【释义】

(孔壁古文孝经一篇)庶人章分为二部,曾子敢问章为三部,又多了一章,共二十二章。

【原文】

孔子生于鲁襄公二十二年。《续博物志二》

【释义】

孔子在鲁襄公二十二年时出生。

【原文】

有鸟九尾，孔子与子夏见之。人以问，孔子曰："鸧也。"子夏曰："何以知之？"孔子曰："河上之歌云：'鸧兮鸧兮！逆毛衰兮！一身九尾长兮！'"［冲波传绎史孔子类记四引］

【释义】

有一种鸟九只尾巴，孔子和子贡见过。有人问它是什么鸟，孔子说："是鸧。"子贡说："根据什么说是鸧？"孔子说："黄河边上的民歌唱：'鸧啊鸧，卷毛衰。一个身子啊，九个尾巴长。'"

【原文】

孔子使子贡，为其不来，孔子占之，遇鼎。谓弟子曰："古之遇鼎，皆言无足而不来。"颜回掩口而笑。孔子曰："回也哂，谓赐来也？"曰："无足者，乘舟而来至矣。"清旦朝，子贡果至，验如颜回之言。［卫波传艺文类聚七十一引］

【释义】

孔子派子贡出门办事，因为子贡没回来，孔子急着去占卜，得了鼎卦。他对学生们说："古人占卜遇到鼎卦，都说无脚不来。"颜回捂着嘴笑。孔子说："颜回呵！为什么笑？子贡回来吗？"颜回说："无脚的，乘船回来。"清晨朝见，子贡果然回来了，验证了颜回的话。

【原文】

孔子去卫适陈，塗中见二女采桑。子曰："南枝窈窕北枝长。"答曰："夫子游陈必绝粮，九曲明珠穿不得，著来问我采桑娘。"夫子至陈，大夫发兵围之，令穿九曲珠乃释其厄。夫子不能，使回、赐返问之。其家谬言女外出，以一瓜献二子。子贡曰："瓜子在内也。"女乃出，语曰："用蜜塗珠，丝将系蚁，蚁将系丝，如不肯过，用烟燻之。"子依其言，乃能穿之，于是绝粮七日。[冲波传绎史孔子类记一引]

【释义】

孔子离开卫国到陈国去，道上看见两个少女采桑叶。孔子吟道："南枝细细北枝长。"少女答道："先生到陈必断粮，九曲明珠穿不上，到时来问采桑娘。"孔子到了陈国，陈君命大夫发兵包围孔子，命他只有穿上九曲珠子才可解除围兵。孔子穿不上，让颜回和端木赐返回去请教采桑女，他们家里人谎称少女外出了，给他俩一个瓜吃。子贡揶揄道："瓜子在里边。"少女只好出来，告诉说："用蜜糖抹珠子孔儿。丝线拴上蚂蚁，蚂蚁拖着丝线，若是蚂蚁不钻珠子的孔儿，就用烟熏它。"孔子照着采桑女说的，果真穿连上珠子了。因此只断粮七天就解了围。

【原文】

孔子相鲁之时，有神凤游集。至哀公之末，不复来翔。故云："凤乌不至，可为悲矣。"[拾遗记二]

【释义】

孔子当鲁国国相时，经常有凤凰光顾。到了哀公末年，凤凰不再飞来。所以说："凤凰不到，值得悲哀。"

【原文】

周灵王立二十一年，孔子生于鲁襄公之世。夜有二苍龙自天而下，来附征在之房，因梦而生夫子。有二神女，擎香露于空中而来，以沐浴征在。天帝下奏钧天之乐，列于颜氏之房。空中有声，言天感生圣子，故降以和乐笙镛之音，异于俗世也。

周灵王

又有五老列于征在之庭，则五星之精也。夫子未生时，有麟吐玉书于阙里人家，文曰："水精之子，继衰周而素王。"故二龙绕室，五星降庭。征在贤明，知为神异，乃以缔绂系麟角，信宿而麟去。相者云："夫子係殷汤，水德而素王。"至敬王之末，鲁定公二十四年，鲁人锄商田于大泽，得麟，以示夫子，系角之绂，尚犹在焉。夫子知

命之将终,乃抱麟解绂,涕泗滂沱。且麟出之时,及解绂之岁,垂百年矣。[拾遗记三]

【释义】

　　周灵王继位二十一年的时候,孔子在鲁国出生,正值鲁襄公二十二年。一天夜间,有两条苍龙从天而降,依附在征在卧室的房梁上,于是征在就做了一个梦,生了孔子。这时有二位仙女,手托香气四溢的露水,从空中冉冉而来,用馨香的露水淋洒在征在的头上、身上。天帝下令演奏天宫的仙乐,悠扬的乐声萦绕征在的房屋。空中有一个声音说道,上天感应而生圣人。因此才传来了和谐的簧管钟磬的乐声,可见孔子的降生有别于凡俗的世人。还有五位老者依次立于征在的庭院中,原来是金、木、水、火、土五大星神。在孔子未出生的时候,就有麒麟衔天书送到孔家住所,上面写的字是:"水神的儿子,为维系衰微的周朝来做素王。"所以才会有两条龙盘绕室内,五星神降落庭院。征在十分贤惠、明达,知道这些都是神灵显示吉兆,就用彩绣的丝带系在麒麟的角上,麒麟连宿两夜才离去。占卜的人说:"孔子是殷汤的后代,合于水德,具备当王的品行和学问,可是没有称王的地位。"到了周敬王末年,也就是鲁定公二十四年,鲁国人锄商到水浅草茂的大泽去打猎。获得一只麒麟,并牵来给孔子看,当年征在系在麒麟角上的腰带,依然完好无缺地系在那里。夫子知道生命将要终结,就怀抱麒麟解下丝带,泪流如雨。从麒麟出现的时候,到解下丝带这一天,将近一百年了。

【原文】

　　鲁国孔子庙中,夫子床前有石砚一枚,作甚古朴,盖夫子平生时物。[从征记初学记二十一引]

【释义】

　　鲁国孔夫子庙中,夫子的床前有一枚石砚,十分古朴,大概是孔子生平之物。

【原文】

　　昔鲁人有浮海而失津者,至于澶州,见仲尼及七十子游于海中。与鲁人一体杖,令闭目乘之,使归告鲁侯,筑城以备寇。鲁人出海,投杖水中,乃龙也。具以状告,鲁侯不信。俄而,群燕数万,衔土培城。鲁侯乃大城曲阜。迄,而齐寇至,攻鲁不克而还。[十六国春秋北凉录御览九百二十二引]

【释义】

过去,有个鲁国人浮游在海上找不到渡口,到了澶州岛,看见孔子和七十个弟子在水中游来。给他一支手杖,让他闭着眼睛跨上去,并让他回国告诉鲁君,要修筑城墙防备敌寇。鲁人出海上岸,把手杖扔到水里,竟化作一条龙。把情况报告给鲁国国君,国君不相信,过一会儿,成群的燕子有几万只,飞来衔泥筑墙。鲁君这才大力修整曲阜的城墙。后来,齐国侵略者果真到了。攻打鲁国,没攻下于是返回去了。

【原文】

意为鲁相,到官,出私钱万三千文,付户曹孔䜣修夫子车,身入庙,拭机席剑履。男子张伯除堂下草,土中得玉璧七枚,伯怀其一,以六枚白意。意令主簿安置几前。孔子教授堂下床首有悬甕。意召孔䜣问:"其何甕也?"对曰:"夫子甕也。背有丹书。人莫敢发也。"意曰:"夫子圣人,所以遗甕,欲以悬示后贤。"因发之,中得素书,文曰:"后世修吾书,董仲舒;护吾车,拭吾履,发吾筒,会稽钟离意。璧有七,张伯藏其一。"意即召问伯,果服焉。[钟离意别传后汉书钟离意传注引]

【释义】

钟离意当上鲁地的执政官,到官府后,拿出自己的私钱一万三千文,交给户曹官孔䜣让他修理孔子乘过的车。自己又亲入孔庙,擦拭几案、座席、剑和鞋子。一个叫张伯的男人清除厅堂外的杂草,在土中捡到七枚玉璧,他把其中的一枚藏到怀里,把另六枚交给钟离意。钟离意让主簿把玉璧放到几案前边。在孔子教书的堂下床头悬挂一个瓦罐,钟离意召来孔䜣问:"这是谁的瓦罐?"答道:"是老先生的,后面还有红字,没有人敢打开。"钟离意说:"先生是圣人,之所以留下个瓦罐,想给后来的贤人看。"于是就打开了,里面有写着字的绢书,上写道:"后世篡改我书的人是董仲舒;保修我车的,擦我鞋的,打开我匣子的是钟离意。玉璧有七枚,张伯藏一枚。"钟离意马上叫来张伯问,大家真佩服孔子的神异。

【原文】

孔子曰:"丘少而好学,晚而闻道,此以博矣。"[慎子御览六百七引]

【释义】

孔子说:"我少年时喜欢学习,老年时明白了真理,这也可以称为渊博了。"

【原文】

孔子云:"有虞氏不赏不罚,夏后氏赏而不罚,殷人罚而不赏,周人罚且赏。罚,禁也;赏,使也。"[慎子御览六百三十三]

【释义】

孔子说:"虞舜时代不奖赏人也不惩罚人,夏代奖赏人而不惩罚人,殷代惩罚人而不奖赏人,周代既惩罚人又奖赏人。惩罚,是为了禁止;奖赏,是为了纵使。"

【原文】

甘罗曰:"夫项橐七岁为孔子师。"[春秋后语御览四百四引]

【释义】

甘罗说:"项橐七岁时做了孔子的老师。"

【原文】

孔子读书,老子见而问曰:"是何书也?"曰:"礼也,圣人亦读之。"老子云:"圣人可也,汝曷复读之?"[神仙传御览六百十六引]

【释义】

孔子读书,老子看了问道:"这是什么书?"孔子回答说:"是有关礼方面的书,圣人也应该读。"老子说:"圣人读它可以,你为什么读它呢?"

【原文】

阖闾使灵威丈人入洞,秉烛昼夜行,七十日不穷而返。启王曰:"初入洞口,其隘伛偻,而入约数里,忽遇一石室,高可二丈,尝垂津液,内有石床枕研,石几上有素书三卷。"持回,上于阖闾,不识。使人问于孔子,孔子曰:"此禹石函,文并神迁之事,言大道也。"王又令再入,经二十日却反。云:"不似前也,唯上闻风浪声,又有异虫挠人扑火;石燕蝙蝠大如乌,前去不得,穴中高处照不见,颠多人马迹。"昔禹治

水,过会稽,梦人衣玄纁告云:"治水法在山北钿函中,并不死方。"禹得之藏于包山石室,灵威丈人所得是也。[震泽篇卷二古迹]

【释义】

阖闾派灵威老人入洞,(老人)持烛白天黑夜兼行,走了七十天也没走到尽头返回了。奏君王说:"刚进洞口的时候,道路狭窄,行了大约几里,忽然遇到一间石室,大约二丈高,往下滴液体,里面有石床枕砚,石几上三卷素书。"拿回后献于阖闾,认不出就派人问孔子,孔子说:"这是大禹的石函,文章记录神仙之事,言说大道。"君王派灵威老人再次进洞,经过二十天返回。说:"此次不像上次,上面只听到风浪的声音,又有奇异的虫子,还有大的燕和蝙蝠,阻碍道路,无法前进,洞穴中高处照不到,顶上多人马迹象。"从前大禹治水时,经过会稽,梦见穿红衣的仙人说:"治水的方法在山北边的钿函之中,并有长生不老之方。"大禹得到藏在包山石室中,灵威老人得到的就是这书。

【原文】

赤雀者,王者动作应天时,则衔书来。一云:孔子坐玄扈洛水之上,衔丹书随至。[瑞应图艺文类聚卷九十九引]

【释义】

红雀,君王的行为顺应天时,它就衔书而至。一本书说:孔子在玄扈洛水时,红雀衔书随后到来。

【原文】

昔赵鞅杀鸣犊,仲尼临河而叹,自是而返曰:"丘之不济,命也。"夫《琴操》以为孔子临狄水而歌矣,曰:"狄水衍兮,风扬波。船楫颠倒,更相加。"[水经河水注]

【释义】

过去,赵鞅杀死鸣犊时,孔子面对黄河发出感叹,并从那里返回说:"我不会渡过黄河,这可能是命运的安排。"《琴操》记述孔子面对狄水唱了一支歌,其中两句是:"狄水激荡啊,大风扬波涛。船桨颠倒啊,更加难航行。"

【原文】

庙屋三闲:夫子在西闲,东向;颜母在中闲,南面;夫人隔东一闲,东向。夫子床

前有石砚一枚，作甚朴，云平生时物也。［水经泗水注］

【释义】

孔子旧宅有三间屋子，孔子在窗向东的西间，孔母颜氏在窗向南的中间，夫人在窗向东的东间，孔子床前有一方石砚，做工很质朴说是平生一直都在用的物件。

【原文】

鲁人藏孔子所乘车于庙中，是颜路所请者也。献帝时，庙遇火烧之。永平中，钟离意为鲁相，到官，出私钱万三千文，付户曹孔䜣，治夫子车，身入庙，拭几席、剑履。男子张伯除堂下草，土中得玉璧七枚，伯怀其一，以六枚白意。意令主簿安置几前。孔子寝堂床首有悬瓮，意召孔䜣问：何等瓮也？对曰：夫子瓮也，背有丹书，人勿敢发也。意曰：夫子圣人，所以遗瓮，欲以悬示后贤耳。发之，中得素书。文曰：后世修吾书，董仲舒；护吾车，拭吾履，发吾笥，会稽钟离意；璧有七，张伯藏其一。意即召问伯，果服焉。［水经泗水注］

【释义】

鲁国人在孔庙里收藏着孔子曾坐过的车，这辆车是颜路请求借用的那辆车。汉献帝时遭遇一场火灾，车被烧坏了。永平年间，钟离意到鲁地当执政官。他到任后，自己掏钱一万三千文，交给户曹官孔䜣，修理孔子的车，又亲自到孔庙擦拭几案、座席、剑和孔子穿过的鞋。有个男人叫张伯清除堂外杂草时，从土里捡到七枚璧玉，他把其中一枚藏到怀里，把另六枚上交给钟离意。钟离意让主簿官把璧玉放到几案前边。孔子卧室的床头上悬挂一个瓦罐。钟离意召来孔䜣问："谁的瓦罐？"回答说："是先生的瓦罐，后面还有文字，没人敢打开。"钟离意说："先生是圣人，留下这个瓦罐，是想给后来的贤人以警示罢了。"打开一看，得到一块写字的绢书。上写："后世篡改我书的人是董仲舒；保护我车，擦拭我鞋，打开我匣子的人是会稽人钟离意；璧玉有七枚，张伯藏起一枚。"钟离意立即召唤张伯来问，大家真佩服孔子的神异。

【原文】

宓子贱之治也，孔子使巫马期观政。入其境，见夜渔者问曰："子得鱼辄放，何也？"曰："小者，吾大夫欲长育之故也。"子闻之曰："诚彼形此，子贱得之善矣！"［水经泗水注］

【释义】

宓子贱大治,孔子派亚马期观察他的教化。到了他管辖的境内,看见打鱼人捕到鱼后又放掉,亚马期问打鱼人说:"你得到鱼却放掉它,是为什么呢?"打鱼人回答说:"小鱼,所以放掉它,季子希望它们长大。"亚马期回去报告这个情况,孔子说:"在这里教诫,便等于在那里执罚,季子的道德达到最高境界了!"

【原文】

孔子曰:"刑乱及诸政,政乱及诸身。"［隋书刑法志］

【释义】

孔子说:"刑法乱了就会波及政事,政事乱了就会波及人身。"

【原文】

孔子既叙六经以明天人之道,知后世不能稽同其意,故别立纬及谶以遗来世,其书出于前汉。［隋书经籍志］

【释义】

孔子述六经用来彰明天人之道,知道后世不能考校其用意,因此另立谶和纬遗留给后世,这书成于前汉。

【原文】

颜回子路共坐于夫子之门,有鬼魅求见孔子。子路失魄口噤不得言,颜渊乃纳履杖剑掷握其腰。于是形化为蛇。孔子欺曰:勇者不惧,智者不惑,智者必勇,勇者不必有智。［小说王仁俊孔子集语补遗引］

【释义】

颜回子路共同坐在孔子门口,有鬼魅请求见孔子。子路害怕闭口不能言,颜回则手拿宝剑放于腰间。鬼魅化为蛇。孔子说:勇敢的人不害怕,智慧的人不困惑,智慧的人一定勇敢,勇敢的人不一定有智慧。

【原文】

子曰:"滌杯而食,洗爵而饮,可以养家客,未可以饗三军。咒虎在后,隋珠在前,弗及掇珠,先避后患。闻雷掩耳,见电瞑目。耳闻所恶,不如无闻;目见所恶,不如无见。火可见而不可握,水可循而不可毁。故有象之属,莫贵于火;有形之类,莫尊于水。身曲影直者,未之闻也。用百人之所能,则百人之力举。譬若伐树而引其本,千枝万叶,莫能弗从也。"[金楼子立言下]

【释义】

孔子说:"洗了碗再盛饭吃,洗了杯子再斟酒喝,可以养家人待宾客,而不能招待三军将士。猛虎在身后,宝珠在眼前,不会先拾宝珠,而是先避身后的灾祸。听到打雷捂耳朵,看见闪电闭眼睛,因为耳朵听到所讨厌的不如不听,眼睛看到所讨厌的不如不看。火能够看见但不能握住,水可以沿循但不能毁灭。所以有形象的东西没有比火更贵重的,有形体的东西没有比水更尊贵的。身子曲而影子直的,从来没有听说过。使用一百人的能力,那么一百人的力量就全部发挥。好比伐树的时候拉动树根,千枝万叶没有能不随着动的。"

【原文】

孔子冢在鲁城北,茔中树以百数,皆异种,鲁人世世无能名者。传言孔子弟子既皆异国之人,各持其国树来种之。孔子茔中至今不生荆棘草木。[金楼子志怪]

【释义】

孔子坟墓在鲁国都城北郊,坟茔里植树几百棵,都是不同的树种,鲁人世世代代都不能全叫出名来。传说孔子的学生都来自不同的诸侯国,各自把本国树种移植此处。另外,孔子坟茔中至今不生荆棘刺草。

【原文】

孔子游舍于山,使子路取水。逢虎于水,与战,揽尾得之,内于怀中。取水还,问孔子曰:"上士杀虎如之何?"子曰:"上士杀虎持虎头。""中士杀虎如之何?"子曰:"中士杀虎持虎耳。"又问:"下士杀虎如之何?"子曰:"下士杀虎捉虎尾。"子路出尾弃之,复怀石盘,曰:"夫子知虎在水,而使我取水,是欲杀我也。"乃欲杀夫子,问:"上士杀人如之何?"曰:"用笔端。""中士杀人如之何?"曰:"用语言。""下士杀人如之何?"曰:"用石盘。"子路乃弃盘而去。[金楼子杂记上]

【释义】

孔子出门游山,让子路去打水。子路在河边碰上老虎,与老虎搏斗,最后抓住老虎尾巴捉住了老虎,抱在怀里。打水回来,问孔子:"上等士杀虎怎么杀?"孔子说:"上等士杀老虎捉虎头。"又问:"中等士杀老虎怎么杀?"孔子说:"中等士杀虎捉虎耳。"又问:"下等士杀老虎怎么杀?"孔子说:"下等士杀老虎捉虎尾。"子路松开老虎尾巴放了老虎,又拾起一块大石头,说:"先生知道老虎在水边,而让我去打水,是想让老虎吃了我。"于是就想杀孔子。他问孔子:"上等士杀人用什么?"孔子说:"用笔尖。"又问:"中等士杀人用什么?"孔子说:"用语言。"又问:"下等士杀人用什么?"孔子说:"用石头。"子路便扔下石头走了。

【原文】

辨飞龟于石函。[虞世南撰夫子庙堂碑]

【释义】

辨识藏在石函之中的飞龟所授的仙书。

【原文】

三不比两者,孔子所造也。[艺经术数拾遗记引]

【释义】

三不比二,这是孔子制造的。

【原文】

子曰:"言之善者,在所日闻;行之善者,在所能为。"[黔娄子曹庭栋孔子逸语引]

【释义】

孔子说:"言语友好的,在于每日所听;行动友好的,在于每天所为。"

【原文】

十三年,齐大夫陈成恒欲弑简公,阴惮高、国、鲍、晏,故前兴兵伐鲁,鲁君忧之。孔子患之,召门人而谓之曰:"诸侯有相伐者,丘常耻之。夫鲁,父母之国也,丘墓在焉。今齐将伐之子无意一出邪?"子路辞出,孔子止之。子张、子石请行,孔子弗许。子贡辞出,孔子遣之。[吴越春秋夫差内传]

【释义】

夫差十三年,齐国大夫陈成恒想谋杀齐简公,但心中又害怕齐国的高氏、国氏、鲍氏、晏氏等四大家族,因而先发兵讨伐鲁国。鲁哀公感到非常忧虑。孔子也为之忧患,于是召集弟子,对他们说:"诸侯之间有相互攻伐之事,我常常引以为耻。但鲁国是我的父母之邦,我祖宗的坟墓都在这里。现在齐国要攻打鲁国,难道诸位不想到各国去游说一下吗?"子路要告辞出发,孔子却制止了他。子张、子石也请求前去,孔子仍不答应。最后子贡要告辞动身,孔子才同意派他去。

【原文】

越王既已诛忠臣,霸于关东,从琅琊起观台,周七里,以望东海。死士八千人,戈船三百艘。居无几,射求贤士。孔子闻之,从弟子奉先王雅琴礼乐奏于越。越王乃被唐夷之甲,带步光之剑,杖物卢之矛,出死士三百人为阵关下。孔子有顷到。越王曰:"唯唯,夫子何以教之?"孔子曰:"丘能述五帝三王之道,故奏雅琴以献之大王。"越王喟然叹曰:"越性脆而愚,水行山处,以船为车,以楫为马,往若飘风,去则难从,锐兵任死,越之常也,夫子何说而欲教之?"孔子不答,因辞而去。〔吴越春秋勾践伐吴外传〕

【释义】

越王勾践既已诛杀忠臣,称霸于关东,在琅琊修建起观海的高台,台的周围七华里,坐在台上就可以眺望东海。他的身边有八千名不顾生死的勇士,三百艘战船。在琅琊住下不久,他又亲自召求圣贤帮他治理国家。孔子听到消息率领弟子,带着先王的古琴和礼乐,到越国来演奏。勾践身披赐夷特制的铠甲,佩戴着步光宝剑,手中拿着物庐造的戈矛,带领三百名敢死的武士,在关下摆好迎宾的阵势。过了一会,孔子从远处向越王叩头行礼。越王勾践热情招呼道:"好啊好啊! 老夫子远道而来,有何见教啊?"孔子回答说:"我能向您讲述五帝三王治国安民之道,所以演奏雅琴奉献大王。"越王感慨地叹息道:"我们越国人生性轻薄而缺乏教养,他们久住深山惯行水路,把大船当车使,把小船当马骑,来来往往就像风一样飘忽不定,跑起来追也追不上,坚甲利兵生死不顾,越国人天生的个性就这样,老夫子有什么学说,可用来教导我们呢?"孔子没有回答,就告辞离开了越国。

【原文】

禹治洪水,至牧德之山,见神人焉,谓禹曰:"劳子之形,役子之虑,以治洪水,无乃怠乎!我有《灵宝》五符,以役蛟龙水豹。"因授禹而诫之曰:"事毕可秘于灵山。"禹成功后,藏于洞庭苞山之穴。至吴王阖闾之时,有龙威丈人得符献之。吴王以示群臣,皆莫能识。乃令齐符以问孔子,曰:"吴王闲居,有赤乌衔此书以至王所,莫辨其文,故令远问。"孔子曰:"昔禹治水,于牧德之山遇神人,授以《灵宝》五符,后藏洞庭之苞山。君王所得,无乃是乎。赤乌之事,丘所未闻。"[吴越春秋绎史孔子类记四引今本无]

【释义】

大禹治水,到了穆德山,见到一个神人,对禹说:"劳您的体力,用您的心思,来治洪水,不是太累了吗?我有《灵宝经》五符,可以役使蛟龙水豹,让它们帮您治水。"于是把书送给了大禹并嘱咐他:"事完以后,可以秘藏在灵山里边。"大禹治水成功以后,把它藏在了洞庭湖边的苞山的山洞里。到了吴王阖闾时代,有个叫龙威的老人,从山洞里得到了那书符,献给了吴王阖闾。吴王阖闾把它拿给大臣们看,都不认识。吴王就让人带着书符去问孔子,对孔子说:"吴王闲呆着,有一只红乌衔着这书飞到吴王那里,没有人认识上面的字,所以让我们远远地来问您。"孔子说:"从前大禹治水,在穆德山遇到了神人授给他《灵宝》五符,后来藏在洞庭湖边的苞山。吴王所得的符,莫非就是这书吧!红乌衔书的事,我没听说过。"

【原文】

夫差闻孔子至吴,微服观之。或人伤其指,王怒欲索或而诛之。子胥谏乃止。[吴越春秋绎史孔子类记四引今本无]

【释义】

夫差听说孔子到了吴国,穿着便服看他。有个人伤到孔子,吴王十分愤怒,想要捉到杀了他。子胥谏诤吴王才不这样做。

【原文】

孔子冢上特多楷树。[广志广韵上平声十四皆楷字注引]

【释义】

孔子的坟墓上长了许多黄连木。

【原文】

客有候孔子者,颜渊问曰:“客何人也?”孔子曰:“宵兮法兮? 吾不测也。夫良玉径尺,虽十仞之土,不能掩其光;明珠径寸,虽有函丈之石,不能戢其曜。苟缊矣,自厚容止,可知矣。”[高士传御览五百十引虞盘佐高士传]

【释义】

有个客人来拜访孔子,过后颜回问道:“这位客人是怎样一个人呢?”孔子说:“好人呢,坏人呢? 我无法猜测。一尺的美玉,即使在七八丈的厚土之下,它的光芒也是埋不住的;一寸的明珠,即使在一丈厚的石头之中,它的光彩也是掩不住的。”

【原文】

孔子曰:“回,来! 家贫居卑,胡不仕乎?”回对曰:“不愿仕。回有郭外之田五十亩,足以给饘粥;郭内之圃十亩,足以为丝麻。鼓宫商之音,足以自娱;习所闻于夫子,足以自乐。回何仕焉!”孔子愀然变容曰:“善哉,回之意也。”[高士传]

【释义】

孔子对颜回说:“颜回,你过来! 你家里贫困,居住环境又不好,为什么不去做官呢?”颜回说:“不愿做官:我家城外有五十亩田,足以喝粥了;城内还有十亩田,足以供穿衣了。每天弹琴,足以自我欢娱;在先生这学的道理,足以自我快乐。我不愿做官!”孔子听后脸色变得严肃起来,说:“颜回的心态真好啊!”

【原文】

孔子年十七遂适周见老聃。[高士传]

【释义】

孔子十七岁就去周王城见老子。

【原文】

大项橐与孔子俱学于老子。俄而,大项为童子推蒲车而戏孔子候之,遇而不

识,问大项居何在。曰:"万流屋是。"到家而知,向是项子也,交之与之谈。[高士传玉烛宝典四引嵇康高士传]

【释义】

大项橐和孔子都师从老子。一会儿,大项橐和小孩一起玩蒲车游戏,孔子经过却不认识,就问大项住在何处。大项说在万流屋。到家了才知道,刚才那个人是大项,就和他相交而谈。

【原文】

闵子骞问仲尼:"道之与孝相去奚若?"仲尼曰:"道者,自然之妙用。孝者,人道之至德。夫其包运天地,发育万物,曲成类形,布丕性寿,其功至实,而不为物府,不为事官,无为功尸,扪求视听,莫得而有,字之曰道。用之于人,字之曰孝。孝者,善事父母之名也。夫善事父母,敬顺为本,意以承之,顺承颜色,无所不至;发一言,举一意,不敢忘父母;营一手,措一足,不敢忘父母。事君不敢不忠,朋友不敢不信,临下不敢不敬,响善不敢不勤,虽居独室之中,亦不敢懈其诚,此之谓全孝。故至诚之至,通乎神明,光于四海,有感必应,善事父母之所致也。

"昔者虞舜其大孝矣,庶母惑父,屡憎害之,舜心益恭惧而无怨。谋使浚井,下土实之。于时天体震动,神明骏赫,导穴而出,奉养滋谨,由是玄德茂盛,为天下君。善事父母之所致也。

"文王之为太子也,其大孝矣,朝夕必至乎寝门之外,问寺人曰:'兹日安否如何?'曰:'安。'太子温然喜色。小不安节,太子色忧满容。朝夕食上,太子必视寒暖之节,食下,必知膳羞所进,然后退。寺人言疾,太子肃冠而斋。膳宰之馔,必敬视之。汤液之贡,必亲尝之。尝馔善,则太子亦能食;尝馔寡,太子亦不能饱,以至于复初,然后亦复初。君后有过,怡声以讽。君后所爱,虽小物,必严龚。是故孝成于身,道洽天下。《雅》曰:'文王陟降,在帝左右。'言文王静作进退,天必赞之。故纣不能害,梦兽之寿,卜世三十,卜年七百,天所命也。善事父母之所致也。"

闵子骞曰:"善事父母之道,既幸闻矣,敢问教子之义。"仲尼曰:"凡三王教子,必视礼乐。乐所以修内,礼所以修外。礼乐交修,则德容发辉于貌,故能温容而文明。夫为人臣者,杀其身有益于君,则为之,况利其身以善其君乎!是故择建忠良贞正之士为之师傅,欲知其父子君臣长幼之道。夫知为人子,然后可以为人父;知为人臣,然后可以为人君;知事人,然后能使人,此三王教子之义也。"闵子骞退而事之于家三年，人无闲于父母昆弟之言，交游称其信，乡党称其仁，宗族称其悌，德行之声溢于天下。此善事父母之所致也。［亢仓子训道］

【释义】

闵子骞问孔子："道与孝的差别有多大？"孔子说："道是自然的妙用，孝是人类道德最高的品行。那个包容天地、运转宇宙，滋生养育世界万物，想方设法使它们形成不同的种类和形状，传布自然本性，增加万物寿数，功劳最实在，却不把万物视为私有，不管具体事务，不将功劳据为己有，摸不着，求不来，看不见，听不到，什么都没有的东西，人们给它起名叫道。把道用在人类社会，就叫作孝。孝是好好地侍奉父母的名称，好好地侍奉父母，要以恭敬顺从为根本，秉承父母的意愿，看他们的脸色行事，照顾得无微不至；说一句话，有一个想法，都不敢忘记父母；抬一下手，动一下脚，也都不敢忘记父母。侍奉君主不敢不忠诚，与朋友交往不敢不守信用，统治百姓不敢不慎重，向往善行不敢不勤勉，即使独居一室，也不敢松懈虔诚之心，这就叫作全孝。因此，孝顺虔诚达到最高境界，就能与神明相通，光耀四海，心有所感，上天必定有所反应，这都是好好地侍奉父母导致的结果。

从前虞舜十分孝顺，他的后母蛊惑他的父亲，使他父亲讨厌他并屡次要谋害他，虞舜心里对父母却更加恭敬畏惧而无怨恨。舜父设计让舜清理水井，趁舜在井下时倒土填井。就在这时，上天震撼，神灵大怒，引导舜从旁边的洞口出来，而虞舜奉养父母更加谨慎恭敬，因此，他的玄德淳美盛大，成为天下的君王。这是好好地侍奉父母导致的结果。

周文王做太子的时候，也是非常孝顺的，早晚一定要到父亲的内室门外，询问近侍：'今天父王是否安康？'近侍说：'安康。'太子便欣然的露出喜悦的神色。父亲稍有不适，改变生活节奏，太子便愁容满面。朝夕进献食物，太子必定要看看是冷是热，撤下食物，也一定要了解父亲吃了多少，然后才退下。近侍报告父亲有病，太子便整肃衣冠，虔诚祈祷。厨工陈设食品，太子一定恭敬地检查，进贡汤药，太子一定亲口尝尝。父亲吃饭吃得好，太子也就吃得下饭；父亲吃得少，太子也无法吃得饱，直到父亲病愈，太子才恢复常态。父王如果有过错，太子就和声细气地进行讽谏。父王所喜爱的东西，即使很小的东西，太子也一定严肃恭敬地对待。因此，他自身做到了孝顺，使道德周遍天下。《诗·大王·文王》说：'文王升降，总在天帝的左右。'这是说文王的一举一动，上天必定给予佑助。所以商纣不能加害于他，周武王梦知百年寿期，周成王卜知周王朝传世三十，享年七百，这是上天的安排。

这都是好好地侍奉父母导致的结果。"

闵子骞说:"好好侍奉父母的道理,我已经荣幸地听说了,再斗胆问问教育子女应该怎样做。"孔子说:"夏、商、周三代君王教育子女,一定教给他们礼乐。乐用来修身养性,礼用来修饰仪表。礼乐兼修,那么,高贵的品德就会闪闪发光,在外貌上显示出来,所以能够做到温和恭敬而文德辉耀。做人臣的,只要有益于君主,哪怕牺牲自己的生命也要去做,何况是对自己有利而对君主有好处的事呢?因此选择忠诚善良坚贞正直的士人,立为子女的师傅,是想要让他们知道父为子纲、君为臣纲、长幼尊卑的道理。知道怎样做儿子,然后才能够做父亲;知道怎样做臣子,然后才能够做君主;知道怎样侍奉人,然后才能指使人,这就是夏商周三代君王教育子女的方法。"闵子骞回去后,按照孔子的教导在家实践了三年,人们听不到他父母兄弟说他的坏话,交往的朋友都称赞他讲信用,乡亲们都称赞他仁慈,同宗族的人都称赞他敬爱兄长,使德行的美名传遍天下。这是好好侍奉父母导致的结果。

【原文】

善乎!孔子之言。冬饱则身温,夏饱则身凉。〔亢仓子农道〕

【释义】

孔子的话说得真好啊!冬天吃饱肚子,身体才暖和;夏天吃饱肚子,身体才凉爽。

【原文】

"白马非马,乃仲尼之所取。龙闻楚王张繁弱之弓,载忘归之矢,以射蛟兕于云梦之圃,而丧其弓。左右请求之。王曰:'止!楚王遗弓,楚人得之,又何求乎?'仲尼闻之曰:'楚王仁义而未遂也。'亦曰:'人亡弓,人得之而已,何必楚?'若此,仲尼异'楚人'于所谓'人'。"〔公孙龙子迹府〕

【释义】

"白马不是马的说法,是孔子所赞同的。我曾听说,当年楚王带上良弓和好箭,在云梦泽的狩猎场打猎,把弓弄丢了。随从们要找回来。楚王说:'算了!楚国人弄丢了弓,也是楚人拾去,何必去找呢!'孔子听到这件事后说:'楚王的仁义还不彻底啊!'又说:'应该说人丢了弓,也是人拾去,何必一定是楚国人?'这样看来,孔子把楚人和人区别开来。"

【原文】

孔子曰:"求忠臣必于孝子之门。"[后汉书韦彪传注云孝经纬之文也]

【释义】

孔子说:"求取衷心之臣一定要到孝子的家庭。"

【原文】

孔子曰:"汉三百载,(计)[斗]历改宪。"[后汉书郎𫖮传引郎𫖮对尚书曰注云春秋保干图之文]

【释义】

孔子说:"汉朝三百年,斗历改宪。"

【原文】

孔子曰:"雷之始发《大壮》始,君弱臣强从《解》起。"[后汉书郎𫖮传]

【释义】

孔子说:"雷始发从《大壮》开始,君主弱臣子强从《解》而起。"

【原文】

孔子曰:"揖让而化天下者,礼乐之谓也。"[后汉书张奋传注云礼记乐记孔子之辞也]

【释义】

孔子说:"以文德教化天下,说的就是礼乐的功用。"

【原文】

孔子谓子夏曰:"礼以修外,乐以制内,丘已矣夫?"[后汉书张奋传注云礼稽命征之辞也]

【释义】

孔子问子夏说:"用礼修饰行为仪表,用乐修养思想意识,我做到了吗?"

【原文】

孔子忍渴于盗泉之水。[后汉书钟离意传]

【释义】

孔子在盗泉边时,忍住口渴不喝(盗泉中的)水。

【原文】

孔子曰:"吐珠于泽,谁能不含。"[后汉书翟酺传]

【释义】

孔子说:"珍珠在湖泽中出现,谁能不抢着要呢。"

【原文】

孔子曰:"帝者谛也。"《春秋运斗枢》曰:"五帝修名立功,修德成化,统调阴阳,招类使神,故称帝。帝之言谛也。"郑玄注云:"审谛于物也。"[后汉书李云传云上书]

【释义】

孔子说:"帝王应该把握住真理。"《春秋运斗枢》说:"五帝修养名声建立功业,修养德行教化众人,协调阴阳,因此称为帝。'帝'与'谛'音同。"郑玄说:"审帝在于物。"

【原文】

孔子曰:"智者见变思刑,愚者靓怪讳名。"[后汉书李固传固奏记]

【释义】

孔子说:"聪明人看到改变了的东西想着效法学习,愚蠢的人见了奇异的事物回避不提。"

【原文】

孔子曰:"夏正得天。"[五行大义四]

【释义】

孔子说:"夏历以正月为岁首符合天时规律。"

【原文】

季桓子穿井,获如土缶,其中有羊焉。使问之仲尼曰:"吾穿井而获狗,何也?"对曰:"以丘之所闻,羊也。丘闻之:木石之怪曰夔、蝄蜽,水之怪曰龙、罔象,土之怪曰羵羊。"[国语鲁语下季桓子穿井获羊]

【释义】

季桓子家掘井,在土中挖到一只土瓦罐,里头有只像羊一样的怪物。派人去问孔子说:"我们家掘井从土里挖得一只活狗,为什么?"回答说:"按我孔丘知道的,是羊。丘听说:山里的精怪叫夔、蝄蜽;水里的精怪叫龙、罔象;土中的精怪叫羵羊。"

【原文】

公父文伯退朝,朝其母,其母方绩。文伯曰:"以歜之家而主犹绩,惧忏季孙之怒也,其以歜为不能事主乎!"

其母叹曰:"鲁其亡乎! 使僮子备官而未之闻邪? 居,吾语女。昔圣王之处民也,择瘠土而处之,劳其民而用之,故长王天下。夫民劳则思,思则善心生;逸则淫,淫则忘善,忘善则恶心生。沃土之民不材,逸也;瘠土之民莫不响义,劳也。是故天子大采朝日,与三公、九卿祖识地德;日中考政,与百官之政事,师尹惟旅、牧、相宣序民事;少采夕月,与太史、司载纠虔天刑;日入监九御,使洁奉禘、郊之粢盛,而后即安。诸侯朝修天子之业命,书考其国职,夕省其典刑,夜儆百工,使无慆淫,而后即安。卿大夫朝考其职,昼讲其庶政,夕序其业,夜庀其家事,而后即安。士朝受业,昼而讲贯,夕而习复,夜而计过无憾,而后即安。自庶人以下,明而动,晦而休,无日以怠。"

"王后亲织玄紞,公侯之夫人加之以纮、綖,卿之内子为大带,命妇成祭服,列士之妻加之以朝服,自庶士以下,皆衣其夫。社而赋事,蒸而献功,男女效绩,愆则有辟,古之制也。君子劳心,小人劳力,先王之训也。自上以下,谁敢淫心舍力? 今我,寡也,尔又在下位,朝夕处事,犹恐忘先人之业。况有怠惰,其何以避辟! 吾冀而朝夕修我曰:'必无废先人。'尔今曰:'胡不自安。'以是承君之官,余惧穆伯之绝嗣也。"

仲尼闻之曰："弟子志之，季氏之妇不淫矣。"［国语鲁语下］

【释义】

公父文伯从朝廷回来，朝见他的母亲，他的母亲正在纺麻。文伯说："以我们这样的人家，主母还要纺麻，害怕会触犯季孙氏的怒气，他会认为我不能很好地侍奉母亲吧！"

他的母亲叹息说："鲁国大概快要败亡了吧！让你这样不懂事的孩子当官，而你没听说过做官的道理吗？坐下，我来告诉你。从前圣贤的君王安置百姓，选择瘠薄的土地叫他们居住，让百姓辛勤劳作才好使用他们，所以能长久统治天下。那百姓劳苦就会想到节俭，想到节俭就能产生善心；安乐了就会放荡，一放荡就会失掉善心，失掉善心就会产生坏心。居住在肥沃的土地上的人不会成材，这是因为安乐的缘故；居住在贫瘠土地上的人没有不向往道义的，这是因为勤劳的缘故。因此天子每年在春分这一天，要穿上五彩的衮冕朝拜日神，与三公九卿学习了解土地上五谷的生长情况；中午考查政治，了解百官的日常政务，了解那些大夫官和很多的士、地方长官、国相等普遍安排治理百姓的事务；每年秋分这一天，天子要穿上三彩的鹥衣夜间祭祀月神，与太史、司灾恭敬虔诚地观察星空中出现的吉凶的征兆；日落以后监督九嫔，让她们为禘祭和郊祭准备好整治的祭品，然后才去安歇。诸侯早上要处理天子下达的任务和命令，白天要考察自己邦国里的公务，傍晚要检查法令有无不当的地方，夜里要告诫百官，教育他们不要怠惰放荡，然后才去安歇。卿大夫早上要研究自己的本职工作，白天处理各种政事，傍晚要挨次检查自己经办的事务，夜里治理家中的私事，然后才能安歇。士人早上接受任命，白天学习处理，傍晚复习检查夜里反省自己有无过失，没有可遗憾的，然后才敢安歇。从庶民百姓以下，天明开始干活，夜晚才能休息，没有一天可以怠惰的。

"王后要亲自织玄紞，公侯的夫人除了织玄紞外，还要织纮和綖，卿的妻子缝制大带，大夫的妻子做祭服，列士的妻子还要加做朝服，从庶士以下人的妻子，都要给丈夫做衣服。春耕祭祀土神时安排好农桑一类的生产事务，冬天蒸祭时献上五谷布帛之类劳动果实，男女尽力做出成绩，有过失就要加以处罚，这是古代就定下的制度。君子用心力，小人用劳力，这就是先王留下的法则。从上到下，谁敢懈怠不出力？现今我是个寡妇，你又处在下大夫的职位，从早到晚认真地办事，还恐怕丢弃了先人的功业。何况已经有了怠惰的念头，还怎么能够避免处罚呢！我希望你早晚提醒我说：'一定不要荒废了先人的业绩。'你现在却说：'为什么不自己求安逸。'用这种态度来当国君的官，我真害怕姆伯的祭祀要被断绝了。"

仲尼听到敬姜的这番话后说道："弟子们要牢记住她的话，季氏家的妇人是不放纵享乐的。"

玉带环饰器

【原文】

公父文伯之母，季康子之从祖叔母也。康子往焉，伟门与之言，皆不逾阈。祭悼子，康子与焉，酢不受，彻俎不宴，宗不具不绎，绎不尽饫则退。仲尼闻之，以为别于男女之礼矣。[国语鲁语下公父文伯之母别于男女之礼]

【释义】

公父文伯的母亲，是季康子的堂叔祖母。康子去她家，她开着寝门与康子说话，两人都不踏过门限。祭祀悼子时，康子参加祭礼，献上祭肉时她不亲手接，撤下祭祀礼器后不与康子一起宴饮，主持祭祀的人没到场，她不参加次日的祭祀，祭祀完毕后饮酒，站立着吃喝的人没有全散她先退出。仲尼听到后，认为敬姜遵守男女有别的礼节。

【原文】

公父文伯卒，其母戒其妾曰："吾闻之：好内，女死之；好外，士死之。今吾子夭死，吾恶其以好内闻也。二三妇之辱共先祀者，请无瘠色，无洵涕，无揞膺，无忧容，有降服，无加服。从礼而静，是昭吾子也。"仲尼闻之曰："女知莫如妇，男知莫如夫。公父氏之妇智也夫！欲明其子之令德。"[国语鲁语下]

【释义】

公父文伯死了，他的母亲告诫文伯的侍妾说："我听说：喜好内宠，是为女色而死；喜好外务，是大丈夫的死。现在我的儿子早死，我不愿人家说他死于女色传扬在外面。你们这些妇人在供养先人的祭礼时要自己屈辱些，要求你们不要有过于悲伤而毁损的容貌，不要默默地流眼泪，不要拍着胸号哭，不要有忧戚的面容，服丧轻于礼法的规定，不要比礼法规定的还隆重。安安静静地随着行礼，这就是在表扬我儿子的德行了。"仲尼听到后说："处女的智慧不如妇人，童男的智慧不如丈夫。公父氏家这个妇人的智慧是丈夫的智慧啊！她的目的是向外界表明自己儿子的美德。"

【原文】

公父文伯之母朝哭穆伯，而莫①哭文伯。仲尼闻之曰："季氏之妇可谓知礼矣。爱而无私，上下有章。"[国语鲁语下]

【注释】

①莫与暮通。

【释义】

公父文伯的母亲早上哀哭丈夫穆伯，而晚上哀哭儿子文伯。仲尼听到后，说："季氏家的妇人可说是懂得礼法的。爱自己的丈夫、儿子却没有私欲，哀哭他们时合乎上下尊卑的礼法。"

【原文】

吴伐越，堕会稽，获骨焉，节专车吴子使来好聘，且问之仲尼，曰："无以吾命。"宾发币于大夫，及仲尼，仲尼爵之。既彻俎而宴，客执骨而问曰："敢问骨何为大？"仲尼曰："丘闻之：昔禹致群神于会稽之山，防风氏后至，禹杀而戮之，其骨节专车，此为大矣。"客曰："敢问谁守为神？"仲尼曰："山川之灵，足以纪纲天下者，其守为神；社稷之守者，为公侯。皆属于王者。"客曰："防风氏何守也？"仲尼曰："汪芒氏之君也，守封、嵎之山者也，为漆姓。在虞、夏、商为汪芒氏，于周为长翟，今为大人。"客曰："人长之极几何？"仲尼曰："僬侥氏是三尺，短之至也。长者不过十之，数之极也。"[国语鲁语下]

【释义】

吴国征伐越国，毁坏会稽城，得到大骨，一节骨就满载一车。吴子夫差派使臣到鲁国聘问重温以前的友好，让使臣问孔子这件事，说："不要用我的命令。"吴国使臣赠送礼物给鲁国大夫，到孔子名下，孔子用爵敬来宾的酒。宾主献酢礼毕，在宴席上，吴国使者手拿桌上的一节骨头问孔子说："不敢请教什么骨最大？"孔子回答说："丘听说：当初大禹王在会稽山召集天下各国的君主，防风氏晚到，大禹把他杀了陈尸示众，他的骨头大到一节就装满一车。这就是那大的了。"客人问："不敢请教谁可以是天下的主宰？"孔子说："山川的灵秀精华，才能完全胜任治理天下的，是掌管山川的主宰；社稷的掌管者，是公侯。他们都统属于帝王。"客人问："防风氏是什么地方的掌管者？"孔子说："他是汪芒国的君主，统治封山、嵎山的人，为漆氏。在虞、夏、商时叫汪芒国，在我周初年叫长狄，现在就是人们称的大人国。"客人问："人的个子长短最大限度是多少？"孔子说："僬侥氏的人身高只有三尺左右，是最矮的。高个子的人大概十尺长，是最高的限度了。"

【原文】

仲尼在陈，有隼集于陈侯之庭而死，楛矢贯之，石砮，其长尺有咫。陈惠公使人以隼如仲尼之馆问之。仲尼曰："隼之来也远矣！此肃慎氏之矢也。昔武王克商，通道于九夷、百蛮，使各以其方赂来贡，使无忘职业。于是肃慎氏贡楛矢、石砮，其长尺有咫。先王欲昭其令德之致远，以示后人，使永监焉，故铭其楛曰'肃慎氏之贡矢'，以分大姬，配虞胡公而封诸陈。古者，分同姓以珍玉，展亲也；分异姓以远方之职贡，使无忘服也。故分陈以肃慎氏之贡。君若使有司求诸故府，其可得也。"使求，得之金椟，如之。[国语鲁语下]

【释义】

孔子在陈国时，一只大雕落在陈侯的庭院中一直到死，一支楛木做杆的箭贯穿了它，石制的箭镞长一尺八寸。陈惠公派人拿着这只大雕到孔子住的旅馆去请教这事。孔子说："这只大雕的来路可远啦！这是肃慎氏的箭啊！当初周武王战胜了商纣王，开辟了通往东边九夷、南边百蛮的道路，让这些化外附庸国带着各自的财宝土特产来进贡天朝，使他们不忘自己的职业。于是肃慎氏进贡楛木做杆的箭、石制的箭镞，它的长有一尺八寸。先王为了昭明天朝具有使远方归服的美德，用来告诉后人，使永远能看到，就在箭的末端刻上铭文'肃慎氏进贡的箭矢'，把它分给大姬，将大姬婚配虞胡公封在陈地。古时，天子赏赐给同姓是用珍宝珠玉，这使亲者更亲；赏赐给异性诸侯远方进贡的财物土产，使他们不忘自己分内臣服的职责。所以分给陈国的是肃慎氏进贡的箭矢。君主如果让主管的官员去找旧府藏，这箭矢一定可以找到。"陈侯派人去寻找，从一只金柜中得到它，上面果然如孔子所说刻有铭文。

【原文】

正考父校商之名颂十二篇于周大师,以《那》为首。[国语鲁语下]

【释义】

正考夫向周太师校勘商的名颂十二篇,以《那》为首篇。

【原文】

季康子欲以田赋,使冉有访诸仲尼。仲尼不对,私于冉有曰:"求来! 汝不闻乎? 先王制土,藉田以力,而砥其远迩;赋里以入,而量其有无;任力以夫,而议其老幼。于是乎有鳏、寡、孤、疾,有军旅之出则征之,无则已。其岁,收田一井,出稷禾、秉刍、缶米,不是过也。先王以为足。若子季孙欲其法也,则有周公之藉矣;若欲犯法,则苟而赋,又何访焉!"[国语鲁语下]

【释义】

季康子想要按田亩增收赋税,派冉有去征求孔子的意见。孔子不回答,私下对冉有说:"冉求你过来! 你没有听说过吗? 先王制定土地的法度,把田亩登记入簿册是按劳动力的实际情况来分配,抽取赋税时要平衡田地远近的差别;商贾的赋税要按其营业额的收入,还要衡量其资金的多少来决定;摊派徭役以一家男女有多少进行登记,再考虑免除老人、幼童的力役。这样还有丧偶的鳏夫、寡妇、无父母的孤儿、丧失劳动力的残疾人的赋税,国家有战争时征收,和平时就停止征收。在征收这些人的赋税那一年,收九百亩田地的赋税,该出六百四十斛小米、一百六十斗牲畜饲料、十六斗稻米,不能超出这个数。先王认为这样就足够供给国家的财用了。如果季孙先生准备按法度办事,有周公制定的籍田法在;如果他打算违犯周公定的法规办事,就胡乱去征收赋税好了,又何必征求什么意见呢?"

【原文】

鲁哀公问于孔子曰:"吾闻夔一足,信乎?"对曰:"夔,人也,何其一足也? 夔通于声,尧曰:夔一而已,使为乐正。故君子曰:夔有一足,非一足也。"[国语鲁下孙星衍孔子集语五引今本无]

【释义】

鲁哀公问孔子说:"我听说有个叫夔的人只有一只脚,可信吗?"孔子说:"夔,是一个人,为什么说他只有一只脚呢?夔精通音乐,尧说:有一个夔就足够了,命他做掌管音乐的官。所以君子说:有一个夔就足够了,并不是说他只有一只脚。"

【原文】

包山,在县西一百三十里,中有洞庭,深远,世莫能测。吴王使灵威丈人入洞穴,十七日不能尽,因得玉叶,上刻《灵宝经》二卷,使示孔子,云:"禹之书也。"[吴地记御四十览六引]

【释义】

包山在县西边一百三十里处,中间有洞庭湖,浩渺无边,世人无人清楚地了解。吴王派灵威老人进入洞穴,(他)走了十七日也没走到尽头,看见了玉叶,在上面刻有《灵宝经》二卷,使人送给孔子看,孔子说:"这是大禹留下的书。"

【原文】

子路私馈,仲尼毁其食器[三国杂事卷下孙盛评曰]

【释义】

子路私自吃饭,孔子毁掉了他吃东西的器具。

【原文】

孔子曰:"周公其为不圣乎! 以天下让,是天地日月轻去万物也。"[三国志魏文帝纪注韩国将军等奏]

【释义】

孔子说:"周公恐怕不能算作圣贤吧! 他把天下让给成王,这犹如轻易地让天地日月远离万民。"

【原文】

孔子曰:"灾者,修颓应行,精祲相感,以戒人君。"[三国志魏志高堂隆对后汉

书五行志注引]

【释义】

孔子说："所谓灾难，凡美善的事物都是应运而生的，于是精气与妖气相继出现，以此灾难而警戒人君。"

【原文】

老莱子者，楚人。行年七十，父母俱存。至孝蒸蒸，常著班斓之衣。为亲取饮，上堂脚趺。恐伤父母之心，因僵仆为婴儿啼。孔子曰："父母老，常言不称老，为其伤老也。若老莱子，可谓不失孺子之心矣。"［师觉授孝子传御览四百十三引]

【释义】

老莱子，是楚国人。年届七十，父母健在。他极为孝顺，经常穿着五彩斑斓的衣服，以示自己尚有童心。有一次给父母拿水喝，上堂屋的时候跌伤了脚不能再走。恐怕伤父母的心，就故意朝前倒下学着婴儿哭。孔子说："父母老了，平时说话就不提老，因为他们伤感老。像老莱子那样，可以算是不失孺子之心了。"

【原文】

吾儒之师曰鲁仲尼，仲尼师聃龙。吾不知聃师竺乾，善入无为，稽首正觉吾师师。［唐肃宗三教圣象赞]

【释义】

我们儒生的老师是鲁国的孔子，孔子向老子学习。我不知道老子从竺乾（古印度）学习，善于进入无为的境界，稽首正觉世尊就是我老子的老师。

【原文】

孔子称以能问于不能，以多问于寡；有若亡，实若虚。［唐书孔颖达传]（三）《论语泰伯篇》以此为曾子言。

【释义】

孔子受到称赞是因自己有能力却向没有能力的人请教，自己学识渊博却向知识少的人请教；有学问看来却好像没有学问，知识充实看来却好像很空虚。

孔子曰："夫文之所加者深,则武之所服者大;德之所施者博,则武之所制者广。"［唐太宗金镜］

【释义】

孔子说:"文事施加的深厚,那么武事能服众的人多;德行施加的广博,那么武事能控制的范围广大。"

【原文】

洞庭有二穴,东南入洞,幽邃莫测。昔阖闾使令威丈人寻洞,秉烛昼夜而行,继七十日,不穷而返。启王曰:"初入洞口狭隘,伛偻而入。约数里,忽遇一石室,可高二丈,常垂液。"内有石床枕砚,石几上有素书三卷,持回,上于阖闾,不识,乃请孔子辨之。孔子曰:"此夏禹之书,并神仙之事,言大道也。"王又令再入,经二十日却返,云:"不似前也。唯上闻风水波涛,又有异虫,挠人扑火,石燕蝙蝠大如鸟,前去不得。"丈人姓毛名苌,号曰毛公。今洞庭有毛公宅,石室并坛存焉。［洞庭山记学津讨原本吴地记引］

【释义】

洞庭湖有两个洞穴,从东南方向进入洞内,幽远深邃不能预测。从前吴王阖闾派遣命令威丈人寻找洞穴,秉持烛火日夜兼程而行路,相继七十天,不能走到尽头而返回。(威丈人)启禀吴王说:"刚开始进入洞穴洞口非常狭窄,只能弯腰弓背进入。大约行走几里路,忽然遇到一间石室,大约高二丈,常常垂下液体。"室内有石床枕头和砚台,石几上有三卷素书,带了回来,奉上给阖闾,都不认识,于是请来孔子辨识这些书,孔子说:"这些是夏禹的书,并且记载了神仙的事,说的是大道啊!"吴王又命令再次进入洞穴,经过二十天返回了。说:"这次不像上次啊!只能够听到风声凌厉,波涛汹涌,又有怪异的生物,抓人喷火,石头一样的燕子和蝙蝠大得像大鸟,没有办法前行啊!"这个丈人姓毛名苌,号称毛公。现在洞庭有毛公宅,石室和石坛都还在。

【原文】

《灵宝经》有《正机》《平衡》《飞龟授袂》凡三篇,皆仙术也。吴王伐石以治宫室,而于合石之中,得紫文金简之书,不能读之,使使者持以问仲尼,而欺仲尼曰:"吴王闲居,有赤雀衔书以置殿上,不知其义,故远咨呈。"仲尼以视之,曰:"此乃灵宝之方,长生之法,禹之所服,隐在水邦,年齐天地,朝于紫庭者也。禹将仙化,封之名山石函之中,乃今赤雀衔之,殆灭授也。"[抱朴子内篇辩问]

【释义】

《灵宝经》中《正机》《平衡》《飞龟受袟》等三篇文章讲的就是神仙的法术。吴王采石修建宫殿时,在一块大石头中获得了一部紫字黄金简策的书籍,却无人能读懂,于是就派使者拿去询问孔子,使者轻慢孔子,就欺骗孔子说:"吴王闲暇时在住的宫中看见有一只红色鸟儿衔着此书放在殿堂上,吴王让人读这本书却没有人懂得其内涵,所以就派我远道前来咨询。"孔子翻了翻书后,说:"这书是《灵宝经》仙方,其中记载的长生不老术连大禹都相信。它可以教人在水中隐身,与天地同寿,朝拜天庭,是本仙书。大禹即将成仙羽化而去时,将它藏在石箱中封在名山里,如今红鸟把它衔给你们大王,实在是老天授意呀!"

【原文】

俗人或曰:"周孔皆能为此,(仙术)但不为耳。"[抱朴子内篇辩问]

【释义】

有的凡人辩解道:"周公、孔子是都能做到这些的,只不过不屑于做罢了。"

【原文】

昔颜回死,鲁定公将躬吊焉。使人访仲尼。仲尼曰:"凡在邦内,皆臣也。"定公乃升自东阶,行君礼焉。[抱朴子外篇逸民]

【释义】

从前颜回死的时候,鲁定公准备亲自去吊唁,派人去询问孔子。孔子说:"凡是在邦国之内的,都是臣子。"鲁定公于是从东边的台阶登堂,行了国君的礼节。

【原文】

孔子云:"丧亲者,若婴儿之失母,其号岂常声之有?"宁令哀有余而礼不足。[抱朴子外篇讥惑]

孔子说："死了亲人的人，就像婴儿失去母亲，他的号哭怎么还会有正常的声音呢?"宁肯让哀痛有余而礼仪不足。

【原文】

《曾子问》曰："诸侯之祭社稷，俎豆既陈，闻天子崩如之何？孔子曰：废。"臣子哀痛之，不敢终于礼也。[白虎通社稷]

【释义】

《礼记曾子问》说："诸侯祭祀社稷，几案与容器已经陈列，(这时)听说天子去世，该怎么办呢？孔子说：停止。"臣下与子弟哀痛天子，不敢将祭祀之礼进行完毕。

【原文】

曾子问曰："立适以长不以贤，^①何以言为贤不肖？""不可知也。"[白虎通封公侯]

【注释】

①孔子逸语引何下有"也子曰"三字。

【释义】

曾子问道："让长子继立嫡子之位，却不考虑才能，凭什么判断他是有才还是无才的呢?"孔子说："这我也不知道。"

【原文】

孔子曰："谏有五，吾从讽之谏。事君，进思尽忠，退思补过。去而不讪，谏而不露。"[白虎通谏诤]

【释义】

孔子说："谏诤有五种方式，我同意讽喻之谏。侍奉君王时，走进朝廷一心考虑尽忠报国，退出朝廷一意考虑为君王弥补过失。离开君王不能诋毁，面谏君王不露愤怨。"

国学经典文库

孔子家语

孔子言行典籍译注

图文珍藏版

【原文】

孔子师老聃。［白虎通辟雍］

【释义】

孔子学于老子。

【原文】

孔子曰："升泰山观易姓之王，可得而数者七十有余。"［白虎通封禅］

【释义】

孔子说："登上泰山可以看到改朝换代的帝王所遗留下来的碑刻史迹，能够数出来的也只有七十多家。"

【原文】

夫子过郑，与弟子相失，独立郭门外。或谓子贡曰："东门有一人，其头似尧，其颈似皋陶，其肩似子产，然自腰以下，不及禹三寸。偏偏如丧家之狗。"子贡以告孔子。孔子喟然而笑曰："形状，未也；如丧家之狗，然哉乎！然哉乎！"［白虎通寿命］

【释义】

孔子到郑国去，和弟子们走散了，（孔子）独自站在郑国城外的东门口。郑国有个人对子贡说："东门那里有个人，他的额头长得像唐尧，他的后颈长得像皋陶，肩膀像子产，但是腰部以下的长度跟禹比起来差了三寸，疲惫不堪的样子像一只丧家犬。"子贡找到孔子后把这话告诉了孔子。孔子高兴地笑道："那人形容我的相貌，描述的不一定像。但他说我像一只丧家犬，真是这样！真是这样啊！"

【原文】

孔子首类鲁国尼丘山，故名为丘。［白虎通姓名］

【释义】

孔子出生时头顶中间凹，四周高，很像鲁国的尼丘山，因此得名叫丘。

【原文】

孔子居周之末世，王道凌迟，礼义废坏。强陵弱，众暴寡，天子不敢诛，方伯不敢伐。闵道德之不行，故周流应聘，冀行其圣德。自卫反鲁，自知不用，故追定《五经》，以行其道。[白虎通五经]

【释义】

孔子生活在周朝末代，王道衰微，礼义败坏。诸侯之间，强者侵凌弱者，势众欺压势小，天子不敢责问，地方官吏不敢惩办。孔子悲悯德政不能施行，因此周游天下，应聘诸侯，希望推行自己的德政主张。他从卫国返归鲁国之后，自知将不被诸侯任用，于是修订《五经》，以显示他的政治主张。

【原文】

《曾子问》曰："昏礼既纳币，有吉日，女之父母死，何如？孔子曰：'婿使人吊之，如婿之父母死，女亦使人吊之。父丧称父，母丧称母。父母不在，则称伯父、世尊①。婿已葬，婿之伯父、叔父使人致命女氏曰：某子有父母之丧，不得嗣为兄弟，使母②致命。女氏许诺不敢嫁，礼也。婿免丧，女父使人请，婿不娶而后嫁之，礼也。女之父母死，婿亦如之。'"[白虎通嫁娶]

【注释】

①尊：母之误。
②母：某之误。

【释义】

《礼记曾子问》里说："婚礼，纳币（送定婚礼）以后，选好了吉日，女方父母亲死了，该怎么办呢？孔子说：'女婿派人吊丧。假如女婿的父母死了，女儿也派人吊丧。父亲死了称父，母亲死了称母。父母亲不在，就称伯父或者世母。女婿埋葬父亲或母亲之后，女婿的伯父、叔父派人给女方送信儿说：'某人有父母亲的丧事，不能继承父母结为兄弟之好，派某人来送信儿。女方许诺，不敢出嫁，这是合乎礼制的。女婿脱去丧服，女方的父亲派人请成礼，女婿不娶，然后改嫁，这是合乎礼制的。女方的父母死了，女婿也是这样。'"

【原文】

子夏问："三年之丧,既卒哭,金革之事无避者,礼与?"孔子曰："吾闻诸老聃曰:'周公伯禽,则有为之也。'今以三年之丧从其利者,吾不知也。"[白虎通丧服]

【释义】

子夏问："三年大丧期间,已经举行卒哭礼,不回避打仗的事情,这是合乎礼节的吗?"孔子说："我从老子那里听说;'周公和伯禽是针对特殊情况这么做的。'现在在三年丧期之中追求利益,我没有听说过。"

【原文】

《曾子问》曰:"'君薨既殡,而臣有父母之丧,则如之何?'孔子曰:'归居于家。有殷事,则之君所,朝夕否。'曰:'君既启,而臣有父母之丧,则如之何?'孔子曰:'归殡,哭而反于君。有殷事则归,朝夕否。大夫家老行事,士则子孙行事。夫内子有殷事,则亦如①之君所,朝夕否。'"[白虎通丧服]

【注释】

①疏证本无如字。

【释义】

《礼记曾子问》里说:"'君主死后已经举行殡礼,而臣下有父母亲的丧事,怎么办呢?'孔子说:'回家居住,有殷祭(每月初一和十五日举行的祭祀)就到国君那里,早晨和晚上就不去了。'问道:'君主已经起葬,而有父母亲的丧事,怎么办呢?'孔子说:'回到家里哭,又返回去为国君送葬。'问道:'国家还没举行殡礼,而臣下有父母亲的丧事,怎么办呢?'孔子说:'回家举行殡礼,哭丧以后就返回国君那里,有殷祭就回家,早晨和晚上就不回去了。大夫就由家臣行事,士就由子孙行事。大夫的妻子,有殷祭也到国君那里,早晨和晚上就不去了。'"

【原文】

鬼车,昔孔子、子夏所见,故歌之,其图九首。[白泽图北户录上引]

【释义】

鬼车鸟,过去孔子和子夏都见过,因此有歌曲唱过它,那图上画着九个头。

【原文】

孔子称："可寄百里之命,托六尺之孤,临大节而不可夺。"［风俗通过誉］论语泰伯篇以此为公子言。

【释义】

孔子称赞说："可以把国家的命运托付给他,可以托付孤儿给他,在生死存亡的紧要关头,他能保持大节不变。"

【原文】

孔子曰："虽明天子,荧惑必谋。"祸福之征,慎察用之。［风俗通十反］

【释义】

孔子说："即使是圣明的天子,一定要观察火星的位置。"祸福的征兆,小心地加以考虑。

【原文】

孔子曰："火上不可握,荧惑班变不可息志,帝应其修无极。"［风俗通十反］

【释义】

孔子说："火星难以掌握,火星位置的变化不可停止记述,帝王一定要无止境地研究。"

【原文】

孔子困于陈、蔡之间,七日不尝粒,藜羹不糁,而犹絃琴于室。颜回释①菜于户外,子路、子贡相与言曰："夫子逐于鲁,削迹于卫,拔树于宋,今复见厄于此。杀夫子者无罪,籍夫子者不禁,夫子絃歌鼓舞,未尝绝音。盖君子之无耻也若此乎?"颜渊无以对,以告孔子。孔子恬然推琴、喟然而叹曰:"由与赐,小人也! 召,吾语之。"子路与子贡入,子路曰:"如此可谓穷矣。"夫子曰:"由,是何言也! 君子通于道之谓通,穷于道之谓穷。今丘抱仁义之道,以遭乱性②之患,其何穷之为? 故内省不疚于道,临难而不失其德。大寒既至,霜雪既降,吾是以知松柏之茂也。昔者桓公得之莒,晋文公得之曹,越得之会稽,陈、蔡之厄,于丘其幸乎!"［风俗通穷通］

【注释】

①释：择之误。

②性：当作世。

【释义】

孔子被围困在陈、蔡两国之间，七天没有吃饭，藜菜羹汤里连个米粒都没有。颜回到外面采摘野菜。子路和子贡互相谈论，说："先生在鲁国被驱逐出境，在卫国禁止居留，在宋国遭受伐树的屈辱，在陈国、蔡国遭受围困。要杀掉先生的人没有罪过，糟践先生的人不受禁止。可是他还在唱歌弹琴，从没间断过，君子竟是这样不感到羞耻吗？"颜回没话回答，进去告诉了孔子。孔子不高兴地推开琴，唉声感叹说："子由和子贡，是浅见的小人哪！叫他们进来，我告诉他们！"子路和子贡进来了。子贡对孔子说："咱们这样子可以说是穷困的了！"孔子说："这是什么话！君子在道义上通达的叫作通达；在道义上穷迫的叫作穷困。现在我怀抱仁义的原则而遭逢乱世的患难，怎么算是穷困呢！所以内心自省，在原则上不感到内疚，面临危难而不丧失自己的品德。大寒到来，霜雪降落以后，松柏不凋落，我才知道松柏的生命力旺盛。从前齐桓公因出奔莒国而萌生复国称霸之心，晋文公因出亡曹国而萌生称王称霸之心，越王勾践因受会稽之耻而萌生复国雪耻之心。在陈国、蔡过遇到的困厄，对于我或许是幸运吧！"

【原文】

子路感雷精而生，尚刚好勇。死卫，人醢之。孔子覆醢，每闻雷，心恻怛耳。［风俗通御览八百六十五引］

【释义】

子路是感应雷声的精气而降生的，所以崇尚刚烈爱好勇武。在卫国被杀害以后，有人把它做成肉酱送给孔子。孔子倒掉肉酱，后来每当听到雷声，就很忧伤。

【原文】

鲁侯欲以孔子为司徒。将召三桓而议之，乃谓左丘明曰："寡人欲以孔丘为司徒而授以鲁政焉，寡人将欲询诸三子。"左丘明曰："孔丘，圣人与！夫圣人在政，过者离位焉。君虽欲谋，其遂弗合乎！"鲁侯曰："吾子奚以知之？"丘明曰："周人有爱裘而好珍羞,欲为千金之裘而与狐谋其皮,欲具少牢之珍而与羊谋其羞。言未卒,狐相率逃于重丘之下,羊相呼藏于深林之中。故周人十年不制一裘,五年不具一牢。何者? 周人之谋失之矣。今君欲以孔丘为司徒,召三桓而议之,亦以狐谋裘,与羊谋羞哉!"于是鲁侯遂不与三桓谋,而召孔丘为司徒。[符子御览二百八引]

【释义】

鲁侯想让孔子当司徒。准备召来三桓商量,就对左丘明说:"寡人想让孔丘当司徒,把国政交给他。我准备找三桓商量一下,怎么样?"左丘明说:"孔丘,大概是圣人吧! 圣人掌管政事,有过错的人就要罢官离位。即使您和他们商量,他们也不会同意吧!"鲁侯说:"您怎么知道的?"左丘明说:"有一个周人,喜欢皮衣,爱吃关味。他想做一件贵重的皮衣,就与狐狸商量要它的皮毛;他想备办宴席,就与羊商量要它的肉。话还没有说完,狐狸就一个跟着一个逃到高丘下面去了,羊就互相呼叫着藏到深林里去了。所以那个周人十年没有做成一件皮衣,没有办成一桌宴席。为什么呢? 因为他找错了商量的对象。现在您想让孔丘当司徒,而召三桓商量,也是与狐狸商量要皮,与羊商量要肉啊!"于是鲁侯便不和三桓商量,就召孔子当了司徒。

【原文】

道家云:尧、舜、周、孔七十二弟子,皆不死而仙。[牟子]

【释义】

道家说:尧帝、舜帝、周文王、孔子和他的七十二个弟子,都没有死而羽化成仙。

【原文】

齐景公问晏子曰:"孔子为人何如?"晏子不对。公又复问,不对。景公曰:"以孔丘[1]语寡人者众矣,俱以贤人也。今寡人问之,而子不对,何也?"晏子对曰:"婴不肖,不足以知贤人。虽然,婴闻所谓贤人者,入人之国必务合其君臣之亲,而弭其上下之怨。孔丘之荆,知白公之谋,而奉之以石乞。君身几灭,而白公僇。婴闻贤人得上不虚,得下不危。言听于君必利人,教行[2]下必于[3]上。是以言明而易知也,行易(应为"明")而[4]从也。行义可明乎民,谋虑可通乎君臣。今孔丘深虑同[5]谋以奉贼,劳思尽知以行邪。劝下乱上,教臣杀君,非贤人之行也。入人之国,而与人之贼,非义之类也。知人不忠,趣之为乱,非[6]仁义之也。逃人而后谋,避人而后言,行义不可明于民,谋虑不可通于君臣。婴不知孔丘之有异于白公也,是以不对。"景公曰:"呜呼!贶寡人者众矣,非夫子,则吾终身不知孔丘之与白公同也。"〔墨子非儒下〕

【注释】

①丘字后讳作"某"字,下效此。

②行下当有"于"字。

③于:当作"利"。

④而下常有"易"字。

⑤同:"周"之误。

⑥非仁义之也。五字常为"非仁之类也"。

【释义】

齐景公问晏子说:"孔子的为人怎么样呢?"晏子不回答。齐景公又问,晏子还是不回答。齐景公说:"跟我说孔子的人很多,都认为他是贤德的人。现在我问到他,然而你却不回答,为什么呢?"晏子回答说:"我晏婴无能,没有能力识别贤人。即使这样,我听说所谓的贤人,到别的国家去,必定要促进君臣间的亲密关系,消除上下之间的怨恨。孔丘到楚国去,知道了白公胜作乱的阴谋,却让石乞去参加他的叛乱,使楚国国君差点遇害,而白公胜遭到杀戮。我听说贤人得到君主信任就不会辜负,得到下人爱护就不会危险,言论令国君听信就必定对民众有利,教化施行于天下必定有利于君主。所以言语明白就易于理解,行为明确就易于依从。行仁义可以让民众知道,出谋划策可以让君臣知道。现在孔丘老谋深算地去帮助贼人,竭尽心智去做偏邪的事情,鼓动下面的人反抗上面的人,教唆臣子去杀君主,这不是贤人的行为。到别人的国家里去,却与别国的贼人结交,这不是讲义的人。知道有人不忠心,却还怂恿他去作乱,这不是讲仁的人。在人背后谋划,在人背后说话,行义举不让民众明白,出谋划策不让君臣知道,我不知道孔丘有什么不同于公孙胜,所以不回答。"齐景公说:"啊!赠予我言辞的人很多,若不是你,那我一辈子都不会知道孔丘竟是与白公胜一样的人。"

【原文】

孔丘之齐见景公,景公说,欲封之以尼谿,以告晏子。晏子曰:"不可。夫儒,浩①居而自顺者也,不可以教下;好乐而淫人,不可使亲治;立命而怠事,不可使守职;宗循哀,不可使慈民;机②服勉③容,不可使导众。孔丘盛容修饰以蛊世,弦歌鼓舞以聚徒,繁登降之礼以示仪,务趋翔之节以观众。儒④学不可使议世,劳思不可(以补民),絫寿不能尽其学,当年不能行其礼,积财不能赡其乐,繁饰邪术以营⑤世君,盛为声乐以淫遇⑥民,其道不可以期⑦世,其学不可以导众。今君封之,以利⑧齐俗,非所以导国先众。"公曰:"善"。于是厚其礼,留其封,敬⑨见而不问其道。孔丘乃志怒于景公与晏子,乃树鸱夷子皮于田常之门,告南郭惠子以所欲为,归于鲁。有顷,间齐将伐鲁,告子贡曰:"赐乎,举大事于今之时矣!"乃遣子贡之齐,因南郭惠子以见田常,劝之伐吴,以教高、国、鲍、晏,使毋得害田常之乱,劝越伐吴。三年之内,齐、吴破国之难,伏尸以言⑩术数,孔丘之诛也![墨子非儒下]

【注释】

①浩居:当作"傲倨"。

②机:与危通,高也。

③勉:俛之假字。

④儒:当作"博"。

⑤营:同营,惑也。

⑥遇:当作"愚"。

⑦期:示之误。

⑧利:移之误。

⑨敬:"苟"之误,亟也。

⑩言:"亿"之误。术与"率"通。

【释义】

孔子到齐国去见齐景公,齐景公很高兴,想把尼谿封给孔子,并告诉了晏子。晏子说:"不行。儒家的人骄傲轻慢又自以为是,不能教化下民;爱好音乐使人贪图享乐,不能让他们亲自治理政事;坚持有天命的论调并懈怠于做事,不能给他们官职;主张厚葬并且悲哀不止,不能爱护民众;穿着奇异的服装而故作恭敬的表情,不能让他引导民众。孔丘盛容修饰来蛊惑世人,奏乐唱歌打鼓跳舞来聚集门徒,讲究繁琐的登降礼节来显示礼仪,努力做出快步趋走的恭敬礼节来让民众观看。虽然博学但不能让他们来议论世事,殚精竭虑却对人民没有补益,人们几辈子都不能穷尽他们的学问,中年人还是不会他们的礼仪,积累的财产也不足以供他们来作乐,美化自己的邪说来迷惑当世的君主,使他们的音乐非常盛大来使愚笨的民众贪图享乐,他们的理论不能引导世界,他们的学问不能指导民众。现在您想封赏他,想有利于齐国的风俗,这不是引导国家指导民众的方法。"齐景公说:"好!"于是用厚礼对待孔子,但却把封地留下了,恭敬地接见他,却不问他的学说。孔丘对齐景公与晏子都很生气,就把范蠡介绍到田常的门下,并告诉南郭惠子自己的报复计划,而后回到了鲁国。过了一些时候,听说齐国准备攻打鲁国,就告诉子贡说:"子贡啊,做大事就要趁现在这个时机啊!"于是派子贡到齐国去,通过南郭惠子见到田常,劝他去攻打吴国,又教高氏、国氏、鲍氏、晏氏不要妨碍田常作乱,又劝越国攻打吴国。在三年之内,齐国、吴国都遭到国家破灭的灾难,死了十多万人,这都是孔丘害的呀!

【原文】

孔丘为鲁司寇,舍公家而于①季孙,季孙相鲁君而走,季孙与邑人争斗(应为"门")关,决植。[墨子非儒下]

【注释】

①于:"奉"之误。

【释义】

孔丘担任鲁国司寇的时候,舍弃公家而与季孙氏亲厚,季孙氏作为鲁国君主的国相却又逃走,与邑人争夺门闩,孔子举起门跑掉了。

【原文】

孔丘穷于陈、蔡之间,藜羹不糂①。十日,子路为享②豚,孔丘不问肉之所由来而食。号③人衣以酤酒,孔丘不问酒之所由来而饮。哀公迎孔丘,席不端弗坐,割不正弗食。子路进,请曰:"何其与陈、蔡反也?"孔丘曰:"来!吾语女。曩与女为苟生,今与女为苟义。"[墨子非儒下]

【注释】

①糂与"糁"同。
②享御览引作"烹"。
③号:"褫"字之误。

孔子被困在陈国和蔡国之间,用藜做的羹中没有米粒。过了十天,子路煮熟了一头小猪,孔子也不问肉是从哪里来的就吃了。剥夺别人的衣服来买酒,孔子也不问酒是从哪里来的就喝了。后来鲁哀公迎孔子回国,座席没放正他就不坐,肉切得不端正他就不吃。子路进来问他说:"您为什么和在陈蔡之地时表现相反了呢?"孔子说:"过来,我告诉你。过去我和你是为了求生存,现在我和你是为了求仁义。"

【原文】

孔丘与其门弟子闲坐,曰:"夫舜见瞽叟,然①就,此时天下坡②乎! 周公旦非其人③也邪? 何为舍亦④家室而托寓也?"[墨子非儒下]

【注释】

①然就:当作"就然",就与"蹙"通。

②坡:"岋"之误。

③人与"仁"通。

④亦当作才,才:古"其"字也。

【释义】

孔子和门下的弟子闲坐,说:"舜见了他的父亲瞽叟,总是蹙然不安,当时天下真危险啊! 周公旦还称不上是仁义之人吧? 他为什么抛弃他的家室而寄居在外呢?"

【原文】

叶公子高问政于仲尼,曰:"善为政者,若之何?"仲尼对曰:"善为政者,远者近之,而旧者新之。"[墨子耕柱]

【释义】

叶公子高向孔子请教施政之道,说:"善于施政的人是怎么做的呢?"孔子回答说:"善于施政的人,要使疏远的人亲近,使老朋友像新朋友一样友好。"

【原文】

孔子①见景公,公曰:"先生素不见晏子乎?"对曰:"晏子事三君而得顺焉。是

国学经典文库

孔子家语

孔子言行典籍译注

图文珍藏版

为三心,所以不见也。"公告晏子,晏子曰:"三君皆欲其国安,是以婴得顺也。闻君子独立不惭于影,今孔子伐树削迹,不自以为辱;身穷陈蔡,不自以为约始。吾望儒贵之,今则疑之。"[墨子孔丛子诘墨引]

【注释】

①子字皆鲋所更,墨本用孔子讳,下效此。

【释义】

孔子拜见齐景公,景公问他说:"先生向来不见晏子吗?"孔子回答说:"晏子事奉三位君主而能够顺心如意。因为他事奉时有三心,所以不愿意相见。"景公告诉晏子孔子说的话,晏子说:"三位国君都想要他们的国家安定,因此晏婴能够顺心如意的治理政事。我曾听说过君子独自相处时不因自己的影子而惭愧,如今孔子遭受到伐树驱逐的侮辱,却不以这些为羞耻;被困厄在陈国、蔡国之间,不以为穷困。"

【原文】

赞皇县有孔子岭,上有石堂宽博,其石相拒若楹柱,有石人象轨卷之状。[舆地志御览五十四引]

【释义】

赞皇县上有个孔子岭,上面有个石堂宽阔高大,石头相距好像楹柱一样,有个石人好像轨卷的样子。

【原文】

宣尼临没,手不释卷。[刘子崇学]

【释义】

孔子一直到死,手里都没丢下书。

【原文】

鲍龙跪石而吟,仲尼为之下车。[刘子知人]

【释义】

鲍龙跪在山石上高歌,孔子下车向他致意。

【原文】

昔子贡问于孔子曰:"谁为大贤?"子曰:"齐有鲍叔,郑有子皮。"子贡曰:"齐无管仲,郑无子产乎?"子曰:"吾闻进贤为贤,排贤为不肖。鲍叔荐管仲,子皮荐子产,未闻二子有所举也!"〔刘子荐贤〕

【释义】

从前,又一次子贡问孔子说:"谁是最大的贤人?"孔子说:"齐国有个鲍叔,郑国有个子皮。"子贡反驳道:"齐国不是有个管仲,郑国不是有个子产吗?"孔子说:"我听人说过进荐贤才的人是贤人,毁谤贤才的人是德才不好的人。鲍叔推荐了管仲,子皮推荐了子产,没有听说管仲和子产都举荐过谁!"

子产

【原文】

臧文仲不显展禽,仲尼谓之窃位。(袁注曰)展禽名柳下,尝三为士师,无喜色;三已之,无愠色。孔子知其清洁,乃以兄女妻之,时人始知其贤也。〔刘子荐贤〕

【释义】

鲁国正卿臧文仲不使展禽显达,孔子称他是窃居高位。(袁注说)展禽叫作柳下季,曾经三次成为士师,没有高兴的神色;三次被罢免,也没有生气的神色。孔子知道他清廉高洁,于是让自己兄弟的女儿给他做妻子,当时人才开始知道展禽的品行高洁有才德。

【原文】

少正卯在鲁与孔子同时,孔子门人三盈三虚,唯颜渊不去,独知圣人之德也。夫门人去仲尼而归少正卯,非不知仲尼之圣,亦不知少正卯之佞。子贡曰:"少正卯鲁之闻人也,夫子为政,何以先之?"子曰:"赐也,还,非尔所及也!夫少正卯心逆而险,行僻而坚,言伪而辩,词鄙而博,顺非而泽。"有此五伪而乱圣人,以子贡之明而不能见,知人之难也。〔刘子心隐〕

【释义】

　　少正卯原先在鲁国与孔子同时设教授徒,孔子的学生多次盈门而又多次走空了,只有颜渊不肯离去,也只有他明白圣人修养。学生们离开孔子而去皈依少正卯,不但说明他们不了解孔子圣贤之处,也不了解少正卯的奸诈巧言。子贡曾对孔子说:"少正卯是鲁国著名人士,先生刚开始治政,为什么先对他下手?"孔子说:"端木赐,回去吧,这不是你能理解的!少正卯心存叛逆又为人奸诈,行为邪僻又顽固不化,言谈虚伪又巧言善辩,辞语鄙陋又贪求无厌,无耻错误又扶植歪理。"他有这五种奸诈虚伪的罪恶而扰乱了圣人的礼治思想,如同子贡那样聪明的人却也看不清楚,由此可见了解一个人有多难。

【原文】

　　子贡始事孔子一年,自谓胜之;二年,以为同德;三年,方知不及。[刘子心隐]

【释义】

　　子贡刚开始侍奉孔子一年时,自认为才德胜过孔子;二年以后,子贡认为与孔子相同;三年以后,子贡才知道赶不上孔子。

【原文】

　　仲尼见人一善,而忘其百非。[刘子妄瑕]

【释义】

　　孔子见到一个人一个好的方面,就会忘记他的百般过错。

【原文】

　　仲尼先饭黍,侍者掩口笑。(袁注曰)人送黍饭米饷孔子,孔子不吃诸盒,先饭黍,侍者掩口笑。孔子曰:"黍是五谷之长,故先饭黍。"[刘子正赏]

【释义】

　　孔子先吃黍饭,侍奉的人掩着嘴笑。(袁注说)有人送来黍饭米饭请孔子受用,孔子不吃那几个精致的饭盒,先吃黍饭,侍奉的人掩着口笑孔子。孔子说:"黍是五谷中存在时间最长的,因此先吃黍。"

【原文】

仲尼恓恓，突不暇黔。[刘子惜时]

【释义】

仲尼总是栖栖遑遑不能久住一个地方，烟囱还没有熏黑就又搬走了。

【原文】

孔子为鲁司寇，语鲁定公曰："勇而有谋，此乱天下也。君可杀之。"定公诛少正卯也。[刘子心隐袁注]

【释义】

孔子担任鲁国司寇时，告诉鲁定公说："勇武而有谋略，这是祸乱天下啊！您可以杀掉他。"鲁定公于是杀掉了少正卯。

【原文】

公冶长贫而闲居，无以给食。其雀飞鸣其舍，呼之曰："公冶长，公冶长，南山有个虎驮羊。尔食肉，我食肠，常亟取之勿彷徨。"子长如其言往取食之。及亡羊者迹之，得其角，乃以为偷，讼之鲁君。鲁君不信鸟语，逮系之狱。孔子素知之，为之白于鲁君，亦不解也。于是叹曰："虽在缧绁之中，非其罪也。"未几，子长在狱，舍雀复飞鸣其上，呼之曰："公冶长，公冶长，齐人出师侵我疆，沂水上，峄山旁，当亟御之勿彷徨。"子长介狱吏白之鲁君，鲁君亦弗信也，姑如其言往迹之，则齐师果将及矣。急发兵应敌，遂获大胜，因释公冶长而厚赐之。欲爵为大夫，辞不受，盖耻因禽语以得禄也。后世遂废其学。[留青日札绎史九十五引]

【释义】

公冶长家贫而没有职业，无法供给饮食。他认识的小鸟飞到他家鸣叫，呼唤他说："公冶长，公冶长，南山上有一只老虎驮来的羊。你吃肉，我吃肠，赶快去取莫彷徨。"公冶长照它说的去取来吃了。等丢羊的人顺着踪迹找来，发现了羊角，就以为是公冶长偷了羊，告到鲁君那里。鲁君不相信鸟会说话，就把公冶长逮捕来关进了监狱。孔子一向知道公冶长通鸟语，就替他向鲁君申述，鲁君也不理解。于是孔子叹息道："虽然关在牢狱之中，但并非他的罪过。"不久，公冶长在狱中，先前飞到家里来的那只小鸟又飞到他头顶上鸣叫,呼唤他说:"公冶长,公冶长,齐国出兵侵我边疆。已经到了沂水边,峄山旁,应该赶快抵御不要彷徨。"公冶长求狱吏报告鲁君。鲁君也不相信,只是姑且叫人按他说的地方去侦探,果然发现齐国军队快要到了。急忙发兵应敌,终于获得了大胜。于是便释放了公冶长,而且重赏了他。想封他为大夫,公冶长推辞不接受,大概是羞耻于凭借鸟语而获得俸禄吧!后世公冶长通鸟语的学问便废绝失传了。

【原文】

荆人有遗弓者,而不肯索,曰:"荆人遗之,荆人得之,又何索焉?"孔子闻之,曰:"去其'荆'而可矣。"[吕氏春秋孟春纪贵公]

【释义】

楚国有个人丢失了一张弓,却不愿意找回来,说:"楚人丢的,被楚人捡得,又何必找回呢?"孔子听到后说:"去掉'楚'字就行了。"

【原文】

晋平公问于祁黄羊曰:"南阳无令,其谁可而为之?"祁黄羊对曰:"解狐可。"平公曰:"解狐非子之仇邪?"对曰:"君问可,非问臣之仇也。"平公曰:"善。"遂用之。国人称善焉。居有闲,平公又问祁黄羊曰:"国无尉,其谁可而为之?"对曰:"午可。"平公曰:"午非子之子邪?"对曰:"君问可,非问臣之子也。"平公曰:"善。"又遂用之。国人称善焉。孔子闻之曰:"善哉!祁黄羊之论也。外举不避仇,内举不避子。"祁黄羊可谓公矣。[吕氏春秋孟春纪去私]

【释义】

晋平公问祁黄羊说:"南阳缺个县令,谁可以担任这个职务?"祁黄羊回答:"解狐可以。"平公说:"解狐不是你的仇人吗?"祁黄羊回答:"您问谁可以胜任这个职务,不是问谁是我的仇人。"平公称赞说:"好!"于是就任用了解狐。国人对此交口称赞。过了一段时间,平公又问祁黄羊说:"国家缺个军尉,谁可以担任这个职务?"祁黄羊说:"祁午可以。"平公说:"祁午不是你的儿子吗?"祁黄羊回答说:"您问谁可以担任这个职务,不是问谁是我的儿子。"平公称赞说:"好!"就又任用了祁午。国人对此称赞不已。孔子听说了这件事说:"祁黄羊的这些话太好了!推举外人不回避仇敌,推举家人不回避儿子。"祁黄羊可以称得上是公正无私了。

【原文】

孔子学于老聃、孟苏、夔靖叔。［吕氏春秋仲春纪当染］

【释义】

孔子向老聃、孟苏、夔靖叔问学。

【原文】

《诗》曰："执辔如组。"孔子曰："审此言也可以为天下。"子贡曰："何其躁也?"孔子曰："非谓其躁也,谓其为之于此,而成文于彼也,圣人组修其身,而成文于天下矣。"［吕氏春秋季春纪先己］

【释义】

《诗经》中说:"手执缰绳驾驭马就如同编织花纹一样。"孔子说:"明悉这句话的含义,就可以治理好天下了。"子贡说:"照《诗经》中所说的去做,举止太急躁了吧?"孔子说:"这句诗不是说驭者动作急躁,而是说丝线在手中编织,而花纹却在手外成形。圣人修养自身,而大业成就于天下。"

【原文】

孔子见鲁哀公,哀公曰:"有语寡人曰:'为国家者,为之堂上而已矣'。寡人以为迂言也。"孔子曰:"此非迂言也。丘闻之'得之于身者得之人,失之于身者失之人'。不出于门户而天下治者,其惟知反于己身者乎!"［吕氏春秋季春纪先己］

【释义】

孔子谒见鲁哀公,哀公说:"有人告诉我:'治理国家,安坐在朝堂之上就可以了。'我认为这是不切事理的迂阔之言。"孔子说:"这不是迂阔之言。我曾听说,在自身有所得的人,在别人那里也会有所得;在自身有所失的人,在别人那里也会有所失。不出门却把天下治理得很好,这恐怕只有懂得自身修养的国君才能做到吧!"

【原文】

子贡问孔子曰:"后世将何以称夫子?"孔子曰:"吾何足必称哉? 勿已者,则好

【释义】

　　子贡问孔子说:"后代将怎样称道您呢?"孔子说:"我哪里值得称道呢? 如果一定要说的话,那就是好学习而不知道满足,勤于教诲而不知道疲倦,大概仅此而已!"

【原文】

　　鲁季孙有丧,孔子往吊之。入门而左,从客也。主人以玙璠收,孔子径庭而趋,历级而上,曰:"以宝玉收,譬之犹暴骸中原也。"〔吕氏春秋孟冬纪安死〕

【释义】

　　鲁国的季孙氏举办丧事,孔子前去吊丧。进门之后,站在左边台阶上,立于宾客的位置。主丧的季桓子用鲁国的宝玉装殓死者,孔子急忙从西阶下穿过中庭快步向东,登上东边台阶,说:"用宝玉装殓死者,就像是把尸体暴露在原野上一样。"

【原文】

　　孔子之弟子从远方来者,孔子荷杖而问之曰:"子之公①不有恙乎?"搏②杖而揖之,问曰:"子之父③母不有恙乎?"置杖而问曰:"子之兄弟不有恙乎?"杙步而倍之④,问曰:"子之妻子不有恙乎?"〔吕氏春秋孟冬纪异用〕

【注释】

　　①御览七百十"公"作"父"。
　　②同上,搏作"持"。
　　③同上,无父字。
　　④同上,杙步而倍之作"杖步而倚之"。○《广韵》杖字下引云:孔子见弟子,抱杖而问其父母,柱杖而问其兄弟,曳杖而问其妻子。盖约此文。

【释义】

　　孔子的弟子凡是从远方来的,孔子就扛着手杖问候他说:"你的祖父没灾没病吧?"然后持杖拱手行礼问候说:"你的父母都平安无事吧?"然后挂着手杖问候说:"你的兄弟们都平安无事吧?"最后拖着手杖转过身去问候说:"你的妻子儿女都好吧？"

【原文】

楚有直躬者，其父窃羊而谒之上。上执而将诛之。直躬者请代之。将诛矣，告吏曰："父窃羊而谒之，不亦信乎？父诛而代之，不亦孝乎？信且孝而诛之，国将有不诛者乎？"荆王闻之，乃不诛也。孔子闻之曰："异哉！直躬之为信也。一父而载取名焉。"［吕氏春秋仲冬纪当务］

【释义】

楚国有个以直道立身的人，他的父亲偷了羊，他向官府告发了这件事。官府抓住了他的父亲，将要处死。此人请求代父受刑。将要行刑的时候，他告诉官吏说："父亲偷羊而告发这件事，这样的人不是很诚实吗？父亲受罚而代他受刑，这样的人不是很孝顺吗？又诚实又孝顺的人都要杀掉，那么国家将还有不遭受刑罚的人吗？"楚王听说了这些话，就不杀他了。孔子听说这件事后，说："这个人所谓的诚实太怪了！利用一回父亲却为自己博取诚实和孝顺的两个美名。"

【原文】

乐正子春下堂而伤足，瘳而数月不出，犹有忧色。门人问之曰："夫子下堂而伤足，瘳而数月不出，犹有忧色，敢问其故？"乐正子春曰："善乎而问之！吾闻之曾子，曾子闻之仲尼：父母全而生之，子全而归之，不亏其身，不损其形，可谓孝矣。君子无行咫步而忘之。余忘孝道，是以忧。"［吕氏春秋孝行览孝行］

【释义】

乐正子春下堂时伤了脚，脚好了后几个月都不出门，脸上仍然有忧愁的颜色。学生们问他说："先生下堂时伤了脚，脚好了几个月都不出门，脸上仍然有忧愁的颜色，请问这是什么缘故？"乐正子春说："你们问这个问得好啊！我从曾子那里听说过，曾子又从孔子那里听说过这样的话：父母完好地生下孩子，孩子要完好地把身体归还父母，不亏损自己的身子，不毁坏自己的形体，这可以称作是孝顺了。君子一举一动都不忘记孝道。我忘记了孝道，因此忧虑不安。"

【原文】

昔晋文公将与楚人战于城濮，召咎犯而问曰："楚众我寡，奈何而可？"咎犯对曰:"臣闻繁礼之君,不足于文;繁战之君,不足于诈。君亦诈之而已。"文公以咎犯言告雍季,雍季曰:"竭泽而渔,岂不获得? 而明年无鱼;焚薮而田,岂不获得? 而明年无兽。诈伪之道,虽今偷可,后将无复,非长术也。"文公用咎犯之言,而败楚人于城濮。反而为赏,雍季在上。左右谏曰:"城濮之功,咎犯之谋也。君用其言而赏后其身,或者不可乎!"文公曰:"雍季之言,百世之利也;咎犯之言,一时之务也。焉有以一时之务先百世之利者乎?"孔子闻之,曰:"临难用诈,足以却敌;反而尊贤,足以报德。文公虽不终,始足以霸矣。"[吕氏春秋孝行览义赏]

【释义】

从前晋文公要跟楚国人在城濮作战,找来咎犯问他说:"楚国兵多,我国兵少,怎样做才可以取胜?"咎犯回答说:"我听说礼仪繁杂的君主,对于礼仪的盛大从不感到满足;作战频繁的君主,对于诡诈之术从不感到嫌恶。您只要对楚国实行诈术就行了。"文公把咎犯的话告诉了雍季,雍季说:"把池塘弄干了来捕鱼,怎么会捕不到鱼? 可是第二年就没有鱼了;把沼泽地烧光了来打猎,怎么能捉不到野兽? 可是第二年就没有野兽了。诈骗的方法,虽说现在可以苟且得利,以后就不能再得到了,这不是长久之计。"文公采纳了咎犯的意见,因而在城濮打败了楚国人。回国以后行赏,雍季居首位。文公身边的人劝谏说:"城濮之战的胜利,是由于采用了咎犯的谋略。您采纳了他的意见,可是行赏却把他放在后边,这或许不可以吧!"文公说:"雍季的话,对百世有利;咎犯的话,只是顾及一时。哪有把只顾及一时的放在对百世有利的前面的道理呢?"孔子听到这件事后,说:"遇到危难用诈术,足以打败敌人;回国后尊崇贤人,足以报答恩德。文公虽然不能坚持到底,却足以成就霸业了。"

【原文】

赵襄子出围,赏有功者五人,高赦为首。张孟谈曰:"晋阳之中,赦无大功,赏而为首,何也?"襄子曰:"寡人之国危,社稷殆,身在忧约之中,与寡人交而不失君臣之礼者,惟赦。吾是以先之。"仲尼闻之,曰:"襄子可谓善赏矣! 赏一人而天下之为人臣莫敢失礼。"[吕氏春秋孝行览义赏]

【释义】

赵襄子从晋阳的围困中解脱出以后,奖赏五个有功劳的人,高赦居首位。张孟谈说:"晋阳之难,高赦没有大功,赏赐时却以他为首位,这是为什么呢?"襄子说;

"我的国家社稷遇到危险,我自身陷于忧困之中,跟我交往而不失君臣之礼的,只有高赦。我因此把他放在最前边。"孔子听到这件事后说:"襄子可以说是善于赏赐了。赏赐了一个人,天下那些当臣子的就没人敢于失礼的了。"

【原文】

孔子穷于陈、蔡之间,七日不尝食,藜羹不糁。宰予备①矣,孔子弦歌于室,颜回择菜于外。子路与子贡相与而言曰:"夫子逐于鲁,削迹于卫,伐树于宋,穷于陈、蔡。杀夫子者无罪,藉夫子者不禁,夫子弦歌鼓舞,未尝绝音。盖君子之无所丑也若此乎?"颜回无以对,入以告孔子。孔子憱然推琴,喟然而叹曰:"由与赐小人也!召,吾语之。"子路与子贡入,子贡曰:"如此者,可谓穷矣。"孔子曰:"是何言也? 君子达于道之谓达,穷于道之谓穷。今丘也拘仁义之道,以遭乱世之患,其所也,何穷之谓? 故内省而不疾于道,临难而不失其德,大寒既至,霜雪既降,吾是以知松柏之茂也。昔桓公得之莒,文公得之曹,越王得之会稽。陈、蔡之厄,于丘其幸乎!"孔子烈然返瑟而弦,子路抗然执干而舞。子贡曰:"吾不知天之高也,不知地之下也。"古之得道者,穷亦乐,达亦乐,所乐非穷达也。道得于此,则穷达一也,为寒暑风雨之序矣。故许由虞乎颍阳,而共伯得乎共首。[吕氏春秋孝行览慎人]

【注释】

①备当作惫。

【释义】

孔子被围困在陈、蔡两国之间,七天没有吃粮食,藜菜羹汤里连个米粒都没有。宰予又饿又乏,孔子在屋里弹琴唱歌。颜回到外面采择野菜。子路和子贡互相谈论,说:"先生在鲁国被驱逐出境,在卫国禁止居留,在宋国遭受伐树的屈辱,在陈国、蔡国遭受围困。要杀掉先生的人没有罪过,糟践先生的人不受禁止。可是他还在唱歌弹琴,从没间断过,君子竟是这样没有感到羞耻的事吗?"颜回没话回答,进去告诉孔子。孔子不高兴地推开琴,唉声感叹说:"子由和子贡,是浅见的小人哪! 叫他们进来,我告诉他们!"子路和子贡进来了。子贡对孔子说:"咱们这样子可以说是穷困的了!"孔子说:"这是什么话! 君子通达于道的叫作通达;不了解道的叫作穷困。现在我怀抱仁义的原则而遭逢乱世的患难,这正是我应该得到的处境,怎么算是穷困呢! 所以内心自省而不穷困于道,面临危难而不丧失品德,大寒到来,霜雪降落,松柏不凋落,我才知道松柏的生命力旺盛。从前齐桓公因出奔莒国而萌生复国称霸之心,晋文公因出亡曹国而萌生复国称霸之心,越王勾践因受会稽之耻而萌生复国称霸之心。在陈国、蔡国遇到的困厄,对于我或许是幸运吧!"孔子威严地重新拿起琴弹起来,子路激昂地拿起盾牌而起舞。子贡说:"我不知道天的高远,地的浑厚呀!"古时得道的人,困窘时是快乐的,通达时也是快乐的。所快乐的不是困窘和通达,只要是身处道德之中,那么困窘通达就像寒暑风雨的时序变化罢了。所以许由能在颍阳水边自得其乐,而共伯能在共首山上怡然自得。

【原文】

孔子周流海内,再干世主,如齐至卫,所见八十余君。委质为弟子者三千人,达徒七十人。七十人者,万乘之主得一人用可为师,不为无人。以此游,仅至于鲁司寇。[吕氏春秋孝行览遇合]

【释义】

孔子周游天下,多次向当世君主谋求官职,曾到过齐国卫国,谒见过八十多个君主。献上见面礼给他当学生的有三千人,其中成绩卓著的学生有七十人。这七十个人,拥有万辆兵车的大国君主得到任何一个人都可以把他当成老师,就不能说没有人才。然而孔子带领这些人周游列国,官却仅仅做到鲁国的司寇。

【原文】

文王嗜昌蒲菹,孔子闻而服之,缩頞而食之。三年,然后胜之。[吕氏春秋孝行览遇合]

【释义】

周文王喜爱吃菖蒲做的腌菜,孔子听说后,皱着眉头吃下去。过了三年,才渐渐吃习惯。

【原文】

孔子行道而息,马逸,食人之稼,野人取其马。子贡请往说之,毕辞,野人不听。有鄙人始事孔子者,曰:"请往说之。"因谓野人曰:"子不耕于东海,吾不耕于西海也。吾马何得不食子之禾?"其野人大说,相谓曰:"说亦皆如此其辩也!独如乡(应为"向")之人?"解马而与之。[吕氏春秋孝行览必己]

【释义】

孔子在路上行走,休息时,马跑了,吃了人家的庄稼,农夫牵走了他的马。子贡请求去劝说那个人,讲尽了道理,可是农夫就是不听从。有个刚侍奉孔子的边远地区的人说:"请让我去劝说他。"于是他对那个农夫说:"您耕种的土地从东海一直到西海,我们的马怎么能不吃您的庄稼?"那个农人非常高兴,对他说:"你的话竟是这样雄辩,哪里像刚才那个人呢?"于是解下马交给了他。

【原文】

赵襄子攻翟,胜老人、中人,使使者来谒之,襄子方食搏饭,有忧色。左右曰:"一朝而两城下,此人之所以喜也,今君有忧色,何?"襄子曰:"江河之大也,不过三日。瓢(应为"飘")风暴雨,日中不须臾。今赵氏之德行,无所于积,一朝而两城下,亡其及我乎!"孔子闻之曰:"赵氏其昌乎?"〔吕氏春秋慎大览慎大〕

【释义】

赵襄子派新稚穆子攻打翟国,攻下了老人、中人两城,新稚穆子派使者回来报告襄子,襄子正在吃抟成团的饭,听了以后,脸上现出忧虑的神色。身边的人说:"一下子攻下了两座城,这是人们感到高兴的事,现在您却忧愁,这是为什么呢?"襄子说:"长江黄河涨水不超过三天就会退落,疾风暴雨不久就会停息。如今赵氏的德行没有丰厚的蓄积,一下子就攻下了两座城,灭亡之运恐怕要让我赶上了!"孔子听到这件事后说:"赵氏大概要昌盛了吧!"

【原文】

孔[①]子之劲,举国门之关,而不肯以力闻。〔吕氏春秋慎大览慎大〕

【注释】

①薛据《孔子集语》引作"孔子之劲,能拓国门之关,勇复孟诸,足蹀狡兔,不以力闻。"

【释义】

孔子力气那样大,能举起国都城门的门闩,却不肯以力气大闻名天下。

【原文】

孔子道弥子瑕见釐夫人。〔吕氏春秋慎大览贵因〕

【释义】

孔子通过弥子瑕见釐夫人,为的是借此推行自己的主张。

【原文】

孔子始用于鲁,鲁人鹐诵之曰:"麛裘而韠,投之无戾。韠而麛裘,投之无邮。"用三年,男子行乎涂右,女子行乎涂左,财物之遗者,民莫之举。〔吕氏春秋先识览乐成〕

【释义】

孔子刚被鲁国任用时,鲁国人怨恨地唱道:"穿着鹿皮衣又穿蔽膝,抛弃他没关系;穿着蔽膝又穿鹿皮裘,抛弃他没罪过。"孔子治理鲁国三年后,鲁国男子在道路右边行走,女子在道路左边行走;遗失在地的财物,也没有人拾取。

【原文】

鲁国之法,鲁人为人臣妾于诸侯,有能赎之者,取其金于府。子贡赎鲁人于诸侯,来而让,不取其金。孔子曰:"赐失之矣。自今以往,鲁人不赎人矣。"取其金,则无损于行;不取其金,则不复赎人矣。〔吕氏春秋先识览察微〕

【释义】

鲁国的法令规定,在诸侯国沦为奴仆的鲁国人,有能赎出他们的,可以从国库中支取金钱。子贡从其他诸侯国赎出了做奴仆的鲁国人,回来却推辞不领取赏金。孔子说:"赐这事做错了。从今以后,鲁国人不会再赎人了。"支取金钱,对品行并没有损害;不支取金钱,就不会有人再赎人了。

【原文】

子路拯溺者,其人拜之以牛,子路受之。孔子曰:"鲁人必拯溺者矣。"〔吕氏春秋先识览察微〕

【释义】

子路救了一个溺水的人，那个人用牛来酬谢他，子路收下了牛。孔子说："鲁国人一定会救溺水的人了。"

【原文】

孔子穷乎陈、蔡之间，藜羹不斟，七日不尝粒。昼寝。颜回索米，得而焚之，几熟。孔子望见颜回攫其甑中而食之。选闲，食熟，谒孔子而进食。孔子佯为不见之。孔子起曰："今者梦见先君，食洁而后馈。"颜回对曰："不可。向者煤室①入甑中，弃食不祥，回攫而饭之。"孔子叹曰："所信者目也，而目犹不可信；所恃者心也，而心犹不足恃。弟子记之，知人固不易矣。"［吕氏春秋审分览任数］

【注释】

①室，"臾"之讹。

【释义】

孔子被困在陈国、蔡国之间，只能吃些没有米粒的野菜，七天没有吃到粮食。孔子白天躺着休息。颜回去讨米，讨来米后烧火做饭，饭快熟了，孔子望见颜回抓取锅里的饭吃。过了一会儿，饭做熟了，颜回谒见孔子并且献上饭食。孔子假装没有看见颜回抓饭吃，起身说："今天我梦见了先君，把饭食弄干净了然后去祭祀先君吧！"颜回回答说："不行。刚才烟尘掉到锅里，扔掉沾着烟尘的食物不吉利，我把它抓起来吃了。"孔子叹息着说："人们所相信的是眼睛，可是眼睛看到的还是不可以轻信；所依靠的是心智，可是心智揣度的还是不足以依靠。学生们记住，了解人本来就不容易呀！"

【原文】

孔子贵仁。［吕氏春秋审分览不二］

【释义】

孔子崇尚仁义。

【原文】

孔子见温伯雪子，不言而出。子贡曰："夫子之欲见温伯雪子好矣，今也见之而

不言,其故何也?”孔子曰:“若夫人者,目击而道存矣,不可以容声矣。”〔吕氏春秋审应览精谕〕

【释义】

孔子去见温伯雪子,没有说话就出来了。子贡说:“先生您希望见到温伯雪子已经很久了,现在见到了却不说话,这是为什么呢?”孔子说:“像他那样的人,用眼一看就知道他是有道之人了,用不着再讲话了。”

【原文】

白公问于孔子曰:“人可与微言乎?”孔子不应。白公曰:“若以石投水,奚若?”孔子曰:“没人能取之。”白公曰:“若以水投水,奚若?”孔子曰:“淄、渑之合者,易牙尝而知之。”白公曰:“然则人不可与微言乎?”孔子曰:“胡为不可? 唯知言之谓者为可耳。”白公弗得也。〔吕氏春秋审应览精谕〕

【释义】

白公胜问孔子:“可以与别人一起密谋吗?”孔子不回答。白公胜说:“密谋就如同把石块投入水中一样不为人所知,怎样呢?”孔子回答:“擅长潜水的人能够从水底取出来。”白公胜又问:“就如同把水倒进水中一样不为人所知,怎样呢?”孔子回答:“淄水和渑水混合在一起,易牙用舌头尝了就能分辨出来。”白公胜说:“那么,就不能同别人密谋了吗?”孔子回答:“为什么不可以? 只要心领神会就可以呀!”白公胜不懂得(孔子)说的话的意思。

【原文】

宓子贱治亶父,恐鲁君之听谗人,而令己不得行其术也。将辞而行,请近吏二人于鲁君与之俱。至于亶父,邑吏皆朝。宓子贱令吏二人书。吏方将书,宓子贱从旁时掣摇其肘,吏书之不善,则宓子贱为之怒。吏甚患之,辞而请归。宓子贱曰:“子之书甚不善,子勉归矣!”二吏归报于君,曰:“宓子不可为书。”君曰:“何故?”吏对曰:“宓子使臣书,而时掣摇臣之肘,书恶而有甚怒,吏皆笑宓子。此臣所以辞而去也。”鲁君太息而叹曰:“宓子以此谏寡人之不肖也。寡人之乱子,而令宓子不得行其术,必数有之矣。微二人,寡人几过。”遂发所爱而令之亶父,告宓子曰:“自今以来,亶父非寡人之有也,子之有也。有便于亶父者,子决为之矣。五岁而言其要。”宓子敬诺,乃得行其术于起亶父。三年,巫马旗短褐衣敝裘而往观化于亶父,见夜渔者,得则舍之。巫马旗问焉,曰:"渔为得也,今子得而舍之,何也?"对曰:"宓子不欲人之取小鱼也。所舍者小鱼也。"巫马旗归,告孔子曰:"宓子之德至矣,使民暗行若有严刑于旁。敢问宓子何以至于此?"孔子曰:"丘尝与之言曰:'诚乎此者刑乎彼。'宓子必行此术于亶父也。"[吕氏春秋审应览具备]

【释义】

宓子贱去治理亶父,担心鲁国国君听信小人的谗言,从而使自己不能推行自己的主张,将要告辞走的时候,向鲁国君主请求君主身边的两个官吏跟自己一起去。到了亶父,亶父的官员都来朝见,宓子贱让那两个官吏书写。官吏刚要书写,宓子贱从旁边不时地摇动他们的胳膊肘,官吏写得很不好,宓子贱就为此大为生气。官吏对此厌恨,就告辞请求回去。宓子贱说:"你们书写得很不好,赶快回去吧!"两个官吏回去以后向鲁国君主禀报说:"不能为宓子贱书写。"鲁君说:"为什么?"官吏回答说:"宓子贱让我们书写,却不时地摇动我们的胳膊肘,写得不好又大发脾气,亶父的官吏都为此而发笑。这就是我们告辞离开的原因。"鲁君慨然叹息说:"宓子是用这种方式对我的过错进行劝谏啊!我干扰宓子治理政事,使他不能推行自己的主张,一定有多次了吧!要是没有你俩,我几乎要出错了。"于是派他所喜爱的人去亶父,告诉宓子说:"从今以后,亶父不归我所有,归你所有。只要对亶父有利的事情,你自己决定吧!五年以后报告施政的要点。"宓子恭敬地答应了,这才得以在亶父施行自己的主张。过了三年,巫马旗穿着粗劣的衣服和破旧的皮衣,到亶父去观察施行教化的情况,看到夜里捕鱼的人,得到鱼以后又把它放了。巫马旗问他说:"捕鱼是为了得到鱼,现在你得到鱼却把它扔回水里,这是为什么呢?"那人回答说:"宓子不让人们捕捉小鱼。我扔回水里的都是小鱼。"巫马旗回去以后,告诉孔子说:"宓子的德政做到极致了。他能让人们黑夜中独自做事,就像有重罚在身旁一样不敢为非作歹。请问宓子用什么办法达到这种境地呢?"孔子说:"我曾经跟他说过:'内心真诚,就会外在地体现出来。'宓子一定是用这种办法治理亶父的了。"

【原文】

孔子见齐景公,景公致廪丘以为养。孔子辞不受,入谓弟子曰:"吾闻君子当功以受禄。今说景公,景公未之行而赐之廪丘,其不知丘亦甚矣!"令弟子趣驾,辞而行。[吕氏春秋离俗览高义]

【释义】

孔子谒见齐景公，景公送给他廪丘作为食邑。孔子谢绝了，不肯接受，出来以后对学生们说："我听说君子有功而接受俸禄，现在我劝说景公听从我的主张，景公还没有采纳实行，却要赏赐给我廪丘，他太不了解我了！"让学生们赶快套好车，告辞以后就走了。

【原文】

三苗不服，禹请攻之，舜曰："以德可也。"行德三年，而三苗服。孔子闻之，曰："通乎德之情，则孟门、太行不为险矣。故曰德之速，疾乎以邮传命。"［吕氏春秋离俗览上德］

【释义】

三苗不归服，禹请求攻打它，舜说："用德政就可以了。"实行德政三年，三苗就归服了。孔子听到了这件事，说："通晓了德教的实质，那么孟门、太行山就算不上险峻了。所以说德教的迅速，比用驿车传递命令还快。"

【原文】

季孙氏劫公家，孔子欲谕术则见外，于是受养而便说。鲁国以訾。孔子曰："龙食乎清而游乎清，螭食乎清而游乎浊，鱼食乎浊而游乎浊。今丘上不及龙，下不若鱼，丘其螭邪！"［吕氏春秋离俗览举难］

【释义】

季孙氏把持公室政权，孔子想晓之以理却怕被疏远，于是就去接受他的衣食，以便向他进言。鲁国人因此责备孔子。孔子说："龙在清澈的水里吃东西，在清澈的水里游动；螭在清澈的水里吃东西，在浑浊的水里游动；鱼在浑浊的水里吃东西，在浑浊的水里游动。现在我向上赶不上龙，向下比不上鱼。我大概像螭一样吧！"

【原文】

荆有次非者，得宝剑于干遂。还反涉江，至于中流，有雨蛟夹绕其船。次非谓舟人曰："子尝见两蛟绕船能两活者乎？"船人曰："未之见也。"次非攘臂祛衣，拔宝剑曰："此江中之腐肉朽骨也！弃剑以全己，余奚爱焉！"于是赴江刺蛟，杀之而复上船。舟中之人皆得活。荆王闻之,仕之执圭。孔子闻之曰:"夫善哉！不以腐肉朽骨而弃剑者,其次非之谓乎！"［吕氏春秋恃君览知分］

【释义】

楚国有个叫次非的人,在干遂得到了一把宝剑。回来的时候渡长江,船到了江心,有两条蛟龙从两边缠绕住他乘坐的船。次非对船夫说:"你曾见到过两条蛟龙缠绕住船,龙和船上的人都能活命的吗？"船夫说:"没有见到过。"次非将起袖子,伸出胳膊,撩起衣服,拔出宝剑,说:"我至多不过成为江中的腐肉朽骨罢了！如果丢掉剑能保全自己,我怎么会会舍不得宝剑呢！"于是跳进江里去刺蛟龙,杀死蛟龙后又上了船。船里的人全都得以活命了。楚王听到这事以后,封他为邑大夫。孔子听到这件事以后说:"好啊！不因为将成为腐肉朽骨而丢掉宝剑的,大概只有次非能做到吧！"

【原文】

士尹池为荆使于宋,司城子罕觞之。南家之墙仇于前而不直,西家之潦径其宫而不止。士尹池问其故,司城子罕曰:"南家工人也,为鞔百①也。吾将徙之,其父曰:'吾恃为鞔以食三世矣,今徙之,是宋国之求鞔者不知吾处也,吾将不食。愿相国之忧吾不食也。'为是故,吾弗徙也。西家高,吾宫庳,潦之经吾宫也利,故弗禁也。"士尹池归荆,荆王适兴兵而攻宋,士尹池谏于荆王曰:"宋不可攻也。其主贤,其相仁。贤者能得民,仁者能用人。荆国攻之,其无功而为天下笑乎！"故释宋而攻郑。孔子闻之曰:"夫修之于庙堂之上,而折冲乎千里之外者,其司城子罕之谓乎！"［吕氏春秋恃君览召类］

【注释】

①百,者之讹。

【释义】

士尹池为楚国出使到宋国去,司城子罕宴请他。子罕南边邻居的墙向前突出却不拆了它重新垒直,西边邻居家的积水流经子罕家的院子他却不加制止。士尹池询问这是为什么。司城子罕说:"南边邻居家是做鞋的工匠,我要让他搬家,他的父亲说:'我家靠做鞋谋生已经三代了,现在如果搬家,那么宋国人想要买鞋的,就不知道我的住处了,我将不能谋生。希望相国您怜悯我们将无法谋生的难处。'因为这个缘故，我没有让他搬家。西边邻居家院子地势高，我家院子地势低，积水流过我家院子很便利，所以没有加以制止。"士尹池回到楚国，楚王正要发兵攻打宋国，士尹池劝阻楚王说："不可以攻打宋国。它的国君贤明，相国仁慈。贤明的人能得到人民的拥护，仁慈的人别人能为他效力。楚国去攻打它，大概不会有功，而且还要为天下所耻笑吧！"所以楚国放弃了宋国而去攻打郑国。孔子听到这件事后说："在朝廷上修明政治，从而挫败了千里之外的敌人，大概说的是宋城子罕吧！"

【原文】

赵简子将袭卫，使史默往睹之，期以一月。六月而后反，赵简子曰："何其久也？"史默曰："谋利而得害，犹弗察也。今蘧伯玉为相，史鰌佐焉，孔子为客，子贡使令于君前，甚听。《易》曰：'涣其群，元吉。'涣者贤也，群者众也，元者吉之始也。'涣其群元吉'者，其佐多贤也。"赵简子按兵而不动。[吕氏春秋恃君览召类]

【释义】

赵简子要攻打卫国，派史默去卫国观察动静，约定一个月为期限，可是他过了六个月才回来。赵简子说："怎么去了这么长时间呢？"史默说："您要攻打卫国是为了谋取利益，结果反要遭受祸害，这个情况您还是不了解啊！如今卫国蘧伯玉担任卫相，史鰌辅佐卫君，孔子当宾客，子贡在卫君面前供差遣，他们都很受卫君信任。《周易》中说：'涣其群，元吉。''涣'，是贤德的意思；'群'，众多的意思；'元'是吉利的开始的意思。'涣其群元吉'，是说他的辅佐之臣中有很多贤德之人。"于是赵简子才按兵不动。

【原文】

郈成子为鲁聘于晋，过卫，右宰谷臣止而觞之。陈乐而不乐，酒酣而送之以璧。顾反，过而弗辞。其仆曰："乡者右宰谷臣之觞吾子也甚欢，今候渫过而弗辞？"郈成子曰："夫止而觞我，与我欢也。陈乐而不乐，告我忧也。酒酣而送我以璧，寄之我也。若由是观之，卫其有乱乎！"倍卫三十里，闻宁喜之难作，右宰谷臣死之，还车而临，三举而归。至，使人迎其妻子，隔宅而异之，分禄而食之。其子长而反其璧。孔子闻之，曰："夫智可以微谋、仁可以托财者，其郈成子之谓乎！"[吕氏春秋恃君览观表]

【释义】

邱成子为鲁国聘问晋国，路过卫国，卫国的右宰谷臣挽留并宴请他。右宰谷臣陈列上乐器奏乐，乐曲却不欢快；喝酒喝到正尽兴时送璧玉给邱成子。邱成子从晋国回来，经过卫国却不向谷臣告别。他的车夫说："那天右宰谷臣盛情厚意款待您，为什么您再路过这里时不去向他辞别呢？"邱成子说："他挽留并宴请我，这是要和我欢娱一番。可陈列上乐器奏乐，乐曲却不欢快，这是向我表示他的忧愁啊！喝酒喝得畅快时，他把璧玉送给了我，这是把璧玉托付给我啊！如此看来，卫国大概将发生祸乱吧！"邱成子离开卫国三十里，听到

涡纹鼎

宁喜作乱杀死卫君，右宰谷臣为卫君殉难，就掉转车子回去哭悼谷臣，哭了三次然后才回国。到了鲁国，派人去接右宰谷臣的妻子儿女，把住宅隔开让他们与自己分开居住，拿出自己的俸禄来养活他们。待到右宰谷臣的孩子长大了，邱成子把璧玉还给了他。孔子听到这件事后说："聪明到可以在隐微的时候谋事，仁德到可以托抚孤寡，廉洁到可以寄存财物，大概就是说邱成子的吧！"

【原文】

孔子卜，得贲。孔子曰："不吉。"子贡曰："夫贲亦好矣，何谓不吉乎？"孔子曰："夫白而白，黑而黑，夫贲又何好乎？"［吕氏春秋慎行论壹行］

【释义】

孔子占卜，得到贲卦。孔子说："不吉利。"子贡说："贲卦也很好了，为什么说不吉利呢？"孔子说："白就应该是白，黑就应该是黑，贲卦斑驳不纯，又好在哪里呢？"

【原文】

晋人欲攻郑，令叔向聘焉，视其有人与无人。子产为之诗曰："子惠思我，褰裳涉洧；子不我思，岂无他士！"叔向归曰："郑有人，子产在焉，不可攻也。秦、荆近，

【释义】

晋国人想攻打郑国，派叔向到郑国聘问，借以察看郑国有没有贤人。子产对叔
向诵诗说："如果你心里思念我，就请提起衣裳涉过洧河；如果你不再把我思念，难
道我没有别的伴侣可选？"叔向回到晋国，说："郑国有贤人，有子产在那里，不能进
攻。郑国跟秦国楚国临近，子产赋的诗又流露出二心，郑国不能攻打。"晋国于是停
止攻打郑国。孔子说："《诗经》上说：'国家强大完全在于有贤人'，子产只是诵诗
一首，郑国就免除了战祸。"

【原文】

鲁哀公问于孔子曰："乐正夔一足，信乎？"孔子曰："昔者舜欲以乐传教于天
下，乃令重黎举夔于草莽之中而进之，舜以为乐正。夔于是正六律，和五声，以通八
风，而天下大服。重黎又欲益求人，舜曰：'夫乐，天地之精也，得失之节也，故唯圣
人为能和。乐之本也。夔能和之以平天下，若夔者一而足矣。'故曰'夔一足'，非
'一足'也。"［吕氏春秋慎行论察传］

【释义】

鲁哀公向孔子问道："听说舜的乐正夔只有一只脚，是真的吗？"孔子说："从前
想利用音乐把教化传布到天下，于是让重黎把夔从民间选拔出来，进荐给君主。舜
任用他为乐正。于是夔校定六律，和谐五声，以调和八风，因而天下完全归服。重
黎还想多找些像夔这样的人，舜说：'音乐是天地之气的精华，政治得失的关键，所
以只有圣人才能使音乐和谐，而和谐是音乐的根本。夔能事音乐和谐，以此安定天
下。像夔这样的人，有一个就足够了。'所以说'夔一足'，并不是说夔只有一只
脚啊！"

【原文】

杀比干而视其心，（中略）孔子闻之曰："其窍通则比干不死矣。"［吕氏春秋贵
直论过理］

【释义】

杀死比干观看他的心脏，（中间省略）孔子听到商纣的暴行，说："他的心窍如

果通达,比干就不会被杀了。"

【原文】

武王至殷郊,系堕。五人御于前,莫肯之为,曰:"吾所以事君者,非系也。"武王左释白羽,右释黄钺,勉而自为係。孔子闻之曰:"此五人者之所以为王者佐也,不肖主之所弗安也。"故天子有不胜细民者,天下有不胜千乘者。[吕氏春秋不苟论不苟]

【释义】

周武王率领大军伐纣,到了殷都郊外,袜带掉了下来。当时有五个辅臣都在他身边陪侍,没有一个人肯替他把袜带系上,他们说:"我用来侍奉君主的,并不是替他系带子。"武王左手放下白羽,右手放下黄钺,自己费力地把袜带系上了。后来孔子听说这件事说:"这正是五个人成为王者辅臣的原因,也正是不贤的君主所不能容忍的。"所以天子有不能胜过小民的时候,天下有不能胜过千乘之国的时候。

【原文】

孔子曰:"燕爵争善处于一屋之下,母子相哺也,区区焉相乐也,自以为安矣。竈突决,上栋焚,燕爵颜色不变,是何也? 不知祸之将及之也。不亦愚乎? 为人臣而免于燕爵之智者寡矣。"[吕氏春秋士容论务大]

【释义】

孔子说:"燕雀争相在屋檐下好地方筑巢,母鸡喂养着小鸟,怡然自得地一起嬉戏,自以为很安全了。即使烟囱破裂,头上的房梁燃烧起来,燕雀仍然面不改色,这是什么缘故呢? 是因为它们不知道灾祸即将降落到自己身上。这不是很愚蠢吗? 做臣子的,能够避免燕雀这种见识的人太少了。"

【原文】

孔子曰:"禹不决江疏河,吾其鱼矣。"[隶释四周憬铭]

【释义】

孔子说:"大禹如果不排决长江疏通黄河,我们恐怕都变成鱼了。"

【原文】

昔太上以《灵宝》五篇真文以授帝喾。帝喾将仙，封之于钟山，至夏禹巡狩度弱水，登钟山，遂得是文。后复封之包山洞庭之室。吴王阖闾出游包山，见一人自言姓山名隐居，阖闾扣之，乃入洞庭取素书一卷，呈阖闾。其文不可识。令人斋之问孔子。孔子曰："丘闻童谣曰：吴王出游观震湖，龙威丈人山隐居。北上包山入云墟，乃入洞庭窃禹书。天地大文不可舒，此文长传百六初，若强取出丧国庐。"阖闾乃尊事之。[灵宝要略绎史孔子类记引四]

【释义】

过去，太上老君把五篇《灵宝真经》送给了帝喾，帝喾要成仙时把它封存在钟山。到夏代禹王视察天下，渡过弱水，登上钟山，于是得到了这本书。之后又把它封藏到石室中。吴王阖闾到包山游览，在山上看到一个人，自称姓山名叫隐居。阖闾追问他，他就取来一卷白绸子书，献给吴王。那上面的文字无法辨认。吴王派人斋戒后带着书去请教孔子。孔子说："我听童谣唱道：吴王出游观览震湖，龙威老人山居野处。北上包山跨入云端，进入洞室窃取禹书。天地鸿篇不可阅读，此书流传百六十年，强取必将丧国灭族。"阖闾听后更加尊崇敬奉它。

【原文】

孔子游于太山，见荣启期行乎郕之野，鹿裘带索，鼓琴而歌。孔子问曰："先生所以乐，何也？"对曰："吾乐甚多：天生万物，唯人为贵，而吾得为人，是一乐也。男女之别，男尊女卑，故以男为贵，吾既得为男矣，是二乐也。人生有不见日月、不免襁褓者，吾既已行年九十矣，是三乐也。贫者士之常也，死者人之终也，处常得终，当何忧哉？"孔子曰："善乎！能自宽者也。"[列子天瑞]

【释义】

孔子出游到泰山，看见荣启期在郕地野外行走，身穿鹿皮袄，腰系绳索带，一边弹琴，一边唱歌。孔子问他："先生为什么这么快乐呢？"荣启期回答："我快乐的原因有很多。自然生育万物，只有人最宝贵，而我得以为人，这是第一值得快乐的。男女的差别在于男尊女卑，所以男人最可贵，我既然得以为男人，这是第二值得快乐的。人的寿命有时短的死在娘肚里，死在襁褓中，而我已经活到九十岁了，这是第三值得快乐的。贫困是读书人的寻常事情，死亡是人生的最终归宿，我安于常情,等待终结,还有什么可忧虑的呢?"孔子说:"好啊! 真是能自我宽慰的人呀!"

【原文】

林类年且百岁,底①春被裘,拾遗穗于故畦,并歌并进。孔子适卫,望之于野,顾谓弟子曰:"彼叟可与言者,试往讯之!"子贡请行。逆之垅端,面之而叹曰:"先生曾不悔乎,而行歌拾穗?"林类行不留,歌不辍。子贡叩之不已,乃仰而应曰:"吾何悔邪?"子贡曰:"先生少不勤行,长不竞时,老无妻子,死期将至,亦有何乐而拾穗行歌乎?"林类笑曰:"吾之所以为乐,人皆有之,而反以为忧。少不勤行,长不竞时,故能寿若此。老无妻子,死期将至,故能乐若此。"子贡曰:"寿者人之情,死者人之恶。子以死为乐,何也?"林类曰:"死之与生,一往一反。故死于是者,安知不生于彼? 故吾知其不相若矣,吾又安知营营而求生非惑乎? 亦又安知吾今之死不愈昔之生乎?"子贡闻之,不喻其意,还以告夫子。夫子曰:"吾知其可与言,果然;然彼得之而不尽者也。"〔列子天瑞〕

【注释】

①底,当也。

【释义】

林类年近百岁,时逢春天,披着皮袄,在收割后的田垄上拣拾别人遗下的麦穗,一边唱歌,一边前进。孔子去卫国,在原野上望见他,就回头对弟子们说:"那个老头儿可以交谈交谈,谁试着去问问他?"子贡请求前往。子贡在田头迎住林类,对他叹口气说;"先生从不觉得懊恼吗? 还这样边走边唱地拾麦穗?"林类脚不停步,歌不停口。子贡连连向他询问,他才仰头回答说:"我有什么可懊恼的?"子贡说:"先生年少时不肯努力行事,长大后又不争取时运,所以才能如此长寿。正因为我老来没有妻子儿女,眼看死期将至,所以才这样快乐。"子贡说:"长寿是人人都希望的,死亡是个个都厌恶的。您却以死亡为快乐,这是什么道理?"林类回答:"死亡相对于生存,一个来一个去,所以死在这里,又怎知不在别处生? 因此我又怎么知道生和死不是一回事呢? 我又怎么知道苦苦谋求生存不是一种迷惑的表现呢? 我又怎么知道现在死亡不比活着更好呢?"子贡听了,不明白他的意思,回来告诉孔子。孔子说:"我知道这人是可以一谈的,果然如此;但是他所掌握的道理还没有达到尽善的程度。"

【原文】

子贡倦于学,告仲尼曰:"愿有所息。"仲尼曰:"生无所息。"子贡曰:"然则赐息无所乎?"仲尼曰:"有焉耳,望其圹,睾如也,宰如也,坟如也,鬲如也,则知所息矣。"子贡曰:"大哉死乎!君子息焉,小人伏焉。"仲尼曰:"赐!汝知之矣。人胥知生之乐,未知生之苦;知老之惫,未知老之佚;知死之恶,未知死之息也。"〔列子天瑞〕

【释义】

子贡对学习感到厌倦了,便告诉孔子说:"我希望找个地方休息一下。"孔子说:"人生没有什么休息的地方。"子贡说:"那么我就无处休息了吗?"孔子说:"有的呀!你看那个墓穴,那高高耸立的样子,那宽宽大大的样子,那岸然隆起的样子,那与外界隔绝而当中空空的样子,就知道休息的地方该在哪里了!"子贡说:"死亡真了不起呀!君子在此安息,小人在此匍匐。"孔子说:"赐,你算明白了。大家都知道人生的快乐,不知道人生的痛苦;都知道老年的疲惫,不知道老年的安逸;都知道死亡是恶事,不知道死亡是休息。"

【原文】

范氏有子曰子华,善养私名,举国服之;有宠于晋君,不仕而居三卿之右。目所偏视,晋国爵之;口所偏肥,晋国黜之。游其庭者侔于朝。子华使其侠客以智鄙相攻,强弱相凌。虽伤破于前,不用介意。终日夜以此为戏乐,国殆成俗。禾生、子伯,范氏之上客。出行,经坰外,宿于田更①商丘开之舍。中夜,禾生、子伯二人相与言子华之名势,能使存者亡,亡者存;富者贫,贫者富。商丘开先窘于饥寒,潜于牖北听之。因假粮荷畚之子华之门。子华之门徒皆世族也,缟衣乘轩,缓步阔视。顾见商丘开年老力弱,面目黧黑,衣冠不检,莫不眲之。既而狎侮欺诒,挡捭挟,二②所不为。商丘开常无愠容,而诸客之技单,愈于戏笑。遂与商丘开俱乘高台,于众中漫言曰:"有能自投下者赏百金。"众皆竞应。商丘开以为信然,遂先投下,形若飞鸟,扬于地,骺骨无毁。范氏之党以为偶然,未讵怪也。因复指河曲之淫隈曰:"彼中有宝珠,泳可得也。"商丘开复从而泳之。既出,果得珠焉。众眆同疑。子华眆令豫肉食衣帛之次。俄而范氏之藏大火。子华曰:"若能人火取锦者,从所得多少赏若。"商丘开往无难色,大③火往还,埃不漫,身不焦。范氏之党以为有道,乃共谢之曰:"吾不知子之有道而诞子,吾不知子之神人而辱子。子其愚我也,子其聋我也，子其盲我也，敢问其道。"商丘开曰："吾亡道。虽吾之心，亦不知所以。虽然，有一于此，试与子言之。曩子二客之宿吾舍也，闻誉范氏之势，能使存者亡，亡者存；富者贫，贫者富。吾诚之无二心，故不远而来。及来以子党之言皆实也，唯恐诚之之不至，行之之不及，不知形体之所措，利害之所存也，心一而已。物无迕者，如斯而已。今昉知子党之诞我，我内藏猜虑，外矜观听，追幸昔日之不焦溺也，怛然内热，惕然震悸矣。水火岂复可近哉？"自此之后，范氏门徒遇乞儿马医，弗敢辱也，必下车而揖之。宰我闻之，以告仲尼。仲尼曰："汝弗知乎？夫至信之人，可以感物也。动天地，感鬼神，横六合，而无逆者，岂但履危险、入水火而已哉？商丘开信伪物犹不逆，况彼我皆诚哉？小子识之！"［列子黄帝］

【注释】

①更，当作"叟"。

②二，"亡"之误。

③大，"入"之误。

【释义】

范家有个儿子叫子华，喜欢收养游士侠客，全城的百姓都屈服于他的势力。他得到晋侯的宠爱，虽不做官，但地位比当时的三卿还要高贵。只要是他多看几眼的人，晋国立刻赐官赏爵；只要被他多说几句坏话的人，晋国马上罢官免爵。往来他厅堂里的人像在朝廷上的人一样多。子华让他的侠客们凭智力的高下来相互攻击，靠体力的强弱来互相欺凌，就是在他面前打得头破血流，他丝毫不在意。通宵达旦以此游戏取乐，使这种残杀几乎在全国形成一种风气。禾生和子伯是范家的上客。有一天外出，途经远郊，借宿在老农商丘开的茅舍里。半夜时候，禾生、子伯两人一齐谈论子华的名望和势力，说他能使生者灭亡，死者复活，富者变穷，穷者变富。商丘开正好困于饥寒，躲在朝北的窗口下听到了这番谈话。于是，他就借了粮食，挑着装行李的草筐，来到子华门下。子华的门徒都是达官显贵的子弟，穿着白色的绢衣，乘坐华丽的马车，走起路来从容不迫，两眼朝天。他们瞧见商丘开年老体弱，面目黧黑，衣冠不整，都看不起他。接着又围上来戏弄欺侮，推搡捶打，无所不为。但商丘开却没有一点怨恨的样子，倒是门客们智穷技尽，嬉笑也闹够了，才作罢。于是，他们又带着商丘开一同登上高台。众人中有人随意说："有谁自愿跳下去，赏给他一百金！"大家都假装争着往下跳。商丘开信以为真，就抢先跳下高台。只见他身体好像飞鸟,轻轻飘落着地,肌肉骨骼毫无损伤。范家的门客以为这是偶然的,并不感到特别奇怪,便又指着河湾边的深水潭说:"那里面有宝珠,潜入水底就可得到。"商丘开又听从他们的怂恿,潜入水底。等他游出水面,果然找到了宝珠。这时候,大家才开始感到惊疑。子华这才让他加入吃肉穿绸衣的上客行列。没过多久,范家的贮藏库发生火灾。子华说:"谁如果能入火抢救锦缎,根据救出的多少论功行赏。"商丘开面无难色,冲进大火,多次出入火海,尘埃不沾染,身体不烧焦。这一来,范家门客都认为他是有道术的人,一齐向他道歉说:"我们不知道您有道术而欺骗了您,不知道您是神人而侮辱了您。您大概把我们看作是傻瓜,看作是聋子,看作是瞎子了吧!我们冒昧向您请教您的道术。"商丘开说:"我哪有道术?即便我自己也不知道其中的奥妙。尽管这样,我还是有一点可以对你们讲讲。先前,你们的两位门客住在我家,我听见他们夸耀范家的势力,说他能使生者灭亡,死者复活;能事富者变穷,穷者变富。对此,我深信不疑,毫无二心,所以就不怕路远,来到这儿。来到以后,我又以为你们的话都是真的,唯恐相信它还相信得不彻底,实行它还实行得不及时,所以就不考虑身体应在哪里安放,不知道利害应从哪里抓起,只是心意专一罢了。这样,外物就没有来阻害我,如此而已。现在我才知道你们欺骗了我,我便内心满怀疑虑,外面还要小心地察言观色,庆幸往日没有被烧焦、溺死,想起来就痛苦得五内俱焚,恐惧得胆战心惊,今后难道还可以再接近水火吗?"从此以后,范家的门客在路上遇见乞丐马医之类的贫贱人,再也不敢侮辱了,还一定下车向他们拱手施礼。宰我听说这件事,就来告诉孔子。孔子说:"你不知道吗?最诚实的人是可以感化外物的。他们惊动天地,感化鬼神,纵横宇内,而没有阻碍他们的东西,难道仅仅只是身临险境脚踩危崖、身入水火而已吗?商丘开相信那些虚假的事物尚且能无所阻碍,更何况我们都是坚守诚信的人呢?这点你们要牢牢记住!"

【原文】

颜回问乎仲尼曰:"吾尝济乎觞深之渊矣,津人操舟若神。吾问焉,曰:'操舟可学邪?'曰:'可,能游者可教也,善游者数能。乃若夫没人,则未尝见舟而谡操之者也。'吾问焉,而不告。敢问何谓也?"仲尼曰:"噫!吾与若玩其文也久矣,而未达其实,而固且道与?能游者可教也,轻水也;善游者之散①能也,忘水也;乃若夫没人之未尝见舟也而谡操之也,彼视渊者②陵,视舟之覆犹其车却也。覆却万物方陈乎前而不得入其舍,恶往而不暇?以瓦抠者巧,以钩抠者惮,以黄金抠者惛。巧

一也,而有所矜,则重外也。凡重外者撰③内。"[列子黄帝]

【注释】

①散,"数"之误。

②者,"若"之误。

③撰,当作"拙"。

【释义】

　　颜回问孔子说:"我曾经渡过一个叫作觞深的深潭,摆渡的船夫驾驭小船的技术简直出神入化。我问他:'驾船的技术可以学习吗?'他说:'可以。能游水的人可以教,游得好的人很快就能学会。至于能潜水的人,即使从来没见过船也会立即就能驾驭它。'我再追问,他就不吭气了。冒昧请教先生,他说的是什么意思呢?"孔子回答说:"唉!我教你研习那些书本知识已经很久了,但从没有掌握实践经验,又何况掌握道的本身呢?能游水的人可以教,是因为他不怕水;善于游水的人很快就学会,是因为他熟悉水性;至于能潜水的人从没见过船只但能立即驾驭它,是因为他把深潭看作像土山,把渡船的倾覆看作车子倒退。万物倾覆倒退同时呈现在他面前,也丝毫不能动摇他的内心。像这样的人,不管遇到什么情况,怎么不从容有余呢?用瓦块做赌注,技术发挥得一定巧妙;用银铜做赌注,心里就害怕;用黄金做赌注,头脑就会昏昧糊涂。赌博的技巧本来一样,但有所顾惜时,就把外物看得很重,凡是看重外物的人内心就会笨拙。"

【原文】

　　孔子观于吕梁,悬水三十仞,流沫三十里,鼋鼍鱼鳖之所不能游也。见一丈夫游之,以为有苦而欲死者也,使弟子益①流而承之。数百步而出,被发行歌,而游于棠②行。孔子从而问之曰:"吕梁悬水三十仞,流沫三十里,鼋鼍鱼鳖所不能游,向吾见子道③之,以为有苦而欲死者,使弟子并流将承子。子出而被发行歌,吾以子为鬼也。察子,则人也。请问蹈水有道乎?"曰:"亡,吾无道。吾始乎故,长乎性,成乎命,与齐俱人,与汩偕出。从水之道而不为私焉,此吾所以道之也。"孔子曰:"何谓始乎故,长乎性,成乎命也?"曰:"吾生于陵而安于陵,故也;长于水而安于水,性也;不知吾所以然而然,命也。"[列子黄帝]

【注释】

①益,"并"之误。

②棠行,当作"塘下"。

③道,当作"蹈"。以下同。

【释义】

孔子在吕梁观望,只见飞瀑直下二十多丈,流沫冲出三十里,即便是鼋鼍和鱼鳖也不能游渡。他看见一个汉子在水里漂游,以为是一个痛不欲生而想自杀的人,连忙派学生沿着河岸跑去救他。这汉子游了几百步远又从波涛中钻出来上岸,披头散发边走边唱,在河堤下游逛。孔子追上去问道:"吕梁飞瀑二十丈,流沫三十里,连鼋鼍鱼鳖也不能游渡。方才我看见你跳进水里,以为你心怀痛苦想要自杀,派学生沿河救你。你出来后又披头散发,边走边唱,我又以为你是鬼呢。再一细看,却是人。请问,踩水有道术吗?"那汉子回答说:"没有,我没有道术。我不过是'始乎故''长乎性''成乎命'罢了,和漩涡一同卷进水底,又随涌流一齐冲出水面。我顺从河水的规律而不凭借个人的好恶,这就是我能出没水中的原因。"孔子问:"那么,什么叫作'始乎故''长乎性''成乎命'呢?"汉子回答:"我出生在河边而习惯于河边,这就是天生的素质,所以叫作'故';我长在水边而习惯于水边,这是自身的本性,所以叫作'性';我不知道为什么会游水而自然而然地能游水,所以叫作'命'。"

【原文】

仲尼适楚,出于林中,见痀偻者承蜩,犹掇之也。仲尼曰:"子巧乎!有道邪?"曰:"我有道也。五六月,累垸二而不坠,则失者锱铢;累三而不坠,则失者十一;累五而不坠,犹掇之也。吾处也,若厥株驹;吾执臂若槁木之枝。虽天地之大,万物之多,而唯蜩翼之知。吾不反不侧,不以万物易蜩之翼,何为而不得?"孔子顾谓弟子曰:"川志不分,乃疑①于神。其痀偻丈人之谓乎!"丈人曰:"汝逢衣徒也,亦何知问是乎? 修汝所以,而后载言其上。"[列子黄帝]

【注释】

①疑与凝同。

【释义】

孔子前往楚国,经过树林中,看见一位驼背的老汉正在粘蝉,竟像随手拾取一般容易。孔子叹道:"太巧妙了!您有道术吗?"老汉回答:"我有道术。经过五六个月,我练到在竹竿梢上叠放两颗小球而不坠落,那么逃走的蝉就很少了;叠放三颗小球而不坠落,那么十只里面只能逃走一只;叠放五颗小球而不坠落,捉蝉就像随手拾取一样了。我身体站着,如同直立的木桩;我举着竿子的手臂,就像枯树上的朽枝。虽然天地广大,万物繁多,但我只看见蝉的翅膀;我不回头不侧视,不容任何事物来分散我对蝉翼的注意力。为什么会捉不到蝉呢?"孔子回头对弟子们说:"用心不分散,精神凝聚专一,这就是驼背老翁所说的道理啊!"老汉说:"你们穿着儒服的读书人,也懂得过问这些事吗? 抛弃你们那套仁义礼乐说教,然后再谈论上面的这些道理吧!"

【原文】

赵襄子率徒十万狩于中山,藉芿燔林,扇①赫百里。有一人从石壁中出,随烟烬上下,众谓鬼物。火过,徐行而出,若无所经涉者。襄子怪而留之,徐而察之:形色七窍,人也;气息音声,人也。问奚道而处石? 奚道而入火? 其人曰:"奚物而谓石? 奚物而谓火?"襄子曰:"而向之所出者,石也;而向之所涉者,火也。"其人曰:"不知也。"魏文侯闻之,问子夏曰:"彼何人哉?"子夏曰:"以商所闻夫子之言,和者大同于物,物无得伤阂者,游金石,蹈水火,皆可也。"文侯曰:"吾子奚不为之?"子夏曰:"刳心去智,商未之能。虽然,试语之有暇矣。"文侯曰:"夫子奚不为之?"子夏曰:"夫子能之而能不为者也。"文侯大说。[列子黄帝]

【注释】

①扇,煽也。

【释义】

赵襄子率领十万人马在中山国狩猎,践踏乱草,焚烧树林,炽烈的火势百里。忽然有一人从悬崖的石壁中钻出来,随着烟火灰烬上下漂浮,大家见了都以为是鬼怪。大火烧过,那个人慢慢地走了出来,好像刚才没有经历过钻石入火的事一样。赵襄子十分奇怪,将他留住。细细察看,见他形貌面色和七窍是人,再听他气息声音也是人。问他凭什么道术能居住在石壁里面? 又凭什么道术能出入烈火? 那人却反问道:"什么东西叫作石壁? 什么东西叫作火?"赵襄子说:"刚才你出来的地方就叫石壁,刚才你出入的东西就是火。"那人说:"不知道。"魏文侯听了这件事,问子夏:"他究竟是什么人?"子夏回答:"根据我听到的孔夫子的言论所知,保全纯和元气的人,身心同外物融合一体,没有什么东西能伤害和阻碍他,在金石里走动,在水火中跳跃都可以做到。"魏文侯问:"那么你为什么不这样做呢?"子夏回答:"剔净思欲,摈除智慧,我还不能办到。尽管如此,但试着谈谈这些道理还是可以的。"魏文侯又问:"那么孔夫子为什么不这样做呢?"子夏回答:"孔夫子能这样做,但是他更不能去这样做。"魏文侯听罢,非常高兴。

【原文】

宋阳里华子中年病忘,朝取而夕忘,夕与而朝忘;在塗则忘行,在室则忘坐;今不识先,后不识今。阖室毒之。谒史而卜之,弗占;谒巫而祷之,弗禁;谒医而攻之,弗已。鲁有儒生自媒能治之,华子之妻子以居产之半请其方。儒生曰:"此固非卦兆之所占,非祈请之所祷,非药石之所攻。吾试化其心,变其虑,庶几其瘳乎!"于是试露之,而求衣;饥之,而求食;幽之,而求明。儒生欣然告其子曰:"疾可已也。然吾之方密,传世不以告人。试屏左右,独与居室七日。"从之。莫知其所施为也,而积年之疾一朝都除。华子既悟,乃大怒,黜妻罚子,操戈逐儒生。宋人执而问其以。华子曰:"曩吾忘也,荡荡然不觉天地之有无。今顿识既往,数十年来存亡、得失、哀乐、好恶,扰扰万绪起矣。吾恐将来之存亡、得失、哀乐、好恶之乱吾心如此也,须臾之忘,可复得乎?"子贡闻而怪之,以告孔子。孔子曰:"此非汝所及乎!"顾谓颜回记之。[列子周穆王]

【释义】

宋国的阳里华子中年得了健忘症,早晨拿了东西晚上忘记,晚上给的东西早上忘记;在路上忘记行走,在屋里忘记坐下;现在记不起从前,以后又记不起现在。全家都为他的病而苦恼。请卜史为他占卜,不应验;请巫师为他祈祷,也不灵;请医生为他治疗,也不见效。鲁国有个儒生自荐能治他的病。华子的老婆儿女情愿拿出一半家产来求取他的方术。儒生说:"这种病本来就不是卦兆所能占验的,也不是祈祷所能免除的,更不是医药所能治愈的。我试着感化他的心神,改变他的思虑,也许可以使他痊愈吧!"于是,把他放在露天,他冷了就要衣服;不给送饭,他饿了就要吃饭;关闭在暗处,他受不了就要光亮。儒生高兴地告诉那人的儿子说:"你父亲的疾病可以治好啦!但我的方法是保密的,祖孙相传,不告诉外人。请屏退在旁侍候的人,我单独同他在内屋住七天。"家人听从了他。都不知道他在里面用了什么办法,竟使多年的疾病一下子都根除了。华子清醒了过来,就大发雷霆,斥责老婆,惩罚儿子,拿起戈来驱逐儒生。邻居们捉住他,问他这样做的缘故。华子说道:"从前我健忘,渺渺茫茫地不觉得天地是有是无。现在突然记起往事,几十年来的存亡、得失、哀乐、好恶,纷纷乱乱,千头万绪地涌上心头。我恐怕将来的存亡、得失、哀乐、好恶还会像这样扰乱我的心境,再想忘记哪怕短短一刻,难道还能办得到吗?"子贡听说后感到很奇怪,就把这件事告诉了孔子。孔子说:"这道理并非你所能明白的啊!"他回头吩咐颜回记住这件事情。

【原文】

仲尼闲居,子贡入侍,而有忧色。子贡不敢问,出告颜回。颜回抚琴而歌。孔子闻之,果召回入,问曰:"若奚独乐?"回曰:"夫子奚独忧?"孔子曰:"先言尔志。"曰:"吾昔闻之夫子曰:'乐天知命故不忧',回所以乐也。"孔子愀然有闲曰:"有是言哉? 汝之意失矣。此吾昔日之言尔,请以今言为正也。汝徒知乐天知命之无忧,未知乐天知命有忧之大也。今告若其实:修一身,任穷达,知去来之非我,止变乱于心虑,尔之所谓乐天知命之无忧也。曩吾修《诗》《书》,正礼乐,将以治天下,遗来世;非但修一身,治鲁国而已。而鲁之君臣曰失其序,仁义益衰,情性益薄。此道不行一国与当年,其如天下与来世矣? 吾始知《诗》《书》礼乐无救于治乱,而未知所以革之之方。此乐天知命者之所忧。虽然,吾得之矣。夫乐而知者,非古人之谓所乐知也。无乐无知,是真乐真知;故无所不乐,无所不知,无所不忧,无所不为。《诗》《书》礼乐,何弃之有? 革之何为?"颜回北面拜手曰:"回亦得之矣。"出告子贡。子贡茫然自失,归家淫思七日,不寝不食,以至骨立。颜回重往喻之,乃反丘门,弦歌诵书,终日不辍。[列子仲尼]

【释义】

孔子独自坐在屋里,子贡进去陪侍他,看见他面露忧愁的神色。子路不敢发问。出来告诉了颜回。颜回便取过琴,一边弹,一边唱起歌来。孔子听见了,果然把颜回叫进屋里,问道:"你为什么独自快乐?"颜回说:"先生为什么独自忧愁?"孔子说:"先说说你的意思。"颜回答道;"我过去听先生说过:'乐天知命所以不忧愁',这就是我快乐的原因啊!"孔子凄然变色,过了一会儿说:"有这样的话吗? 你的理解太狭隘啦! 这不过是我从前的言论罢了,让我用现在的话来补正吧! 你只知道乐天知命没有忧愁,不知道乐天知命还有着很大的忧愁呢。现在我告诉你其中的道理:修养个人的身心,不管是穷困还是显达,知道人生过去和未来的变迁不由自己决定,忘掉心中的一切纷扰,这就是你所谓的乐天知命就没有忧愁。从前我修订《诗》《书》，端正礼乐，准备用它来治理天下，遗留后世；不仅仅是为了修养个人，治理鲁国而已。但鲁国的国君臣民一天一天破坏他们应有的等级秩序，仁义日益衰落，人情愈发淡薄。这种政治主张在我活着的时候都无法在一个国家施行，更何况施于天下和后世呢？于是，我才明白《诗》《书》、礼乐无助于治理乱世，但又不知道改革它的办法。这就是乐天安命还会有忧虑的原因。尽管如此，我现在已经得到方法啦。如今的乐天安命，并非古人所说的乐与知。无乐无知，才是真乐真知；因此便能无所不乐，无所不知，无所不忧，无所不为。做到这一步，那么《诗》《书》礼乐还有什么必要抛弃呢？为什么还要改革它呢？"颜回面北拱手施礼道："我也懂得啦！"他出来告诉子贡。子贡茫然不解，回家深思七天，废寝忘食，以至于骨瘦如柴。颜回又去向他重新解释，他才返回孔子门下，从此弹琴唱歌，诵读诗书，终生不停歇。

【原文】

陈大夫聘鲁，私见叔孙氏。叔孙氏曰："吾国有圣人。"曰："非孔丘邪？"曰："是也。""何以知其圣乎？"叔孙氏曰："吾常闻之颜回曰：'孔丘能废心而用形。'"陈大夫曰："吾国亦有圣人，子弗知乎？"曰："圣人孰谓？"曰："老聃之弟子有亢仓子者，得聃之道，能以耳视而目听。"鲁侯闻之大惊，使上卿厚礼而致之。亢仓子应聘而至。鲁侯卑辞请问之。亢仓子曰："传之者妄。我能视听不用耳目，不能易耳目之用。"鲁侯曰："此增异矣。其道奈何？寡人终愿闻之。"亢仓子曰："我体合于心，心合于气，气合于神，神合于无。其有介然之有，唯然之音，虽远在八荒之外，近在眉睫之内，来干我者，我必知之。乃不知是我七孔四支之所觉，心腹六脏之所知，其自知而已矣。"鲁侯大悦。他日以告仲尼，仲尼笑而不答。[列子仲尼]

【释义】

陈国的大夫出使访问鲁国，私下去拜见了叔孙氏。叔孙氏说："我们国家有圣人。"陈国大夫说："不就是孔丘吗？"叔孙氏说："是呀！"陈国大夫说："凭什么知道他是圣贤呢？"叔孙氏回答："我经常听颜回说：'孔丘处世接物能够不用思虑而只用行迹。'"陈国大夫说："我们国家也有圣人，您不知道吗？"叔孙氏问："圣人是谁？"陈国大夫回答："老聃有一个弟子叫亢仓子，他掌握了老聃的道术，能够用耳朵看，用眼睛听。"鲁侯听说这件事，大为惊奇，派了上卿带着厚礼去邀请亢仓子。亢仓子应邀来到鲁国。鲁侯谦恭地向他请教道术。亢仓子说："那些传话的人都是传错了。我可以视听不用耳目，却不能互换耳目的功用。"鲁侯说："这就更神奇啦！这种道术是怎么一回事？寡人还是想听听。"亢仓子回答："我的形体合于心智，心智合于元气，元气合于精神，精神又合于虚静。如果有像蕃籽一样细小的东西，有轻轻的细微的应答声音，即便远在八荒之外，或是近在眉睫之间，只要是冲我来的，我必定能够察觉。竟不知是我七窍四肢所感觉到的，还是心腹六脏知觉到的，不过是它自然而然地知道罢了。"鲁侯十分高兴。过些日子，他把这件事告诉了孔子，孔子听了，微笑而不作答。

【原文】

商太宰见孔子曰："丘圣者欤？"孔子曰："圣则丘何敢，然则丘博学多识者也。"商太宰曰："三王圣者欤？"孔子曰："三王善任智勇者，圣则丘弗知。"曰："五帝圣者欤？"孔子曰："五帝善任仁义者，圣则丘弗知。"曰："三皇圣者欤？"孔子曰："三皇善任因时者，圣则丘弗知。"商太宰大骇，曰："然则孰者为圣？"孔子动容有间，曰："西方之人有圣者焉，不治而不乱，不言而自信，不化而自行，荡荡乎民无能名焉。丘疑其为圣。弗知真为圣欤？真不圣欤？"商太宰嘿然心计曰："孔丘欺我哉！"［列子仲尼］

【释义】

宋国太宰看见孔子说："你是圣人吗？"孔子回答："圣人我怎么敢当？然而我是博学多识的人。"太宰问："三王是圣人吗？"孔子回答："三王是善于运用智勇的人，是不是圣人我不知道。"太宰问："五帝是圣人吗？"孔子回答："五帝是善于推行仁义的人，是不是圣人我不知道。"太宰又问："三皇是圣人吗？"孔子回答："三皇是善于顺应时势的人，是不是圣人我也不知道。"太宰听了大惊，说："那么谁是圣人呢？"孔子听了这话，脸色陡变，过了一阵，才回答道："西方有个圣人，不实行治理而国家就自然安定，不发表言论而自然得到百姓的信任，不施行教化而政教自然地流行，多么伟大啊！百姓无法用言语称颂他。我怀疑他就是圣人。但不知道他真是圣人呢？真不是圣人呢？"宋国太宰听了，心中默默地思忖道："孔丘在欺骗我啊！"

【原文】

子夏问孔子曰："颜回之为人奚若？"子曰："回之仁贤于丘也。"曰："子贡之为人奚若？"子曰："赐之辩贤于丘也。"曰："子路之为人奚若？"子曰："由之勇贤于丘也。"曰:"子张之为人奚若?"子曰:"师之庄贤于丘也。"子夏避席而问曰:"然则四子者何为事夫子?"曰:"居! 吾语汝。夫回能仁而不能反,赐能辩而不能讷,由能勇而不能怯,师能庄而不能同。兼四子之有以易吾,吾弗许也。此其所以事吾而不贰也。"[列子仲尼]

【释义】

子夏问孔子说:"颜回的为人怎样?"孔子回答:"颜回的仁爱胜过我。"子夏说:"子贡的为人怎样?"孔子回答:"子贡的论辩能力超过我。"子夏说:"子路的为人怎样?"孔子回答:"子路的勇敢胜过我。"子夏又问:"子张的为人怎样?"孔子回答:"子张的严肃庄重胜过我。"子夏站起来问道:"既然如此,那么这四个人为什么要拜您为师呢?"孔子说:"坐下! 我告诉你。颜回能以仁爱待人但不会因时变通;子贡能言善辩但讲话不够谨慎;子路为人勇敢但不知适时退让;子张为人严肃庄重但不能谦同随和。即使谁兼有这四个人的特长来交换我的长处,我也不会答应,因为我有着他们四人都不具备的东西。这就是他们拜我为师而从不三心二意的原因。"

【原文】

孔子东游,见两小儿辩斗。问其故,一儿曰:"我以日始出时去人近,而日中时远也。"一儿以日初出远,而日中时近也。一儿曰:"日初出大如车盖,及日中,则如盘盂,此不为远者小而近者大乎?"一儿曰:"日初出沧沧凉凉,及其日中如探汤,此不为近者热而远者凉乎?"孔子不能决也。两小儿笑曰:"孰为汝多知乎?"[列子汤问]

【释义】

孔子到东方游历,看见路旁有两个小孩在争辩。孔子问他们争论的原因,一个小孩说:"我认为太阳刚出来的时候离人最近,到了中午离人最远。"另一个小孩认为太阳早上离人最远,中午离人最近。前一个小孩说:"太阳刚出升的时候有车盖那样大,到了中午,却只有盘子那样大,这不是远的看起来小近的看起来大吗?"后一个小孩说:"太阳刚升起的时候,天气还凉丝丝的,中午就热得像手伸到热水里,这不是近热远凉的道理吗?"孔子无法判断谁是谁非。两个小孩笑着说:"谁说你知识渊博呢?"

【原文】

孔子自卫反鲁，息驾乎河梁而观焉。有悬水三十仞，圜流九十里，鱼鳖弗能游，鼋鼍弗能居，有一丈夫方将厉之。孔子使人并涯止之，曰："此悬水三十仞，圜流九十里，鱼鳖弗能游，鼋鼍弗能居也。意者难可以济乎？"丈夫不以错意，遂度而出。孔子问之曰："巧乎？有道术乎？所以能入而出者，何也？"丈夫对曰："始吾之人也，先以忠信；及吾之出也，又从以忠信。忠信错吾躯于波流，而吾不敢用私，所以能入而复出者，以此也。"孔子谓弟子曰："二三子识之！水且犹可以忠信诚身亲之，而况人乎？"［列子说符］

【释义】

孔子从卫国返回鲁国，在河堤上停下马车观望。只见瀑布飞泻而下二十丈，激流环绕九十里，鱼鳖不能游渡，鼋鼍无法停留，有一个汉子正要涉水。孔子连忙派人顺岸边跑去阻止他，说："这瀑布二十丈，旋流九十里，鱼鳖不能游渡，鼋鼍无法停留。只怕你是很难渡过的吧？"那汉子听了毫不在意，就渡过河水上了岸。孔子问他："是凭借技巧呢？还是道术呢？你能够入水又能出水的道理是什么呢？"汉子回答："我刚下水的时候，依靠尽心竭力和坚定不移；待我出水的时候，又依靠尽心竭力和坚定不移。这忠和信使我的躯体安处波涛激流之中，而我不敢任从个人的心智和技巧。我能入水又能出水的道理，就是这样的。"孔子对弟子说："你们记住！水，尚且可以凭忠和信来亲近，何况对于人呢？"

【原文】

白公问孔子曰："人可与微言乎？"孔子不应。白公问曰："若以石投水，何如？"孔子曰："吴之善没者能取之。"曰："若以水投水何如？"孔子曰："淄渑之合，易牙尝而知之。"白公曰："人故不可与微言乎？"孔子曰："何为不可？唯知言之谓者乎！夫知言之谓者，不以言言也。争鱼者濡，逐兽者趋，非乐之也。故至言去言，至为无为。夫浅知之所争者末矣。"白公不得已，遂死于浴室。［列子说符］

【释义】

白公胜问孔子："可以与别人一起密谋吗？"孔子不回答。白公胜再问："如果石块投入水里，怎样呢？"孔子回答："吴国擅长潜水的人能够从水底取出来。"白公胜又问："如果水倒进水里，怎样呢？"孔子回答："淄水和渑水混合在一起，易牙用舌头尝了就能分辨出来。"白公胜说："那么，就不能同别人密谋了吗?"孔子回答："为什么不可以? 只要心领神会就可以呀! 所谓心领神会，就是不依靠语言来表达。捕鱼的人会把衣服弄湿，追赶野兽的人要奔跑，这是势必如此，并非喜欢这样做。因此最高明的言论不用言辞表达，最崇高的行为无所动作。那些浅薄的人所争执的只是事物的细枝末节。"白公胜没有领会到孔子说话的意思，仍然密谋叛乱，最后政变失败，他被迫上吊死在浴室里。

【原文】

赵襄子使新稚穆子攻翟，胜之，取左人、中人；使遽人来谒之。襄子方食而有忧色。左右曰："一朝而两城下，此人之所喜也；今君有忧色，何也?"襄子曰："夫江河之大也，不过三日；飘风暴雨不终朝，日中不须臾。今赵氏之德行无所施于积，一朝而两城下，亡其及我哉!"孔子闻之曰："赵氏其昌乎!"[列子说符]

【释义】

赵襄子派家臣新稚穆子攻打翟这个部族，大获全胜，夺取了左人、中人两座城池。新稚穆子派传令兵向赵襄子告捷。赵襄子正在吃饭，脸上现出忧虑的神色。身边侍候他的人说："一天就攻克两座城池，这是应该高兴的事情；而现在您却面有忧色，为什么呢?"赵襄子说："江河涨潮不过三天，狂风暴雨不能超过一个早晨，正午的太阳停留不了片刻。如今我们

乳丁纹铜方鼎

赵家没有积下多少德行，一天就攻下了两座城池，恐怕灭亡的命运要降临到我头上啦!"孔子听了这件事，说："赵家要昌盛起来了!"

【原文】

孔子之劲能拓国门之关，而不肯以力闻。[列子说符]

【释义】

孔子的力气可以举起城门上的闩闸，但他不愿以力气来夸耀于世。

【原文】

宋人有好行仁义者,三世不懈。家无故黑牛生白犊,以问孔子。孔子曰:"此吉祥也,以荐上帝。"居一年,其父无故而盲,其牛又复生白犊。其父又复令其子问孔子。其子曰:"前问之而失明,又何问乎?"父曰:"圣人之言先迕后合。其事未究,姑复问之。"其子又复问孔子。孔子曰:"吉祥也。"复教以祭。其子归致命。其父曰:"行孔子之言也。"居一年,其子又无故而盲。其后楚攻宋,①国其城。民易子而食之,析骸而炊之;丁壮者皆乘城而战,死者大半。此人以父子有疾皆免。及围解而疾俱复。[列子说符]

【注释】

①国:当作"围"。

【释义】

宋国有个喜爱施行仁义的人,连续三代毫不懈怠。他家的黑牛无缘无故地生下一头白色的牛犊,他就去请教孔子。孔子说:"这是吉祥的事呀,用它来祭献天帝吧!"过了一年,他家父亲无缘无故瞎了双眼。那黑牛又生了一头白色的牛犊,父亲又要儿子去请教孔子。他儿子说:"前次问了孔子,你就瞎了眼睛,还要问什么?"父亲说:"圣人的预言同事实先是相背然后才吻合。这件事还没有完结,还是再去请教一下吧!"他儿子便又去问孔子。孔子说:"吉祥啊!"又教他们用小牛来祭献天帝。儿子回家转达孔子的意思。父亲说:"按孔子的话去办。"过了一年,儿子的眼睛也无缘无故地瞎了。后来楚国攻打宋国,包围了京城。宋国百姓饿得换子来充饥,劈开骨头生火做饭。成年男子都登上城墙作战,死亡的人超过一半。这家人因为父子有眼疾而得以幸免。待到京城解围,他俩的眼疾就复愈了。

【原文】

孔子南游,过阿谷之隧,见处子佩瑱而浣。孔子谓子贡曰:"彼浣者。其可与言乎?"抽觞以授子贡,曰:"为之辞,以观其志。"子贡曰:"我北鄙之人也,自北徂南,将欲之楚。逢天之暑,我思谭谭,愿乞一饮以伏我心。"处子曰:"阿谷之隧,隐曲之地,其水一清一浊,流入于海。欲饮则饮,何问乎婢子?"授①子贡觞,迎流而挹之,投而弃之,从流而挹之,满而溢之,跪置沙上,曰:"礼不亲授。"子贡还报其辞。孔子曰:"丘已知之矣。"抽琴,去其轸,以授子贡,曰:"为之辞。"子贡往,曰:"向者闻子之言,穆如清风,不拂不寤,私复我心。有琴无轸,愿借子调其音。"处子曰:"我鄙野之人也,陋固无心,五音不知,安能调琴?"子贡以报孔子。孔子曰:"丘已知之矣。过贤则宾。"抽绣绤五两以授子贡,曰:"为之辞。"子贡往,曰:"我北鄙之人也,自北徂南,将欲之楚,有绣绤五两,非敢以当子之身也,愿注之水旁。"处子曰:"行客之人,嗟然永久。分其资财,弃于野鄙。妾年甚少,何敢受子? 子不早命,切②有狂夫名之者矣。"子贡以告孔子。孔子曰:"丘已知之矣。斯妇人达于人情而知礼。"[列女传辨通]

【注释】

①授,受之误。
②切,一作"窃"。

【释义】

孔子到南方游说,经过阿谷的山路,看到佩带璜玉的青年女子在洗衣服。孔子对子贡说:"那些洗衣服的人,可以和他们谈谈话吗?"说着拿出酒杯递给子贡,说:"你以酒杯说几句话,观察她的志向。"子贡就对她说:"我是北方乡野之人,从北方往南方去,将要到楚国。正赶上暑天,我感到很炎热,希望(你)能给一杯水喝,让我凉爽一下。"那女子说:"阿谷山路是个曲折幽静的地方,这里的流水有一条清,一条浊,都流入海里。你想喝就喝吧,何必问我呢?"接过子贡的杯子,顶着水流灌满,又把水倒掉,顺着水流装水,装得满满的都溢出来了,跪着放在沙滩上,说:"按着礼节,我不能亲自给你。"子贡回来把她说的话告诉了孔子。孔子说:"我已经知道了。"又拿出了一把琴,去掉了琴轸,给了子贡,说:"你就此说几句话。"子贡走到女子面前说:"刚才听你说的话,真如和煦的清风,和我所想的没有什么不同,很合我的心意。这里有琴一把,没有琴轸,想借助你的手调节一下音调。"女子答道:"我是一个乡野间粗俗女子,见识鄙陋,无所用心,不知道五音,怎么会调琴?"子贡回来把她说的话告诉了孔子。孔子说:"我已经知道了。她见到贤人就能以礼相待。"又拿出了葛布五两交给了子贡,说:"就此说几句话。"子贡来到女子面前,说:"我是北方粗俗的人,从北方来到南方,将要到楚国,有葛布五两,不敢说你穿着合适,想把它放在水边。"女子说:"过路的客人,常叹息很久,您把财物拿出来,丢在乡野之处。我年龄很小,怎敢接受您的礼物?你没有早点结婚,我已经知道拙夫的名字是谁了。"子贡回来把女子说的话告诉了孔子。孔子说:"我已经知道了。这个女子是一位通达人情明白礼仪的人。"

【原文】

生而頵顶,故名丘,而字仲尼。四十有九表,隄眉谷窍,参臂骈胁,要大十围,长九尺有六寸,时谓长人。[路史后记十]

【释义】

孔子生下来就头顶不平,所以起名叫丘而字仲尼。身上有四十九颗黑痣,高眉骨深眼窝,胳膊很长,肋骨连在一起,腰粗十把,身高九尺六寸,当时人叫大高个儿。

【原文】

孔子以庚戌年二月二十三日,庚子甲申时生。[路史余论五行书论]

【释义】

孔子是在庚戌年二月二十三日,庚子日甲中时出生的。

【原文】

鲁城门久朽欲顿,孔子过之,趋而疾行。左右曰:"久矣。"孔子曰:"恶其久也。"孔子戒慎已甚,如遭坏,可谓不幸也。故孔子曰:"君子有不幸而无有幸,小人有幸而无不幸。"[论衡幸偶篇]

【释义】

鲁国的城门很久以来就朽坏了要倒塌,孔子通过这城门时,快步迅速地过去。左右身边的人说:"城门这个样子时间很长了。"孔子回答说:"我正是害怕它朽坏的时间久了就有马上倒塌的可能。"孔子谨慎极了,如果通过这城门正遇上城门倒塌,就可以说是不幸的了。所以孔子说:"君子可以遇到不幸却无所谓幸的问题,因为君子行为合乎正道,得福理所当然;小人可能遇到幸运,却无所谓不幸的问题,因为小人行为不合乎正道,遭遇灾祸也理所当然。"

【原文】

孔子反羽①。[论衡骨相篇]

【注释】

①《论衡讲瑞篇》云:孔子反字。又剑子命相篇云:孔子返宇。

【释义】

孔子头顶中间凹,四周高,像翻过来的屋顶。

【原文】

孔子适郑,与弟子相失,孔子独立郑东门。郑人或问子贡曰:"东门有人,其头似尧,其项若皋陶,肩类子产,然自腰以下,不及禹三寸,儒儒若丧家之狗。"子贡以告孔子。孔子欣然笑曰:"形状,未也;如丧家狗,然哉! 然哉!"[论衡骨相篇]

【释义】

孔子到郑国去,和弟子们走散了,孔子独自站在郑国城外的东门口。郑国有个人对子贡说:"东门那里有个人,他的额头长得像唐尧,他的后颈长得像皋陶,肩膀像子产,但是腰部以下的长度跟禹短比起来差了三寸,疲惫不堪的样子像一只丧家犬。"子贡找到孔子后把这话告诉了孔子。孔子高兴地笑道:"那人形容我的相貌,描述的不一定像。但他说我像一只丧家犬,真是这样! 真是这样啊!"

【原文】

传书或言:颜渊与孔子俱上鲁太山。孔子东南望,吴阊门外有系白马,引颜渊指以示之,曰:"若见吴阊门乎?"颜渊曰:"见之。"孔子曰:"门外何有?"曰:"有如系练之状。"孔子抚其目而正之,因与俱下。下而须渊发白齿落,遂以病死。盖以精神不能若孔子,强力自极,精华竭尽,故早夭死。[论衡书虚篇]

【释义】

传书上有人说:颜渊和孔子一起上鲁国的泰山。孔子向东南方远望,看见吴都阊门外拴着一匹白马,于是就指给颜渊看,说:"你看见吴都的阊门了吗?"颜渊回答:"看见了。"孔子又问:"门外有什么?"颜渊接着回答:"好像拴着一条白绸子样的东西。"孔子揉了揉他的眼睛,纠正了他的说法。于是就与他一同下山。下山之后颜渊头发白了,牙齿落了,终于因病死去。大概精神不如孔子,勉强使眼力到了自己的极限,精华用尽,所以早早地死去。

【原文】

孔子曰："龙食于清,游于清;龟食于清,游于浊;鱼食于浊,游于浊。丘上不及龙,下不为鱼,中止其龟与!"［论衡龙虚篇］

【释义】

孔子说："龙在清水中吃食物,在清水中游动;龟在清水中吃食物,在浊水中游动;鱼在浊水中吃食物,在浊水中游动。孔丘我上比不了龙,下比不上鱼,处在中间,可能算是龟吧!"

【原文】

子曰："天之与人犹父子,有父为之变,子安能忽?故天变,己亦宜变。顺天时,示己不违也。"［论衡雷虚篇］

【释义】

孔子说："上天和人的关系就像父子一样,父亲因为某件事改变了神色,儿子怎么能不在乎呢?所以天变,人也应该变。遵循天时,显示自己不违背天意。"

【原文】

孔子①曰："纣之不善,不若是之甚也,是以君子恶居下流,天下之恶皆归焉。"［论衡语增篇又齐世篇］

【注释】

①《论语子张篇》以此为子贡言。

【释义】

孔子说："商纣的邪恶,不像是传说中的那样严重,这是因为君子厌恶处于下流地位的人,把天下的坏事都归到了纣的身上。"

【原文】

传语曰："文王饮酒千钟,孔子百觚。"［论衡语增篇］

【释义】

世上流传的话说:"文王喝酒可以喝一千盅,孔子可以喝一百觚。"

【原文】

书说孔子不能容于世,周流游说七十余国,未尝得安。[论衡儒增篇]

【释义】

书中说孔子不能被世人所任用,曾周游到过七十多个诸侯国进行游说,不曾得到赏识任用安定下来。

【原文】

孔子曰:"言不文,或时不言。"[论衡儒增篇]

【释义】

孔子说:"话语未经琢磨,有时可以不说。"

【原文】

孔子,周世多力之人也,作《春秋》,删《五经》,秘书微文,无所不定。[论衡动力篇]

【释义】

孔子,是周朝有气力的人,作《春秋》,删改五经,还有秘书之类的,没有不加以删订的。

【原文】

孔子病,商瞿卜期日中。孔子曰:"取书来,比至日中何事乎?"[论衡别通篇]

【释义】

孔子有了疾病,他的门徒商瞿占卜后得到的结果是孔子中午就要死了。孔子说:"拿书给我看,否则到中午这段时间,又有什么事好做呢?"

【原文】

孔子得史以作《春秋》，及其立义创意，褒贬赏诛，不复因史记者，眇思自出于胸中也。〔论衡超奇篇〕

【释义】

孔子得到鲁国编年史册改成《春秋》，等到他确立了写作原则，褒扬、贬低、赞赏和责备，不依照原来鲁国的编年史写作，精彩的思想自然从他胸中闪现出来。

【原文】

孔子作《春秋》，以示王意。然则孔子之《春秋》素王之业也。〔论衡超奇篇〕

【释义】

孔子删改了《春秋》来表明做君主的道理。然而孔子的《春秋》表达了对于君王辅佐的人的要求和看法。

【原文】

孔子出，使子路赍雨具。有顷，天果大雨，子路问其故，孔子曰："昨暮月离于毕。"后日，月复离毕。孔子出，子路请赍雨具，孔子不听。出果无雨。子路问其故，孔子曰："昔日，月离其阴，故雨。昨暮，月离其阳，故不雨。"〔论衡明雩篇〕

【释义】

孔子有次出行，让子路带上雨具，过了一会儿，果然下起了大雨。子路问其中的缘故，孔子说："昨天晚上月亮靠近了毕宿。"后来又有一天，月亮又靠近了毕宿，孔子出行，子路请求带上雨具，孔子不听。出行时果然没有雨。子路问这是什么缘故，孔子说："前一次，月亮靠近毕宿的北面，所以会下雨，昨夜月亮正附在毕宿的南面，所以不会下雨。"

【原文】

孔子行鲁林中，妇人哭，甚哀，使子贡问之："何以哭之哀也？"曰："去年虎食吾夫，今年食吾子，是以哭哀也。"子贡曰："若此，何不去也？"对曰："吾善其政之不苛，吏之不暴也。"子贡还报孔子。孔子曰："弟子识诸！苛政暴吏，甚于虎也。"〔论

【释义】

孔子在鲁国山林中赶路，听见有妇人哭得非常悲哀，便让子贡前去问她："为什么哭得这样哀痛？"妇人说："去年老虎吃了我的丈夫，今年吃了我的儿子，所以伤心哀哭。"子贡说："既然是这样，为什么不离开呢？"妇人回答说："我们喜欢这里的政治不苛严，官吏不残暴。"子贡回来告诉孔子，孔子说："弟子们记住这件事情！苛政暴吏，比猛虎还要厉害呀！"

【原文】

子贡事孔子一年，自谓过孔子；二年，自谓与孔子同；三年，自知不及孔子。当一年、二年之时，未知孔子圣也，三年之后，然乃知之。以子贡知孔子，三年乃定，世儒无子贡之才，其见圣人，不从之学，任仓卒之视，无三年之接，自谓知圣，误矣！少正卯在鲁，与孔子并。孔子之门，三盈三虚，唯颜渊不去，颜渊独知孔子圣也。夫门人去孔子归少正卯，不徒不能知孔子之圣，又不能知少正卯，门人皆惑。子贡曰："夫少正卯，鲁之闻人也。子为政，何以先诛之？"孔子曰："赐退，非尔所及。"[论衡讲瑞篇]

【释义】

子贡侍奉孔子一年，自认为超过了孔子；侍奉二年，自认为与孔子相同；侍奉三年，才知道自己不如孔子。在第一、第二年期间，还不知道孔子是圣人，三年之后，才知道他是圣人。像子贡这样的人，认识孔子还需要三年时间，一般儒者没有子贡的才能，他们见到圣人，不跟他学习，凭借仓促之间的观察，没有三年时间的接触，就自认为能辨识圣人，这是很荒谬的。少正卯在鲁国，与孔子齐名。孔子的门徒，几次挤得满满的又都走光了，只有颜渊没有离开，因为只有他知道孔子是圣人。孔门弟子离开孔子归附少正卯，说明他们不仅不能识别孔子是圣人，也不能识别少正卯，弟子们都糊涂了。子贡问："少正卯是鲁国有名望的人，先生掌管政事以后，为什么要首先杀他呢？"孔子回答说："端木赐，你走开吧！这不是你所能懂的。"

【原文】

宋人或刻木为楮叶者，三年乃成。孔子曰："使地三年乃成一叶，则万物之有叶者寡矣。"[论衡自然篇]

【释义】

宋国有人用木头刻楮树叶，三年才刻成一个。孔子说："如果天地三年才能造成一片树叶，那么万物中能够有叶子的就很少了。"

【原文】

孔子问于老聃曰："今日晏闲，敢问至道。"老聃曰："汝齐戒，疏沦而心，澡雪而精神，掊击而知。夫道，窅然难言哉！将为汝言其崖略。夫昭昭生于冥冥，有伦生于无形，精神生于道，形本生于精，而万物以形相生。故九窍者胎生，八窍者卵生。其来无迹，其往无崖。无门无房，四达之皇皇也。邀于此者，四肢强，思虑恂达，耳目聪明，其用心不劳，其应物无方。天不得不高，地不得不广，日月不得不行，万物不得不昌，此其道与！且夫博之不必知，辩之不必慧，圣人以断之矣。若夫益之而不加益，损之而不加损者，圣人之所保也。渊渊乎其若海，巍巍乎其终则复始也，运量万物而不匮。则君子之道，彼其外与！万物皆往资焉而不匮，此其道与！中国有人焉，非阴非阳，处于天地之间，直且为人，将反于宗。自本观之，生者，暗醷物也。虽有寿夭，相去几何？须臾之说也。奚足以为尧、桀之是非？果蓏有理，人伦虽难，所以相齿。圣人遭之而不违，过之而不守。调而应之，德也；偶而应之，道也。帝之所兴，王之所起也。人生天地之间，若白驹之过郤，忽然而已。注然勃然，莫不出焉；油然漻然，莫不入焉。已化而生，又化而死。生物哀之，人类悲之解其天韬，堕其天袭纷乎宛乎，魂魄将往，乃身从之，乃大归乎！不形之形，形之不形，是人之所同知也。非将至之所务也，此众人之所同论也。彼至则不论，论则不至。明见无值，辩不若默。道不可闻，闻不若塞。此之谓大得。"[庄子外篇知北游]

【释义】

孔子问老子说："今天安闲，请先生讲讲至道。"老子说："你要斋戒沐浴，洗刷心灵，清洁你的精神，抛弃你的心智。大道深奥不好说啊！我给你讲个大概轮廓。明显的东西都是从昏暗中生出来的，有形的东西都是从无形中生出来的，精与神是从大道中生出来的，有形有象的东西都是从精中生出来的，而万物是用有形生出有形。所以长九窍的动物是胎生，长八窍的动物是卵生。来的时候无形无迹，去了之后无边无沿。既没有来的门，也没有去的家，四通八达广大无边。得遇此天道的，四肢强健，思路通达，耳目聪明，不用劳心，处事灵活。天没有它不高，地没有它不广，日月没有它不能运行，万物没有它不昌盛，这就是大道吧！再说，知识广博未必就知道真理,巧言善辩未必就慧知大道,所以圣人要抛弃辨。至于说,增益也增益不了,减损也减损不了的大道,那才是圣人要保爱的。渊渊深沉像大海,巍巍高大,终而复始,运化出万物而不匮乏。那么君子讲究的道,只不过是它的外表皮毛吧!万物都从中资取而本身从不减少的,这就是大道吧!

中国有个真人,既不属阴,也不属阳,处在天地之间,只不过是暂时借了个身,最终要返回到本宗的大道里去。要是从本宗上去看,生命都是天地吐出的一缕气凝聚而成。虽然有长寿、短命的不同,能相差多少?不过是瞬息间的事。还值得去争论什么尧与桀的是非吗?草木瓜果自有它自然的道理,人的伦序道理虽然比起瓜果的自然之理难以说清楚,但还是可以比照自然之理的。圣人遇上了自己生命的过程不会逆着它;过去了,更不会固守它。协调地顺应它,这就是天德;对应地做出反应,这就是天道。这就是帝王能够兴起的道德。

人活在天地之间,快得如同白驹过隙般短暂,一闪而过罢了。气流进来就生机勃勃地生出来了气冒出去就死去了。刚刚生出来没几天,又变得死去了。有生之物感到哀伤,人类觉得悲痛。解开天加在身上的外套,脱下天加在身上的躯壳,随着乱纷纷的运化宛转,魂魄要离去,身体也跟着走了,这是一种大的回归吧!从没有形体到有了形体,从有了形体又到没有形体,这是大家都知道的。这不是要达道的人追求的,而是众人议论不休的。能达道的人不议论道,议论道反而不能达道。你要把它看清楚了,反而不会与大道相遇,争论它就不如沉默不言;大道是听不到的,听就不如塞住耳朵不听。这就是大收获了。”

【原文】

冉求问于仲尼曰:“未有天地可知邪?”仲尼曰:“可。古犹今也。”冉求失问而退。明日复见,曰:“昔者吾问‘未有天地可知乎’夫子曰:‘可。古犹今也。’昔日吾昭然,今日吾昧然。敢问何谓也?”仲尼曰:“昔之昭然也,神者先受之;今之昧然也,且又为不神者求邪。无古无今,无始无终。未有子孙而有子孙可乎?”冉求未对。仲尼曰:“已矣,未应矣。不以生生死,不以死死生,死生有待邪?皆有所一体。有先天地生者物邪?物物者非物,物出不得先物也。犹其有物也,犹其有物也无已。圣人之爱人也终无已者,亦乃取于是者也。”[庄子外篇知北游]

【释义】

冉求问孔子说:“没有天地以前的情况知道吗?”孔子说:“可以,古代也如同现在一样。"冉求没有往下问就出来了。第二天冉求又来见孔子,说:"昨天我问没有天地以前的情况知道吗,先生说可以,古代也如同现在一样。昨天我挺明白的,今天又糊涂了。请问先生说的是什么意思?"孔子说:"昨天你挺明白,那是心神先领会明白了。今天又糊涂了,那是因为你想给不是心神的外物寻找答案。没有古就没有今,没有始就没有终。你想,没有子孙以前能生下子孙吗?"冉求没有回答。孔子说:"算了,不用回答了。不用生去生死,不用死去死生,死生还能存在吗?它们都是相互依赖的统一体。世界上有在天地产生以前的东西吗?产生万物的就不是物,物产生出来就不能先物存在了。那么物之前就应当还有物存在,物之前还应当有物可以推到没有止境。圣人所以要无止境地爱人,也是取法于大道的这一点啊!"

【原文】

颜渊问于仲尼曰:"回尝闻诸夫子曰:'无有所将,无有所迎。'回敢问其游?"仲尼曰:"古之人,外化而内不化;今之人,内化而外不化。与物化者,一不化者也。安化安不化,安与之相靡,必与之莫多。"[庄子外篇知北游]

【释义】

颜渊问孔子说:"我曾听先生说过,要像个镜子一样,不去送走什么,也不要去迎接什么,请问人的内心又该怎样活动呢?"孔子说:"古代的人外在行为随物变化而内心不变化,现在的人是内心随外物变化而外在行为不能随着变化。能随外物变化,是因为有一个自我的本真不变化。对变化与不变化都能泰然处之,平静地与外界往来,一定不要在客观上加添主观的东西。"

【原文】

仲尼之楚,楚王觞之,孙叔敖执爵而立,市南宜僚受酒而祭曰:"古之人乎! 于此言已。"

曰:"丘也闻'不言之言'矣,未之尝言,于此乎言之。市南宜僚弄丸而两家之难解,孙叔敖甘寝秉羽而郢人投兵。丘愿有喙三尺。"[庄子杂篇徐无鬼]

【释义】

孔子到了楚国,楚王设酒宴欢迎他,孙叔敖端起酒爵来站立着,市南宜僚接过酒来祝祭说:"古时候的人,在这种情景下是要请客人讲一讲话的。"

孔子说:"我听说过'不言之言'的道,没有对别人说过,在这里讲一下吧！我听说你市南宜僚玩弄着弹丸,就解除了两家的仇恨;孙叔敖安寝酣睡,手执羽扇就让楚人停止了兵伐。我倒愿意有三尺长的嘴(可道又怎么说得清楚呢?)。"

【原文】

孔子之楚,舍于蚁丘之浆。其邻有夫妻臣妾登极者。子路曰:"是稷稷何为者邪?"

仲尼曰:"是圣人仆也。是自埋于民,自藏于畔。其声销,其志无穷;其口虽言,其心未尝言;方且与世远(应是"违",此误),而心不屑与之俱,是陆沈者也。是其市南宜僚邪?"

子路请往召之。

孔子曰:"已矣！彼知丘之著于己也,知丘之适楚也,以丘为必使楚王之召己也,彼且以丘为佞人也。夫若然者,其于佞人也,羞闻其言,而况亲见其身乎？而何以为存?"

子路往视之,其室虚矣。[庄子杂篇则阳]

【释义】

孔子到楚国去,途中住宿在蚁丘的一个卖浆人的家里。这家邻居有一家夫妻仆妇一同爬上屋顶围观。子路问:"这一群人是做什么的呢?"

孔子说:"这些都是圣人的仆役。圣人隐居在民间,藏身在山野田园。他声名沉寂,但是志向无穷;他虽有言论,但是内心却寂静无言;他正和世俗相违反,而且内心也不屑与世人追名逐利,是位埋没于世隐居民间的人啊！这大概是市南宜僚吧?"

子路请求把他请过来。

孔子说:"算了吧！他知道我了解他,知道我要到楚国去,以为我一定要请楚王来召请他,而且他把我看作投机取巧的人。像这样,他羞于听到投机取巧的人的言论,何况是亲自见到他们呢？你以为他还会在家里吗?"

子路去看他,他的屋子已经空荡荡的了。

【原文】

仲尼问于太史大弢、伯常骞、狶韦曰:"夫卫灵公饮酒湛乐,不听国家之政;田猎毕弋,不应诸侯之际。其所以为灵公者何邪?"

大弢曰："是因是也。"

伯常骞曰："夫灵公有妻三人，同滥而浴；史鳅奉御而进所，搏币而扶翼。其慢若彼之甚也，见贤人若此其肃也，是其所以为灵公也。"

狶韦曰："夫灵公也死，卜葬于故墓，不吉；卜葬于沙丘而吉。掘之数仞，得石椁焉；洗而视之，有铭焉，曰：'不冯其子，灵公夺而里之。'夫灵公之为灵也久矣，之二人何足以识之？"〔庄子杂篇则阳〕

【释义】

孔子问太史大弢、伯常骞、狶韦说："卫灵公好饮酒，淫乐无度，不过问国家政事；打猎捕兽，不参加诸侯之间的盟会。他被谥为灵公的原因是什么呢？"

大弢说："这个谥号就是因为他能这样的缘故。"

伯常骞说："灵公有三个妻子，他和她们在同一个浴盆里洗澡。史鳅奉灵公的命令而进入公所，灵公忙叫人接取币帛而搀扶着他。灵公平常傲慢放荡到如此地步，见到贤人还能这样的尊敬。这就是他所以被谥为灵公的原因。"

狶韦说："灵公死的时候，占卜埋葬在祖先埋葬的墓地不吉利，占卜安葬在沙丘吉利。在沙丘掘地几丈，发现了一具石椁；刷洗干净来看，上面刻着一段铭文，说：'靠不住的子孙，灵公多占这里埋葬。'灵公的谥号为'灵'是早成定局的事，他们两个人怎么能够知道呢？"

【原文】

老莱子之弟子出薪，遇仲尼。反以告，曰："有人于彼，修上而趋（应为"趋"）下，末偻而后耳，视若营四海。不知其谁氏之子。"

老莱子曰："是丘也。召而来。"

仲尼至。曰："丘！去汝躬矜与汝容知，斯为君子矣。"

仲尼揖而退，蹙然改容，而问曰："业可得进乎？"

老莱子曰："夫不忍一世之伤，而骜万世之患，抑固窭邪？亡其略弗及邪？惠以欢为骜，终身之丑，中民之行进焉耳。相引以名，相结以隐。与其誉尧而非桀，不如两忘而闭其所誉。反无非伤也，动无非邪也。圣人踌躇以兴事，以每成功，奈何哉其载焉终于（应为"矜"）尔！"〔庄子杂篇外物〕

【释义】

老莱子的弟子出去打柴，遇见孔子。回来告诉老莱子说："那里有个人，上身长而下身短，肩背佝偻而耳朵后贴，目光高远，好像是在经营天下。不知道他是什么人？"

老莱子说："那是孔丘。召唤他到这来。"

孔子来了。说："孔丘啊！除去你身上的傲气和面容的机智，这才可以成为个真正的君子。"

孔子作揖而后退，愧然变色局促不安地问道："我的德业能够修进吗？"

老莱子说："不忍心一代人的悲伤而忽视了万事的祸患，你是本来就浅陋呢？还是智略不及呢？图当时欢心的好处，而忽视了终身的耻辱，平常人也会高于这种做法。用虚名来互相援引，用隐世的高尚固结人心。与其称赞尧而指责桀，还不如两者都遗忘而扬弃所指责与称赞的。违反本性，无非是损伤形体；扰动本性，无非是邪念产生。圣人从容地兴起事业，而能经常成功。为什么你总骄矜于自己的行为呢？"

【原文】

宋元君夜半而梦人被发窥阿门，曰："予自宰路之渊，予为清江使河伯之所，渔者余且得予。"

元君觉，使人占之，曰："此神龟也。"

君曰："渔者有余且乎？"

左右曰："有。"

君曰："令余且会朝。"

明日，余且朝。君曰："渔何得？"

对曰："且之网得白龟焉，箕圆五尺。"

君曰："献若之龟。"

龟至，君再欲杀之，再欲活之。心疑，卜之。曰："杀龟以卜，吉。"乃刳龟。七十二钻而无遗筴。

仲尼曰："神龟能见梦于元君，而不能避余且之网；知能七十二钻而无遗筴，不能避刳肠之患。如是，则知有所困，神有所不及也。虽有至知，万人谋之。鱼不畏网而畏鹈鹕。去小知而大知明，去善而自善矣。婴儿生无石师而能言，与能言者处之。[庄子杂篇外物]

【释义】

宋元君半夜里梦见有人披头散发在侧门窥视，说："我来自宰路深渊，我作为清江的使者要到河伯那里,渔夫余且捉住了我。"

宋元君醒来,让人占卜,回说:"这是神龟。"

宋元君说:"有个叫余且的渔夫吗?"

左右的人回说:"有。"

宋元君说:"命令余且来朝见我。"

第二天,余且来朝见。宋元君说:"你捕捉到了什么?"

回答说:"我网到了一只白龟,圆盖有五尺长。"

宋元君说:"把你的龟献出来。"

白龟送到后,元君两次想杀掉它,又两次想养活它,心里犹豫不定,叫人来占卜,占卜的结果是"杀掉这只龟来占卜,吉利。"于是解剖了龟,用火燔它来占卜,占了七十二次而没有不应验的。

孔子(听说这件事)说:"神龟能够托梦给元君,却不能躲避余且的渔网;机智能占七十二次卦而没有不应验的,却不能逃避解剖肚肠的祸患。这样看来,可见机智也有困穷的时候,神灵也有算计不及的地方。即使有最高的机智,也经不住万人谋算他。鱼不怕网而害怕鹈鹕。人能弃除小的智慧而大智慧才能够显著;去掉自己以为的善良而善良自会显现。婴儿生来就没有大师教就会说话,这是由于他和会说话的人共处的缘故。"

【原文】

庄子谓惠子曰:"孔子行年六十而六十化,始时所是,卒而非之,未知今之所谓是之非五十九非也。"

惠子曰:"孔子勤志服知也。"

庄子曰:"孔子谢之矣,而其未之尝言。孔子云:'夫受才乎大本,复灵以生。鸣而当律,言而当法。利义陈乎前,而好恶是非直服人之口而已矣。使人乃以心服,而不敢蘁立,定天下之定。'已乎!已乎!吾且不得及彼乎!"[庄子杂篇寓言]

【释义】

庄子对惠子说:"孔子生年有六十,而六十年中与时俱化,起初认为对的东西,最终又都否定了,不知道现在所认为对的,是不是就是五十九岁时所认为不对的。"

惠子说:"孔子励志勤学运用智慧吗?"

庄子说:"孔子已经弃绝用智了,只是还没来得及再说出来。孔子说:'人从自然中禀受才质,含藏着灵气而生活在世上,发出声音要合乎韵律,发出言论要合乎法度。一旦利义都摆在当前,而好恶是非的评判就变了味,讲出来不过是制服人口罢了。如果真的使人从内心服从,而不敢违逆,那才可以使天下安定。'算了吧! 算了吧! 我还没有到达那种程度!"

【原文】

曾子再仕而心再化,曰:"吾及亲仕,三釜而心乐;后仕三千钟不洎,吾心悲。"

弟子问于仲尼曰:"若参者,可谓无所县其罪乎?"

曰:"既已县矣。夫无所县者,可以有哀乎? 彼视三釜三千钟,如观雀蚊虻相过乎前也。"〔庄子杂篇寓言〕

【释义】

曾子两次做官心境各不相同,他说:"我父母在时做官,俸禄只有三釜米而心里觉得快乐;我后来做官,俸禄有三千钟米,而来不及奉养双亲,心里感到悲伤。"

孔子的弟子问孔子说:"像曾参这样的人,可以说是不被世网所牵挂的了吧?"

孔子说:"他已经是有所牵挂了。要是心无牵挂,会有悲伤的感觉吗? 那些心无牵挂的人,看着三釜米、三千钟米的俸禄,就如同看见鸟雀蚊虻飞过面前一样。"

【原文】

孔子谓颜回曰:"回,来! 家贫居卑,胡不仕乎?"

颜回对曰:"不愿仕。回有郭外之田五十亩,足以给飦粥;郭内之田十亩,足以为丝麻;鼓琴足以自娱,所学夫子之道者,足以自乐也。回不愿仕。"

孔子愀然变容曰:"善哉,回之意! 丘闻之:'知足者不以利自累也,审自得者失之而不惧,行修于内者无位而不作(应为'怍')。'丘诵之久矣,今于回而后见之,是丘之得也。"〔庄子杂篇让王〕

【释义】

孔子对颜回说:"颜回,来! 你家境贫寒,地位卑贱,为什么不去做官呢?"

颜回回答说:"我不愿意做官。我在城郭之外有五十亩田,足够用来供给薄粥;城郭之内有十亩田,足够用来生产丝麻;弹琴足以自己消遣,所学习先生的道理足以自得其乐。我不愿意做官。"

孔子改变了面容说:"你的心意很好啊! 我听说:'知足的人不因为利禄累害

自己，心意自得的人遇到损失也不忧惧，修养内心的人没有官位也不感到羞愧。' 我念叨这些话已经很久了，现在在你身上我才真正见到，这是我的收获啊！"

【原文】

孔子穷于陈蔡之间，七日不火食，藜羹不糁，颜色甚惫，而弦歌于室。颜回择菜，子路子贡相与言曰："夫子再逐于鲁，削迹于卫，伐树于宋，穷于商周，围于陈蔡，杀夫子者无罪，藉夫子者无禁。弦歌鼓琴，未尝绝音，君子之无耻也若此乎？"

颜回无以应，入告孔子。孔子推琴，喟然而叹曰："由与赐，细人也。召而来，吾语之！"

子路子贡入。子路曰："如此者可谓穷矣！"

孔子曰："是何言也！君子通于道之谓通，穷于道之谓穷。今丘抱仁义之道以遭乱世之患，其何穷之为？故内省而不穷于道，临难而不失其德，天寒既至，霜雪既降，吾是以知松柏之茂也。陈蔡之隘，于丘其幸乎！"

孔子削然反琴而弦歌，子路抗然执干而舞。子贡曰："吾不知天之高也，地之下也。"

古之得道者，穷亦乐，通亦乐。所乐非穷通也，道德于此，则穷通为寒暑风雨之序矣。故许由娱于颖阳，而共伯得乎共首。[庄子杂篇让王]

【释义】

孔子被围困在陈、蔡两国之间，七天没有吃到熟的食物，藜菜羹汤里连个米粒都没有，饿得面黄肌瘦，然而还在屋里弹琴唱歌。颜回到外面采择野菜。子路和子贡互相谈论，说："先生两次被鲁国驱逐出境，在卫国禁止居留，在宋国遭受伐树的屈辱，不得志于商、周，围困在陈、蔡；杀掉先生的没有罪过，糟践先生的不受禁止。可是他还在唱歌弹琴，从没间断过，君子能如此不知耻辱吗？"

颜回没话回答，进去告诉孔子。孔子推开琴唉声感叹说："子由和子贡，是浅见的小人哪！叫他们进来，我告诉他们！"

子路和子贡进来。子路对孔子说："咱们这样子可以说是穷困的了！"

孔子说："这是什么话！君子通达于道的叫作通达；不了解道的叫作穷困。现在我怀抱仁义之道而遭逢乱世的患难，怎么算是穷困呢！所以内心自省而不穷困于道，面临危难而不丧失于德，大寒到来，霜雪降落，我才知道松柏的生命力旺盛。陈蔡的困厄，对于我来说不是幸运的事吗？"

孔子安详地再拿起琴唱着歌，子路激奋地拿起盾牌而起舞。子贡说："我不知道天有多高，地有多厚呀！"

古时得道的人，穷困也是快乐的，通达也是快乐的。所快乐的不是穷困和通达，只要是身处道德之中，那么穷困通达就像寒暑风雨的时序变化罢了。所以许由能在颍阳水边活得愉快，而共伯能在共首山上怡然自得。

莲鹤方壶

【原文】

孔子与柳下季为友。柳下季之弟，名曰盗跖。盗跖从卒九千人，横行天下，侵暴诸侯，穴室枢户，驱人牛马，取人妇女，贪得忘亲，不顾父母兄弟，不祭先祖。所过之邑，大国守城，小国入保，万民苦之。

孔子谓柳下季曰："夫为人父者，必能诏其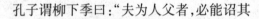子；为人兄者，必能教其弟。若父不能诏其子，兄不能教其弟，则无贵父子兄弟之亲矣。今先生，世之才士也；弟为盗跖，为天下害，而弗能教也，丘穷（应为'窃'）先生羞之。丘请为先生往说之。"

柳下季曰："先生言为人父者必能诏其子，为人兄者必能教其弟，若子不听父之诏，弟不受兄之教，虽今先生之辩，将奈之何哉？且跖之为人也，心如涌泉，意如飘风，强足以拒敌，辩足以饰非，顺其心则喜，逆其心则怒，易辱人以言，先生必无往。"

孔子不听，颜回为驭，子贡为右，往见盗跖。盗跖乃方休卒徒大山之阳，脍人肝而铺之。孔子下车而前，见谒者曰："鲁人孔丘，闻将军高义，敬再拜谒者。"

谒者入通，盗跖闻之大怒，目如明星，发上指冠，曰："此夫鲁国之巧伪人孔丘非邪？为我告之：'尔作言造语，妄称文武，冠枝木之冠，带死牛之胁，多辞缪说，不耕而食，不织而衣，摇唇鼓舌，擅生是非，以迷天下之主，使天下学士不反其本，妄作孝弟而侥幸于封侯富贵者也。子之罪大极重，疾走归！不然，我将以子肝益画（应为'昼'）脯（应为'铺'）之膳！"

孔子复通曰："丘得幸于季，愿望履幕下。"

谒者复通，盗跖曰："使来前！"

孔子趋而进，避席反走，再拜盗跖。盗跖大怒，两展其足，案剑瞋目，声如乳虎。

曰:"丘来前! 若所言顺吾意则生,逆吾心则死。"

孔子曰:"丘闻之,凡天下有三德:生而长大,美好无双,少长贵贱见而皆说之,此上德也;知维天地,能辩诸物,此中德也;勇悍果敢,聚众率兵,此下德也。凡人有此一德者,足以南面称孤矣。今将军兼此三者,身长八尺二寸,面目有光,唇如激丹,齿如齐贝,音中黄钟,而名曰盗跖。丘窃为将军耻不取焉。将军有意听臣,臣请南使吴越,北使齐鲁,东使宋卫,西使晋楚,使为将军造大城数百里,立数十万户之邑,尊将军为诸侯,与天下更始,罢兵休卒,收养昆弟,共祭先祖。此圣人才士之行,而天下之愿也。"

盗跖大怒曰:"丘来前! 夫可规以利而可谏以言者,皆愚陋恒民之谓耳。今长大美好,人见而说之者,此吾父母之遗德也。丘虽不吾誉,吾独不自知邪? 且吾闻之,好面誉人者,亦好背而毁之。今丘告我以大城众民,是欲规我以利而恒民畜我也,安可长久也! 城之大者,莫大乎天下矣。尧舜有天下,子孙无置锥之地;汤武立为天子,而后世绝灭;非以其利大故邪?"

"且吾闻之,古者禽兽多而人民少,于是民皆巢居以避之,昼拾橡栗,暮栖木上,故命之曰有巢氏之民。古者民不知衣服,夏多积薪,冬则炀之,故命之曰知生之民。神农之世,卧则居居,起则于于,民知其母,不知其父,与麋鹿共处,耕而食,织而衣,无有相害之心,此至德之隆也。然而黄帝不能致德,与蚩尤战于涿鹿之野,流血百里。尧舜作,立群臣,汤放其主,武王杀纣。自是之后,以强陵弱,以众暴寡。汤武以来,皆乱人之徒也。"

"今子修文武之道,掌天下之辩,以教后世,缝衣浅带,娇言伪行,以迷惑天下之主,而欲求富贵焉,盗莫大于子。天下何故不谓子为盗丘,而乃谓我为盗跖? 子以廿(应为"甘")辞说子路而使从之,使子路去其危冠,解其长剑,而受教于子,天下皆曰孔丘能止暴禁非。其卒之也,子路欲杀卫君而事不成,身菹于卫东门之上,是子教之不至也。子自谓才士圣人邪? 则再逐于鲁,削迹于卫,穷于齐,围于陈蔡,不容身于天下。子教子路菹此患,上无以为身,下无以为人,子之道岂足贵邪?"

"世之所高,莫若黄帝,黄帝尚不能全德,而战涿鹿之野,流血百里。尧不慈,舜不孝,禹偏枯,汤放其主,武王伐纣,文王拘羑里,此六子者,世之所高也,孰论之,皆以利惑其真而强反其情性,其行乃甚可羞也。"

"世之所谓贤士,伯夷叔齐。辞孤竹之君,而饿死于首阳之山,骨肉不葬。鲍焦饰行非世,抱木而死。申徒狄谏而不听,负石自投于河,为鱼鳖所食。介子推至忠也,自割其股以食文公,文公后背之,子推怒而去,抱木而燔死。尾生与女子期于梁下,女子不来,水至不去,抱梁柱而死。此四者,无异于磔犬流豕操瓢而乞者,皆离名轻死,不念本养寿命者也。"

"世之所谓忠臣者,莫若王子比干伍子胥。子胥沉江,比干剖心。此二子者,世谓忠臣也,然卒为天下笑。"

"自上观之,至于子胥比干,皆不足贵也。丘之所以说我者,若告我以鬼事,则我不能知也;若告我以人事者,不过此矣,皆吾所闻知也。"

"今吾告子以人之情,目欲视色,耳欲听声,口欲察味,志气欲盈。人上寿百岁,中寿八十,下寿六十,除病瘦死丧忧患,其中开口而笑者,一月之中不过四五日而已矣。天与地无穷,人死者有时。操有时之具而讬(应为'托')于无穷之闲,忽然无异骐骥之驰过隙也。不能说其志意,养其寿命者,皆非通道者也"。

"丘之所言,皆吾之所弃也,亟去走归,无复言之!子之道,狂狂汲汲,诈巧虚伪事也,非可以全真也,奚足论哉!"

孔子再拜,趋走出门,上车执辔三失,目茫然无见,色若死灰,据轼低头,不能出气。归到鲁东门外,适遇柳下季。柳下季曰:"今者阙然数日不见,车马有行色得微往见跖邪?"

孔子仰天而叹曰:"然。"

柳下季曰:"跖得无逆汝意若前乎?"

孔子曰:"然。丘所谓无病而自灸也,疾走料虎头,编虎须,几不免虎口哉!"

[庄子杂篇盗跖]

【释义】

孔子和柳下惠是朋友。柳下惠的弟弟名叫盗跖。盗跖的部下有九千人,横行天下,侵犯诸侯,穿室探户,抢走牛马,掳走妇女,贪图财物,不要亲友,不眷顾父母兄弟,不祭祀祖先。所经过的地方,大国紧守城池,小国避入城堡,万民受苦。

孔子对柳下惠说:"做父亲的,必定能够训诲他的儿子;做兄长的,必定能够教导他的弟弟。如果父亲不能训诲他的儿子,兄长不能教导他的弟弟,那父子兄弟的亲情也就不可贵了。现在先生是当世的有才之士,弟弟盗跖,成为天下的祸害,却不能教导他,我私下里替先生感到羞耻。我愿意替你去劝说他。"

柳下惠说:"先生说做父亲的必定能够训诲他的儿子,做兄长的必定能够教导他的弟弟。如果儿子不听从父亲的训诲,弟弟不受兄长的教导,即使是先生这样能言善辩,又能拿他怎么样呢?而且盗跖的为人,心胸如同涌泉一般源源不绝,意念如同飘风一般捉摸不定，强悍足以抗拒敌人，辩才足以粉饰过错，顺着他的心意，他就高兴，违背他的心意，他就愤怒，容易用言语来侮辱人。先生千万不要去。"

孔子不听劝告，让颜回驾车，子贡做下手，前去会见盗跖。盗跖正在泰山南面修养士卒，炒人肝就饭吃。孔子下车走向前去，见了传禀的人说："鲁国人孔丘，久仰将军的高义，恭敬地来拜见。"

传禀的人进去通报，盗跖听说后大发雷霆，眼睛瞪得像明星，头发竖起来顶起帽子。说："这个人不就是路过的那个巧诈虚伪的人孔丘吗？替我告诉他：'你造作虚言谎话，假托文王、武王的事迹，戴着树枝般的帽子，围着死牛皮做的腰带，过多的言辞，胡说八道，不种地而吃饭，不织布而穿衣，鼓动唇舌，搬弄是非，来迷惑天下的君主，使天下的读书人不返还本业，假托孝悌的名义来希图求得封侯，获得富贵。你的罪孽重大，赶快回去！不然的话，我要拿你的肝添作今天的午饭！'"

孔子再请传禀的人通报说："我荣幸认识柳下惠，希望能到将军的帐幕下来拜见。"

传禀的人再次进去通报，盗跖说："叫他到前面来！"

孔子快步走进去，避席退步，向盗跖拜了两拜。盗跖怒火冲天，叉开两脚，握剑瞪眼，声音如小虎，说："孔丘！上前来！你所说的话，顺从我的心意，你还可以活；违背我的心意就要你死。"

孔子说："我听说过：天下的人有三种美德：生下长大，美好无双，无论老少贵贱见到了都喜欢他，这是上等的才德；智慧足以维系天地，能力足以分辨事物，这是中等的才德；勇猛果决，能够聚集群众，统率大军，这是下等的才德。凡是具有这样一种美德的人，就足以南面称王了。现在将军兼备了这三种美德，身高八尺二寸，面目炯炯有光，嘴唇如同鲜明的朱砂，牙齿像整齐的贝壳，声音合乎黄钟的声音，却名叫盗跖，我私下里替将军感到羞耻，不取这个名字。将军有意听我的意见，我愿意为将军向南出使吴国、越国，向北出使齐国、鲁国，向东出使宋国、卫国，向西出使晋国、楚国，替将军修造一座方圆几百里的大池，建立一个几十万户的都城，尊奉将军为诸侯，和天下人有一个新的开始，停战休兵，收养兄弟，供奉祭祀祖先。这就是圣人才人的行为，也是天下人的愿望。"

盗跖勃然大怒说："孔丘！上前来！可以用利禄规劝，可以用言语规谏，都是愚陋平民罢了。我现在高大美好，人见了都喜欢，这是我父母遗留下来的德性。你纵然不这样夸赞我，我难道自己不知道吗？我听说过，喜欢当面称赞人的人，也喜欢背后毁谤人。现在你告诉我要建设大城，收抚众民，这是想用利禄来规劝我，把我当做平民来蓄养了，这怎么可以长久呢！最大的城市，没有比天下更大的了。唐尧、虞舜虽然拥有天下，子孙却没有立足的地方；汤王、武王虽然做过天子，后代也都灭绝了。这不正是因为他们利禄太大的缘故吗？"

"而且我听说过，上古时代禽兽多，人民少，于是人民都在树上筑巢来躲避禽兽，白天捡拾橡子、栗子，夜晚睡在树上，所以叫作有巢氏时代的人民。上古时代，人民不知道穿衣服，夏天积存了很多木柴，冬天用来燃烧取暖，所以叫作知道生存的人民。神农氏的时代，睡卧时安然恬静，起身时宽舒自适，人民只知道母亲，不知道父亲，和麋鹿一类的走兽共处，他们耕田来吃饭，织布来穿衣，并没有互相残害的意念。这是道德极盛的时代。然而黄帝不能达到这种道德，和蚩尤在涿鹿的郊野交战，血流百里。唐尧、虞舜兴起后，设置百官，汤王放逐了他的君主夏桀，武王讨伐了他的君主殷纣。从此以后，以强盛欺凌弱小，以势众侵暴寡少。汤王、武王之后，都是祸害人民之徒。"

"现在你修习文王、武王之道，掌握天下的言论，来教化后世，穿着长袍大袖的衣服，扎着宽宽的腰带，言辞矫辩，行为虚伪，来迷惑天下的君主，而企图求取荣华富贵。最大的盗贼就是你了。天下人为什么不叫你盗丘，而叫我盗跖呢？你用动听的言辞劝说子路而让子路跟随你，让子路摘掉高冠，解下长剑，来接受你的教诲，天下的人都说孔丘能够阻止强暴，禁除过恶。弄到最后，子路想要杀掉卫国的昏君而没有成功，自己却在卫国东门被剁成肉酱，这是你教导的不成功。你自称是才士圣人吗？可是你两次被鲁国驱逐出境，在卫国不许居留，在齐国遭受穷困，在陈、蔡两国之间被围困，到处都不能容身。你使子路遭受剁成肉酱的祸患，上不得保身，下不能做人。你的道理，哪里有什么可贵的呢？"

"世上所推崇的，没有比得上黄帝的，黄帝还不能够德行完备，而战于涿鹿的郊野，血流百里之远。帝尧不慈爱，大舜不孝顺，大禹喜欢喝酒，汤王流放他的君主，武王讨伐了商纣：这六个人，都是世人所推崇的，仔细看来，都是被利禄迷失了自己的本真，强力违反了自己的情性，他们的行为都是非常可耻的。"

"世上所谓的贤士，都称说伯夷、叔齐。伯夷、叔齐辞让孤竹的君位，而饿死在首阳山上，尸体都没人埋葬。鲍焦整饬行为，看不惯世俗。抱着大树死去。申徒狄谏诤不被接纳，自己背着石头投江，被鱼鳖吃掉。介子推最忠心，割下自己腿上的肉给晋文公吃，文公后来忘掉了他，他便愤怒离去，抱着大树被大火烧死。尾生和一个女子在桥下相会，女子没有来，洪水来了，他还不肯走，抱着桥柱被大水淹死。这六个人，和被屠杀的狗、沉河的猪、端破瓢的乞丐没什么不同，都是贪图虚名，轻视死亡,不珍惜生命本根的人。"

"世上所谓的忠臣,都比不上王子比干和伍子胥。子胥尸沉江中,比干剖心而死,这两个人,世上所称的忠臣,然而结果还是被天下人讥笑。"

"从以上这些人看来,一直到伍子胥、比干,都没什么可贵的地方。你所以劝说我的,如果告诉我关于鬼神的事情,我不知道;如果告诉我关于人的事情,也不外乎这些罢了,都是我已经听说过的事情。"

"现在我告诉你人的性情,眼睛喜欢看好看的颜色,耳朵喜欢听好听的声音,嘴巴喜欢品评五味,心志要求得到满足。人生的上寿是一百岁,中寿是八十岁,下寿是六十岁,除去疾病、死丧、忧患以外,其中开口欢笑的,一个月中也不过四五天罢了。天地的存在是无穷尽的,人的死生却是有时限的,以有时限的生命寄托在无穷尽的天地之间,就和骏马迅速闪过门隙一般。不能够畅适自己的意志,保养自己寿命的人,都不是通达道理的人。"

"你所说的,都是我所要抛弃的。赶快回去,不要再说了!你这套道理,钻营求取,都是奸诈虚伪的勾当,不足以保全真性。哪里还值得讨论呢?"

孔子拜了两拜快步急走,出门上车,手执缰绳不觉中掉落了三次,眼睛茫然无所见,面色如同死灰,扶着车轼低垂着头,不能喘气。回到鲁国东门外,正好遇见了柳下惠。柳下惠说:"近来好几天没有见面,您的车马有外出过的样子,是不是去见盗跖了呢?"

孔子仰天叹息说:"是的。"

柳下惠说:"盗跖是不是像我以前说的那样违逆了您的心意呢?"

孔子说:"是的。我是所谓没有病而自己灸病的人。就如同莽撞地去摸老虎的头、捋老虎的胡须,几乎不能免于虎口啊!"

【原文】

孔子游乎缁帷之林,休坐乎杏坛之上。弟子读书,孔子弦歌鼓琴。

奏曲未半,有渔父者,下船而来,须眉交白,被发揄袂,行原以上,距陆而止,左手据膝,右手持颐以听。曲终而招子贡子路,二人俱对。

客指孔子曰:"彼何为者也?"

子路封曰:"鲁之君子也。"

客问其族。子路对曰:"族孔氏。"

客曰:"孔氏者何治也?"

子路未应，子贡对曰："孔氏者，性服忠信，身行仁义，饰礼乐，选人伦，上以忠于世主，下以化于齐民，将以利天下。此孔氏之所治也。"

又问曰："有土之君与？"

子贡曰："非也。"

"侯王之佐与？"

子贡曰："非也。"客乃笑而远（应为"还"）行，言曰："仁则仁矣，恐不免其身，苦心劳形以危其真。呜呼，远哉其分于道也！"

子贡远（应为"还"）报孔子。孔子推琴而起曰："其圣人与！"乃下求之，至于泽畔，方将杖拏而引其船，顾见孔子，还乡而立。孔子反走，再拜而进。

客曰："子将何求？"

孔子曰："曩者先生有绪言而去，丘不肖，未知所谓。窃待于下风，幸闻咳唾之音，以卒相丘也。"

客曰："嘻！甚矣子之好学也！"

孔子再拜而起曰："丘少而修学，以至于今，六十九岁矣，无所得闻至教，敢不虚心？"

客曰："同类相从，同声相应，固天之理也。吾请释吾之所有，而经子之所以。子之所以者，人事也。天子诸侯大夫庶人，此四者自正，治之美也，四者离位，乱莫大焉。官治其职，人忧其事，乃无所陵。故田荒室露，衣食不足，征赋不属，妻妾不和，长少无序，庶人之忧也；能不胜任，官事不治，行不清白，群下荒怠，功美不有，爵禄不持，大夫之忧也；廷无忠臣，国家昏乱，国技不巧，贡职不美，春秋后伦，不顺天子，诸侯之忧也；阴阳不和，寒暑不时，以伤庶物，诸侯暴乱，擅相攘伐，以贱民人，礼乐不节，财用穷匮，人伦不饬，百姓淫乱，天子有司之忧也。今子既上无君侯有司之势，而下无大臣职事之官，而擅饰礼乐，选人伦，以化齐民，不泰多事乎？

"且人有八疵，事有四患，不可不察也。非其事而事之，谓之揔；莫之顾而进之，谓之佞；希意道言，谓之谄；不择是非而言，谓之谀；好言人之恶，谓之谗；析交离亲，谓之贼；称誉诈伪以败恶人，谓之慝；不择善否，两容颊适，偷拔其所欲，谓之险。此八疵者，外以乱人，内以伤身，君子不友，明君不臣。所谓四患者：好经大事，变更易常，以挂功名，谓之叨；专知擅事，侵人自用，谓之贪；见过不更，闻谏愈甚，谓之很；人同于己则可，不同于己虽善不善，谓之矜。此四患也。能去八疵，无行四患而始可教已。"

孔子愀然而叹，再拜而起曰："丘再逐于鲁，削迹于卫，伐树于宋，围于陈蔡。丘不知所失,而离此四谤者何也?"客悽然变容曰:"甚矣子之歎(应为"難")悟也! 人有畏影恶迹而去之走者,举足愈数而迹愈多,走愈疾而影不离身,自以为尚迟,疾走不休,绝力而死。不知处阴以休影,处静以息迹,愚亦甚矣! 子审仁义之间,察同异之际,观动静之变,适受与之度,理好恶之情,和喜怒之节,而几于不免矣。谨修而身,慎守其真,还以物与人,则无所累矣。今不修之身而求之人,不亦外乎!"

孔子愀然曰:"请问何谓真?"

客曰:"真者,精诚之至也。不精不诚,不能动人。故强哭者虽悲不哀,强怒者虽严不威,强亲者虽笑不和。真悲无声而哀,真怒未发而威,真亲未笑而和。真在内者,神动于外,是所以贵真也。其用于人理也,事亲则慈孝,事君则忠贞,饮酒则欢乐,处丧则悲哀。忠贞以功为主,饮酒以乐为主,处丧以哀为主,事亲以适为主。功成之美,无一其迹矣。事亲以适,不论所以矣;饮酒以乐,不选其具矣;处丧以哀,无问其礼矣。礼者,世俗之所为也;真者,所以受于天也,自然不可易也。故圣人法天贵真,不拘于俗。愚者反此,不能法天而恤于人,不知贵真,禄禄而受变于俗,故不足。惜哉,子之蚤湛于伪而晚闻大道也!"

孔子又再拜而起曰:"今者丘得遇也,若天幸然。先生不羞而比之服役,而身教之。敢问舍所在,请因受业而卒学大道。"

客曰:"吾闻之,可与往者与之,至于妙道;不可与往者,不知其道,慎勿与之,身乃无咎。子勉之! 吾去子矣! 吾去子矣!"乃刺船而去,延缘苇间。

颜渊还车,子路授绥,孔子不顾,待水波定,不闻拏音而后敢乘。

子路旁车而问曰:"由得为役久矣,未尝见夫子遇人如此其威也。万乘之主,千乘之君,见夫子未尝不分庭伉礼,夫子犹有倨傲之容。今渔父杖拏逆立,而夫子曲要磬折,言拜而应,得无太甚乎? 门人皆怪夫子矣,渔父何以得此乎?"

孔子伏轼而叹曰:"甚矣由之难化也! 湛于礼义有间矣,而朴鄙之心至今未去。进,吾语汝! 夫遇长不敬,失礼也;见贤不尊,不仁也。彼非至仁,不能下人,下人不精,不得其真,故长伤身。惜哉! 不仁之于人也,祸莫大焉,而由独擅之! 且道者,万物之所由也,庶物失之者死,得之者生,为事逆之则败,顺之则成。故道之所在,圣人尊之。今渔父之于道,可谓有矣吾敢不敬乎!"[庄子杂篇渔父]

【释义】

孔子到缁帷树林去游玩,坐在杏坛上休息。弟子们读书,孔子唱歌弹琴。

曲子还没有奏到一半,有个渔父下船走来,胡须眉毛洁白,披散着头发,挥动着衣袖,走上原野,到高地上停了下来,左手按着膝盖,右手托着下巴来听乐曲。曲子终了,他就招呼子贡、子路二人过来问话。

渔父指着孔子说:"那个人是做什么的?"

子路回答说:"是鲁国的君子。"

渔父问孔子的姓氏。子路回答说:"姓孔。"

渔父说:"孔氏是研习什么的?"

子路没有回答,子贡说:"孔氏讲忠信,身行仁义,修饰礼乐,整治人伦,对上忠于君主,对下教化贫民,为天下谋福利,这就是孔氏所研习的。"

渔父又问道:"他是有土地的君主吗?"

子贡说:"不是。"

渔父接着问道:"他是侯王的辅臣吗?"

子贡说:"不是。"

渔父笑了笑,就往回走,说道:"仁爱倒是仁爱,恐怕不能免予自身的祸患。劳苦心形以危害生命的本真。唉,他离道实在太远了!"

子贡回来告诉了孔子。孔子推开琴站起来说:"他大概是个圣人啊!"于是就走下来找他,到了河岸,见渔父正要撑桨推船,回头看见孔子,转身对面站着。孔子退行,拜了两拜走上前来。

渔父说:"你有什么事?"

孔子说:"刚才先生只说了开头就走了,我不才,不能了解它的意思。我恭敬地在这里等候,希望有幸听到先生的教诲,借以最终对我有所帮助。"

渔父说:"唉,你真是太好学了!"

孔子拜了两拜起身说:"我自小就学习,知道现在,已经六十九岁了,没听到过大道理,怎敢不虚心!"

渔父说:"种类相同就互相聚集,声律相同就互相应和,这是自然的道理。我来说说我知道的道理,帮助你分析一下你所做的事。你所从事的,都是人事。天子、诸侯、大夫、庶人,这四种人如果能各尽本分,天下会得到很好的治理。这四种人离开本位,天下就会大乱。官吏都尽其职守,百姓各处其事,就不会有以下陵上的事。所以田园荒芜,房屋破漏,衣食不够用,征赋没有缴纳,妻妾不和睦,长幼没有秩序,这是庶人的忧虑;能力不能胜任,公事处理不当,行为弄不清白,部下疏懒没有政绩,爵禄不保,这是大夫的忧虑;朝廷里没有忠臣,国家混乱,工艺不精巧,贡品不精美,春秋朝觐不及时,不顺从天子,这是诸侯的忧虑;阴阳不调和,寒暑不顺时,伤害众物，诸侯暴乱，擅自互相攻伐，残害人民，礼乐不合制度，才用困穷匮乏，人伦不整饬，百姓淫乱，这是天子的忧虑。现在你既然在上没有君侯执政的权势，在下又没有大臣主事的官职，而擅自修饰礼乐，整治人伦，以教化人民，不是太多事了吗？"

"而且人有八种毛病，事有四种祸患，不可以不明察。不是他该做的事去做，叫作'总'；人不理会而窃窃进言，叫作'佞'；迎合别人的心意而进言，叫作'谄'；不辨是非来说话，叫作'谀'；喜欢说人的坏话，叫作'谗'；离间亲友关系，叫作'贼'；诡诈称誉而诋毁人，叫作'慝'；不辨善恶，两者兼容而适意，暗中盗取他所要的，叫作'险'。这八种毛病，对外扰乱别人，对内伤害自身，君子不和他做朋友，明君不用他做臣子。所谓四种祸患是：喜欢办理大事，改变常理常情，邀取功名，叫作'叨'；自恃聪明，独断专行，侵犯他人而师心自用，叫作'贪'；见过不改，听到劝说反而变本加厉，叫作'很'；别人的意见和自己的相同就可以，如果和自己不相同，意见虽然很好也以为不好，叫作'矜'。这是四种忧虑。能够去除八种毛病，不犯四种祸患的错误，这样的人才可以教导。"

孔子面有愧色而叹息，拜了两拜，站起来说："我两次被逐出鲁国，在卫国被禁止居留，在宋国受到伐树的侮辱，在陈蔡遭受围攻。我不知犯有什么样的过失，为什么会遭受到这四次侮辱？"渔父悲伤变容说："你真是太难觉悟了！有人害怕自己的影子，厌恶自己的足迹，想要抛弃它们而走，跑得越多而足迹越多，跑得越快却影不离身，自认为跑得还慢，于是不停地加快脚步，最后气力用尽而死去。不知道到阴暗处影子自然消失，静止下来足迹自然没有，真愚蠢呀！你在仁义之间审度，在同异之间辨析，观察动静的变化，均衡取舍的适度，疏导好恶的情感，调和喜怒的节度，你几乎不免于祸了。你要谨慎修身，保持你的本真，使人与物各还归自然，那就没有累害了。现在你不反省修身，却在身外的人身上找答案，不是很疏漏吗？"

孔子悲伤地说："请问什么是本真？"

渔父说："本真，是精诚的极致。不精不诚，不能感动人。所以勉强哭泣的人虽然悲痛却不哀伤，勉强发怒的人虽然严厉却没有威势，勉强亲近的人虽然笑容满面却不和悦。真正的悲痛没有声音而哀伤，真正的愤怒没有发作而威严，真正的亲爱没有笑容而和悦。内心真诚，神色就会表现在外，这就是本真的可贵。真诚用在人伦事理上，侍奉双亲则慈孝，侍奉君主则忠贞，饮酒便欢乐，处丧便悲哀。忠贞要以功绩为主，饮酒要以欢乐为主，处哀要以悲伤为主，事亲要以安适为主，功绩和成就在于效果圆满，而不必拘泥于具体事迹。事亲求安适，不用问什么方法；饮酒求欢乐，不挑选酒菜杯具；处丧为尽哀，不讲究礼仪。礼节是世俗所为的，真性是禀受于自然的,自然的东西是不可改变的。所以圣人效法自然珍贵本真,不拘于世俗。愚昧的人正与此相反。不能够效法自然而忧虑人事,就不知道珍贵本真,庸庸碌碌随世俗变化,所以不能知足。可惜呀!你沉溺于人世的伪诈太早而听闻大道太晚了。"

孔子又拜了两拜起身说:"我现在遇到先生,真是天幸。先生如果不觉得委屈把我当做徒弟,愿意亲自教我。请问先生住在哪里,我好登门受业来学完大道。"

渔父说:"我听说,可以其适大道的就结交他,最终体会妙道;不可以共适大道的,是不知道其中的道理,那就不必与他交往,自身才没有过失。你自己勉励吧!我走了,我离开你了!"于是撑船离开,沿着芦苇的河岸远去了。

颜渊掉转车子,子路递过车绳,孔子不看,直等到水面上波纹平息了,听不见摇船的声音才敢登上车子。

子路在车旁问说:"我侍奉先生已经很久了,从来没有见过先生对人这样尊敬。就是万乘国家的国王,千乘国家的君主,先生见到了也会与他们平起平坐,先生还有高傲的神色。现在渔父拿着船篙在对面站着,而先生弯腰鞠躬,说起话来,先拜了又拜才唯唯应声,这不是太过分了吗?弟子们都怪先生于礼不当,渔人怎么值得先生如此尊敬呢?"

孔子扶着车轼感叹说:"子由真是难以教化呀!你受礼义的熏陶时间也不短了,而粗鄙的心理到现在还没有去掉。过来,我告诉你!遇到长辈不恭敬就是失礼,见到贤人不尊重就是不仁。他要不是圣人,就不能使人谦下,对人谦下不精诚,就不能保有本真,所以才会常常伤害自己。可惜啊!对人来说,不仁带来的祸患是最大的,而你却偏偏是这样。再说,大道是万物遵循的依据,万物失去它就会死亡,获得它就会充满生气。做事违逆它就会失败,顺应它就会成功。所以,道存在的地方,圣人也要尊敬。现在这个渔父,对于道,可以说是体悟了,我怎敢不尊敬!"

【原文】

鲁哀公问于颜阖曰:"吾以仲尼为贞干,国其有瘳乎?"

曰:"殆哉汲乎!仲尼方且饰羽而画,从事华辞,以支为旨,忍性以视民而不知不信,受乎心,宰乎神,夫何足以上民?彼宜女与?予颐与?误而可矣。今使民离实学伪,非所以视民也。为后世虑,不若休之。难治也。"

施于人而不忘,非天布也,商贾不齿。虽以士齿之,神者弗齿。

为外刑者,金与木也;为内刑者,动与过也。宵人之离外刑者,金木讯之;离内

刑者,阴阳食之。夫免乎外内之刑者,唯真人能之。[庄子杂篇列御寇]

【释义】

鲁哀公问颜阖说:"我任命孔子为国家重臣,国家会有救吗?"

颜阖回答说:"危险啊!孔子追求表面上的修饰,讲究华丽文辞,把次要当成主要,压抑天性而显示给百姓,既不明智,也不真实,都是按个人的心思想出来的,用自己的心神去主宰,怎么可以领导人民呢?他果真适宜你的需要吗?能让他养育天下吗?如果误用也就没话可说了。现在使百姓脱离真实而学习虚伪,这不足以教示人民。为后世考虑,不如算了吧,否则,将会更难治理。"

惠施给人却不忘回报,这不是自然的布施,商人也会瞧不起。虽然偶尔因事谈论到,但内心里还是瞧不起。

施加在体外的刑具,是铁锁木枷之类;施加在内心的刑具,则是内心的不安和自责。小人遭受外刑,用铁锁木枷来拷问他;遭受内刑的人,阴阳交错来剥蚀他。能够避免内外刑的,只有真人才可以做到。

【原文】

孔子曰:"凡人心险于山川,难于知天。天犹有春秋冬夏旦暮之期,人者厚貌深情。故有貌愿而益,有长若不肖,有顺怀而达,有坚而缦,有缓而釬。故其就义若渴者,其去义若热。故君子远使之而观其忠,近使之而观其敬,烦使之而观其能,卒然问焉而观其知,急与之期而观其信,委之以财而观其仁,告之以危而观其节,醉之以酒而观其则,杂之以处而观其色。九微(应为'徵')至,不肖人得矣。"[庄子杂篇列御寇]

【释义】

孔子说:"人心比高山大川还要险恶,比天还难了解。天还有春夏秋冬、早晨晚上的规律可循,人却在淳厚的容貌里藏着难测的心机。所以有的人外貌谨慎骄横跋扈;有的人貌似长者而品行不端;有的人表面圆顺而内心刚直;有的人看似坚强而内心软弱;有的人看似和缓而内心强悍。所以,如饥似渴赴大义的,往往又会避火似的抛弃大义。因此君子要派他到远离自己的地方办事,观察他的忠诚;派他到自己的身边办事,观察他的敬慎;派他去做繁杂的事情,观察他的才能;向他突然提出问题,观察他的心智;在危急情况下相约,观察他的信用;委任他处理财物,观察他的廉洁;告诉他危险的事情,观察他的节操;在他喝醉酒时,观察他的仪态;让他男女杂处,观察他的色态。经过这九种检验,就可以检查出不肖的人了。"

【原文】

正考父一命而伛,再命而偻,三命而俯,循墙而走,孰敢不轨?［庄子杂篇列御寇］

【释义】

正考父第一次提升,曲身而受;第二次提升,弯腰弓背而受;第三次提升,俯身深曲腰背而受,走路时顺着墙走。如此谦恭的人,谁敢在他面前不守法度呢?

【原文】

老子见孔子,从弟子五人,问曰:"前为谁?"对曰:"子略①勇且多力,其次子贡为智,曾子为孝,颜回为仁,子张为武。"老子叹曰:"吾闻南方有鸟,名为凤,所居积石千里,河水出下。凤鸟居止,无为生食,其树名琼枝,高百仞,以璆琳琅玕为宝②。天又为生离珠,一人三头,递起以伺琅玕。凤鸟之文,戴圣婴仁,右智左贤。"［庄子御览九百十五引］

【注释】

①略:路之误。
②宝:实之误。

【释义】

老子会见孔子,孔子身边跟着五位弟子。老子问:"第一位是谁?"孔子回答说:"是子路。他勇敢而且有力气。后面的是子贡,他聪明有才智;曾子是孝子;颜回很仁德;子张很勇武。"老子慨叹说:"我听说南方有一种鸟叫凤凰,它居住的地方,方圆千里都是石头,黄河从下面发源。凤凰住在上面,老天为它生出食物。生长食物的树叫作琼枝,高几十丈,果实是缪、琳、琅、玕之类的宝玉美石。老天又为它生下离朱,他一个人长着三颗头,三颗头交替抬起不间歇地看守着果实。凤凰的花纹,头顶是象征圣的红色,脖子是象征仁的青色,右侧是象征智的白色,左侧是象征贤的黄色。"

【原文】

仲①尼读书,老聃倚竃瓠而听之,曰:"是何书也?"曰:"《春秋》也。"［庄子艺文类取八十引]①御览一百八十六引庄子曰：仲尼读《春秋》，老聃踞竈甒而听。

【注释】

①甒竈额也。

【释义】

孔子读书，老子靠在灶台角上听。问孔子说："这是什么书？"孔子说："是《春秋》。"

【原文】

孔子病，子贡出卜。孔子曰："汝①待也，吾坐席不敢先，居处若斋，食饮若祭，吾卜之久矣。"［庄子御览八百四十九引］

【注释】

①绎史孔子类记四引汝作子。

【释义】

孔子得了重病，子贡出去占卜吉凶。孔子说："你不要去了，我平时座席的时候把别人让在前面，自己不敢抢先；平时像斋戒一样，讲究卫生；吃饭像祭祀一样，认真仔细。我肯定能够长寿的。"

【原文】

孔子舍于沙丘，见主人，曰："辩士也。"子路曰："夫子何以识之？"曰："其口穷踦，其鼻空大，其服博，其睫流，其举足也高，其践地也深，鹿合而牛舍。"［庄子绎史孔子类记四引］

【释义】

孔子在沙丘一个人家里住宿，看见家里的主人，说："是一位辩士啊！"子路说："先生是根据什么知道的？"孔子说："他的嘴像吃人的恶兽，鼻孔很大，衣服也很宽大，并且不停地眨着眼睛。他抬脚很高，踩地极轻，脚着地时像鹿一样，脚离地像牛一样。"

【原文】

孔子作《春秋》,制《孝经》。既成,使七十二弟子向北辰星磬折而立,使曾子抱河洛,事北向。孔子斋戒,向北辰而拜,告备于天曰:"《孝经》四卷,《春秋》《河》《洛》凡八十一卷,谨已备天。"洪郁起白雾,摩地,赤虹自上下,化为黄玉,长三尺,上有刻文。孔子跪受而读之,曰:"宝文出,刘季握。卯金刀,在轸北。字禾子,天下服。"[宋书符瑞志]

【释义】

孔子撰写《春秋》,编制《孝经》。已经完成了,孔子让七十个弟子面向北极星恭敬地行礼,让曾子抱着河图、洛书在北面侍奉。孔子进行斋戒,面向北极星下拜,祷告上天说:"《孝经》共有四卷,《春秋》《河》《洛》一共八十一卷,我已经详尽完备的完成并敬献给上天。"此时天空飘起了浓浓的白雾,连接地面。一道红色的霓虹从天上落下来,变成黄色的玉版,三尺长,上面刻着字。孔子跪着接受了这块玉,又诵读那上面的文字,念道:"宝玉上的文字出世,天下要被刘季掌握。卯金刀之刘氏,出生在楚国之北。他的字是禾子之季,天下的人都归服。"

【原文】

鲁哀公十四年,孔子夜梦三槐之间,丰、沛之邦,有赤氲气起,乃呼颜渊、子夏同往观之。驱车到楚西北范氏街,见刍儿打麟,伤其左前足,束薪而覆之。孔子曰:"儿来,汝姓为谁?"儿曰:"吾姓为赤松,名时乔,字受纪。"孔子曰:"汝岂有所见乎?"儿曰:"吾所见一禽,如麕,羊头,头上有角,其末有肉。方以是西走。"孔子曰:"天下已有主也。为赤刘。陈、项为辅。五星入井,从岁星。"儿发薪下麟,示孔子。孔子趋而往。麟向孔子,蒙其耳,吐三卷图,广三寸,长八寸,每卷二十四字。其言:"赤刘当起日周亡。赤气起,火曜兴,玄丘制命,帝卯金。"[搜神记八]

【释义】

鲁哀公十四年,孔子在一个晚上梦见三棵槐树之间,在沛县的丰邑疆域内,有红色的烟云弥漫,慢慢地升起,于是就叫了颜回、子夏一起去观看。他们赶着车来到楚国西北面的范氏街,看见有个割草的小孩在打麒麟,把那麒麟左侧的前脚都打伤了,还拿了一捆柴草把它盖了起来。孔子说:"小孩子过来!你的姓是什么?"这小孩说:"我姓赤松,名时乔,字受纪。"孔子说:"你是否看见了什么东西?"小孩说:

"我看见的东西是一只禽兽,像獐子,长着羊头,头上有角,角的末端有肉。刚从这儿向西跑去。"孔子说:"天下已经有了主人了,这主人是炎汉刘邦,陈涉、项羽只是辅佐。金、木、水、火、土五星进入井宿,跟着岁星。"小孩子打开柴草下的麒麟,给孔子看。孔子有礼地小步快跑过去。麒麟面对孔子,遮蔽着它的耳朵,吐出三卷图,图宽三寸,长八寸,每卷有二十四个字。那文字是:"炎汉刘氏要兴起,周朝要灭亡。红色的天地之气上升,火德荣耀兴盛。孔子拟定了天命,那皇帝是刘姓。"

【原文】

孔子修《春秋》,制《孝经》,既成,斋戒,向北辰而拜,告备于天。天乃洪郁起白雾,摩地,赤虹自上而下,化为黄玉,长三尺,上有刻文。孔子跪受而读之,曰:"宝文出,刘季握。卯金刀,在轸北。字禾子,天下服。"[搜神记八]

【释义】

孔子修订《春秋》,制作《孝经》,已经完成后,便洁净身心,对着北极星下拜,向上天报告他的成功。于是天空便弥漫降下白色的大雾,一直碰到地面,红色的虹霓从上面挂下来,变成了黄色的玉,长三尺,上面雕刻着文字。孔子跪着接受了这块玉,又诵读那上面的文字,念道:"宝玉上的文字出世,天下要被刘季掌握。卯金刀之刘氏,出生在楚国之北。他的字禾子之季,天下的人都归服。"

【原文】

曾子从仲尼在楚而心动,辞归问母。母曰:"思尔啮指。"孔子曰:"曾[1]参之孝。精感万里。"[搜神记十一]

【注释】

①《曾子外篇齐家》引作"曾参之孝,参之至诚"。

【释义】

曾参跟随孔子出游,在楚国时感到心跳加速,就辞别了孔子回家探问母亲。母亲说:"我思念你,所以咬了自己的手指。"孔子说:"曾参的孝心,使他的精神感觉到了万里之外。"

【原文】

季桓子穿井,获如土击,其中有羊焉。使问之仲尼曰:"吾穿井而获狗,何耶?"

仲尼曰："以丘所闻，羊也。丘闻之，木石之怪，夔、蝄蜽；水中之怪，龙、罔象；土中之怪，曰贲羊。"［搜神记十二］

【释义】

季桓子挖井，得到一个像瓦器那样的东西，那里面有只羊。他就派人去问孔子，说："我挖井得到了一只狗，这是为什么呢？"孔子说："依我的见识，那应该是羊。我听说，树木、石头中的精怪，是夔、蝄蜽；水中的精怪，是龙、罔象；泥土中的精怪，叫作贲羊。"

【原文】

孔子厄于陈，絃歌于馆中。夜有一人，长九尺余，著皂衣高冠，大吒，声动左右。子贡进，问："何人耶？"便提子贡而挟之。子路引出，与战于庭。有顷，未胜。孔子察之，见其甲车闲时时开始掌。孔子曰："何不探其甲车，引而奋登？"子路引之，没手仆于地，乃是大鳀鱼也，长九尺余。孔子曰："此物也，何为来哉？吾闻：物老则群精依之，因衰而至。此其来也，岂以吾遇厄绝粮，从者病乎？夫六畜之物，及龟、蛇、鱼、鳖、草、木之属，久者神皆凭依，能为妖怪，故谓之'五酉'。五酉者，五行之方，皆有其物。酉者老也，物老则为怪，杀之则已，夫何患焉。或者天之未丧斯文，以是系予之命乎？不然，何为至于斯也？"絃歌不辍。子路烹之，其味滋，病者兴。明日，遂行。［搜神记十九］

【释义】

孔子在陈国遭到灾难的时候，到旅馆中却弹琴唱歌。夜里忽然有一个人，身长九尺多，穿着黑衣服，戴着高帽子，大声怒吒，声音惊动了孔子身边的人。子贡走上前去，问："你是什么人呀？"这人便提起子贡把他挟在腋下。子路就把他拉了出来，和他在院子里打起来了。过了一会儿，子路没有取胜。孔子仔细察看，看见他的铠甲和牙床之间不时地裂开来，那口子就像手掌那么大。孔子对子路说："你为什么不把手伸到那铠甲和牙床之间，拉着它用力爬上去？"子路便伸手去拉它，手全部伸了进去，那人便倒在地上，竟是一条大鳀，长九尺多。孔子说："这种东西，它为什么来呢？我听说过，东西老了，那么各种精怪就来依附它，因为它衰微了才来的。这鳀鱼精的来临，难道是因为我遭遇了灾难、断绝了粮食、跟随我的人都生了病的缘故吗？啊，那牛、马、羊、鸡、狗、猪六种家畜，以及龟、蛇、鱼、鳖、野草、树木之类，生长时间长的，神灵都依附它们，因而能成为妖怪，所以人们把它们叫作'五酉'。

五酉,是指五行的各个方面都有那相应的东西。酉,就是老,东西老了就会变成妖怪,把它杀掉了,那么妖怪也就没有了,对这种东西又有什么担心的呢? 或者是老天为了不丧失那些古代的文化典制,因而用这种东西来维持我的生命吗? 否则,为什么它会到这里来呢?"孔子继续弹唱个不停,予路烹调这条鲲鱼,它的味道很美,病人吃了都起了床。第二天,大家便又行路了。

【原文】

子曰:"乾之动直静专,坤之动辟静翕,其根也。灭根每日两度,蹴入尾间巨壑,则海沸出潮。"[续博物志六]

【释义】

孔子说:"天变动时正直而不曲折,静止时专一没有其他,地变动时是开放的,承受一切而不拒绝,静止时包容地上的一切,是根本。每日两次消除杂念,踢入海水归入的地方和巨大的深壑,那么大海沸腾出潮。"

【原文】

颜渊与孔子俱上泰山,东南望吴昌门外。孔子见白马,引颜渊指之:"若见吴昌门乎?"颜渊曰:"见之,有系练之状。"孔子抚其目而止之。颜渊发白齿落,遂以病死。盖精力不及圣人,而强役之也。[续博物志七]

【释义】

颜渊和孔子一起上鲁国的泰山,望向东南吴都昌门外的地方。孔子看见了一批白马,于是就指给颜渊看,说:"你看见吴都的昌门了吗?"颜渊回答:"看见了,好像拴着一条白绸子样的东西。"孔子揉了揉他的眼睛,纠正了他的说法。颜渊头发变白,牙齿脱落,最终因病死去。大概精神不如孔子,勉强使眼力到了自己的极限,精华用尽,所以早早地死去。

【原文】

孔子曰:"违山十里,蟪蛄之声犹在于耳。政事恶哗而善肃。"[续博物志十]

【释义】

孔子说:"离山十里远,知了的叫声还在耳边。搞政事要避开喧哗,越静越好。"

【原文】

路室女之方桑兮,孔子过之以自侍。[楚辞七谏]

【释义】

客栈上的姑娘正采桑叶啊,孔子经过她而更加克制自己。

【原文】

孔子出游,过于客舍,其女方采桑,一心不视,善其贞信,故以自侍。[楚辞七谏王逸注]

吴王光剑

【释义】

孔子出游经过客栈,客栈上的姑娘正采摘桑叶,专心致志,目不斜视,孔子认为她做事认真,所以用它来克制自己。

【原文】

仲尼见沧海横流,故务为舟航。[孙绰子北堂书抄卷一百三十八又御览七百七十引]

【释义】

孔子看到海水四处奔流,政治昏暗,社会动荡,因此要成为济世的良才。

【原文】

子贡曰:"陈灵公君臣宣淫于朝,泄冶谏而杀之,是与比干同也,可谓仁乎?"子曰:"比干于纣,亲则叔父,官则少师,忠款之心,在于存宗庙而已,故以必死争之,冀身死之后而纣悔寤。其本情在乎仁也。泄冶位为下大夫,无骨肉之亲,怀宠不去,以区区之一身,欲正一国之淫昏,死而无益,可谓怀矣!诗云:'民之多僻,无自立辟。'其泄冶之谓乎?"[长短经臣术]

【释义】

子贡向孔子问道："陈灵公君臣居然在朝中淫乱，泄冶毅然进谏反而被杀害。泄冶的事迹同比干（殷纣王大臣，因力谏纣王被杀）相同，他的行为可称得上仁吗？"孔子回答说："比干同纣王的关系，从血亲方面说，他是纣王的叔父；从官职上说，他是少师，款款忠心，唯在保存社稷宗庙而已，所以，他以必死的决心向纣王进谏，希望能以自己的死唤起纣王的悔悟，这样的情愫就处于仁。泄冶身为下大夫这样的小官，同君王并无血肉之亲，却希望得到陈灵公的宠爱，因而不肯离去，以区区之身，想要匡正整个国家淫乱昏庸的风气，虽然是为国君捐躯，但是结果对国家无益处，像泄冶这样的人可以算是怀恋官禄的人。《诗经》上说：'民自多僻，无自立辟'，说的不正是泄冶进谏陈灵公这样的事情吗？"

【原文】

孔子曰："上失其道而杀其下，非礼也。故三军大败不可斩，狱犴不知①不可刑。何也？上教之不行，罪不在人故也。夫慢令谨诛，贼也；征敛无时，暴也；不诫责成，虐也。政无此三者，然后刑即可也。陈道德以先服之，犹不可则尚贤以劝之，又不可则废不能以惮之，而犹有邪？人不从化者，然后待之以刑矣。"［长短经政体］

【注释】

①知当作治。

【释义】

孔子说："上边做错了事却惩罚下边的人，这是不合礼义的行为。因此军队打了大败仗也不能斩杀士兵，牢狱没有管理好不能处刑。为什么呢？因为上边没有推行教育，罪过不在下边的百姓。法令松弛却处罚严厉，这是残害；征收赋税没有时限，这是暴政；不预先告诫就严求成功，这是虐待。在治理政事的过程中取缔这三种行为，以后就可以用刑法了。实行道德教育首先使官吏听服法令，如果不行就推崇贤才来鼓励人们，如果还是不行就罢免无能官吏以威慑官风，若是还有违犯法律的人，人本来就有不服从善政的，在此之后只能用刑法对待他了。"

【原文】

鲁大夫叔梁纥冢,在鲁国东阳聚安泉东北八十四步,名曰防冢。民传曰:防墳于墳,地微高。[冢墓记御览五百六十引]

【释义】

鲁国大夫叔梁纥的坟冢,在鲁国东阳距安泉东北一百七十步处,名叫防冢。民间传说:防坟在坟地,地势稍高。

【原文】

孔子冢,鲁城北便门外南去城十里。冢茔方百畝,冢南北广十步,东西十[①]步,高丈二尺。冢[②]为祠坛,方六尺,与[③]地方平,无祠堂。冢茔中树以百数,皆异种。鲁人世世无能名其树者。民[④]云:孔子弟子异国人,各持其国树来种之[⑤]。孔子茔中不生荆棘及刺人草。伯鱼墓在孔子冢东,与孔子并,大小相望。子思冢在孔子冢南,大小相望。[冢墓记御览五百六十引]

【注释】

①绎史引作十三步。

②绎史引作冢前以瓴甓为祠坛。

③绎史引作与地平本无祠堂。

④绎史引民下有傳字。

⑤绎史引此下有其树柞枌雒离女贞五味毚檀之树。○《水经二十五泗水》注引皇览曰:"弟子各以四方奇木来植,故多诸异树,不生棘木刺草。"

【释义】

孔子的坟冢,在鲁国都城北便门外离城十里的地方。墓地面积约一百亩。坟冢南北宽二十步,东西宽二十步,高一丈二尺。冢前有祠坛,方六尺,与地面一样平,没有祠堂。墓地中有几百株树,都是不同的种类,鲁国人世世代代没有能叫全树名的。民间传说:孔子的弟子是不同国家的人,各自拿着自己国家的树种来种。孔子坟地里不长荆棘和刺人的野草。伯鱼的墓在孔子的墓的东面,与孔子墓并列,大小两个墓相对。子思的墓在孔子的墓的南面,大小两个墓相对。

孔子称天子之德感天地,洞八方。是以化①合神者,称皇;德合天地者,称帝;仁义合者,称王。[帝王世纪艺文类聚十一引]

【注释】

①御览七十六引化以下作:功合神者称皇,德合天地称帝,义合者称王。

【释义】

孔子曾说过:天子的道德能感动天地,深入八方。因此教化合乎神意的,称作皇;道德合乎天意地意的,称作帝;品德合乎仁义的,称作王。

【原文】

孔子过宋,与弟子习礼于树①下。宋司马桓魋使人拔其树,去适于野②。[典略艺文类聚三十引]

【注释】

①御览五百二十三引树下作于大树下。
②同上于野作郑。

【释义】

孔子经过宋国,和弟子们在大树下演习礼仪。宋国的司马桓魋(想要杀孔子),就派人把大树砍了,孔子只好离开到郑国去。

【原文】

孔子返卫,卫夫人南子使人谓之曰:“四方君子之来者,必见寡小君。”孔子不得已见之。夫人在锦帷中。孔子北面稽首,夫人自帷中再拜,环佩之声璆然。[典略艺文类聚六十七又御览七百引]

【释义】

孔子回到卫国,卫灵公的夫人南子派人对孔子说:“四方各国的君子来到我们卫国的,必定要来见我们夫人。”孔子婉言推辞,最后不得已只好去见她。南子在细葛布帷帐中等待。孔子进门，向北跪拜行礼。南子在帷帐中回拜答礼，身上的环佩玉饰撞击出清脆的响声。

【原文】

孔子显三累之行。［论衡须颂篇］

【释义】

孔子颂扬吃苦耐劳、深思多虑、诲人不倦的品行。

【原文】

孝武皇帝封弟为鲁恭王。恭王坏孔子宅以为宫，得佚《尚书》百篇、《礼》三百、《春秋》三十篇、《论语》二十一篇。［论衡佚文篇］

【释义】

汉武帝封他的弟弟为鲁恭王。恭王拆毁了孔子的旧宅建筑宫室，在墙壁中得到失传的《尚书》一百篇、《礼》三百篇、《春秋》三十篇、《论语》二十一篇。

【原文】

孔子当泗水而葬，泗水却流。［论衡纪妖篇］

【释义】

孔子面对泗水而埋葬，泗水倒流，世上的人说孔子神灵能使泗水倒流。

【原文】

孔子见阳虎却行，白汗交流。［论衡言毒篇］

【释义】

孔子看到阳虎，吓得向后退着走，面色苍白、冷汗交流。

【原文】

子路问孔子曰："猪肩羊膊，可以得兆，藋苇藁笔，可以得数，何必以著龟？"孔子曰："不然！盖取其名也。夫著之为言耆也，龟之为言旧也，明狐疑之事，常问耆

旧也。"［论衡卜筮篇］

【释义】

子路曾经问孔子说:"猪羊的肩胛骨也可以得到裂纹,芦苇、茅草、谷秆也可以得到卦象的数目,为什么一定要用龟和蓍草?"孔子回答说:"不是这样的!那大概的取蓍草和龟这两个名字的含义啊!蓍读出来就同年老的'耆',龟读出来就同年代久远的'旧',辨明疑惑不定的事,应当请教年岁大,有经验的人。"

【原文】

鲁将伐越,筮之,得"鼎折足"。子贡占之以为凶。何则?鼎而折足,行用足,故谓之凶。孔子占之以为吉,曰:"越人水居,行用舟不用足,故谓之吉。"鲁伐越,果克之。［论衡卜筮篇］

【释义】

鲁国准备讨伐越国,就用蓍草算卦,得到了鼎足折断的征兆,子贡解释为凶险,为什么?鼎折断了足,而行走要用足,所以解释为凶兆。孔子解释为吉兆,说:"越人居住在江边,海滨,行走靠的是船,不用脚,所以称为吉利。"鲁国讨伐越国,果然战胜了越国。

【原文】

孔子将死,遗谶书曰:"不知何一男子,自谓秦始皇,上我之堂,踞我之床,颠倒我衣裳,至沙丘而亡。"又曰:"董仲舒乱我书。"又书曰:"亡秦者,胡也。"［论衡实知篇］

【释义】

孔子临死时,留下了谶书,说:"不知哪儿来的一个男子,自己说叫作秦始皇,上了我的堂,坐了我的床,弄乱了我的衣裳,到了沙丘就死亡。"又说:"董仲舒整理我的书。"又写道:"灭亡秦国的是胡亥。"

【原文】

孔子生不知其父,若母匿之,吹①律自知殷宋大夫子氏之世也。［论衡实知篇］

【注释】

①御览十六引论衡曰:"孔子吹律,自知殷之苗裔。"

【释义】

孔子生下来不知道他的父亲是谁,他母亲不告诉他,他一吹律管就知道了自己是宋国娃子的大夫的后代。

【原文】

鲁以偶人葬而孔子叹。[论衡实知篇]

【释义】

鲁国用陶俑殉葬,孔子就为此哀叹不止。

【原文】

孔子未尝见狌狌,至辄能名之;(中略)然而孔子名狌狌,闻昭人之歌。[论衡实知篇]

【释义】

孔子从来没见过猩猩,一碰到就能说出它的名称;(中间省略)可是,孔子能说出猩猩的名称,是因为他听了"昭人之歌"。

【原文】

颜渊炊饭,尘落甑中,欲置之则不清,投地则弃饭,掇而食之。孔子望见,以为窃食。[论衡知实篇]

【释义】

颜渊烧火做饭,尘土落在了做饭的甑中,想放开它不管,那饭就不干净了,如果把饭抛在地上,那么连饭也扔了,于是便拣出来吃了。孔子远远地看见了,认为他在偷饭吃。

【原文】

孔①子曰:"游者可为纶,走者可为矰。至于龙,吾不知,其乘云风上升。今日

见老子,其犹龙邪!"[论衡知实篇]

【注释】

①《论衡龙虚篇》云:孔子曰:"游者可为纲,飞者可为矰。至于龙也,吾不知其乘风云上升。今日见老子,其犹龙乎?"

【释义】

孔子说:"鱼类可以钓到,兽类可以射获。至于说龙,我不知道该怎么办,因为它乘着云气和风上天:今天见到老子,他大概就像龙一样吧!"

【原文】

或问于孔子曰:"颜渊何人也?"曰:"仁人也,丘不如也。""子贡何人也?"曰:"辩人也,丘弗如也。""子路何人也?"曰:"勇人也,丘弗如也。"客曰:"三子者皆贤于夫子,而为夫子服役,何也?"孔子曰:"丘能仁且忍,辩且讷,勇且怯。以三子之能,易丘之道,弗为也。"[论衡定贤篇]

【释义】

有人问孔子说:"颜渊是个什么人呢?"孔子回答说:"颜渊是个仁人啊,我孔丘不如他。""子贡是个什么样的人呢?"孔子说:"有口才的人,我孔丘赶不上他。""子路是个什么样的人呢?"孔子说:"勇敢的人,我孔丘比不上他。"宾客就说:"三位都比您贤明,但他们却为您奔走效劳,这是为什么?"孔子说:"我孔丘既能做到仁爱,又能做到残酷无情,善于辩论却又言语钝拙,勇敢但又懦弱。用他们三人的能耐和我的才能相交换,我是不干的。"

【原文】

孔子曰:"诗人疾之不能默,丘疾之不能伏。"是以论也。[论衡对作篇]

【释义】

孔子说:"诗人痛恨它不能沉默,我孔丘痛恨它藏在心里不说。"因此我要发议论。

【原文】

儒书称孔子与颜渊俱登鲁东山,望吴阊门。谓曰:"尔何见?"曰:"见一匹练,

前生蓝。"孔子曰："噫！此白马，卢刍。"使人视之，果然。[论衡衡御览八百九十七引]

【释义】

儒书上说孔子和颜渊一起登上鲁国的泰山，眺望吴国的阊门。颜渊说："我看见了一匹漂煮过的白绸子，前边长着蓼蓝。"孔子说："唉！那是白马和青草啊！"让人去看，果然是这样。

【原文】

孔子能行，以俎豆而弄。[论衡意林三引]

【释义】

孔子能够走路的时候，就常常摆设俎豆等祭器做游戏。

【原文】

佛遣三弟子振①旦教化，儒童菩萨彼称孔丘，光②净菩萨彼称颜渊③，摩诃迦叶彼称老子。[清净法行经广弘明集卷八所收道安二教论引]

【注释】

①法琳破邪论卷上引振作震。
②刘谧三教平心论卷上引破邪论光净作净光。
③法琳破邪论卷上引称颜渊作云颜回。

【释义】

佛祖派遣佛前三大弟子来到中国进行教育感化，儒童菩萨应生为孔丘，光净童子菩萨应生为颜渊，摩诃迦叶菩萨应生为老子。

【原文】

震旦国人难化，先以三圣而往教焉。[清净法行经师子比丘述注折疑论卷五引牟子云〇注云文出破邪论]

【释义】

中国的人难以进行教育感化，于是先派遣佛前三大弟子前往中土进行教化。

【原文】

佛遣三圣化彼东土。[天地经破邪论卷上引]

【释义】

佛祖派遣摩诃迦叶、儒童菩萨、光净童子等三大弟子教育感化东土（中国）之地的人们。

【原文】

吾令迦叶在彼为老子号无上道，儒童在彼号曰孔丘，渐渐教化令其孝顺。[佛说空寂所问经又天地经辩正论卷六引]

【释义】

我派遣摩诃迦叶在东土应生为老子，号是无上道，儒童菩萨在东土号是孔丘，渐渐地教育感化当地的人们让他们尽心奉养父母，顺从父母的意志。

【原文】

吾迦叶在彼为老子，号无上道；净光在彼号仲尼，为夫子，渐教化；儒童在彼号颜回。[佛说空寂所问经又天地经师子比丘述注折疑论注引]

【释义】

我佛的摩诃迦叶在东土（中国）应生为老子，号是无上道；光净菩萨在东土号是仲尼，是一位父子，渐渐地教育感化当地人们；儒童菩萨在东土号是颜回。

【原文】

大迦叶菩萨称为老子，净光童子菩萨称为仲尼，儒童菩萨称为颜回。[折疑论卷第五]

【释义】

摩诃迦叶菩萨称作老子，净光童子菩萨称为仲尼，儒童菩萨称为颜回。

【原文】

昔有函孔子之履与王莽之首骨者，累世传之。至晋泰熙之五载，因武库火遂燔

之。［镡津文集卷第十六］

【释义】

过去有拥有孔子的鞋子和王莽的头骨的人，世世代代相传鞋子和头骨。直到西晋太熙时的第五年，因为武库失火于是都焚烧掉了。

【原文】

光净菩萨彼称孔子，别本称儒童菩萨。［佛祖统纪三十五］

【释义】

光净菩萨在那称作孔子，在有的本子上称孔子为儒童菩萨。

【原文】

宣尼入梦，十翼之理克①彰。［辩正论陈子良序］

【注释】

①祥迈辩伪录卷第一克彰作始宣。

【释义】

孔子在睡梦中，将《十翼》的道理都能够参透并彰显出来。

【原文】

（子）圬顶，反首张面。［世木路史后纪十注引］

【释义】

（孔子）头顶凹陷，头发蓬乱，大脸。

【原文】

甘罗曰："夫项橐，生七岁，而为孔子师。"［战国策七］

【释义】

甘罗说："项橐，七岁的时候，成了孔子的老师。"

【原文】

或谓黄齐曰:"人皆以谓公不善于富挚。公不闻老莱子之教孔子事君乎?示之其齿之坚也,六十而尽相靡也。"[战国策楚策四]

【释义】

有人对黄齐说:"大家都觉得你和富挚的关系不好。不知道你是否听说过老莱子是怎样教导孔子的。他说人的牙齿虽然很坚硬。但到了六十岁牙齿还会损坏,这是因为牙齿互相磨损的缘故。"

【原文】

颜回见仲尼,请行。曰:"奚之?"曰:"将之卫。"曰:"奚为焉?"曰:"回闻卫君,其年壮,其行独;轻用其国,而不见其过;轻用民死,死者以国,量乎泽若蕉。民其无如矣。回尝闻之夫子曰:'治国去之,乱国就之,医门多疾。'愿以所闻思其则,庶几坐其国有瘳乎!"

仲尼曰:"嘻!若殆往而刑耳。夫道不欲杂,杂则多,多则扰,扰则忧,忧而不救。古之至人,先存诸己而后存诸人,所存于己者未定,何暇至于暴人之所行?"

"且若亦知夫德之所荡而知之所为出乎哉?德荡乎名,知出乎争。名也者,相轧也;知也者,争之器也。二者凶器,非所以尽行也!"

"且德厚信矼未达人气;名闻不争,未达人心。菑人者,人必反菑之。若殆为人菑夫!且苟为悦贤而恶不肖,恶用而求有以异?若唯无诏,王公必将乘人而斗其捷。而目将荧之,而色将平之,口将营之,容将形之,心且成之是以火救火,以水救水,名之曰益多。顺始无穷,若殆以不信厚言,必死于暴人之前矣!"

"且昔者桀杀关龙逢,纣杀王子比干,是皆修其身以下伛拊人之民,以下拂其上者也,故其君因其修以挤之。是好名者也。昔者尧攻丛枝、胥敖,禹攻有扈,国为虚厉,身为刑戮,其用兵不止,其求实然已。是皆求名实者也,而独不闻之乎?名实者,圣人之所不能胜也,而况若乎?虽然,若必有以也,尝以语我来!"

颜回曰:"端而虚,勉而一,则可乎?"曰:"恶,恶可!夫以阳为充孔扬,采色不定,常人之所不违,因案人之所感,以求容与其心,名之曰日渐之德不成,而况大德乎?将执而不化,外合而内不訾,其庸讵可乎?"

"然则我内直而外曲,成而上比。内直者,与天为徒。与天为徒者,知天子之与己,皆天之所子,而独以己言蕲乎而人善之,蕲乎而人不善之邪?若然者,人谓之童子,是之谓与天为徒。外曲者,与人之为徒也。擎跽曲拳,人臣之礼也,人皆为之,吾敢不为邪?为人之所为者,人亦无疵焉,是之谓与人为徒。成而上比者,与古为徒。其言虽教,谪之实也,古之有也,非吾有也。若然者,虽直不为病,是之谓与古为徒。若是则可乎?"仲尼曰:"恶,恶可!大多政法而不谍,虽固,亦无罪。虽然,止是耳矣,夫胡可以及化?犹师心者也。"

颜回曰:"吾无以进矣,敢问其方?"仲尼曰:"斋,吾将语若!有而为之,其易邪?易之者,暤天不宜。"

颜回曰:"回之家贫,唯不饮酒不茹荤者数月矣。如此,则可以为斋乎?"曰:"是祭祀之斋,非心斋也!"回曰:"敢问心斋?"仲尼曰:"若一志,无听之以耳而听之以心,无听之以心而听之以气。听止于耳,心止于符。气也者,虚而待物者也。唯道集虚。虚者,心斋也。"

颜回曰:"回之未始得使,实自回也。得使之也,未始有回也,可谓虚乎?"夫子曰:"尽矣!吾语若,若能入游其樊而无感其名,入则鸣,不入则止。无门无毒,一宅而寓于不得已,则几矣。绝迹易,无行地难。为人使易以伪,为天使难以伪。闻以有翼飞者矣,未闻以无翼飞者也。闻以有知知者矣,未闻以无知知者也。瞻彼阕者,虚室生白,吉祥止止。夫且不止,是之谓坐驰。夫徇耳目内通而外于心知,鬼神将来舍,而况人乎?是万物之化也,禹、舜之所纽也,伏戏、几蘧之所行终,而况散焉者乎?"〔庄子内篇人间世〕

【释义】

颜回去谒见孔子,向孔子辞行。孔子问:"你要到哪儿去呀?"颜回说:"我要到卫国去。"孔子问:"为什么要去卫国?"颜回说:"我听人们说,卫国国王正在青壮年时期,办事独断专行;随便动用国力,认识不到自己的错误;轻易地送掉百姓的生命,因为卫王乱用民力而送了命的百姓多极了,就如同从大泽中量取草芥似的。老百姓无可奈何了。我曾经听先生说过:'治理好了的国家就该离开,危乱的国家就该前去,正如医生的家里病人多。'我想按先生的教导,给卫国想个办法,或许会把他们国家的病治好。"

孔子说:"嘻!你去了恐怕只能受到刑处。道是不能杂的,一杂了就多起来,多了就乱套,乱套了就会产生忧患,忧患降临再自救也来不及了。古代的圣人都是先把自己修炼好了,然后才推行到别人身上,自己修炼得还不到家,哪里还有闲空推及至一个暴君的行为上呢?"

"而且，你知道道德如何会败坏和智诈是怎么产生的吗？道德是因为争名败坏的，智诈是从争斗中产生的。名声这种东西，其实就是相互倾轧；智慧这种东西，其实就是争斗的工具。两者都是凶器，不是可以拿来完善自己行为的！"

"况且，道德淳厚、信誉实在，就难以与外人的情感沟通；不争名声，别人心里也难以理解。（在这种情况下）硬要把仁义约束的话当成治国的法术摆在一个暴君的面前，这是用别人的丑恶来换取自己的美名，人们把这种人称作灾人。给别人带来灾害的人，别人必然会反过来祸害他。你恐怕只能去受到他人的祸害吧！再说，卫君如果是个喜欢贤才而讨厌无能的人，哪里用得着物色到你头上才能改正错误？除非你不去谏诤，否则他的王公大臣们就会抓住你话里的漏洞与你辩论，争着表现自己反应有多么快。你就会眼花缭乱，气色上想求得缓和，嘴上只顾得上忙着辩解，态度上就会表现出退让，心里会想着妥协迁就。你这等于是用火去救火，用水去救水，可以称作是火上浇油。如果你按照自己的初衷没完没了地谏诤下去，你恐怕会因为没人相信的哆里啰唆，定然死在暴君的面前！"

"再说，当年夏桀王杀关龙逢，商纣王杀王子比干，都是因为他们修身自好，谦恭地爱抚暴君的百姓，以在下的职位违逆了上面暴君的猜忌之性，所以君王就嫉恨贤臣的修为自好而排挤他们。这就是爱好名声的结果。当年尧攻打丛枝和胥敖，禹攻打有扈，国都人口灭绝成了废墟，国王受到了刑杀，他们用兵不止，没完没了贪求人口土地。这是贪名求实的结果，你没有听说过吗？虚名实利就是尧禹那样的圣人也不能超越，更何况是你呢？虽然如此，你肯定设想了应对的方案，不妨讲给我听听！"

颜回说："我行为端正，内心谦虚，积极努力，专一不移，这样可以吗？"孔子说："什么呀，这怎么可以！那种表面上显得理直气壮很了不起的人，喜怒无常，平常人都不愿惹他，所以才能压抑别人的感受，求得自己随心所欲，（你去感化这种人，）这叫作每天逐渐地用一点一点的小德向他渗透都做不到，更何况是大德呢？他会固执己见半点也不开化，即使表面上投合你，内心里也不以为然，这怎么可以呢？"

颜回说："这样的话，那么我就内心正直，外表屈从，用现成的结论与前人相比。内心正直，指的是与天同类。与天同类，就是懂得天子和我自己，都是天所生养的孩子，那么又何必计较自己的主张得到别人的支持呢，还是反对呢？这样做，人们就会把我当成是童言无忌的孩子，这就叫作与天同类。外表屈从，指的是与人为类。捧着朝笏躬身跪拜，这是人臣应尽的礼节，大家都这么做，我敢不这么做吗？做大家都做的事，人们也就不会指责我，这就叫作与人为类。用现成的结论与前人一样,指的是与古为类。说出的话虽然对人有实在的教正指责,因为是古人就有的说法,不会理解为我影射现实说出来的。这样做,虽然话讲得直率,人家也不会挑毛病,这就叫作与古为类。像这样去做,总可以了吧?"孔子说:"什么呀,这怎么可以!你用来匡正卫君的方式这么多,很杂乱,虽然浅陋些,也不会受到惩罚。即使这样,也不过仅能如此而已,又怎么能去感化他呢?这还是一种自以为是的做法。"

颜回说:"我没有更好的方法了,请问先生有什么好方法?"孔子说:"你先斋戒,我再告诉你方法。带着成见去做,会那么容易成功吗?如果容易的话,老天爷也不答应。"

颜回说:"我们家一向就穷,我不喝酒、不吃荤腥已经好几个月了。像这样算不算斋戒了呢?"孔子说:"这是祭祀要求的斋戒,不是我说的心灵上的斋戒!"颜回说:"请问心灵上的斋戒是什么?"孔子说:"你要排除杂念心志于一,不要用耳朵去听,而是用心灵去听,只会留在内心得到客观印证的限度里。气就不一样了,它是空明能容纳客观的。客观的大道只能落在空明里。空明就是心斋。"

颜回说:"我在没有得到心斋的使用方法之前,我自己实实在在地是个颜回。得到这种使用方法之后,感到没有颜回了,这可以算作虚名吗?"孔子说:"这才是心斋到家了!我来告诉你,你可以进入卫国那个名利场中纵横畅游而不受名利的诱惑。他听得进去你就说,听不进去你就不说。你这里没有什么医生的家门,也没有治病的药物,空荡荡一处院子,把自己寄寓在不得已的境地,这就差不多了。一个人不走路很容易,走起来想不落在地上又不留下痕迹这就难了。被人的想法驱动很容易造伪,被自然的运动驱使就难以作假了。我们只听说过长了翅膀的能飞,没听说过没有翅膀的会飞。听说过有认识能力的才能认知,没听说过没有认知能力的会认知。(修养到连自己都没有了,一切行为不是个人的主动而是自然的驱动,那就不会有半点虚假,别人也不会认为是你的主观行为而听其自然了。)你看那空缺的地方,空虚的房子里自然就产生白亮,吉祥会停留在静止的心室里。如果心室不能静止,这就叫作坐驰(坐着跑了)。假如真的能够收视返听排除心智,鬼神也会来进住依附,更何况是人呢?这才是感化万物的方法,也是禹和舜把握的要领,伏羲和几蘧终生奉行的法术,更何况是那些芸芸帝王呢?"

【原文】

叶公子高将使于齐,问于仲尼曰:"王使诸梁也甚重,齐之待使者,盖将甚敬而不急。匹夫犹未可动,而况诸侯乎?吾甚慄之。子尝语诸梁也曰:'凡事若小若大,寡不道以欢成。事若不成,则必有人道之患;事若成,则必有阴阳之患。若成若不成而后无患者,唯有德者能之。'吾食也执粗而不臧,爨无欲清之人。今吾朝受命而夕饮冰,我其内热与!吾未至乎事之情,而既有阴阳之患矣!事若不成,必有人道之患,是两也。为人臣者不足以任之,子其有以语我来!"

仲尼曰:"天下有大戒二:其一命也其一义也。子之爱亲,命也,不可解于心。臣之事君,义也,无适而非君也。无所逃于天地之间,是之谓大戒。是以夫事其亲者,不择地而安之,孝之至也;夫事其君者,不择事而安之,忠之盛也;自事其心者,哀乐不易施乎前,知其不可奈何而安之若命,德之至也。为人臣子者,固有所不得已,行事之情而忘其身,何暇至于悦生而恶死?夫子其行可矣!"

"丘请复以所闻,凡交近则必相靡以信,远则必忠之以言。言必或传之。夫传两喜两怒之言,天下之难者也。夫两喜必多溢美之言,两怒必多溢恶之言。凡溢之类妄,妄则其信之也莫,莫则传言者殃。故法言曰:'传其常情无传其溢言,则几乎全。'"

"且以巧斗力者,始乎阳,常卒乎阴,泰至则多奇巧;以礼饮酒者,始乎治,常卒乎乱,泰至则多奇乐。凡事亦然,始乎谅,常卒乎鄙;其作始也简,其将毕也必巨。夫言者,风波也;行者,实丧也。风波易以动,实丧易以危。故忿设无由,巧言偏辞。兽死不择音,气息茀然,于是并生心厉。剋核大至,则必有不肖之心应之,而不知其然也。苟为不知其然也,孰知其所终?故法言曰:'无迁令,无劝成,过度益也。'迁令劝成殆事。美成在久,恶成不及改,可不慎与?"

"且夫乘物以游心,托不得已以养中,至矣。何作为报也?莫若为致命,此其难者?"[庄子内篇人间世]

【释义】

叶公子高将要出使齐国,问孔子说:"楚王派我到齐国去,抱得希望很大,齐国对待使者的态度,可能会表面上很恭敬但又不急着去办。一个普通老百姓你都不能轻易地说动他,更何况是一国诸侯呢?我非常担心这个任务。先生经常对我说:'凡是办事情,无论大小,很少不是从双方乐意的渠道上达成的。事情办不成定会有人事上的后患;如果办成了,又会有阴阳失调的后患。无论办成办不成都不会产生后患,只有有道的人才能做得到。'我是个平常吃粗食不求精美,笼火取食无须清凉的人。现在我早晨接受了任务,晚上就得喝冰水,这大概是内热了吧!我还没接触到这个任务的实际情况,就有了阴阳失调的后患了!任务如果完不成,又定会受到楚王的惩罚,这是两患一齐来了。做人臣的我没能力承担这样的任务,先生有什么好方法给我讲讲!"

孔子说:"天下有两条不能违背的大戒,一条是命,一条是义。子女爱自己的父母,这属于命,孝顺父母不能有丝毫的懈怠。臣子侍奉自己的国君,这属于义,无论何时何地都不能不为国君着想。人活在天地间这是不能逃避的,这就叫作大戒。因此,侍奉自己的双亲,不论在什么情况下都要让他们安适,这是尽孝的最高原则;臣子侍奉自己的国君,不论是遇到什么样的事情,都要让自己的国君安心,这是尽忠的根本原则;自己修养心性,不能让哀乐改变原来心境,知道某些事情的发展无法预料而仍然安心去做,这是道德修养的最高境界。做人臣子、儿子的,本来就有许多不得已的事情,要忘掉自己,事情该怎么做就怎么做,哪有闲空考虑什么贪生怕死的事呢?你去做就行了!"

"我再把自己知道的道理给你讲一讲,大凡外交上的事情,邻近国家的交往要靠实际的信用,相隔较远的国家要靠诚实的言语。言语必定得有人传达。传达双方都高兴的话或双方都发怒的话,这是最为困难的。双方都高兴就要添加许多好听的话,双方都发怒就要添加许多难听的话。添加的话都是失真的,失真的话就无法兑现了,无法兑现,传达的人就会遭殃。所以古人的外交格言说:'要传达真实的情况,不要传达添加的话,这就差不多能保全自己了。'"

"再说,用智巧斗力争胜的双方,刚开始都是抱着正大光明的态度,斗到最后就要使用阴谋,过分的时候,诡计就多了;在礼仪约束下饮酒的人,开始都体体面面规规矩矩,到最后就胡说八道,没有规矩了,过分的时候,各种怪相的取乐就多了。大凡做事情,也会这样,一开始都能相互谅解,到最后就变得下作了;开始的时候都很单纯不使坏,到后来就互相提防闹大了。话语这种东西,实际上就是挑起事端的风波;行为这种东西,实际上就是丧失真实。风波很容易兴起来,丧失真实很容易造成危险。所以说愤恨的来由没有别的来由,都是花言巧语偏颇不实之词惹的祸。人杀野兽的时候,野兽不会挑选什么样的叫声合适,气息勃勃狂怒地嚎叫,于是凶恶的心也就跟着来了。苛刻太过分了,人家必然会有恶意应之而生,都来不及知道为什么会这样。假如不知道为什么会这样,谁能预料会有什么结果?所以古人的外交格言说:'不要改变所受的命令,不要强人所难地达成,说话办事过了头,就是添油加醋多余的'改变所受的命令,强人所难地达成,这是最坏事的。好事的成功需要长时间的努力,坏事的造成想改都来不及,这能不慎重对待吗?"

"再说(个人的修养),那也要心神任随外物的变化而遨游,把自己依托在不得已里培养心性,这也就到家了。何必担心怎么交代呢? 不如如实地传达国君的命令,这不能算什么难办的事吧?"

【原文】

孔子适楚,楚狂接舆游其门曰:"凤兮凤兮,何如德之衰也? 来世不可待,往世不可追也。天下有道,圣人成焉;天下无道,圣人生焉。方今之时,仅免刑焉。福轻乎羽,莫之知载;祸重乎地,莫之知避。已乎已乎,临人以德;殆乎殆乎,画地而趋。迷阳迷阳,无伤吾行;吾行却曲,无伤吾足。"山木,自寇也;膏火,自煎也。桂可食,故伐之;漆可用,故割之。人皆知有用之用,而莫知无用之用也。[庄子内篇人间世]

【释义】

孔子到楚国去,楚国狂人接舆走过孔子住的门前唱道:"凤凰啊,凤凰,道德怎么会如此衰败? 未来的世界赶不上,过去的世界追不回。天下大道行得通,圣人就出来治理;天下大道行不通,圣人就去保全性命。如今的时代,圣人只能免遭刑罚。福比鸿毛还轻,却没人懂得拉在自己车上;祸比大地还重,却没人懂得避开。罢了罢了,在人面前显摆才德;危险啊危险,画定个圈子自己跑。蒺藜啊蒺藜,不要妨碍我走路;我躲着你走,绕开你走,不要刺伤我的脚。"山上的树木,都是因为有材可用才自讨砍伐;油灯,都是因为能发光才自招煎烧。桂树可以吃,所以遭到砍削;油漆可以使用,所以漆树才遭到割伤。人们都知道有用的用处,却没人知道无用的用处。

【原文】

鲁有兀者王骀,从之游者与仲尼相若。常季问于仲尼曰:"王骀,兀者也,从之游者与夫子中分鲁。立不教,坐不议。虚而往,实而归。固有不言之教,无形而心成者邪? 是何人也?"仲尼曰:"夫子,圣人也,丘也直后而未往耳。丘将以为师,而况不若丘者乎? 奚假鲁国,丘将引天下而与从之。"

常季曰:"彼兀者也,而王先生,其与庸亦远矣。若然者,其用心也,独若之何?"仲尼曰:"死生亦大矣,而不得与之变。虽天地覆坠,亦将不与之遗,审乎无假而不与物迁,命物之化而守其宗也。"常季曰:"何谓也?"仲尼曰:"自其异者视之,肝胆楚越也;自其同者视之,万物皆一也。夫若然者,且不知耳目之所宜,而游心乎德之和。物视其所一而不见其所丧,视丧其足犹遗土也。"

常季曰："彼为已，以其知得其心，以其心得其常心，物何为最之哉？"仲尼曰："人莫鑑于流水而鑑于止水，唯止能止众止。受命于地，唯松柏独也正，在冬夏青青；受命于天，唯舜独也正，在万物之首。幸能正生，以正众生。夫保始之征，不惧之实，勇士一人，雄入于九军。将求名而能自要者，而犹若是，而况官天地，府万物，直寓六骸，象耳目，一知之所知，而心未尝死者乎？彼且择日而登假，人则从是也。彼且何肯以物为事乎？"［庄子内篇德充符］

【释义】

鲁国有个受了兀刑被砍断了一只脚的人，名叫王骀，拜他为师的弟子和拜孔子为师的弟子一样多。孔子的弟子常季问他说："王骀是个受过刑，断了脚的人，拜他为师的弟子和拜先生为师的弟子差不多可以平分鲁国。从来也没见过他站着给人上课，坐着评论对错。而他的门徒却能空手而来，满载而归。世界上当真有无须语言的教育，无须形体而用心灵教成学生的老师吗？这是个什么样的人呢？"孔子说："王骀先生是个圣人，我只不过是晚了一步没去请教罢了。我也要拜他为师，更何况比不上我的人？何止是鲁国，我还要带领天下所有的弟子都去跟他学。"

韩将庶铜虎节常季说："他是个受过刑、断了足的人还能胜过先生，那超过平常人也太远了。像这样的人，他的心神活动有什么特别之处呢？"孔子说："生与死对人来说算是最大的事了，在他的心里不会随着生死有所变化。即使是天塌地陷，在他的心里也不会有什

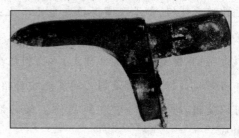

楚铜戟

么损失，确实做到了无所依赖而不随着外物迁变，主宰万物的变化而守定大道的宗主。"常季说："这指的是什么呢？"孔子说："要是从不同的角度去看，肝和胆那也会像楚国与越国一样差得远；如果从相同的角度去看，万物都相同混一。像这种（视天下为一的）人，他甚至不理会耳目各有什么特殊的功能，心神遨游在道德和谐的境地。对万物只重视它们的混一，看不出会有什么损失。看待自己丧失了一只脚如同是丢了一块泥土一样。"

常季说："王骀的自身修养，是用他的智能觉察出自己的心神，再用自己的心神觉察出万物共同的心神。那么万物为什么会聚集在他周围呢？"孔子说："人们不会到流动的水面上照自己的身影，却会到静止的水面照自己的身影，所以只有自己

静止了,才能把外界众多的状态留止固定下来。得到地气而生成的东西,只有松柏最纯正,所以能居万物之首。有幸而能端正自己的性命,才能使众人的心性纯正。能保持起初的信念,具有无所畏惧品格的人,哪怕是一个勇士也敢无所畏惧地冲入千军万马之中。一个为了追求好名声,又自己要求自己的人还能做到这样,更何况是主宰天地,容纳万物,把真我寄寓在形体里,不曾死的圣人呢? 他将要选个日子升到大道中去,人们乐意追随他的深层道理是这一点。他哪里肯把外物当一回事呢?"

【原文】

鲁有兀者叔山无趾,踵见仲尼。仲尼曰:"子不谨,前既犯患若是矣。虽今来,何及矣?"无趾曰:"吾唯不知务而轻用吾身,吾是以亡足。今吾来也,犹有尊足者存,吾是以务全之也。夫天无不覆,地无不载,吾以夫子为天地,安知夫子之犹若是也?"孔子曰:"丘则陋矣! 夫子胡不入乎! 请讲以所闻。"无趾出,孔子曰:"弟子勉之! 夫无趾,兀者也,犹务学以复补前行之恶,而况全德之人乎?"

无趾语老聃曰:"孔丘之于至人,其未邪? 彼何宾宾以学子为? 彼且薪以諔诡幻怪之名闻,不知至人之以是为己桎梏邪?"老聃曰:"胡不直使彼以死生为一条可不可为一贯者,解其桎梏,其可乎?"无趾曰:"天刑之,安可解!"[庄子内篇德充符]

【释义】

鲁国有一个受了刑、被砍去脚趾头的人,外号叫叔山无趾,揣着两个脚后跟来见孔子。孔子说:"你自己不谨慎,以前触犯了刑患,搞成这个样子。现在虽然来请教,又怎么来得及挽救呢?"叔山无趾说:"正因为我不懂事务,轻率地支配了自己的身体,所以才丢了脚趾头。现在我来,是因为还有比脚趾头更宝贵的东西在啊,因此我才来谋求个保全他的办法。天,万物无不覆盖;地,万物无不负载,我把先生当成是能覆能载的天地,哪里想得到先生是这样的人呢?"孔子说:"孔丘我实在太浅陋了! 先生何不进来谈谈? 请讲给我听听先生的见解。"叔山无趾走了,孔子说:"弟子们努力啊! 那个叔山无趾是个砍了脚趾的人,还孜孜不倦地求学,来弥补以前所犯的错误,更何况是形体道德健全的人呢?"叔山无趾告诉老子说:"孔子大概还没有达到至人的水平吧? 他为什么彬彬有礼地不断向先生请教呢? 他老是追求虚大不群的名声,不懂得至人正是把这些当成束缚自己的枷锁吗?"老子说:"你为什么不使他了解把死和生看成是相连的一条,可与不可看成相通的一串,解脱下他身上的枷锁,这样可以吗?"叔山无趾说:"这是天加给他的刑罚,怎么能解脱得了!"

【原文】

鲁哀公问于仲尼曰:"卫有恶人焉,曰哀骀它。丈夫与之处者,思而不能去也;妇人见之,请于父母曰'与人为妻,宁为夫子妾'者,数十而未止也。未尝有闻其唱者也,常和人而已矣。无君人之位以济乎人之死,无聚禄以望人之腹,又以恶骇天下。和而不唱,知不出乎四域,且而雌雄合乎前,是必有异乎人者也。寡人召而观之,果以恶骇天下。与寡人处,不至以月数,而寡人有意乎其为人也;不至乎期,年而寡人信之。国无宰,而寡人传国焉。闷然而后应,泛而若辞。寡人丑乎,卒授之国。无几何也,去寡人而行。寡人衈焉若有亡也,若无与乐是国也。是何人者也?"

仲尼曰:"丘也尝使于楚矣,适见豚子食于其死母者,少焉眴若,皆弃之而走。不见己焉尔,不得类焉尔。所爱其母者,非爱其形也,爱使其形者也。战而死者,其人之葬也不以翣资;刖者之屦,无为爱之,皆无其本矣。为天子之诸御,不爪翦,不穿耳。取妻者止于外,不得复使。形全犹足以为尔,而况全德之人乎?今哀骀它未言而信,无功而亲,使人授己国,唯恐其不受也,是必才全而德不形者也。"

哀公曰:"何谓才全?"仲尼曰:"死生存亡,穷达贫富,贤与不肖,毁誉,饥渴寒暑,是事之变,命之行也。日夜相代乎前,而知不能规乎其始者也,故不足以滑和,不可入于灵府。使之和豫,通而不失于兑,使日夜无郤,而与物为春,是接而生时于心者也。是之谓才全。"

"何谓德不形?"曰:"平者,水停之盛也。其可以为法也,内保之而外不荡也。德者,成和之修也。德不形者,物不能离也。"

哀公异日以告闵子曰:"始也吾以南面而君天下,执民之纪而忧其死,吾自以为至通矣。今吾闻至人之言,恐吾无其实,轻用吾身而亡其国。吾与孔丘非君臣也,德友而已矣!"〔庄子内篇德充符〕

【释义】

鲁哀公问孔子说:"卫国有个面目丑陋的人,叫哀骀它。男人跟他相处,留恋着他舍不得离开;女人见到他,请求自己的父母说:'与其做别人的妻子,宁可做哀骀它先生的妾。'这样的女孩子有十多个了,而且还在不断增加。但从来也没听说哀骀它提倡过什么，经常附和而已。他没有高居君主的地位，不能够拯救别人的死难，也没有积累的财禄，让别人盼望能满足口腹之欲，又长了一副使天下谁见了都惊骇的丑相。只能附和别人，又提倡不出是什么，知识也超不出四方的范围，却能让无论是男是女都愿意与他接近，这肯定会有些异乎常人的东西。我把他召来观察了一番，果真是丑得吓人。可是，与我相处还不到一个月，我就对他的为人有了倾慕之心；还不到一年，我就完全信赖他了。国家缺了宰相，我就把国家交给他。他还不大高兴，沉闷了半晌才回答我，心不在焉地好像还有点不愿意。我自己觉得很不好意思，最后把国家交给他。没过多少日子，离开我走了。我自己惋惜地如同丢了什么，好像是没有人能陪我一起享受这个国家的乐趣了。你说这究竟是个什么样的人呢？"

孔子说："我曾经出使到楚国去，路上正好遇到一窝小猪崽在一头死母猪身上吃奶。不大一会，一个个小猪都两眼惊慌地看了看，丢下母猪跑了。因为母猪不像平常那样看着它们了，不再像活着时那样了，小猪感觉出来逃走了。这样看来，小猪爱它的母亲，爱的不是它母亲的形体，而是能支配它母亲形体的东西。战死沙场的士兵不用棺椁就埋了，所以也就用不着棺材的装饰品来陪葬；受刖刑砍掉脚的人，没有理由去珍惜原来穿的鞋子，都是因为本体的东西不存在了。天子筛选宫女侍从，淘汰那些剪了指甲的，穿了耳朵眼的。娶了妻子发往宫外，不能再进宫服侍。就是因为形体完整才算足够合格，更何况是道德健全的人呢？现在哀骀它能够不说话就可取信人，没有什么成就赢得了人们的亲近，愿意把国家交给他，还唯恐他不肯接受，这一定是个才全而德不外露的人。"

哀公说："什么叫作才全？"孔子说："死生存亡，通塞贫富，有本事与无本事，被人夸和被人骂，乃至饥渴寒暑，这都是事物的变化，天命的运行。这些东西每天都会在你的面前换来换去，而人的智能又无法推知它们来临的根源，所以也就不值得让这些东西来扰乱你平和的本性，也不能让他们进入你的心里。要让自己的心神平和安逸，通畅而不从缺口中流失，日日夜夜不留空隙，像阳春一般和煦地与万物相处，顺天应人，能随着接触到的外物而产生相应的四时变化。这就叫作才全。"

哀公问："什么又叫作德不外露呢？"孔子说："水平面，（那是有足够多的水流满了不平的地面停蓄下来才可能的，）是盛大的水的静止状态。它能成为人们取平的标准，就是因为它能够保持内部的旺盛而外表上不动荡。德就是形成平和的修养。德不外露的人，万物就会来归附而不愿离去。"

另些日子。鲁哀公告诉孔子的学生闵子骞说："原来我认为南面为王君临天下,掌握着国家的纲纪,为百姓的生死而忧虑,自以为这就是治国的最高水平了。现在我听了至人的一番话,恐怕自己达不到高水平的实际,会轻率地支配自己的行为把国家搞亡了。我与孔丘不能当成是君臣关系,而是道德上的朋友啊!"

【原文】

子桑户、孟子反、子琴张三人相与友①,曰:"孰能相与于无相与,相为于无相为? 孰能登天游雾,挠挑无极,相忘以生,无所终穷?"三人相视而笑,莫逆于心,遂相与友。

莫然有闲,而子桑户死,未葬。孔子闻之,使子贡往待事焉。或编曲,或鼓琴,相和而歌曰:"嗟来桑户乎! 嗟来桑户乎! 而已反其真,而我犹为人猗!"子贡趋而进曰:"敢问临尸而歌,礼乎?"二人相视而笑曰:"是恶知礼意?"

子贡反,以告孔子曰:"彼何人者邪? 修行无有,而外其形骸,临尸而歌,颜色不变。无以命之,彼何人者邪?"孔子曰:"彼游方之外者也;而丘,游方之内者也。外内不相及,而丘使女往吊之,丘则陋矣。彼方且与造物者为人,而游乎天地之一气。彼以生为附赘县疣,以死为决溃痈。夫若然者,又恶知死生先后之所在? 假于异物,托于同体;忘其肝胆,遗其耳目;反覆终始,不知端倪;茫然彷徨乎尘垢之外,逍遥乎无为之业。彼又恶能愦愦然为世俗之礼,以观众人之耳目哉?"

子贡曰:"然则夫子何方之依?"曰:"丘,天之戮民也。虽然,吾与汝共之。"子贡曰:"敢问其方?"孔子曰:"鱼相造乎水,人相造乎道。相造乎水者,穿池而养给;相造乎道者,无事而生定。故曰:鱼相忘乎江湖,人相忘乎道术。"子贡曰:"敢问畸人。"曰:"畸人者,畸于人而侔于天。故曰:天之小人,人之君子;人之君子,天之小人也。"[庄子内篇大宗师]

【注释】

①友一作语。

【释义】

子桑户、孟子反、子琴张三人相交成为好朋友,议论说:"谁能相交于无心交往之中,相为于无心作为之中? 谁能升天畅游于云雾之中,宛转在无穷之际,生死相忘,无所穷尽?"三人相视而笑,心心相印,于是一起交为朋友。

过了不久,子桑户死了,还没埋葬。孔子听说了,派子贡去帮助料理丧事。孟子反与子琴张等人,有的在编曲,有的在弹琴,合着节拍唱着:"哎呀,子桑户啊! 哎呀,子桑户啊！你已返璞归真了,我们还在人间不得升化啊！"子贡快步上去进言说:"请问,对着尸体唱歌,这合乎礼仪吗?"两人相视一笑说:"这个人怎么会懂得礼仪的真正含义呢?"

子贡回到孔子那里,把见到的情况告诉孔子,说:"他们都是些什么人呢？把无有当成修行的目标,把形骸置之度外,对着尸体唱歌,面色不变。无法形容,他们都是些什么人呢?"孔子说:"他们都是交游于现实世界之外的人,而我是郊游于现实世界之内的人。方内方外是无法来往的,我却派你去吊丧,这正是我的孤陋了。他们正要与造物主相伴,郊游在天地合一的一气之中。他们把活着看得如同长在身上的赘瘤一样多余,把死看得如去掉瘤子流出了脓水。像这样的人,又哪里理会死生先后的分别呢？借一个不同的外形,寄托同一个真我的本体,遗忘躯壳的肝胆耳目,生命随自然变化,始终循环,不知有什么首尾,茫茫然巡游在尘世之外,逍遥自在于无为的事业里。他们又怎么会昏聩糊涂地拘守世俗的礼仪,摆出样子留给世俗的人去看呢?"

子贡说:"这样说来,那么先生寄身方内还是方外呢?"孔子说:"我是个苍天惩罚的罪人,（只能寄身方内。）虽然如此,我还是愿意与你一起寄身方外。"子贡说:"请问寄身方外有什么方法?"孔子说:"鱼总希望到水里游,人总希望到大道里游。到水里去的,就开凿个池塘养起来;到大道里去的,就得心灵虚静产生定念,不为尘世所动。所以说,鱼儿游于江湖就会忘掉一切而悠然自乐,人们游于大道之中就会忘掉一切而逍遥自在。"子贡说:"请问什么是畸人?"孔子说:"畸人就是异于世俗而合于天然的人。所以说:天道视为的小人,正是俗人眼中的君子;俗人眼中的君子,正是天道的小人。"

【原文】

颜回问仲尼曰:"孟孙才,其母死,哭泣无涕,中心不戚,居丧不哀。无是三者,以善丧盖鲁国,固有无其实而得其名者乎？回一怪之。"

仲尼曰:"夫孟孙氏尽之矣,进于知矣,唯简之而不得,夫已有所简矣。孟孙氏不知所以生,不知所以死;不知就先,不知就后,若化为物,以待其所不知之化已乎！且方将化,恶知不化哉？方将不化,恶知已化哉？吾特与汝,其梦未始觉者邪！且彼有骇形而无损心,有旦宅而无情死。孟孙氏特觉,人哭亦哭,是自其所以乃。且也相与'吾之'耳矣,庸讵知吾所谓'吾之'乎？且汝梦为鸟而厉乎天,梦为鱼而没于渊。不识今之言者,其觉者乎？其梦者乎？造适不及笑,献笑不及排,安排而去

化,乃入于寥天一。"[庄子内篇大宗师]

【释义】

颜回问孔子说："孟孙才他母亲死了,他哭泣时眼里没有泪,心里也不觉忧伤,居丧期间也不悲哀。这三样一样都没有,却以善于处理丧事的名声传遍鲁国,难道世上真有无其实而能浪得虚名的事吗? 这件事我实在觉得奇怪。"

孔子说："孟孙才做得挺好了,远远超出了常人对治丧的理解,只不过是因为不能太简化才不得不如此,但他已经有所从简了。孟孙才不知道人从哪里来,不知道死后又到哪里去;也不知道活着好,还是死了好,没有办法取舍,只好采取这样一种态度:如果变化成了一种物,那就等着他不可知的变化吧! 再说,眼见他正在变化,又怎么会知道他的真我并没有变化? 眼见他没有变化,又怎么会知道他实际上已经变化了呢? 我和你只不过是还在人生的大梦里没有醒来吧! 再说,他看待人的死亡,确有形体上的骇异,但并不损伤人的心神;(人的躯体如同是)人们有个白天住的房子,离去了真我并没有真正的死亡。只有孟孙才才是个醒过来的人,人们哭,他也就随着哭一哭,这才是他所以会如此治丧的原因。再说,人们在一起互相说什么'我如何'、'我如何',那又怎么知道我所说的'我如何'就真的是我呢? 再说,你梦中变了一只鸟就振翅飞上蓝天,梦中变成了一条鱼就潜入深渊,(鸟和兽能算是真的你吗?)不知道现在谈话的你我,是醒了的人呢,还是梦中的人呢? 进入适意的境界用不着笑,笑起来也用不着安排,随和着人们的安排,去掉对生死变化的忧虑,才是进入了与寥廓的天道同一的境界。(孟孙才的哭正与此同理。)"

【原文】

颜回曰:"回益矣。"仲尼曰:"何谓也?"曰:"回忘仁义矣。"曰:"可矣,犹未也。"它日,复见,曰:"回益矣。"曰:"何谓也?"曰:"回忘礼乐矣。"曰:"可矣,犹未也。"它日复见,曰:"回益矣。"曰:"何谓也?"曰:"回坐忘矣。"仲尼蹴然曰:"何谓坐忘?"颜回曰:"堕肢体,黜聪明,离形去知,同于大通,此谓坐忘。"仲尼曰:"同则无好也,化则无常也。而果其贤乎,丘也请从而后也。"[庄子内篇大宗师]

【释义】

颜回对仲尼说："我进步了!"仲尼说："怎么进步了呢?"颜回说："我忘记礼乐了。"仲尼说："好啊,但还不够。"他日颜回又来拜见说："我进步了。"仲尼说："怎么进步了呢?"颜回说："我忘记仁义了。"仲尼说："好啊,但还不够。"他日颜回又来拜见说："我坐忘了。"仲尼粹然变了脸色，说："什么叫坐忘?"颜回说："遗忘肢体，废弃聪明，离开形体，抛却智慧，明澈变化，这就叫坐忘。"仲尼说："明澈则没有什么偏爱，变化则没有什么拘泥。你真是先贤啊，我愿意跟随在你的后面。"

【原文】

夫子问于老聃曰："有人治道若相放，可不可，然不然。辩者有言曰:'离坚白，若县寓。'若是则可谓圣人乎?"老聃曰："是胥易技系劳形怵心者也。执留之狗成思，猨狙之便自山林来。丘，予告若，而所不能闻与而所不能言。凡有首有趾、无心无耳者众，有形者奥无形无状而皆存者尽无。其动止也，其死生也，其废起也，此又非其所以也，有治在人。忘乎物，忘乎天，其名为忘己。忘己之人，是之谓入于天。"
［庄子外篇天地］

【释义】

孔子问老子说："有人治理国家的道如同模仿古代圣人似的，不分古今的具体情况，强以不可为可，强以不然为然。明辨的人又有说法:'我能离析坚白让它如同悬空的日月一样明显。'像这样的人可以叫作圣人吗?"老子说："这属于那种有一技之长、能者多劳的人。能捕捉狐狸的狗被猎人拴住脖子使唤，猿猴动作灵巧被人从山林里捉来。孔丘，我告诉你一些你耳朵听不到、你嘴里说不出的道理。凡是长着脑袋长着脚的人，没有心智没有耳闻的很多，而能够有形体与无形无状的道都同时具有的一个也见不到。人的动与止、死与生、兴与废，根本就不是他自己能够掌握的，而有心去治理，那就正好是人在强为了。忘掉外物，也忘掉天，这就是修道中所说的忘己。忘掉自己的人，这才叫作融入天道。"

【原文】

子贡南游于楚，反于晋，过汉阴，见一丈人方将为圃畦，凿隧而入井，抱瓮而出灌，搰搰然用力甚多而见功寡。子贡曰："有械于此，一日浸百畦，用力甚寡而见功多，夫子不欲乎?"为圃者卬而视之曰："奈何?"曰："凿木为机，后重前轻，挈水若抽，数如泆汤，其名为槔。"为圃者忿然作色而笑曰："吾闻之吾师，有机械者必有机事，有机事者必有机心。机心存于胸中，则纯白不备;纯白不备，则神生不定;神生不定者，道之所不载也。吾非不知，羞而不为也。"子贡瞒然惭，俯而不对。有闲，为圃者曰："子奚为者邪?"曰："孔丘之徒也。"为圃者曰："子非夫博学以拟圣，於于以盖众，独弦哀歌以卖名声于天下者乎? 汝方将忘汝神气，堕汝形骸，而庶几乎! 而身之不能治,而何暇治天下乎? 子往矣,无乏吾事!"

子贡卑陬失换,顼顼然不自得,行三十里而后愈。其弟子曰:"向之人何为者邪? 夫子何故见之变容失色,终日不自反邪!"曰:"始吾以为天下一人耳,不知复有夫人也。吾闻之夫子,事求可,功求成,用力少,见功多者,圣人之道。今徒不然,执道者德全,德全者形全,形全者神全,神全者,圣人之道也。托生与民并行而不知其所之,汒乎淳备哉! 功利机巧必忘夫人之心。若夫人者,非其志不之,非其心不为。虽以天下誉之,得其所谓,謷然不顾;以天下非之,失其所谓,傥然不受。天下之非誉无益损焉,是谓全德之人哉! 我之谓风波之民。"

反于鲁,以告孔子。孔子曰:"彼假修浑沌氏之术者也,识其一,不知其二,治其内而不治其外。夫明白入素,无为复朴,体性抱神,以游世俗之间者,汝将固惊邪? 且浑沌氏之术,予与汝何足以识之哉!"[庄子外篇天地]

【释义】

子贡到南方的楚国去游历,要返回晋国,路过汉水南岸,看见一位长者正在收拾菜园子,挖了个隧道下到井里,抱着水罐出来浇园子,挺卖力气而收效甚微。子贡说:"有一种机械,一天就能浇一百畦,用力很小,收效却很大,先生不想试一试吗?"浇园子的老人抬起头来看着子贡说:"什么样的机械?"子贡说:"用木料凿成个杠杆,后臂重前臂轻,提水如同抽水,快得如同翻滚的开水往出溢,这种机械的名字叫桔槔。"浇园子的老人愤然变色,笑着说:"我听我的师傅说过,有机械的人一定会有投机取巧的事,有投机取巧的事一定会有投机取巧的心。投机取巧的心存在脑中,纯净的素质就不全了;纯净的素质不全就会心神不定;心神不定的人就不能装大道了。我不是不知道你说的桔槔,而是觉得羞耻不去做它。"子贡很不好意思,感到羞惭,低着头无言回答。过了一会儿,浇园子的老人说:"你是干什么的?"子贡说:"我是孔丘的弟子。"浇园子的老人说:"你不就是博学多才、自比圣人、哇里哇啦凌驾于众人之上、自弹自唱在天下收买名声的人吗? 你正该忘掉你的神气,扔下形骸,或许还有救吧! 你连自身都不能调治,哪里还有闲暇去治理天下呢? 你走吧,不要耽误了我的事!"

子贡感到卑微,惭愧不安,闷闷不乐,走出三十多里才缓过来;他的弟子说:"刚才那个人是干什么的? 先生为什么见了他变容失色,整天垂头丧气的呢?"子贡说:"原来我以为天下只有孔夫子一个圣人,没想到还会有这样的人。我听先生说过,办事要求个可行,功业要求个成就,用力少而见效多就是圣人之道。现在才知道,不仅不如此,而且是掌握了大道的人才德性完美,德性完美的人才形体健全,形体健全的人才精神完全,精神完全才是圣人之道。托生为人与百姓共同活动,而不知一定要到哪里去,茫茫然纯朴的本性完整啊! 一产生功利机巧的意念就会失去人的本心。像这种(纯朴本性完整的)人,不合他的意志他不去,不合他的心思他不干。即使天下都称赞,只要是合乎自己的选择。他也会傲然不顾;即使天下的人都非议,只要是不合自己的选择,他也会若无其事地不听。天下人的毁誉对他毫无影响,这才是德性完关的人! 而我自己只是个风吹波动的人。"

子贡回到鲁国,把见到的情况告诉孔子。孔子说:"那是个假修浑沌氏道术的人,只知其一,不知其二,只对内修炼自己的心性,而不修炼对外的随时应变。(如果是真修浑沌氏的道术,)心地明净进入纯素,自然无为返归质朴,体悟真性抱守元神,随顺世俗而来往的人,你还会感到惊异吗? 再说,浑沌氏的道术,我和你又怎么能够得出来呢?"

【原文】

孔子西藏书于周室,子路谋曰:"由闻周之征藏史有老聃者,免而归居,夫子欲藏书,则试往因焉。"孔子曰:"善!"往见老聃,而老聃不许。于是繙十二经以说,老聃中其说,曰:"大谩,愿闻其要。"孔子曰:"要在仁义。"老聃曰:"请问,仁义,人之性邪?"孔子曰:"然。君子不仁则不成,不义则不生。仁义,真人之性也,又将奚为矣?"老聃曰:"请问,何谓仁义?"孔子曰:"中心物恺,兼爱无私,此仁义之情也。"老聃曰:"意,几乎后言! 夫兼爱,不亦迂乎? 无私焉,乃私也! 夫子若欲使天下无失其牧乎? 则天地固有常矣,日月固有明矣,星辰固有列矣,禽兽固有群矣,树木固有立矣。夫子亦放德而行,循道而趋,已至矣! 又何偈偈乎揭仁义,若击鼓而求亡子焉! 意,夫子乱人之性也!"[庄子外篇天道]

【释义】

孔子想要把自己的经典收藏在西边周王室的档案馆里,子路出主意说:"我听说周王室负责征集收藏文献的史官老聃,退隐在家,先生要藏书,不妨试着找他帮帮忙。"孔子说:"好啊!"于是就去拜见老聃,而老聃却不答应。孔子就解释十二经的内容来说服他,老聃打断他的话说:"你说的太不着边际,请说说要点吧!"孔子说:"要点就是要讲仁义。"老聃说:"请问,仁义是人的天性吗?"孔子说:"当然。君子不仁就不能有成就,不义就不能生存。仁义确实是人的天性,(除了仁义)人还会怎么样呢?"老聃说:"请问,什么是仁义?"孔子说:"心地公正,与人为善,兼爱无私,这就是仁义的情理。"老聃说:"噫,有点近似,但不是根本啊!兼爱,不绕远了吗?(只要有爱就会针对具体的人和事,不可能全爱,)你说的无私实际就是私啊!先生想要让天下不失去管理吗?那么天地本来就有变化的常规,日月本来就有光明,星辰本来就有序列,禽兽本来就有自己的群类,树木本来就有适宜自己生长的地方。先生只要听任各自天然的德性而行,遵循天道去走,这就足够了,又何必卖力气地标榜什么仁义,就好像孩子就在身边,却敲锣打鼓地去找丢了的孩子!噫,先生是在扰乱人的天性啊!"

【原文】

孔子西游于卫,颜渊问师金曰:"以夫子之行为奚如?"师金曰:"惜乎,而夫子其穷哉!"颜渊曰:"何也?"师金曰:"夫刍狗之未陈也,盛以箧衍,巾以文绣,尸祝齐戒以将之。及其已陈也,行者践其首脊,苏者取而爨之而已。将复取而盛以箧衍,巾以文绣,游居寝队其下,彼不得梦,必且数眯焉。今而夫子亦取先王已陈刍狗,取①弟子游居寝卧其下。故伐树于宋,削迹于卫,穷于商周,是非其梦邪?围于陈蔡之闲,七日不火食,死生相与邻,是非其眯邪?夫水行莫如用舟,而陆行莫如用车。以舟之可行于水也,而求推之于陆,则没世不行寻常。古今非水陆与?周鲁非舟车与?今蕲行周于鲁,是犹推舟于陆也,劳而无功,身必有殃。彼未知夫无方之传,应物而不穷者也。且子独不见夫桔槔者乎?引之则俯,舍之则仰。彼,人之所引,非引人也,故俯仰而不得罪于人。故夫三皇五帝之礼义法度,不矜于同而矜于治。故譬三皇五帝之礼义法度,其犹柤梨橘柚邪,其味相反而皆可于口。故礼义法度者,应时而变者也。今取猿狙而衣以周公之服,彼必龁啮挽裂,尽去而后慊。观古今之异,犹猿狙之异乎周公也。故西施病心而矉其里,其里之丑人见而美之,归亦捧心而矉其里。其里之富人见之,坚闭门而不出;贫人见之,挈妻子而去之走。彼知矉美而不知矉之所以美。惜乎,而夫子其穷哉!"[庄子外篇天运]

【注释】

①取一本作聚。

【释义】

孔子周游到西边的卫国,颜渊问师金说:"你认为我们先生的做法如何?"师金说:"可惜啊,你的先生陷入困境了!"颜渊问道:"这是为什么?"师金说:"祭祀用的草编狗,在没有献祭之前,盛在筐子里,盖上绣巾主持祭祀的尸祝斋戒沐浴之后才把他进献上去。等到上供一过就被扔掉,走路人踩它的头和脊,打柴人捡回去用它笼火罢了。要是再拿来盛在筐子里,盖上绣巾,在它的下边来来往往,居坐卧寝,如果不做噩梦,也恐怕会屡屡梦魇。现在你的先生也是捡回了先王已经上过供的草编狗,聚集弟子在它的下边来来往往,居坐卧寝。所以在宋国受到伐树之辱,在卫国受到削迹之困,在殷地、东周狼狈不堪,这不如同是做噩梦吗?在陈蔡之间受到围困,七天吃不到熟食,几乎丢了性命,这不如同遭到梦魇了吗?在水里运行最好是用船,在陆地上运行最好是用车。这是因为船能在水里走,你要把它推广到陆地上走,那一辈子也走不出多远。古与今还不如同水里和陆地吗?周王朝和当今的鲁国还不如同舟和车吗?你现在要求把周王朝的一套做法推行到鲁国,就如同是把船推广到陆地上行走一样,劳而无功,自身肯定会遭殃。他不知道没有固定方向的驿车,才能应对万事万物而不穷。再说,你没见过桔槔吗?用手一拉它就低下来,松开手它就抬起来。它是人拉的工具,不是来拉人的,所以或高或低都不会得罪人。所以说,三皇五帝的礼仪法度,可贵的并不在于彼此相同,而是可贵在都能治理好国家。所以可以这样做个比喻,三皇五帝的礼仪法度,如同是山楂、梨子、柚子,味道不同,但吃起来都能可口。所以说礼仪法度是应时而变的。现在你把一只猴子捉来给它穿上周公制定的礼服,它肯定会撕咬扯拽,直到把衣服从身上全拉下去才满意。观察古今的不同,就如猴子不同于周公一样。西施心口痛,皱起眉头看村里人,村里的丑女看见了,觉得皱眉的姿态很美,回来后也捂着心口皱起眉头看村里人。村里的有钱人看见了,赶紧关紧大门不出去了;穷人见了,赶快拉着老婆孩子远远躲开了她。她光知道皱眉头好看,而不懂得皱眉头为什么好看。可惜啊,你的先生陷入困境了!”

【原文】

孔子行年五十有一而不闻道,乃南之沛见老聃。老聃曰:“子来乎?吾闻子,北方之贤者也,子亦得道乎?”孔子曰:“未得也。”老子曰:“子恶乎求之哉?”曰:“吾求之于度数,五年而未得也。”老子曰:“子又恶乎求之哉?”曰:“吾求之于阴阳,十有二年而未得也。”老子曰:“然。使道而可献,则人莫不献之于其君;使道而可进,则人莫不进之于其亲;使道而可以告人,则人莫不告其兄弟;使道而可以与人,则人莫不与其子孙。然而不可者,无他也。中无主而不止,外无正而不行。由中出者,不受于外,圣人不出;由外入者,无主于中,圣人不隐。名,公器也,不可多取;仁义,先王之蘧庐也,止可以一宿而不可久处,觏而多责。古之至人,假道于仁,托宿于义,以游逍遥之虚,食于苟简之田,立于不贷之圃。逍遥,无为也;苟简,易养也;不贷,无出也。古者谓是采真之游。以富为是者,不能让禄;以显为是者,不能让名;亲权者,不能与人柄。操之则慄,舍之则悲,而一无所鉴,以窥其所不休者,是天之戮民也。怨、恩、取、与、谏、教、生、杀八者,正之器也,唯循大变无所湮者为能用之。故曰:正者,正也。其心以为不然者,天门弗开矣。"[庄子外篇天运]

【释义】

孔子五十一岁了还没有领悟道,于是南往沛地拜见老子。老子说:"你来了吗?我听说你是北方的贤人,你得道了吗?"孔子说:"还没有。"老子说:"你是怎么去求道的呢?"孔子说:"我是从分寸度数上想找到道,结果五年多了也没得到。"老子说:"后来你又怎么去求道的呢?"孔子说:"后来我又想从阴阳上去找到道,找了十二年了,还是没找到道。"老子说:"是这样。假如道可以献给别人的话,那么人都想献给自己的君主了;假如道可以进奉给别人的话,那么人都想进奉给自己的双亲了;假如道可以告诉别人的话,那么人都想告诉给自己的兄弟了;假如道可以给人的话,那么人都想给自己的儿孙了。然而道不能如此,没有别的原因。自己心里没有一个主宰,它不会留下来;外在行为不合,它不会流行。由自己内心主宰生出的,外界不接受。圣人不让它流出身外;由外界影响而入内心的,心中没有主宰,圣人也不让它存留。名声,那是天下共同的东西,不能多取;仁义,那是先王寄身旅店,可以住一宿但不能当成家久住,再重复就会受到指责。古代的圣人,借道于仁,借宿于义,以便遨游于自由自在的境地,取食于粗简的土地,立身于现成的园地。自由自在,因而自然无为;粗简,是为容易养活;现成,是为不必付出。古代把这种做法称作采真之游。认为人生追求财富才是对的人,不会让出利禄;认为追求荣显才是对的人,不会让出名誉;认为热衷于权力才是对的人,就不会授人权柄。自己拿着担惊受怕,舍弃丧失了又悲伤不已,对这种情况一无觉察,还老是盯着追求不止,这正是所谓受上天刑戮的人,怨恨、恩惠、索取、给予、谏诤、教诲、赦命、处死这八项,是纠正人的工具,只有能随天道变化而无滞塞不通的人才能使用。所以说,自己正的人才能纠正他人,而心里以为不是这样的,那就是天门还没打开。"

【原文】

孔子见老聃而语仁义,老聃曰:"夫播穅眯目,则天地四方易位矣;蚊虻嘬肤,则通昔不寐矣。夫仁义僭然，乃愤吾心，乱莫大焉。吾子使天下无失其朴，吾子亦放风而动，揔德而立矣。又奚傑然若负建鼓而求亡子者邪？夫鹄不日浴而白，乌不日黔而黑，黑白之朴，不足以为辩；名誉之观，不足以为广。泉涸，鱼相与处于陆，相响以湿，相濡以沫，不若相忘于江湖。"〔庄子外篇天运〕

【释义】

孔子见到老子，讲自己提倡仁义的主张，老子说："簸糠眯到眼里，天地四方都会易位；蚊子叮咬皮肤，通宵都睡不安稳。仁义要是叮咬，人心就会激愤起来，没有比这更大的祸乱了。你要让天下人不失去自然纯朴，你就该依随纯朴之风的自由而动，完善的天德就树立起来了。又何必争嚷着像敲着大鼓寻找亡失的孩子呢？鹤并不每天洗澡自然会白，乌鸦并不每天染黑自然会黑。黑与白的真朴与否，用不着辩什么谁是谁非；名誉的荣耀，不值得推广。泉水干涸了，鱼儿一起困在陆地上，吹湿气互相帮助，吐唾沫互相滋润，（无论有多么仁爱，）也不如彼此相忘地生活在江湖里。"

【原文】

孔子见老聃归三日不谈。弟子问曰："夫子见老聃，亦将何规哉？"孔子曰："吾乃今于是乎见龙！龙，合而成体，散而成章，乘乎云气而养乎阴阳。予口张而不能嗋，予又何规老聃哉？"子贡曰："然则人固有尸居而龙见，雷声而渊默，发动如天地者乎？赐亦可得而观乎？"遂以孔子声见老聃。

老聃方将倨堂而应，微曰："予年运而往矣，子将何以戒我乎？"子贡曰："夫三王五帝之治天下不同，其系声名一也。而先生独以为非圣人，如何哉？"老聃曰："小子少进，子何以谓不同？"对曰："尧授舜，舜授禹。禹用力而汤用兵，文王顺纣而不敢逆，武王逆纣而不肯顺，故曰不同。"老聃曰："小子少进！余语女三王五帝之治天下。黄帝之治天下，使民心一，民有其亲死不哭而民不非也。尧之治天下，使民心亲，民有为其亲杀其杀而民不非也。舜之治天下，使民心竞，民孕妇十月生子，子生五月而能言，不至乎孩而始谁，则人始有夭矣。禹之治天下，使民心变，人有心而兵有顺，杀盗非杀人。自为种而天下耳，是以天下大骇，儒墨皆起。其作始有伦，而今乎妇女，何言哉？余语女，三皇五帝之治天下，名曰治之，而乱莫甚焉。三皇之知，上悖日月之明，下睽山川之精，中堕四时之施。其知僭于蛎虿之尾，鲜规之兽，莫得安其性命之情者，而犹自以为圣人，不可耻乎，其无耻也？"子贡蹴蹴然立

不安。[庄子外篇天运]

【释义】

　　孔子见过老子后回到家里，三天不说话。弟子们问他："先生见到老子，教给了他什么呢？"孔子说："我现在才算真见到了所谓的龙！龙，合起来成为一个整体，散开了就成为灿烂的云锦，腾云驾雾，靠阴阳二气养着自己。我像傻子一样张着嘴都不知道合上，我又有什么能教给老子的呢？"子贡说："这样说来，那么真有像尸体一样枯寂不动而能如龙一般活现，像深渊一样静默而能如雷一般震撼，发动起来像天地一样起作用的人吗？我也能去见见吗？"于是子贡借着孔子的声望去见老子。

　　当时老子正要坐在堂上休息，就答应了。轻轻地对子贡说："我活过了不少年头，你对我有什么指教吗？"子贡说："三皇五帝治理天下，方法虽然不同，但他们都得到后人的好评是一样的。唯独先生您认为他们不是圣人，这是为什么呢？"老子说："年轻人稍微往前点，你为什么说他们不同呢？"子贡回答说："尧把天下传给舜，舜又传给禹。禹用的是体力而商汤用的是兵，周文王顺从商纣王不敢反抗，周武王却反抗商纣王不肯顺从，所以说不同。"老子说："年轻人再往前点，我告诉你三皇五帝治理天下的事。黄帝治理天下，使民心简单纯一，百姓中有死了父母也不哭的，而人们并不认为他错。尧治理天下，使民心孝顺，百姓中有为父母报仇，杀了杀害父母的人，而人们并不责难他。舜治理天下，使民心有了竞争，百姓中有孕妇怀胎十个月生下孩子，孩子刚生下五个月就会说话，还不懂得笑就能认人，于是人开始有了短命的。禹治理天下，使民心变复杂了，人有了是非之心，用兵有了正义与非正义的区别，杀了强盗不算杀人。把天下传给自己的子孙，因此才天下惊乱，儒家、墨家都出来了。民心开始变坏的过程有条理可寻，而现在发展到把人家的女儿当成是可供自己役使的仆妇，随意争夺也是合理的了，这还有什么可说的呢？我告诉你，三皇五帝治理天下，名义上是治理，实质上没有比这更能造成祸乱的了。三皇的心智，上逆日月的光明，下背山川的精气，中坏四季的运行。他们的心智毒如蛇蝎，猛如吃活物的野兽，没有哪个人能够安分于自己性命真情的，还要自认为是圣人，不可耻吗，还是本来就无耻呢？"子贡局促不安地站着发呆。

【原文】

　　孔子谓老聃曰："丘治《诗》《书》《礼》《乐》《易》《春秋》六经，自以为久矣，孰知其故矣,以奸者七十二君,论先王之道而明周、召之迹,一君无所钩用。甚矣,夫人之难说也? 道之难明邪?"

老子曰:"幸矣,子之不遇治世之君也! 夫六经,先王之陈迹也,岂其所以迹哉! 今子之所言,犹迹也。夫迹,履之所出,而迹岂履哉! 夫白鶂之相视,眸子不运而风化;虫雄鸣于上风,雌应于下风而风化。类自为雌雄,故风化。性不可易,命不可变,时不可止,道不可壅。苟得于道,无自而不可;失焉者,无自而可。"

孔子不出三月,复见曰:"丘得之矣。乌鹊孺,鱼傅沫,细要者化,有弟而兄啼。久矣,夫丘不与化为人! 不与化为人,安能化人!"老子曰:"可。丘得之矣!"[庄子外篇天运]

【释义】

孔子对老子说:"我研究《诗》《书》《礼》《乐》《易》《春秋》等六经,自认为很久了,熟悉其中的典章制度,以此去求见游说七十二国君,论述先王治国的策略,阐明周公、召公的政绩情况,却没有一个国君采纳我的主张。太难了,是人君难以劝说呢? 还是道理难以讲明呢?"

老子说:"太幸运了,你赶巧没有遇见懂得治世的明君! 那六经,只是先王留下来的过时的足迹,哪里是踩出足迹的鞋子呢! 如今你所说的话,犹如足迹。足迹,是鞋子踩出来的,足迹岂能等同于鞋子呢! 雌的白鶂与雄的白鶂相互对视,瞳子不必活动就能诱化受孕;有一种虫子,雄虫在上风处鸣叫,雌虫在下风处应和,他们就能诱化受孕。有一种叫类的野兽,自身兼有雌雄两性,所以能够自我交感而受孕。本性是不可变更的,天命是不可改变的,时间推移是不会停止的,大道的运行是不可阻塞的。如果一旦领悟了大道,任何事情没有行不通的;一旦失去了大道,任何事情都会行不通。"

孔子三个月闭门不出,而后再去求教于老子,说道:"我已经领悟了大道。乌鸦和喜鹊是孵化而生,鱼是以口沫相濡而受孕,细腰蜂不交不生而抚养桑虫幼虫为己子。有了弟弟,哥哥怕失去宠爱而啼哭。我不能与自然造化为友,如此很久了! 不能与自然造化为友,又如何感化人呢!"老子说:"可以了。孔丘已经领悟大道了!"

【原文】

计四海之在天地之闲也,不似礨空之在大泽乎? 计中国之在海内,不似稊米之在大仓乎? 号物之数谓之万,人处一焉;人卒九州,谷食之所生,舟车之所通,人处一焉。此其比万物也,不似毫末之在于马体乎? 五帝之所连,三王之所争,仁人之所忧,任士之所劳,尽此矣! 伯夷辞之以为名,仲尼语之以为博。[庄子外篇秋水]

【释义】

算下来四海在天地之间,不正像蚁穴在大泽中一样吗? 中国九州在四海之中,不正如米粒在大粮仓中一样吗? 说物的数量要以万计,人不过是万物之一;人众所在的九州,粮食生长的地方,舟车所通的地方,在宇宙中又是万分之一。与宇宙万物比起来,人不正像一根毫毛在马身上吗? 五帝继承的天下,三王争夺的帝位,仁人忧思的治道,仁士操劳的事物,都在其中了。伯夷辞去它成了名,孔子谈论它成为渊博。

【原文】

孔子游于匡,宋人围之数匝,而弦歌不惙。子路入见,曰:"何夫子之娱也?"孔子曰:"来,吾语女。我讳穷久矣,而不免,命也;求通久矣,而不得,时也。当尧、舜而天下无穷人,非知得也;当桀、纣而天下无通人,非知失也。时势适然。夫水行不避蛟龙者,渔父之勇也。陆行不避兕虎者,猎夫之勇也。白刃交于前,视死若生者,烈士之勇也。知穷之有命,知通之有时,临大难而不惧者,圣人之勇也。由,处矣! 吾命有所制矣!"无几何,将甲者进,辞曰:"以为阳虎也,故围之。今非也,请辞而退。"[庄子外篇秋水]

【释义】

孔子周游到匡地,被卫国人团团围住,但他依然弹琴唱歌不停。子路来见孔子,说:"先生高兴什么呢?"孔子说:"过来,我告诉你。我躲避困塞不通很久了,然而还是免不掉,这是命啊! 我追求通达也很久了,然而还是遇不上,这是时运啊! 在尧舜的时代,天下没有困塞不通的人,这不是用智慧取得的;在桀纣的时代,天下没有通达的人,这不是因智慧失去的,而是时势造成的。在水里行走不避蛟龙,是渔夫的勇敢。在陆地上行走不避兕虎,是猎夫的勇敢。能在刀刃丛里视死如生的,是烈士的勇敢。而懂得困塞是因为天命,通达是因为时运,面对大难而不惧的,是圣人的勇敢。子路啊,你放心吧,我的命是由天支配的!"没多久,带兵的将官走了进来,道歉说:"我们把您当成阳虎了,所以围了起来。现在知道误会了,请原谅,我们向您辞别撤退了。"

【原文】

颜渊东之齐,孔子有忧色:子贡下席而问曰:"小子敢问:回东之齐,夫子有忧色,何邪?"孔子曰:"善哉女问! 昔者管子有言,丘甚善之,曰:'褚小者不可以怀大,绠短者不可以汲深。'夫若是者,以为命有所成而形有所适也,夫不可损益。吾恐回与齐侯言尧、舜、黄帝之道,而重以燧人、神农之言,彼将内求于己而不得,不得则惑,人惑则死。且女独不闻邪? 昔者海鸟止于鲁郊,鲁侯御而觞之于庙,奏《九韶》以为乐,具太牢以为膳,鸟乃眩视忧悲,不敢食一脔,不敢饮一杯,三日而死。此以己养养鸟也,非以鸟养养鸟也。夫以鸟养养鸟者,宜栖之深林,游之坛陆,浮之江湖,食之鳅鲦,随行列而止,委蛇而处。彼唯人言之恶闻,奚以夫譊譊为乎!《咸池》《九韶》之乐,张之洞庭之野,鸟闻之而飞,兽闻之而走,鱼闻之而下入,人卒闻之,相与还而观之。鱼处水而生,人处水而死,彼必相与异,其好恶故异也。故先圣不一其能,不同其事。名止于实,义设于适,是之谓条达而福持。"[庄子外篇至乐]

【释义】

颜渊往东到齐国去,孔子面露忧愁。子贡离开席位上前问道:"小子大胆地问一下,颜渊往东到齐国去,先生面露忧愁之色,这是为什么?"孔子说:"你问得好啊! 以前管仲有句名言,我认为说得好。他说:'小衣服包不住大身躯,短绳子不能从深井里提水。'所以会这样,是因为,性命各有定型,形体各有适宜,不能增减变更。我担心颜渊向齐侯谈论尧、舜、黄帝的治国之道,再加上神农氏、燧人氏的圣言,齐侯听了会从内心里要求自己而办不到,办不到就会迷惑,人迷惑了颜回就可能被处死。再说,你没听说过吗? 当年有只海鸟落在鲁国的郊外,鲁侯把他迎来送进太庙,用酒给它祝福,演奏《九韶》的大乐给它听,摆上太牢给它吃,海鸟却两眼慌乱忧愁悲惧,不敢吃一片肉,不敢饮一杯酒,三天就死了。这是用养自己的方法去养鸟,不是用养鸟的方法养鸟。用养鸟的方法养鸟,就该让它栖息在深林里,活动在高台大陆上,浮游在江湖里,吃小鱼小虾,随着鸟群起落,顺着天性生活。鸟就讨厌听到人的声音,还为什么要对它吵吵闹闹呢?《咸池》《九韶》的乐曲,张设在洞庭的野外,鸟听到就惊飞了,兽听到就惊跑了,鱼听到就惊到水底下去了,而众人听到了就会一起来围观。鱼在水里活着,人生活在水里就死,两者肯定会彼此不同,所以他们的好恶就不同。所以过去的圣人,不要求人们的才能都一样,不要求人们干一样的事。名称要限于与实际相符,义理要设定得适宜,这就叫作条理通达、安福常在。"

【原文】

仲尼适楚,出于林中见痀偻者承蜩,犹掇之也。仲尼曰:"子巧乎,有道邪?"曰:"我有道也。五六月累丸二而不坠,则失者锱铢;累三而不坠,则失者十一;累五而不坠,犹掇之也。吾处身也,若厥株拘;吾执臂也,若槁木之枝。虽天地之大,万物之多,而唯蜩翼之知,吾不反不侧,不以万物易蜩之翼,何为而不得?"孔子顾谓弟子曰:"用志不分,乃凝于神,其痀偻丈人之谓乎!"〔庄子外篇达生〕

【释义】

孔子到楚国去,走出树林,见一个弯着身子的人在捕蝉,就像是从地上往起拣那样容易。孔子说:"你是有特殊技巧呢,还是有了道呢?"那人说:"我有道。我用五、六个月的时间练习,在竿子头上摞上两个弹丸,如果能够不掉下来,那粘起蝉来失手的情况就比较少了。如果摞上三个弹丸能不掉下来,失手的情况就只有十分之一。如果能摞上五个弹丸而不掉下来,那就如同从地上往起拣那么容易了。我粘蝉的时候,身体像木橛子似的弯着,拿竿子的手臂像枯树枝一样稳定,虽然面对广大的天地,形形色色的万物,而我的心思只在蝉翼上,我站着不动,不因为其他东西转移对蝉翼的专注,怎么会粘不到呢?"孔子回过头来对弟子说:"用心专一不分散,就会聚精会神,说的就是这弯背老人的情况吧!"

【原文】

颜渊问仲尼曰:"吾尝济乎觞深之渊,津人操舟若神。吾问焉,曰:'操舟可学邪?'曰:'可。善游者数能。若乃夫没人,则未尝见舟而便操之也。'吾问焉而不吾告,敢问何谓也?"仲尼曰:"善游者数能,忘水也。若乃夫没人之未尝见舟而便操之也,彼视渊若陵,视舟之覆犹其车却也。覆却万方陈乎前而不得入其舍,恶往而不暇?以瓦注者巧,以钩注者惮,以黄金注者殙。其巧一也,而有所矜,则重外也。凡外重者内拙。"〔庄子外篇达生〕

【释义】

颜渊问孔子说:"我曾经渡过觞深之渊,摆渡的水手驾船神极了。我问他说:'驾船能学吗?'他说:'能。会游泳的人很快就能学会。如果是会潜水的人,即使没见过船,也能驾起来就走'我再往下问,他没告诉我。请问他说的是什么意思?"

孔子说："会游泳的人很快就能学会，是因为他没有怕水的负担。至于会潜水的人没见过船也能驾起来就走，是因为他见到深渊如同见到山坡一样，见到船翻了就如同见到车退了几步。各式各样翻船的事摆在面前都不当回事，根本不往心里去，驾驶起来怎么能不从容自在呢？用瓦片下赌注的人，赌技精巧；如果是用带钩下赌注的人，就有点担心；如果是用黄金下赌注的人，那就昏头昏脑了。他赌博的技巧是一样的，但心里一有了珍惜的念头，就特别注重内心以外的输赢了。凡是注重心外之物的人内心就笨拙了。"

【原文】

仲尼曰："无人而藏，无出而阳，柴立其中央。三者若得，其名必极。"［庄子外篇达生］

【释义】

孔子说："不要隐居藏起来，不要到处出面显示自己，要像无心的枯木立于显隐之间。这三条都能做到，一定会成为至人。"

【原文】

孔子观于吕梁，县水三十仞，流沫四十里，鼋鼍鱼鳖之所不能游也。见一丈夫游之，以为有苦而欲死也。使弟子并流而拯之。数百步而出，被发行歌而游于塘下。孔子从而问焉，曰："吾以子为鬼，察子则人也。请问，蹈水有道乎？"曰："亡，吾无道。吾始乎故，长乎性，成乎命。与齐俱人，与汩偕出从水之道而不为私焉。此吾所以蹈之也。"孔子曰："何谓始乎故，长乎性，成乎命？"曰："吾生于陵而安于陵，故也；长于水而安于水，性也；不知吾所以然而然，命也。"［庄子外篇达生］

【释义】

孔子观赏吕梁的山水，见到一道三十多仞高的瀑布，溅起的飞沫流出四十多里远，就连水里的鱼鳖也游不过去。这时却看见一个男子跳进了水里，孔子以为他遇到痛苦的事情要自杀，忙叫他的弟子们沿着河岸救人。追出去有几百步，见那个男子从水里游了出来，披散着头发，哼着小调，走出了河塘。孔子追过去问他，说："我还以为你是个鬼呢，仔细一看，确实是个活人。请问，踩水有道术吗？"那人回答说："没有，我没什么道术。我从习惯开始，养成水性，自然而然地长成会水的命。随着漩涡没入水里，跟着涌流一同浮出，顺着水势不加私意去游动，这就是我能踩水的

吕梁山水

方法。"孔子说:"什么叫作从习惯开始,养成水性,自然而然地长成会水的命?"那个人说:"我生长在山里就习惯了山,这就是习惯;生长在水边就习惯了水,这就养成了水性;我不知道为什么会这样它就这样了,这就是自然而然地长成会水的命。"

【原文】

孔子围于陈蔡之间,七日不火食。大公任往吊之,曰:"子几死乎?"曰:"然。"子恶死乎?曰:"然。"任曰:"予尝言不死之道。东海有鸟焉,其名曰意怠。其为鸟也,翂翂翐翐,而似无能,引援而飞,迫胁而栖。进不敢为前,退不敢为后;食不敢先尝,必取其绪。是故其行列不斥,而外人卒不得害,是以免于患。直木先伐,甘井先竭。子其意者饰知以惊愚,修身以明污,昭昭乎如揭日月而行,故不免也。昔吾闻之大成之人曰:'自伐者无功,功成者堕,名成者亏。'孰能去功与名而还与众人?道流而不明居,得行而不名处。纯纯常常乃比于狂;削迹损势,不为功名,是故无责于人,人亦然责焉。至人不闻,子何喜哉?"孔子曰:"善哉!"辞其交游,去其弟子,逃于大泽,衣裘褐,食杼栗。入兽不乱群,入鸟不乱行。鸟兽不恶,而况人乎?〔庄子外篇山木〕

【释义】

孔子被围困在陈国与蔡国交界的地方,七天不能生火做饭。太公任去安慰他,说:"你差点死了吧?"孔子说:"是的。"太公任说:"你怕死吧?"孔子说:"是的。"太公任说:"我试着说一说不死的方法。东海有一只鸟,名叫意怠。这只鸟,动作呆笨迟缓,好像很无能似的,得让同伴领着飞,让同伴伴着栖息。进不敢飞在前头,退不敢落在后边;吃东西不敢先下嘴,总是吃剩下的食物。因此它的同伴就不排斥它,外人也始终伤害不着它,故能免除了自身的祸患。长得直的树就会被先砍掉,水甘甜的井就会先枯竭。你想来是打扮成智慧的样子,惊动了愚昧的世人,洁身自好比出了他人的污浊,如同举着日月亮晃晃地行走,所以免不了遭受灾祸。过去我听修炼成大道的人说过:'自我夸耀功劳的人就没有功劳了,成功的人就要垮了,成名的人就要伤了。'谁能够抛弃功名把它归还给众人呢? 大道是流动的,不会停留在显耀上;好处是流行的,不会停止在成名上。纯纯朴朴,平平凡凡,要像一个没心眼的人一样;不留形迹,抛弃权势,不求功名,所以才能无求于人,人也无求于我。至人不求闻名于世,你为什么要热衷于功名呢?"孔子说:"好啊!"于是辞去交往的人,离开弟子,逃进大泽里,穿兽皮粗布的衣服,吃橡栗野果。走进野兽群里,野兽不乱群;走进飞鸟群里,飞鸟不乱行列。连鸟兽都不嫌弃他,更何况是人呢?

【原文】

孔子问子桑雽曰:"吾再逐于鲁,伐树于宋,削迹于卫,穷于商周,围于陈蔡之间。吾犯此数患,亲交益疏,徒友益散,何与?"子桑雽曰:"子独不闻假人之亡与?林回弃千金之璧,负赤子而趋。或曰:'为其布与? 赤子之布寡矣。为其累与? 赤子之累多矣。弃千金之璧,负赤子而趋,何也?'林回曰:'彼以利合,此以天属也。'夫以利合者,迫穷祸患害相弃也;以天属者,迫穷祸患害相收也。夫相收之与相弃亦远矣。且君子之交淡若水,小人之交甘若醴。君子淡以亲,小人甘以绝。彼无故以合者,则无故以离。"孔子曰:"敬闻命矣!"徐行翔佯而归,绝学捐书,弟子无挹于前,其爱益加进。[庄子外篇山木]

【释义】

孔子问子桑雽说:"我两次被鲁国驱逐,在宋国遭到了伐树的屈辱,在卫国受到了削迹的羞耻,在商周又陷入困境,在陈国蔡国之间受到了围困。我蒙受了多次灾难,亲戚相识越来越疏远我,朋友弟子离开了我,这是为什么?"子桑雽说:"你没有听说过假国人逃跑的故事吗? 林回舍弃了价值千金的玉璧,背着小孩跑出来。有人问他:'你是为了钱吗? 小孩的钱没多少。你是为了减轻拖累吗? 小孩的拖累太多了。你舍弃了价值千金的玉璧,背着孩子逃出来,这是为什么?'林回说:'人们都是为了利益连在一起的,我这是出于天性连在一起的。'为了利益连在一起的,遇到穷困祸患的逼近,就会互相抛弃;出于天性连在一起的,遇到穷困祸患的逼近,就会互相收留。相互逼迫和相互收留差得就太远了。君子相交,清淡如水;小人相交,甘如甜酒。君子清淡却是真亲,小人甘甜却是绝情。那些无情无故想结交的人,也会无情无故地分手。"孔子说:"我领教了。"慢腾腾地溜达回去了。从此丢下学问,扔掉书本,弟子们在他面前不行礼,却更加爱戴他了。

【原文】

孔子穷于陈蔡之间,七日不火食,左据槁木,右击槁枝,而歌猋氏之风。有其具而无其数,有其声而无宫角,木声与人声,犁然有当于人之心。颜回端拱还目而窥之。仲尼恐其广己而造大也,爱己而造哀也,曰:"回,无受天损易,无受人益难。无始而非卒也,人与天一也。夫今之歌者其谁乎!"回曰:"敢问无受天损易。"仲尼曰:"饥渴寒暑,穷桎不行,天地之行也,运物之泄也,言与偕之逝之谓也。为人臣者不敢去之。执臣之道犹若是,而况乎所以待天乎?""何谓无受人益难?"仲尼曰:"始用四达,爵禄并至而不穷。物之所利,乃非己也,吾命有在外者也。君子不为盗,贤人不为窃,吾若取之何哉? 故曰,鸟莫知于鷾鸸,目之所不宜处不给视,虽落其实,弃之而走。其畏人也而袭诸人闲,社稷存焉尔。""何谓无始而非卒?"仲尼曰:"化其万物而不知其禅之者,焉知其所终? 焉知其所始? 正而待之而已耳。""何谓人与天一邪?"仲尼曰:"有人,天也;有天,亦天也。人之不能有天,性也。圣人晏然体逝而终矣!"[庄子外篇山木]

【释义】

孔子被围困在陈国、蔡国之间,七天没有生火做饭,他左手拿着枯木,右手敲着枯枝,唱着炎帝时的歌曲。手里虽然有枯枝,但却打不出节拍,有声音却分不出五音,然而击木声和人声,却深深地打动人的心弦。颜回恭敬地拱手站立在一边,回头看着他。孔子担心他会夸大了对自己(指对孔子)的看法,因为爱惜自己而人为地造成哀痛,说:"颜回啊,人要做到不受天的损减比较容易,但要做到不受人的增益就难了。没有任何一个开始不同时就是终结的,人与天是一体的。现在唱歌的人究竟是谁呢?"颜回说:"请问什么是不受天的损减容易?"孔子说:"饥渴寒暑,穷困潦倒,这是天地的运行,运化在万物身上的表现,指的是只要随着它一起运化就可以了。做人臣的不敢逃避君命。奉行为臣之道还要如此,更何况是对待天呢?"颜回又问:"什么是不受人的增益难呢?"孔子说:"人一被国家任用,四通八达,爵位利禄就一起来了,源源不断。但这些外物的利益,并不是自己本分所有,是个人命分以外的东西。是君子就不该去盗取，是贤人就不该去窃夺，我如果去取它又是为什么呢？所以说，鸟里边没有比燕子更明智的了，看到不合适的地方就不再多看了，即使是把嘴里的食物掉下去了，也会扔下就走。燕子害怕人但却住在人间，在土地庙、谷神坛里就有它的巢穴！"颜回问："什么叫作没有任何一个开始不同时就是终结？"孔子说："万事变化不知道是什么来接替自己，又怎么知道哪儿是终，哪儿是始呢？安静地等待他变化就是了。"颜回问："什么叫做人与天是一样的？"孔子说："有人的存在是天然的表现，有天的存在也是天然的表现。人不能支配天然，这是本质属性决定的，所以圣人安然体现天道的变化发展而终结。"

【原文】

温伯雪子适齐，舍于鲁。鲁人有请见之者，温伯雪子曰："不可。吾闻中国之君子，明乎礼义而陋于知人心。吾不欲见也。"至于齐，反舍于鲁，是人也又请见。温伯雪子曰："往也蕲见我，今也又蕲见我，是必有以振我也。"出而见客，入而叹，明日见客，又人而叹。其仆曰："每见之客也，必入而叹，何邪？"曰："吾固告子矣，中国之民，明乎礼义而陋乎知人心。昔之见我者，进退一成规、一成矩，从容一若龙、一若虎；其谏我也似子，其道我也似父。是以叹也。"仲尼见之而不言。子路曰："吾子欲见温伯雪子久矣。见之而不言，何邪？"仲尼曰："若夫人者，目击而道存矣，亦不可以容声矣。"［庄子外篇田子方］

【释义】

温伯雪子到齐国去，途中住在鲁国。鲁国有人请求要见他。温伯雪子说："不行。我听说中原国家的君子，都懂得礼仪，但对了解人的真心却非常浅陋。我不想见这些人。"到齐国办完事后，温伯雪子返回途中又住在鲁国，那个人又来请求见他。温伯雪子说："我去的时候就请求见我，现在我返回来又请求见我，这个人一定会对我有所启发吧！"于是出来接见客人，见过客人回到屋里长叹连声，第二天见完客人回来，又长叹连声。他的仆人说："您每次见过这个客人，回来总是长叹连声，这是为什么？"温伯雪子说："我已经告诉过你了，中原国家的人，懂得礼仪，但对了解人的真心却非常浅陋。刚才与我见面的那个人，往前走有规矩，往后退有规矩，动作往来都有格式，蟠曲如龙，蹲踞如虎。劝谏我的时候像亲儿子，开导我的时候像亲父母。因此令人叹息啊！"后来孔子去见温伯雪子，见了他却一句话没有说。子路问孔子说："先生早就想见温伯雪子了，见了他却一句话没说，这是为什么

孔子家语

呀?"孔子说:"他这个人,你一看就知道他身上有大道,容不得你再说什么。"

【原文】

颜渊问于仲尼曰:"夫子步亦步,夫子趋亦趋,夫子驰亦驰,夫子奔逸绝尘,而回瞠若乎后矣!"夫子曰:"回,何谓邪"曰:"夫子步亦步也,夫子言亦言也;夫子趋亦趋也,夫子辩亦辩也;夫子驰亦驰也,夫子言道回亦言道也。及奔逸绝尘而回瞠若乎后者,夫子不言而信,不比而周,无器而民滔乎前,而不知所以然而已矣。"仲尼曰:"恶!可不察与!夫哀莫大于心死,而人死亦次之。日出东方而入于西极,万物莫不比方,有目有趾者,待是而后成功。是出则存,是入则亡。万物亦然,有待也而死,有待也而生。吾一受其成形,而不化以待尽,效物而动,日夜无隙,而不知其所终。薰然其成形,知命不能规乎其前。丘以是日徂。吾终身与女交一臂而失之,可不哀与?女殆著乎吾所以著也。彼已尽矣,而女求之以为有,是求马于唐肆也。吾服,女也甚忘;女服,吾也亦甚忘。虽然,女奚患焉!虽忘乎故吾,吾有不忘者存。"

[庄子外篇田子方]

【释义】

颜渊问孔子说:"先生慢慢走我也跟着慢慢走,先生快步走我也跟着快步走,先生跑我也跟着跑,先生快得飞奔起来,我只好干瞪着眼睛落在后面。"孔子说:"颜渊,你这是说什么呢?"颜渊说:"先生慢慢走我也跟着慢慢走,就好比先生说什么我也跟着说什么;先生快步走我也跟着快步走,就好比先生怎么辩论我也跟着怎么辩论;先生跑我也跟着跑,就好比先生怎么讲大道我也跟着怎么讲大道。先生快得飞奔起来,我只好干瞪着眼睛落在后面,就好比先生不用说话就能取信于人,不必和人结交而人们都愿做你的朋友,没有任何权势地位人们都投奔到你的身边来,我不知道怎么会这样的。"孔子说:"哎,怎么能不细心体察呢?最大的悲哀莫过于心死,人真死了还在其次。太阳从东边出来落在西方,万物都以它为榜样,长着眼睛长着腿的都得依赖它发育成长,它要是出来就存在,它要是落下就没有了。万物也是这样,有所依赖才活着,有所依赖才死亡。我一禀受了天地赋予的形体,在没有化为它物之前,就随着现在的样子直到生命完结,像万物那样去运动,日日夜夜不会间断,不知道终点在哪里。阴阳二气合成了一个形体,知命理的人也不能先测度出来。我就是按照这个样子一天天地过。我一辈子与你有这么一臂之交后就过去了,能不令人悲哀吗?你大概是把我生命过程中的形迹看成我了。那形迹已经过去了你还要找它以为真有,这如同是到散了的集市里去,找早已没有踪影的马一般。我身上有过的,早就没有了;你身上有过的,也早就没有了。虽然如此,你又何必担忧呢? 虽然原来的我不存在了,但是还有存在的真我呵!"

【原文】

孔子见老聃,老聃新沐,方将被发而乾,热然似非人。孔子便而待之。少焉见,曰:"丘也眩与? 其信然与? 向者先生形体掘若槁木,似遗物离人而立于独也。"老聃曰:"吾游于物之初。"孔子曰:"何谓邪?"曰:"心困焉而不能知,口辟焉而不能言。尝为女议乎其将! 至阴肃肃,至阳赫赫。肃肃出乎天,赫赫发乎地,两者交通成和而物生焉,或为之纪而莫见其形。消息满虚,一晦一明,日改月化,日有所为而莫见其功。生有所乎萌,死有所乎归,始终相反乎无端,而莫知乎其所穷。非是也,且孰为之宗?"孔子曰:"请问游是。"老聃曰:"夫得是至美至乐也。得至美而游乎至乐,谓之至人。"孔子曰:"愿闻其方。"曰:"草食之兽,不疾易薮;水生之虫,不疾易水,行小变而不失其大常也,喜怒哀乐不入于胸次。夫天下也者,万物之所一也。得其所一而同焉,则四支百体将为尘垢,而死生终始将为昼夜,而莫之能滑,而况得丧祸福之所介乎? 弃隶者若弃泥塗,知身贵于隶也。贵在于我而不失于变,且万化而未始有极也,夫孰足以患心? 已为道者解乎此。"孔子曰:"夫子德配天地,而犹偃至言以修心。古之君子,孰能脱焉?"老聃曰:"不然。未水之于汋也,无为而才自然矣。至人之于德也,不修而物不能离焉。若天之自高,地之自厚,日月之自明,夫何修焉?"孔子出,以告颜回曰:"丘之于道也,其犹醯鸡与! 微夫子之发吾覆也,吾不知天地之大全也。"[庄子外篇田子方]

【释义】

孔子去见老子,老子刚洗过头,正在披散着头发等待晾干,死不棱登地不像个活人。孔子就便地找了个地方等着。过了一会儿,老子接见了他:孔子说:"我是眼花了呢,还是真的呢? 刚才先生的躯体直撅撅的像一棵枯树,好像是忘掉了一切,离开了人生一样独自站在那里。"老子说:"刚才我的心在万物的本源处遨游。"孔子问:"这是什么意思呢?"老子说:"我不能主观有意地去想,张开嘴也说不出。试着给你描述个大概吧! 至阴之气森森肃肃,至阳之气赫赫炎炎。森森肃肃的阴气从天上下来,赫赫炎炎的阳气从地下发出,两气交感流通,万物化生出来,有那么一个组织者而又看不见它的形象。消长盈虚,一明一暗,日变月化,每天都在起作用,又看不见它在做事。出生的东西都有萌生的源头,死去的东西都有归宿,始终循环没有个起端,也不知道它的尽头。要不是它,谁又是万物的主宰呢?"孔子说:"请问到它那里遨游如何呢?"老子说:"能够到它那里去遨游是最美最乐的。能获得这种最美,遨游于这种最乐,这就叫至人。"孔子说:"我想知道到那里的方法。"老子说:"吃草的野兽,换了草泽不担心;水里的生物,换了水也不担心,因为只是发生了小的变化,而没有失去大的常规,喜怒哀乐就不往心里去。天下是万物共同生存的整体,得到了这个共同生存的整体又能同于万物,那么四肢百体就如同尘垢一样,人的死生终始如同昼夜变化一样,就没有什么能扰乱自己了,更何况是得失祸福之间呢?抛弃一个仆人如同抛弃一块泥土,这是因为知道自身比仆人可贵。知道自身可贵又在变化中不丧失自我,将会在千变万化中没有终极,还有什么可担心的呢?已经得到大道的人明白这个道理。"孔子说:"先生道德配得上天地,还要借助至理名言修炼心性,可见古代的君子,谁能离得了呢?"老子说:"不是这样。水往出涌流,并不是有意去做,而是自然而然;至人的道德,不是靠修行,而是自然如此,万物离不了它。就如同是天自然而然地高,地自然而然地厚,日月自然而然地明,又何须修炼呢?"孔子出来,告诉颜回说:"我对于大道的见识,简直就如同是小蠓虫一样渺小啊!要是没有先生来开导启发,我真不知道天地的广大和全面。"

【原文】

文王观于臧,见一丈夫钓。而其钓莫钓,非持其钓有钓者也,常钓也。文王欲举而授之政,而恐大臣父兄之弗安也;欲终而释之,而不忍百姓之无天也。于是旦而属之大夫曰:"昔者寡人梦见良人,黑色而髯,乘驳马而偏朱蹄,号曰:'寓而政于臧丈人,庶几乎民有瘳乎!'"诸大夫蹵然曰:"先君王也。"文王曰:"然则卜之。"诸大夫曰:"先君之命,王其无它,又何卜焉?"遂迎臧丈人而授之政。典法无更,偏令无出。三年,文王观于国,则列士坏植散群,长官者不成德,斔斛不敢入于四竟。列士坏植散群,则尚同也;长官者不成德,则同务也;斔斛不敢入于四竟,则诸侯无二心也。文王于是焉以为大师,北面而问曰:"政可以及天下乎?"臧丈人昧然而不应,泛然而辞,朝令而夜遁,终身无闻。

颜渊问于仲尼曰:"文王其犹未邪?又何以梦为乎?"仲尼曰:"默,女无言!夫文王尽之也,而又何论刺焉!彼直以循斯须也。"[庄子外篇田子方]

【释义】

周文王在臧地视察,见到一个老者在钓鱼。钓但也不是在钓,不是那种手持钓竿诚心要钓的样子,只是随便钓钓罢了。周文王想提拔他并把国政交给他管理,但又担心大臣和宗族的父兄们不安;想放弃重用他的念头,又不忍心看到百姓们失去仰望的天日,于是早朝时召集诸大夫说:"昨天我梦见一位圣贤,长着黑色的胡须夹髻,骑着一匹杂色马,马的蹄子一边是红色的,命令我说:'把国政交给臧地的老者,或许百姓的疾苦就可解除了。'"诸大夫吃惊地说:"大王梦见的是您的父亲啊!"周文王说:"那么我们来占卜一下。"诸大夫说:"既然是先君的命令,大王就不要怀疑了吧,又何必再占卜呢?"于是就迎来臧地的老者把国政交给他管理。臧地的老者执行后,没见他改动原来的典章制度,也没见他发布什么特别的法令。三年过去了,周文王到全国去视察,见到士人们都解散了宗派,当官的不再去追求个人的成绩,国内买卖公平成风,诸侯国的量器也不敢进入国境了。士人们解散了宗派,大家没有分歧崇尚一致了;当官的不再追求个人的成绩,都同心办事了;诸侯国的量器不敢进入国境,诸侯没有二心了。周文王于是把臧老者奉为太师,向他北面行臣子之礼,问道:"我们的政令可以推行到全天下吗?"臧地老者懵懵懂懂地不应声,含含糊糊地推辞了。早晨听了周文王的命令,晚上就偷跑了,终身再无消息。

颜渊问孔子说:"周文王那样的德行威望还不行吗,又何必编出个梦来哄大家呢?"孔子说:"别作声,你可不要乱说。周文王可是做到家了,你又有什么可评论的!他只不过是用这种方法顺应当时大家的心理罢了。"

【原文】

肩吾问于孙叔敖曰:"子三为令尹而不荣华,三去之而无忧色,吾始也疑子,今视子之鼻间栩栩然,子之用心独奈何?"孙叔敖曰:"吾何以过人哉?吾以其来不可却也,其去不可止也。吾以为得失之非我也,而无忧色而已矣。我何以过人哉?且不知其在彼乎?其在我乎?其在彼邪亡乎我,在我邪亡乎彼。方将踌躇,方将四顾,何暇至乎人贵人贱哉?"仲尼闻之曰:"古之真人,知者不得说,美人不得滥,盗人不得劫,伏羲、黄帝不得友。死生亦大矣,而无变乎已,况爵禄乎?若然者,其神经乎大山而无介,入乎渊泉而不濡,处卑细而不惫,充满天地,既以与人,己愈有。"

[庄子外篇田子方]

【释义】

肩吾问孙叔敖说:"您三次做令尹而不觉得荣耀,三次罢去职务也不忧愁,我开始还怀疑您是故作姿态,现在看您眉宇之间的表情,还真是满不在乎,您心里到底是怎么想的呢?"孙叔敖说:"我又有什么过人之处呢?我不过是因为官职来到我身上,我不能推卸;官职离开我,我也留不住。我觉得得官失官都不是我能决定的,所以就没有忧愁。我又有什么过人之处呢?再说,得与失究竟是在令尹的职位上呢,还是在我身上?如果是在令尹的职位上,那就与我无关;如果是在我身上,那就与令尹的职位无关。我要考虑的是做到心满意足,从容自得,哪有闲心思想什么人的贵贱呢?"孔子听到后说:"古代的真人,智辩的人不能说服他,美人引诱不了他,强盗劫持不了他,伏羲、黄帝亲近不了他。生死也算是人生的大事了,在他面前也毫无影响,更何况是高官厚禄呢?像这样的人,他的精神穿越泰山挡不住,进入深渊湿不了,处在卑贱的地位不受困顿,充满天地之间,越是施舍给别人,自己越是富有。"

【原文】

古有采诗之官,王者所以观风俗,知得失,自考正也。孔子纯取周诗,上采殷,下取鲁,凡三百五篇。[汉书艺文志]

【释义】

古代有专门的采写诗的官员,君王用来观民间风俗,知天下得失,自我评价。孔子摘取周诗,上从殷,下至鲁,一共三百五十篇。

【原文】

礼经三百,威仪三千。及周之衰,诸侯将逾法度,恶其害己,皆灭去其籍,自孔子时而不具。[汉书艺文志]

【释义】

礼经之官有三百,礼仪有三千。到周王室衰微,诸侯都越过法规制度,厌恶它有害于己,都除去了礼籍,孔子时不完备。

【原文】

春秋古经十一篇,经十一卷,左氏传三十卷。[汉书艺文志]

【释义】

古写本春秋十一篇,今写本十一卷,左氏做的传有三十卷。

【原文】

古之王者,世有史官……周室既微,载籍残缺,仲尼思存前圣之业,……以鲁周公之国,礼文备物,史官有法,故与左丘明观其史记,据行事,仍人道,因兴以立功,就败以成罚,假日月以定历数,藉朝聘以正礼乐。有所褒讳贬损,不可书见,口授弟子。[汉书艺文志]

【释义】

古时候每个朝代都有史官……周王室衰微,记载礼的书籍不全,孔子怀念先贤的功业,……鲁国,礼仪文书俱备,史官有法度,所以和左丘明一起看记载历史的书,依据它行事,兴以立功,败以成罚,借日月制定历法,借朝聘纯正礼乐。有一些褒奖、贬损、忌讳之词,不能写在书上,口头传授给弟子。

【原文】

《论语》古二十一篇。出孔子壁中,两子张。如淳曰:"分尧曰篇后子张"问:"何如可以从政。"已下为篇,名曰:"从政。齐二十二篇。问王、知道。"如淳曰:"问王、知道皆篇名也。鲁二十篇。"[汉书艺文志]

【释义】

古《论语》有二十一篇。出于孔子家的墙夹壁中,两子张。如淳说:"分尧曰篇后子张"问:"怎样做可以从事为政。以下是篇目,名字是从政。齐论有二十二篇。问王、知道。"如淳说:"问王、知道都是篇名。鲁论有二十篇。"

【原文】

孔子家语二十七卷。师古曰:"非今所有家语。"[汉书艺文志]

【释义】

孔子家语二十七卷。颜师古说:"不是现在所有的家语。"

【原文】

孔子三朝记七篇。师古曰:"今大戴礼有其一篇,盖孔子对鲁哀公语也。三朝见公。故曰三朝。"[汉书艺文志]

【释义】

孔子三次朝见写了七篇。颜师古说:"现在大戴礼有其中一篇,是孔子对鲁哀公说的话。三次朝见哀公。因此说三朝。"

【原文】

孔子徒人图法二卷。[汉书艺文志]

【释义】

孔子弟子旧有图法两卷。

【原文】

论语者,孔子应答弟子时人及弟子相与言而接闻于夫子之语也。当时弟子各有所记,夫子即卒,门人相与辑而论篹,故谓之论语。[汉书艺文志]

【释义】

论语,是孔子与弟子以及与时人谈话的言语,当时弟子们都有记载,孔子死后,加以整理、编纂而成故称为论语。

【原文】

孝经古孔氏一篇。二十二章。师古曰:刘向云古文字也。庶人章分为二也,曾子敢问章为三,又多一章,凡二十二章。孝经一篇。十八章。长孙氏、江氏、后氏、翼氏四家。[汉书艺文志]

【释义】

孔壁古文孝经一篇。二十二章。颜师古说:"刘向云古文字,庶人章分为二部,曾子敢问章为三部,又多一章,共二十二章。"今文孝经一篇。十八章。分长孙氏、江氏、后氏、翼氏四家。

【原文】

孝经者,孔子为曾子陈孝道也。[汉书艺文志]

【释义】

孝经,是孔子给曾子陈述孝道的言论。

【原文】

仲尼有言:"礼失而求诸野。"[汉书艺文志]

【释义】

孔子说过:"礼失传了,可以到民间去寻找它。"

【原文】

孔子论《诗》,至于"殷士肤敏,灌将于京",喟然叹曰:"大哉! 天命。善不可不传于子孙。是以当贵无常。不如是,则王公其何以戒慎,民萌何以劝勉?"[汉书刘向传]

【释义】

孔子谈论《诗经》,谈到《大雅文王》篇"殷士肤敏,灌将于京"二句时,感叹道:"伟大啊! 天命。好品德不能不传给子孙。这是因为富贵没有永恒不变的。不这样,那王公大人用什么慎戒自己,老百姓又用什么劝励自己呢?"

【原文】

恭王初好治宫室,壤孔子旧宅以广其宫,闻钟磬琴瑟之音,遂不敢复坏。于其壁中得古文经传。[汉书鲁恭王传]

【释义】

鲁恭王开始喜欢修筑宫室。拆毁孔子家的旧宅,来扩建他的宫殿,听到旧宅中有演奏琴瑟的声音,便不敢再拆,并在旧宅墙壁中得到了用古文书写的经传。

【原文】

钟离意相鲁,见仲尼庙颓毁,会褚生于庙中,慨然叹曰:"蔽芾甘棠,勿翦勿伐,况见圣人庙乎!"逐躬雷治之,周观与服之在焉。自仲尼必来,莫之开也,意发视之,得古文策书,曰:"乱吾书,董仲舒;治吾堂,钟离意。璧有七,张伯怀其一。"意寻案未了而卒。张伯者治中庭,治地得六璧,上之,意曰:"此有七,何以不遂?"伯慄,探璧怀中。鲁咸以为神。[漠晋春秋续汉郡国志注补引]

【释义】

钟离意任鲁地执政官,他看到孔子的庙宇遭到损毁,就在庙里聚会众儒生,感慨叹息道:"先人茂盛的棠梨树,还不能去砍伐,更何况是看到圣人的庙遭到损毁呢!"于是就亲自留下修庙。又四处察看了孔子留下的车驾服饰等物。自孔子死后,没有谁打开庙门,钟离意首次打开,得到一块用古文字写的竹简,上写道:"搞乱我书的人,是董仲舒,修整我房的人是钟离意。有七块璧玉,张伯怀藏其一。"还没完工,钟离意不久就去世了。此前,张伯在庭院中打扫,扫地时得到六块璧玉,上交了。钟离意说:"这玉璧有七块,为什么不全交来?"张伯害怕了,这才从怀中掏出璧。鲁人都认为这事神异。

【原文】

子圉见孔子于商太宰。孔子出,子圉人,请问客。太宰曰:"吾已见孔子,则视子犹蚤虱之细者也。吾今见之于君。"子圉恐孔子贵于君也,因谓大宰曰:"君已见孔子,亦将视子犹蚤虱也。"太宰因弗复见也。[韩非子说林上]

【释义】

子圉将孔子引见给宋国的太宰。孔子出来之后,子圉进去,问宋太宰对孔子的看法。太宰说:"我已见过孔子,再看您就像跳蚤虱子一样的微小了。我现在就要引他去见君主。"子圉恐怕孔子被君主看重,就对太宰说:"君主见到孔子后,也将把您看作像跳蚤虱子一样了。"太宰因此不再引孔子见君主了。

【原文】

孔子谓弟子曰:"孰能导①子西之钓名也?"子贡曰:"赐也能。"乃导之,不复疑也。孔②子曰:"宽哉,不被于利! 絜③哉,民性有恒! 曲为曲,直为直。"孔子曰:"子西不免。"白公之难,子西死焉。[韩非子说林下]

【注释】

①导道也言也。
②孔子日三字衍。

③絜与洁通。

【释义】

孔子对弟子说:"谁能劝谏子西的沽名钓誉呢?"子贡说:"我能。"于是子贡便去开导子西,使他不再疑惑。子西说:"我胸怀宽广,不会被利益所诱惑! 我品德纯洁,性情中有持久不变的原则。曲的就是曲的,直的就是直的。"(拒绝子贡的开导)孔子说:"子西免不了要受祸。"白公叛乱,子西死于此事。

【原文】

鲁哀公问于孔子曰:"鄙谚曰:'莫众而迷。'今寡人举事,与群臣虑之,而国愈乱,其故①也?"孔子对曰:"明主之问臣,一人知之,一人不知也;如是者,明主在上,群臣直议于下。今群臣无不一辞同轨乎季孙者,举鲁国尽化为一,君虽问境内之人,犹②之人,不免于乱也。"[韩非子内储说上七卫]

【注释】

①故下宋本脱何字。
②之人二字衍。

【释义】

鲁哀公问孔子道:"俗话说:'做事不和众人合计就会迷惑。'现在寡人做事,都和群臣商量,可是国家更加混乱,这是什么缘故呢?"孔子回答说:"英明的君主问臣下,一部分人见解很明智,一部分人见解不明智;像这样的话,英明君主在上,群臣可以直率的讨论,通过争论比较,才能取得一致的意见。现在群臣的言论没有不统一于季孙的,全国的人都变成了一个人,君主虽然问遍境内的人民,国家依然不能免于混乱。"

【原文】

鲁哀公问于仲尼曰:"《春秋》之记曰:'冬十二月,霣霜,不杀菽。'何为记此?"仲尼对曰:"此言可以杀而不杀也。夫宜杀而不杀,桃李冬实。天失道,草木犹犯干之,而况于人君乎!"[韩非子内储说上七术]

【释义】

鲁哀公问孔子说:"《春秋》的记载说:'冬天十二月,下霜,菽没有冻死。'为什么记载这件事呢?"孔子回答说:"这是说应该冻死而没有冻死。应该冻死而没有冻死,桃李又在冬天结成果实,这是天道运行失常。天道运行失常,草木都要侵犯它,何况是人君呢?"

【原文】

殷之法,刑弃灰于街者。子贡以为重,问之仲尼。仲尼曰:"知治之道也。夫弃灰于街必掩人,掩人人必怒,怒则鬬,鬬必三族相残也,此残三族之道也,虽刑之可也。且夫重罚者,人之所恶也;而无弃灰,人之所易也。使人行之所易,而无离所恶此治之道。"一曰:殷之法,弃灰于公道者断其手。子贡曰:"弃灰之罪轻,断手之罚重,古人何太毅也?"曰:"无弃灰,所易也;断手,所恶也。行所易,不关所恶,古人以为易,故行之。"[韩非子内储说上七术]

【释义】

依殷朝的法律,把灰烬倒在街道上的要受刑。子贡认为太重,去问孔子。孔子说:"这说明他们懂得治民之道。把灰烬倒在街上,一定会飞扬而迷到人眼,灰迷人,人必然会发怒,发怒就要争斗,争斗的结果一定会使家族间相互残杀。倒灰于街乃是毁灭家族的起因,即便加以刑罚也是很适当的。况且重刑是人所畏惧的,不在街道上倒灰烬是容易做到的。使人们做容易做到的事而不遭受他们畏惧的刑罚,这就是治理民众的方法。"另一种说法是:商朝的法律规定,把灰烬倒在公用道路上的,斩手。子贡说:"弃灰的罪行轻,砍手的刑罚重。古人怎么这样滥用刑罚呢?"孔子说:"不弃灰是容易的,砍手是人所畏惧的。使人行容易做到之事而不遭受他们所畏惧的刑罚,古人认为是容易实行的,所以才推行这种法律。"

【原文】

鲁人烧积泽。天北风,火南倚,恐烧国。哀公惧,自将众辄①救火,左右无人,尽逐兽,而火不救,乃召问仲尼。仲尼曰:"夫逐兽者乐而无罚,救火者苦而无赏,此火之所似无救也。"哀公曰:"善。"仲尼曰:"事急,不及以赏;救火者尽赏之,则国不足以赏于人。请徒行赏②。"哀公曰:"善。"于是仲尼乃下令曰:"不救火者,比降北之罪;逐兽者,比入禁之罪。"令下未遍而火已救矣。[韩非子内储说上七术]

【注释】

①辄一作趣。

国学经典文库

孔子家语

孔子言行典籍译注

图文珍藏版

②赏当作罚。

【释义】

鲁国人放火焚烧积泽。当时天刮北风,火势向南偏斜蔓延,恐怕要烧到国都了。哀公害怕了,亲自率领众人赶去救火。身边没有人了,人们都去追逐积泽中跑出来的野兽,因而大火不能扑灭,于是就召来孔子询问。孔子说:"追逐野兽的人快乐而不受处罚,救火的人辛苦而没有奖赏,这就是大火不能被扑灭的原因。"哀公说:"说得好。"孔子说:"现在事情很急,来不及用论功行赏的办法了;而且,救火的人都给他们奖赏,那么国家的财富也不够用来赏给这些救火的人。请您单单用刑罚。"哀公说:"好。"于是孔子就下命令说:"不去救火的,与投降败逃的罪行相同;追逐野兽的,与闯入禁地的罪行相同。"命令下达后还没有传遍大火已经扑灭了。

【原文】

仲尼为政于鲁,道不拾遗,齐景公患之。梨且谓景公曰:"去仲尼犹吹毛耳。君何不迎之以重禄高位,遗哀公女乐以骄荣①其意? 哀公新②乐之,必怠于政,仲尼必谏,谏③必轻绝于鲁。"景公曰:"善。"乃令犁且以女乐六④遗哀公,哀公乐之,果怠于政。仲尼谏,不听,去而之楚。[韩非子内储:说下六微]

【注释】

①荣当作荥。

②新一作必。

③后汉书冯衍。

④六二八之误。梨黎之讹。犁黎之讹传注引谏下有而不听三字。

【释义】

传注引谏下有而不听三字。孔子在鲁国执政的时候,国家治理得很好,遗失在大路上的东西都没有人去拾取,齐景公对此很忧虑。黎且对齐景公说:"要去掉孔子,就像吹掉一根毛那样容易。您为何不用厚重的俸禄和高贵的职位把他迎到齐国来,并送给鲁哀公歌舞女郎助长他的骄傲和虚荣心,鲁哀公对歌舞女郎感到新鲜喜欢,一定会对政事懈怠,孔子一定会劝谏,劝谏不听,孔子一定会轻易离开鲁国。"齐景公说:"好。"就派黎且把六队歌舞女子送给哀公,哀公很喜欢,果然懈怠了政事。孔子进谏,哀公不听,孔子就离开鲁国到楚地了。

【原文】

孔子曰:"为人君者,犹盂也;民,犹水也。盂方水方,盂圜水圜。"[韩非子外储说左上]

【释义】

孔子说:"做君主的,就像是盂;人民,就像是水。盂是方的。水就是方的;盂是圆的,水就是圆的。"

【原文】

晋文公攻原,裹十日粮,遂与大夫期十日。至原十日而原不下,击金而退,罢兵而去。士有从原中出者,曰:"原三日即下矣。"群臣左右谏曰:"夫原之食竭力尽矣,君姑待之。"公曰:"吾与士期十日,不去,是亡吾信也。得原失信,吾不为也。"遂罢兵而去。原人闻曰:"有君如彼其信也,可无归乎?"乃降公。卫人闻曰:"有君如彼其信也,可无从乎?"乃降公。孔子闻而记之曰:"攻原得卫者,信也。"[韩非子外储说左上]

晋文公

【释义】

晋文公攻打原邑,准备了十日的干粮,和大夫约好十天回来。到了原邑打了十天而原邑还没有被攻下,便敲锣撤退,收兵离开了。有从原邑逃出来的士兵说:"原邑再过三天就能攻下了。"群臣左右劝谏说:"原邑的粮食耗尽,精疲力竭了,您姑且等一下吧!"文公说:"我与战士约好的日期是十天,不离开,是失去我的信用。得到原邑而失信用,我不做这样的事。"于是收兵离开了。原邑人听说后说:"有这样守信用的国君能不归附他吗?"于是就投降了晋文公。卫国人听说之后说:"有这样守信用的国君可以不顺从吗?"于是就投降了晋文公。孔子听说后记录此事说:"攻打原邑而得到卫国,是由于守信用。"

【原文】

孔子相卫,弟子子皋为狱吏,刖人足,所跀者守门。人有恶孔子于卫君者,曰:

"尼欲作乱。"卫君欲执孔子。孔子走,弟子皆逃。子皋从出门,明危引之而逃之门下室中,吏追不得。夜半,子皋问跀危曰:"吾不能亏主之法令而亲跀子之足,是子报仇之时也,而子何故乃肯逃我?我何以得此于子?"跀危曰:"吾断足也,固吾罪当之,不可奈何。然方公之狱治臣也,公倾侧法令,先后臣以言,欲亏之免也甚,而臣知之。及狱決罪定,公憱然不悦,形于颜色,臣见,又知之。非私臣而然也,夫天性仁心固然也。此臣之所以悦而德公也。"[韩非子外储说左下]

【释义】

孔子做卫国的宰相,他的弟子子皋做狱吏,曾砍掉犯人的脚,被砍脚的人被派去看城门。有人在卫国的国君面前中伤孔子说:"孔子想作乱。"卫君想捉拿孔子,孔子逃跑,弟子都逃走。子皋跟着逃出城门,被砍掉脚的人把子皋带到大门旁自己的屋子里,官吏没有追到他。半夜,子皋问他:"我不能破坏君主的法令而亲自砍掉了你的脚,正是你报仇之时,你为什么反而带我逃走?我为什么得到你如此的报答呢?"被砍脚者说:"我被砍脚,本是我罪有应得,是没有办法的事。然而当您审理我这案子时,你在法令规定范围内尽量争取从轻处理,先后多次为我说话,很想使我免受处罚,这我是知道的。等案子已有结论、我的罪已经判定,您皱眉不乐,心情表现在脸色上,我见了之后又知道您的心情,您并不是对我有私心才这样,而是您天性中的仁爱使您自然而然这样的,这就是我对您心悦诚服又感激您的原因。"

【原文】

孔子曰:"善为利者树德,不能为利者树怨。概者,平量者也;吏者,平法者也。治国者,不可失平也。"[韩非子外储说左下]

【释义】

孔子说:"善于做官的人树立恩德,不善于做官的人树立怨敌。概,是称粮时用来刮平斗斛的工具;官吏,是使法令公正实施的人。治理国家,是不能失去公平的。"

【原文】

鲁哀公问于孔子曰:"吾闻古者有夔一足,其果信有一足乎?"孔子对曰:"不也,夔非一足也。夔者忿戾恶心人多不说喜也。虽然,其所以得免于人害者,以其信。人皆曰:'独此一足矣。'夔非一足也,一而足也。"哀公曰:"审而是,固足矣。"一曰:哀公问于孔子曰:"吾闻夔一足,信乎?"曰:"夔,人也,何故一足? 彼其无他异,而独通于声。尧曰:'夔一而足矣。'使为乐正。故君子曰:'夔有一,足。'非一足也。"[韩非子外储说左下]

【释义】

鲁哀公问孔子说:"我听说古时候有个夔只有一只脚,他果真只有一只脚吗?"孔子说:"不是的,夔并不是一只脚。夔这个人怪僻狠心,人们多半不喜欢他。虽然如此,他之所以能够避免被人伤害,是因为他守信用。人们都说:'只是这一点,就足够了。'夔并不是只有一只脚,是说有这一优点就足够了。"哀公说:"如果确实是这样,当然足够了。"另一种说法是:哀公问孔子说:"我听说夔只有一只脚,真的吗?"孔子说:"夔,是人,为什么只有一只脚? 他与别人没有什么差异,只是他精通音乐。尧说:'夔有了这一特长就已经足够了。'就让他做了主管音乐的官。所以君子说:'夔有这一特长,足够了。'不是说夔只有一只脚。"

【原文】

孔子御坐于鲁哀公,哀公赐之桃与黍。哀公曰:"请用。"仲尼先饭黍而后啗桃,左右皆掩口而笑。哀公曰:"黍者,非饭之也,以雪桃也。"仲尼对曰:"丘知之矣。夫黍者,五谷之长也,祭先王为上盛。果蓏有六,而桃为下,祭先王不得入庙。丘之闻也,君子以贱雪贵,不闻以贵雪贱。今以五谷之是雪菓蓏之下,是以上雪下也。丘以为妨义,故不敢以先于宗庙之盛也。"[韩非子外储说左下]

【释义】

孔子侍坐在鲁哀公身边,哀公赐给他桃子和黍子。哀公请孔子吃。孔子先吃黍子后吃桃子,左右都捂着嘴笑,哀公说:"黍子不是当饭吃的,是用来擦桃子的。"孔子回答说:"这我知道。但黍子是五谷中排第一的食物,是祭先王的上等祭品。瓜果有六种,而桃子是下品,祭祀先王时不允许入宗庙。我听说,君子用低贱的东西擦拭高贵的东西,没有听说过以高贵的东西擦拭低贱的。现在用五谷中排第一的东西来擦拭瓜果中的下品,是以上等之物擦拭下等之物。我认为这妨碍道义,所以不敢把桃子放在宗庙的祭祀上品前面吃。"

【原文】

仲尼曰:"与其使民谄下也,宁使民谄上。"[韩非子外储说左下]

【释义】

孔子说:"与其使民众讨好臣下,不如使民众讨好君主。"

【原文】

管仲相齐,曰:"臣贵矣,然而臣贫。"桓公曰:"使子有三归之家。"曰:"臣富矣,然而臣卑。"桓公使立于高、国之上。曰:"臣尊矣,然而臣疏。"乃立为仲父。孔子闻而非之曰:"泰侈偪上。"一曰:管仲父出,朱盖青衣,置鼓而归,庭有陈鼎,家有三归。孔子曰:"良大夫也,其侈偪上。"[韩非子外储说左下]

【释义】

管仲任齐国的宰相,说:"职位高了,可是我还贫穷。"齐桓公说:"我让你拥有市租的十分之三。"管仲说:"我富了,可是我的社会地位还很低。"桓公就使他地位高于高氏、国氏。管仲说:"我的地位高了,但是我和君主的关系还很疏远。"桓公就称他为"仲父"。孔子听说后非难说:"管仲奢侈放纵威胁到君主了。"另一种说法:管仲外出、朱红的车盖、青色的车幔,归来时奏着鼓乐,庭院有成行的大鼎,家中有三成的市租收入。孔子说:"管仲是个优秀大夫,但他的奢侈威胁到君主。"

【原文】

季孙相鲁,子路为郈令。鲁以五月起众为长沟,当此之为,子路以其私秩粟为浆饭,要作沟者于五父之衢而飱之。孔子闻之,使子贡往①覆其饭,擎毁其器,曰:"鲁君有民,子奚为乃飱之?"子路怫然怒,攘肱而入,请曰:"夫子疾由之为仁义乎?所学于夫子者,仁义也。仁义者,与天下共其所有而同其利者也。今以由之秩粟而飱民,不可何也?"孔子曰:"由之野也!吾以女知之,女徒未及也。女故②如是之不知礼也!女之飱之,为爱之也。夫礼,天子爱天下,诸侯爱境内,大夫爱官职,士爱其家,过其所爱曰侵。今鲁君有民而子擅爱之,是子侵也,不亦诬③乎?"言未卒,而季孙使者至,让曰:"肥也起民而使之,先生使弟子令徒役而飱之,将夺肥之民耶?"孔子驾而去鲁。[韩非子外储说右上]

【注释】

①一本往作后。
②故读为固。

③诬枉也。

【释义】

季孙氏做鲁国的宰相,子路当邱地的县令。鲁国在五月发动民众开河,正要动工,子路拿他私人的俸禄做成了稀饭,请开河的人到五父大道给他们吃。孔子听说了这件事,就让子贡去倒掉他的饭,打破盛饭的器具,说:"这些都是鲁国君主的百姓,为什么要请他们吃饭?"子路勃然大怒,将起袖子进去对孔子说:"先生忌恨我施行仁义吗?我从夫子那所学的,就是仁义。所谓仁义,就是和天下人共有自己所拥有的东西,与天下分享自己所得到的利益。现在我用俸禄中的粮食给老百姓吃,为什么不可以呢?"孔子说:"仲由,你怎么粗野啊!我以为你懂得了这个道理,你却不懂。你原来是这样不懂礼制啊!你给老百姓吃饭,是因为爱他们。但按照礼制,天子应该爱天下的民众,诸侯应该爱国内的民众,大夫爱他官职范围内的人,士应该爱自己家庭内的人,如果超出了自己应该爱的范围就叫作侵权。现在鲁国的君主拥有的民众你却擅自去爱他们,这是你侵犯君主权力,这不是胆大妄为吗?"孔子的话还没有说完,季孙氏的使者就到了,责备孔子说:"我季孙肥发动民众驱使他们,先生却让弟子给劳工吃饭,是要夺取我的百姓吗?"孔子只得驾起车离开了鲁国。

【原文】

尧欲传天下于舜。鲧谏曰:"不祥哉!孰以天下而传之于匹夫乎?"尧不听,举兵而诛杀鲧于羽山之郊。共工又谏曰:"孰以天下而传之于匹夫乎?"尧不听,又举兵而诛共工于幽州之都。于是天下莫敢言无傅天下于舜。仲尼闻之曰:"尧之知舜之贤,非其难者也。夫至乎诛谏者必傅之舜,乃其难也。"一曰:"不以其所疑败其所察,则难也。"[韩非子外储说右上]

【释义】

尧想把天下传给舜,禹的父亲鲧说:"这不吉利!有谁把天下传给一个平民呢?"尧不听他的劝谏,起兵讨伐并把鲧杀死在羽山的郊外。共工又劝谏道:"有谁把天下传给一个平民呢?"尧不听从,又起兵讨伐并把共工诛杀在幽州的都城。于是天下没有谁敢说不把帝位传给舜了。孔子听说这件事后说:"尧了解舜的贤能,并不是困难的事。至于诛杀劝谏者而一定要把帝位传给舜才是最困难的事啊!"另一种说法是,孔子说:"不因为使自己疑惑的话,败坏了自己所明察的事,才是困难的。"

【原文】

卫君人朝于周,周行人问其号,对曰:"诸侯辟疆。"周行人却之曰:"诸侯不得与天子同号。"卫君乃自更曰:"诸侯燬。"而后内之。仲尼闻之曰:"远哉,禁逼! 虚名不以借人,况实事乎?"[韩非子外储说右下]

【释义】

卫国的国君进宫朝见天子,周朝掌管朝见聘问的行人问他的名号,回答道:"诸侯辟疆。"周朝的行人说:"诸侯不能和天子同一名号。"卫君便自己改名号道:"诸侯燬。"然后才让他进了宫。孔子听说了此事,说:"禁止冒犯君主的意义多么深远啊! 虚名都不能够借给别人,何况是实际权力呢?"

【原文】

晋文公将与楚人战,召舅犯问之,曰:"吾将与楚人战,彼众我寡,为之奈何?"舅犯曰:"臣闻之:'繁礼君子,不压忠信;战阵之闲,不压诈伪。'君其诈之而已矣。"文公辞舅犯,因召雍季而问之,曰:"我将与楚人战,彼众我寡,为之奈何?"雍季对曰:"焚林而田,偷取多兽,后必无兽;以诈遇民,偷取一时,后必无复。"文公曰:"善。"辞雍季,以舅犯之谋与楚人战以败之。归而行爵,先雍季而后舅犯。群臣曰:"城濮之事,舅犯谋也。夫川其言而后其身,可乎?"文公曰:"此非若所知也。夫舅犯言,一时之权也;雍季言,万世之利也。"仲尼闻之,曰:"文公之霸也,宜哉! 既知一时之权,又知万世之利。"[韩非子难一]

【释义】

晋文公将要和楚国军队作战,召来舅犯问道:"我将要和楚国作战,敌军人多,我军人少,你看怎么办?"舅犯说:"我听说:'多礼的君子,不知满足地追求忠信;战场之上,不嫌诈伪之术。'君主您只需使用欺诈之术罢了。"文公让舅犯退下,随即召来雍季问道:"我将与楚国作战,敌军人多,我军人少,怎么办?"雍季回答道:"烧掉森林打猎,一时能够多打一些野兽,但以后一定没有野兽可打;以欺诈的办法对付人民,能够一时取得成功,以后肯定不能重复。"文公说:"说得好。"让雍季退下,然后按舅犯的计谋和楚军作战并战败了他们。回来后论功行赏,先奖赏雍季后奖赏舅犯。群臣说:"城濮之事,是舅犯的计谋。用他的意见而赏赐时却把他放在后面,这合适吗?"文公说:"这不是你们所能知道的了。舅犯的意见,是一时的权宜之计;雍季的意见,能获取万世的利益。"孔子听说了,说:"晋文公成为霸主是应该的。既懂得权宜之计,又懂得万世之利。"

【原文】

历山之农者侵畔,舜往耕焉,朞年,甽畝正。河滨之渔者争坻,舜往渔焉,朞年而让长。东夷之陶者器苦窳,舜往陶焉,朞年而器牢。仲尼叹曰:"耕、渔与陶,非舜官也,而舜往为之者,所以救败也。舜其信仁乎!乃躬藉处苦而民从之。故曰:圣人之德化乎!"[韩非子难一]

【释义】

历山的农民互相侵占田界,舜前去耕种,过了一年,田界都端正了。黄河边的渔民争夺水中高地,舜前去捕鱼,过了一年,大家都把高地让给年长者。东夷的陶工制造的陶器粗劣不坚固,舜就到那里去制陶,过了一年陶器制的坚固了。孔子叹息说:"耕种、捕鱼和制陶,不是舜职责内的事,舜前去干这些事,是为了补救败坏的风气。舜确实是个仁厚之人啊,亲身在艰苦的地方劳作而人民跟随他。所以说:圣人的德行能感化民众啊!"

【原文】

襄子围于晋阳中,出围,赏有功者五人,高赫为赏首,张孟谈曰:"晋阳之事,赫无大功,今为赏首,何也?"襄子曰:"晋阳之事,寡人国家危,社稷殆矣。吾群臣无有不骄侮之意者,惟赫子不失君臣之礼,是以先之。"仲尼闻之曰:"善赏哉!襄子赏一人而天下为人臣者莫敢失礼矣。"[韩非子难一]

【释义】

赵襄子被包围在晋阳城中,突围以后,奖赏了五个人,高赫成为他奖赏的第一个人。张孟谈说:"晋阳的战事,高赫并没有大功,现在却第一个受赏,为什么?"赵襄子说:"晋阳被围困时,我的国家危急。社稷危险了。我的群臣没有不在我面前显露出轻慢骄横的神色的,只有高赫没有失去君臣之间的礼节,所以首先奖赏他。"孔子听说后说:"善于奖赏啊!赵襄子奖赏了一个人而天下当人臣的没人敢失礼了。"

【原文】

昔者文王侵盂、克莒、举酆，三举事而纣恶之。文王乃惧，请入洛西之地、赤壤之国方千里，以请解炮烙之刑。天下皆说。仲尼闻之，曰："仁哉，文王！轻千里之国而请解炮烙之刑。智哉，文王！出千里之地而得天下之心。"〔韩非子难二〕

【释义】

从前周文王侵占了盂、攻克了莒、夺取了酆，三次举事而纣憎恨他了。文王害怕，请求进献洛水以西的土地，方圆千里的赤裹之地，用来请求解除炮烙之刑。天下都很高兴。孔子听说了，说："仁义啊，文王！不在乎千里之国而请求解除炮烙之刑。智慧啊，文王！献出了一千里的封地得到了天下人的心。"

【原文】

叶公子高问政于仲尼，仲尼曰："政在悦近而来远。"哀公问政于仲尼，仲尼曰："政在选贤。"齐景公问政于仲尼，仲尼曰："政在节财。"三公出，子贡问曰："三公问夫子政一也，夫子对之不同，何也？"仲尼曰："叶都大而国小，民有背心，故曰'政在悦近而来远'。鲁哀公有大臣三人，外障距诸侯四邻之士，内比周而以愚其君，使宗庙不扫除、社稷不血食者，必是三臣也，故曰'政在选贤'。齐景公筑雍门，为路寝，一朝而以三百乘之家赐者三，故曰'政在节财'。"〔韩非子难三〕

【释义】

叶公子高向孔子询问治国的方法，孔子说："统治的关键在于使附近的人喜欢自己，远方的人前来归顺。"鲁哀公向孔子询问治国的方法。孔子说："关键在于选拔贤人。"齐景公向孔子询问治国的方法。孔子说："关键在于节约财物。"三人出去之后，子贡问道："他们三位问先生的是同一个问题，先生的回答却不同，这是为什么？"孔子说："叶地的国都大而国家小，民众有背叛之心，所以说：'让附近的人喜欢，让远方的人归附。'鲁哀公有三个大臣，对外阻碍和拒绝四方邻国的贤人来到鲁国，对内结党营私愚弄自己的君主，今后使宗庙得不到打扫，社稷之神得不到杀牲祭祀的，肯定是这三个人，所以我说：'治国的方法在于选拔贤人。'齐景公建筑雍门，建造路寝台，一个早上就赏赐了三个人，每个人都得到拥有三百辆兵车的封地。所以说：'治国的方法在于节约财物。'"

【原文】

仲尼,天下圣人也,修行明道必游海内,海内说其仁、美其义而为服役者七十人。[韩非子五蠹]

【释义】

孔子,是天下的圣人,他修养德行、宣扬儒家学说而周游天下,可是天下喜欢他的仁爱思想、赞美他的道义学说而给他效劳的门徒只有七十人。

【原文】

鲁人从君战,三战三北。仲尼问其故,对曰:"吾有老父,身死莫之养也。"仲尼以为孝,举而上之。[韩非子五蠹]

【释义】

鲁国有个人跟随君主作战,三次交战他三次逃跑。孔子问他为什么,他回答说:"我家里有年老的父亲,我死了就没有人赡养他了。"孔子认为他孝,推举他做了官。

【原文】

澹臺子羽,君子之容也,仲尼几而取之,与处久而行不称其貌。宰予之辞,雅而文也,仲尼几而取之,与处久而智不充其辩。故孔子曰:"以容取人乎,失之子羽;以言取人乎,失之宰予。"[韩非子显学]

【释义】

澹台子羽有君子的容貌,孔子以为他像君子就收录为弟子,相处长久之后,发现其行为配不上其容貌。宰予的言辞,高雅而有文采,孔子以为他像君子就收录为弟子,相处长久之后,发现他的智慧赶不上他的辩才。所以孔子说:"以容貌来取人,在子羽身上出了错;以言辞来取人,在宰予身上出了错。"

【原文】

季子治单父三年,巫马期往观化焉。见夜渔所得小鱼释之,巫马期以报孔子。子曰:"季子之德至矣!使人暗行若有严刑在其侧。季子何以至此?"丘尝闻之,诚

于此者形于彼。季子必行此术也。［韩非子薛据孔子集语引今本无此文］

【释义】

　　季子治理亶父三年了，巫马期前去观察他的教化。看见打鱼人捕到鱼后又放掉，巫马期回去报告孔子这个情况，并说："季子的道德达到最高境界了！能使人夜晚独自行动也好像有严酷的刑罚在旁边监督一样。季子怎么会达到这种境界呢？我曾经听他说：'在这里教诫，便等于在那里执罚。'季子一定是施行这种方法了。"

【原文】

　　仲尼曰："过也，人皆见之；更也，人皆仰之。"［唐书元行冲著释疑论］

【释义】

　　孔子说："错了，人们都看见了；改了，人们都仰慕他。"

【原文】

　　箕子陈谟而洪范作，宣尼述史而春秋著，皆所以章明列辟，景测皇天者也。［魏书高允传］

【释义】

　　箕子陈述谋略《洪范》出，仲尼陈述历史《春秋》成，这两部书都用来阐明天人大法，观测上天的星象之变。

【原文】

　　夏禹不死，而仲尼知之，安知仲尼不密修其道。［玉烛宝典十二］

【释义】

　　夏禹没死，孔子知道，怎么知道孔子没有秘密修行大道。

【原文】

　　一足鸟，一名商羊，一名雨天将雨则飞鸣，孔子辨之于齐廷也。［禽经注］

【释义】

　　一只脚的鸟，一个名字叫商羊，在它飞鸣的时候天降下大雨，这是孔子在齐国朝廷上说的。

【原文】

孔子东游,见两小儿相鬪。一儿曰:"我以日初出去人近。"一儿曰:"日中近。"一儿曰:"日初出如车盖,至中裁如盤盂,岂不近者大,远者小!"一儿曰:"日初出沧沧凉凉,至日中有如探汤,此非远者凉,近者热耶!"孔子亦不知日中天而小,落扶桑而大。〔金楼子立言上〕

【释义】

孔子东游时,看见两个小孩在争辩。一小孩说:"我认为太阳升起时离人近。"另一小孩说:"中午时离人近。"第一个小孩说:"太阳刚出来时,大得像车盖,到中午时就像碗那么大了,难道不是近了大,远了就小了吗!"另一个小孩说:"太阳刚出时很凉的,到中午时很热,这不就因为近的热远的凉吗!"孔子也不知道太阳在中天时小,落下时渐大。

第三章　孔子的伦理学说

一、孔子说"正名"

在《心得》一书中，于丹只字未提孔子的"正名"说。这是一时的疏忽，还是有意的回避，或者是不愿意"僵死地理解"？然而这正是体现孔子治国方略的最核心的理论，也是历代王朝作为"治国之本"的理论。

如前所述，孔子所要维护的是奴隶制，但是到春秋后期，历史已经渐次向封建制过渡。令人诧异的是，孔子所创立的旨在复古的儒家思想体系，他的理论纲领和伦理观念，却同样成了封建制度的支配理论与观念，并延续了两千多年，直到清王朝灭亡。

孔子学说的理论纲领和伦理观念，何以有如此雄大而顽强的生命力呢？这就很有必要对《论语》做一番解读。

综观《论语》所记述的孔子的思想、学说、理论、观念，概括起来，大致有两个基本的内容：（一）孔子的治国方略；（二）孔子倡导的人格修养。而这两项基本内容，都是同春秋后期的社会环境和政治思想紧密地联系在一起的。

为了识别以孔子为代表的先秦儒家的政治面目及其社会地位，我们要先厘清"儒"的本源和它的内涵。

《说文》："儒，术士之称。""术士"即古代从巫、史、祝、卜等职业中分化出来的专为贵族人家相礼的知识分子，也就是寄食于贵族的知识分子。这些儒者要向贵族人家讲授"六艺"（礼、乐、射、御、书、数），还要把自己所搜集到的历史文献资料，后世所谓"六经"（《诗》《书》《礼》《乐》《易》《春秋》），作为基本教材，传授给新旧权贵们。

在西周奴隶制的时代，"儒"处在奴隶主和奴隶之间的缓冲地带，战胜国的贵族允许儒者参与分掌部分的政务，协助贵族管理被掳来的奴隶。儒者处在居间的位置，有助于调解、缓和众奴隶和奴隶占有者之间的矛盾和冲突，客观上也就提高了"儒"的社会地位。

闻一多说："后来胜国贵族渐趋没落，而儒士们因有特殊知识和技能，日渐发展

成一种宗教文化的行帮企业,兼理着下级行政干部的事务,于是缓冲阶层便为儒士们所占有了。"(《什么是儒家》)

这也就是职业化了的儒士,即孔子所说的"君子儒"——子谓子夏曰:"女(汝)为君子儒,无为小人儒。"(《雍也》)翻译成白话是,孔子对子夏说:"你要成为职业化的儒士,不要成为寄生的儒士。"孔子正是在这个社会背景下成为一名专业的儒士——"君子儒"。

对于"君子儒""小人儒",郭沫若做过如下的论述:

儒,在初当然是一种高等游民,无拳无勇,不稼不穑,只晓得摆个臭架子而为社会上的寄生虫。孔子所说的"小人儒"当指这一类。这种破落户,因为素有门望,每每无赖,乡曲小民狃于积习,多不敢把他们奈何。他们甚而至于做强盗,做劫冢盗墓一类的勾当。

但是在社会陵替之际,有由贵族阶级没落下来的儒,也有由庶民阶级腾达上去的暴发户。……因为既腾达的暴发户可以豢养儒者以为食客或陪臣,而未腾达的暴发户也可以豢养儒者以为西宾以教导其子若弟,期望其腾达。到达这样,儒便由不生产的变而为生产的。这大约也就是孔子所说的"君子儒"了。这是儒的职业化。(《青铜时代·驳(说儒)》)

这里顺便提及于丹在《心得》一书的"君子之道"篇中,引用了孔子对子夏说的这番话以后,对"君子儒""小人儒"却做了这样的解读:"就是说,你要想着提高修养,不要老惦记眼前的一点点私利。"她还说:"在孔子看来,做君子就是做一个最好的你自己,按照自己的社会定位,从身边做起,让自己成为内心完善的人。因为只有你的内心真正有了一种从容淡定,才能不被人生的起伏得失所左右。"

实际上,孔子讲的是春秋时代的儒士同其他阶级的依附关系的问题。也就是说,是成为职业化的儒士,还是成为破落的寄生者的儒士;是充当腾达的或尚未腾达的贵族的代言人,还是充当破落贵族的代言人。于丹解读的随意性,离开《论语》的本意实在是太远了,恐怕连望文生义都谈不上。

儒士的职业化或行帮化,依靠着两个基本的理论支撑。

其一便是"正名"的理论。

子路曰:"卫君待子而为政,子将奚先?"

子曰:"必也正名乎!"(《子路》)

翻译成白话是,子路问:"卫国国君期待着老师去施政治国,请问老师您打算先做什么事呢?"孔子回答道:"我一定要先正名分。"

孔子在和子路对话时还说:"名不正则言不顺,言不顺则事不成,事不成则礼乐不兴,礼乐不兴则刑罚不中,刑罚不中则民无所措手足。"可见不先正名分可能产生的严重后果。"故君子名之必可言,言之必可行也"。(以上均见《子路》)

以上说明"正名"说在孔子的治国方略中的重要地位。那么,孔子的"正名",指的是什么呢?

齐景公问政于孔子。孔子对曰:"君君,臣臣,父父,子子。"(《颜渊》)

翻译成白话是:有一回,齐景公向孔子问政。孔子回答道:"国君要像国君的样子,臣僚要像臣僚的样子,父亲要像父亲的样子,儿子要像儿子的样子。"

这就是说,在等级森严的现实社会里,君臣父子,必须各就其位,各谋其职,不可以僭越,不可以篡位。

孔子讲这番话,是在许多国家已经是卿大夫窃取了国家的权位,或是"陪臣执国政"的春秋后期,政局动荡不定的年代。孔子企图用"正名"的政治主张,去阻止正在发生的惨烈的社会变革,通过恢复国君的绝对权威,去建立一个正常的、稳定的社会秩序。

然而,实际上孔子的"正名"说,并未能改变当时"臣弑君"的社会现实。

子曰:"觚不觚,觚哉!觚哉!"(《雍也》)

翻译成白话是,孔子感叹道:"觚不像觚的样子了。这是觚吗?这是觚吗?"

觚是古代盛酒的器皿,腹部和足部各有四个棱角,容量较大。孔子所见的可能是一个圆形的酒器,下方无棱角,容量也较小,却也名为觚。孔子有感于当时名实不符的社会现状,在"君不君,臣不臣,父不父,子不子"的世态下,发出了"觚不觚"的悲凉的感慨;而"觚哉!觚哉!"的质疑,说明"夫子之道"已经行不通了。

然而,这行不通并不能反证"正名"说失去了它的理论威力。

自秦汉至明清,"正名"说成了历朝最高统治者用来镇压那些企图篡夺王位而发动政变者的重要的理论武器。"正名"说适应了封建专制主义的需要,成了几千年来封建王朝的支配理论。像曹操这样的英雄人物,即使在当时"挟天子以令诸侯"的情势下,他也要在《述志》一文中表明自己没有废除刘姓汉代而自立的野心:"孤此言皆肝鬲之要也。"

孔子的"正名"说,对于后世的影响是不可以低估的。如西汉中期,在"天人感应"学说的基础上,董仲舒以"天"为出发点,提出了关于人世间上下尊卑的等级关系的理念,说"天下之尊卑,随阳而序位";"阳贵而阴贱,天之制也。"(《天辨在人》)而这种尊卑贵贱的人际关系,即"君臣父子夫妇之义,皆取阴阳之道,君为阳,臣为阴,父为阳,子为阴,夫为阳,妇为阴"。(《基义》)这不就是"正名"说的延伸吗?

董仲舒在"阳尊阴卑"的神学理论的基础上，建立了"三纲五常"的体系化的学说。其"三纲"——"君为臣纲，父为子纲，夫为妻纲"，比之"正名"说，增加了男人（丈夫）对女人（妻子）的绝对统治，所以说是"正名"说的延续和扩大。

这说明中国封建社会，自汉以后，最高统治者更需要利用"三纲五常"一类旨在维护封建宗法制度和专制主义的理论来巩固他们的政权和地位，他们也因此要"独尊儒术"了。

鲁迅曾经深刻地揭示了"正名"等说教的阶级本质。他说："孔夫子曾经计划过出色的治国方法，但那都是为了治民众者，即为权势者设想的方法，为民众本身的，却一点也没有。这就是'礼不下庶人'。"（《在现代中国的孔夫子》）

二、孔子说"中庸"

孔子说："中庸之为德也，其至矣乎？民鲜久矣！"（《雍也》）中庸是一种常人很难达到的崇高的品德，孔子称之为"至矣"，即人生修养的最高境界。可是，当我们今天提及"中庸"一词，就会使人想起"折中主义"的指责，以为中庸是无原则、无是非、和稀泥的方法，还会想起那些庸俗之人唯唯诺诺、庸庸碌碌、无所作为的样子，等等。这就不能不令人困惑，终生奋斗不息、不知老之将至的一代哲人孔子，怎么会把这种随处可见的平庸人格说成是"民鲜久矣"的至德？那么，"中庸"到底为何物呢？

中庸，是孔子的一种思想方法。在孔子"仁义礼"结合的思想体系中，在他因材施教的教学实践中，在他因时制宜的出处进退和待人接物的活动中，无不贯穿着中庸的方法，无不打上中庸的烙印。随着孔子被尊为至圣先师，儒学被待以独尊地位，中庸作为儒学的思想特征之一，在历史上曾经是而且现在也不自觉地是影响和规范中国文化的指南和模式。因此，中庸是准确理解孔子及其思想的钥匙，是认识儒家思想的一大关键，也是了解中国文化特色的一个门径，我们切不可受历史上对中庸的误解影响而等闲视之、漠然置之，甚至错误地丑诋和鄙弃它。如果那样，我们就成了不善于吸取圣贤智慧的愚人，成了泼水而将婴儿也倒掉的蠢人了。

根据孔子关于"中庸"精神的论述和他的为人处事方法，我们可以将中庸这一思想方法归纳为四项，即适中、中正、中和、时中。下面分别言之。

（一）允执厥中——适中

适中，即无过不及、恰到好处。"中庸"，按其本训，即用中。庸即用。《庄子·

齐物论》:"庸也者,用也。"《说文解字》:"庸,用也。"此皆为其证。用中,掌握恰当的分寸,用恰当的方式、方法和尺度来修身、治世。这就是《礼记·中庸》所说:"执其两端,用其中于民。"意即控制两个极端,以恰当(中)的分寸来治理人民。孔子认为"用中于民"的思想渊源悠久,传自尧舜,它是尧舜禹汤相传的秘诀。

尧曰:"咨尔舜:'天之历数(节度)在尔躬(身),允执厥(其)中。四海困穷,天禄永终。'"舜亦以命禹。(《尧曰》)

"天之历数",指根据天体运行规律制定的历法等节度,这里侧重于天体的运行节度和规律。孔子认为,是在尧的时代,推步天文,制定了历法;也是从尧开始,法天行之节度(即规律)来治理社会。他说:"大哉尧之为君也!巍巍乎!唯天为大,唯尧则之。"(《泰伯》)而尧舜则天治世的主要内容,即法天行适度的原则,把握适中("允执其中")的限度。如果走极端,将天下弄得走投无路("困穷"),上天赐予的禄位也就永远终止了。孔子反对过分和过火的行为,认为过分的强硬措施,是不得人心的暴政、苛政和虐政;但也不能走宽政的极端,过分柔政,也会适得其反,造成民心淫佚,风气不振。因而说:"爱之(民)能勿劳(劳苦)乎?"(《宪问》)爱民惠民并不是完全不要人民从事必要的劳役。历史的经验证明:若统治者一味地实行强权政治,就会加深人民的反抗情绪,扩大阶级对立的裂痕;若到了人民走投无路的时候,必然导致剧烈的阶级冲突,天赐之禄当然就将永远离统治者而去了。相反,若统治者过分地柔惠,朝廷无威,政令不行,法禁不止,民风颓废,地方坐大,豪强割据,地方势力武断乡曲,抗衡中央,就不利于社会安宁和稳定。因此,一定要"允执厥中","用其中于民",刚而不至于猛,惠而不至于软,爱之劳之,取之予之,然后天下安定。

适中的原则在教学上和修身中也极为重要,孔子在教学中善于分析弟子的优劣、善否、长短,因材施教,教育和培养学生,很好地贯彻了中庸的方法。一次,子路问孔子:"闻斯行诸?"孔子说:"有父兄在,如之何其闻斯行之?"后来,冉求向孔子请教同一个问题,孔子却欣然答道:"闻斯行之!"公西华很不理解,孔子解释说:"求也退(胆怯),故进(促进)之;由也兼人(逞强),故退(抑退)之。"(《先进》)子路为人言必行,行必果,听到了一个善言,若是自己还未付诸实践,唯恐又听到新的。为人好勇逞强,显得咄咄逼人,不合乎"孙(逊)以出之"(《卫灵公》)的修身之道,故孔子有意抑退他。冉求为人胆怯,见义不能勇为,又不合乎"当仁不让于师"(《卫灵公》)的精神,故孔子促进之。孔子对子路和冉求的不同教诲,正在于掌握适中的原则。

子贡问子张与子夏二人孰优?孔子说:"师(子张)也过(过度),商(子夏)也不及。"子贡说:"然则师愈(优)与?"孔子曰:"过犹不及。"(《先进》)子张性偏激,有些急躁冒进,孔子曾说:"师也辟",即志趣孤高而流于偏激;子夏重文,是位谨小慎微的纯儒,孔子曾告诫他"女(汝)为君子儒(有大志),无为小人儒(无大志)"。没有大志固然不好,因为无大志就不能最大限度地开发人的潜能;但志高气盛、流于偏激也不好,因为偏激会造成狂妄自大、孤高脱群。向任何一个方面走极端,都不是君子的理想人格,故孔子说"过犹不及"。孔子的理想人格是知进知退,知刚知柔,防其两极,慎守中道。有一善行,但又保持一定的分寸,不把某种品质推向极端,避免走入死胡同。物极必反,任何东西过分地强调都会走向反面,就会适得其反。正如英国诗人乔叟所说:"怀疑一切与信任一切是同样的错误。能得乎其中,方为正道。"列宁亦说:"只要向前再多走一小步——看来仿佛依然是向同一方面前进的一小步——真理就会变成谬误。"很多人虽有很多善行和美德,但由于过分发挥,走了极端,优点反而成了缺点。孔子在自己的个性修养上,就是恰当把握分寸,正确培养美德,因而成了圣人。《淮南子·人间》篇记载说:

人或问孔子曰:"颜回何如人也?"曰:"仁人也。丘弗如也。""子贡何如人也?"曰:"辩人也。丘弗如也。""子路何如人也?"曰:"勇人也。丘弗如也。"宾曰:"三人皆贤于夫子,而为夫子役(指使),何也?"孔子曰:"丘能仁且忍,辩且讷,勇且怯。以三子之能易(换)丘一道,丘弗为也。"

孔子认为,颜回、子贡、子路都有他们的过人之处,甚至这些长处在某种意义上都是孔子所赶不上的("丘弗如也"),但由于不善于执中,不善于掌握恰当的分寸,因而都未能尽善尽美。孔子自己则兼有众人之长而无众人之短,能把握火候,恰到好处,因此,虽然在具体技能方面不及诸人,但他却具有综合优势,这是众人所不能比拟的。这段话亦见于《说苑·杂言》《论衡·定贤》及《列子·仲尼》等书,未必真出自孔子之口,但它表达的行为适中、无过不及的思想,却与孔子"过犹不及"观点如出一辙。

孔子又说:

聪明圣知(智),守之以愚;功被(盖)天下,守之以仁;勇力抚世,守之以怯;富有四海,守之以谦:此所谓挹(抑)而损之之道也。(《荀子·宥坐》)

这里说的是处于一定地位后,用"挹而损之"的方法来保持适中状态,同样合乎中庸的思想,值得人们深思和借鉴。

（二）无过与不及——中正

中可训正。许慎《说文解字》于史字下曰:"中,正也。"朱骏声《说文通训定声》

曰:"其本训当为矢著(着)正也";"著侯(箭靶)之正为中,故中即训正。"因此,《尧曰》皇侃疏"允执厥中"的"中"为:"中正之道也。"

中正是讲一个人的行为走正道,言中规,行中伦,表里一致,名实一致。孔子要求人们,在修养上,内在的修养与外在的修饰吻合起来。他一则说"文胜质则史(文诌诌)",又说"质胜文则野",主张"文质彬彬然后君子"(《雍也》)。在政治生活和社会生活中,他要求用人时才能与职位相符,行为与名分相符。首先,要"选贤才"。认为"政在得人",得其人而天下治。孔子曾根据《易经》"负且乘,致寇至"的思想,发挥说:"负也者,小人之事也;乘也者,君子之器(名位)也。小人而乘君子之器,盗思夺之矣。"(《周易·系辞上》子曰)政治职位应该是君子据有,如果才浅德薄的小人占据了位子,德才与名位不相称,连强盗也不服气,思有以夺之。其次,主张"正名"。他要求人们行为名实相符,做到"君君、臣臣、父父、子子",即每个阶层、每个阶级的人们,每一伦理关系中的人们,都做到与自己职分、地位和名分相适应,既不过分,也不失职。只有人人扮演好社会分配给他的角色,人尽其职,人守其分,于是就言顺事成,礼乐兴化,社会就有秩序,天下就蒸蒸大治了。孔子认为,国家政治实际上就是保持中正的过程,只要行中正,安名分,秩序井然,天下就不难实现太平。因此,他说:"政者正也。子帅以正,孰敢不正?"(《颜渊》)又说:"其身正,不令而行;其身不正,虽令不从。"(《子路》)意即为政者守中正,不失职,不越分,就能表率天下,风化万民。

中正的另一含义是在物质享受上合乎身份,合乎礼制。在礼制社会里,每个等级在物质享受上都有相应的规定,从服饰、车马、居处,到礼乐、文章,都有具体的条款。这既是标志社会等级尊卑的必要措施,又是等级制度的物质反映。《左传》宣公十二年说:"君子、小人,物有常服,贵有常尊,贱有等威,礼不逆(乱)也。"即指此而言。同时,对一定阶层物质享受做出必要的规定,也是物质生产力不发达社会保持整个社会物资供应的必要措施。需要是难以满足的,如果统治者任意获取,贪得无厌,就会过多地掠夺劳动者的财富,影响他人的生存和幸福,就会激起民变,招来祸患。孔子说:"慢(多)藏诲盗,冶容诲淫。"(《周易·系辞上》)季康子患盗,问防盗之法于孔子,子曰:"苟子之不欲,虽赏之而不来。"(《颜渊》)可惜统治者很少有人知道这个道理,季孙富比周公,还贪心不足,要再求帮他聚敛,气得孔子发誓说:"非吾徒(学生)也! 小子鸣鼓而攻之可也!"(《先进》)《盐铁论·褒贤》亦记载说:"季、孟之权,三桓之富,不可及也。孔子为之曰:'微,为人臣权均于君,富侔于国者,亡!'"这表现出他对季孙氏等"三桓"贵族为富不仁的极大愤慨。"三桓"在礼乐享受上也僭于国君。按规定,大夫只能用四八三十二人演奏歌舞,季孙氏却用八八六十四人（八佾），这是天子才享用的，孔子愤愤曰："季氏八佾舞于庭，是可忍，孰不可忍也！"（《八佾》）《雍》乐是天子用来祭告祖庙的礼乐，"三桓"在祭祀祖先时也用了，乐曲虽然雍容盛美，但却不应该由三家大夫享用，于是孔子引用《雍》诗中"相维辟公，天子穆穆"两句讽刺说："天子肃穆作祭主，恭谨侯相是诸侯。这怎么能在三家之堂看见呢？"对这种过分聚敛、过分糜费、不守礼制之中正的行为，孔子是深恶痛绝的。他认为，这既紊乱了礼制，混淆了上下关系，不利于等级社会的和谐；又过多聚敛，重赋于民，影响人民的正常生产和生活，不利于阶级社会的长期稳定。

但是，出于对礼乐的酷爱和对等级的维护，孔子也反对过分的俭朴，认为享受和文饰不称其位，亦有失身份。从前，楚国有个贤相，叫孙叔敖，修养极高，一心为公，不念得失，三得相位无喜色，三已（罢）之无忧色。孙叔敖为相三月，施教于民，吏无奸邪，盗贼不兴，在才干上和个人品质上无可非议。但他生活太俭朴，"妻不衣帛，马不秣（饲）粟。孔子曰：'不可，太俭极下。此《蟋蟀》所为作也'。"（《盐铁论·通有》）孔子说孙叔敖过分俭朴，这是《蟋蟀》之诗所讽劝的。《蟋蟀》是《诗经》中的一篇。《诗序》说："《蟋蟀》，刺晋僖公也。俭不中礼，故作是诗以闵（悯）之，欲其及时以礼自虞（娱）也。"晋僖公也俭，但却不中礼仪，故诗人作《蟋蟀》之诗来规劝他，要他遵循礼制，及时行乐。《蟋蟀》之诤第一章说："蟋蟀在堂，岁聿其暮。今我不乐，日月其除。无已太康，职思其居。好乐无荒，良士瞿瞿。"大意是说：蟋蟀室内把身藏，岁末年梢好时光。今日不欢为何事？及时行乐莫惆怅。享受不要太过分，把握分寸细思量。君子好乐不荒淫，善良的人啊爱文章。在孔子看来，名实、文质应当相称，太奢僭礼，固然可非，而过俭不中礼，亦未为可誉，要在乎"无过无不及"的中正之度。

（三）和而不同——中和

中亦训和。《白虎通德论·五行》曰："中央者，中和也。"《雍也》"中庸之为德也"。皇侃疏亦曰："中，中和也。"中和是正确处理矛盾，使对立的双方既相互对立，相互制约，又相互依存，相互促进，和谐地共处于统一体中。矛盾是不可避免的，无处不在，无时不有，如何处理这些矛盾呢？

先秦法家看到了矛盾的对立性，将它绝对化、扩大化，认为不是甲方战胜乙方，就是乙方战胜甲方，不是东风压倒西风，就是西风压倒东风，主张采用强硬手段，以严刑峻法镇压人民："夫严刑者，民之所畏也；重罚者，民之所恶也。故圣人陈其所畏，以禁其邪；设其所恶，以防其奸，是以国安而暴乱不起。吾以是明仁义爱惠之不足用，而严刑重罚之可以治国也。"（《韩非子·奸劫弑臣》）道家则无视矛盾，认为矛盾是相对的，可以互相转化，但将转化视为无条件的、绝对的，将转化的可能性视为现实性，因而根本提不出解决现实矛盾的办法。老子说："祸兮福所倚，福兮祸所伏，孰知其极？奇复为正，正复为奇，善复为妖。"（《老子》五十八章）墨家则看到了矛盾的调和性，认为矛盾不分条件，不讲彼此，都可以和乐地相处，因此，提出"兼相爱，交相利"，"视人之国，若视其国；视人之家，若视其家；视人之身，若视其身。""为彼，犹为己也。"（《墨子·兼爱》中、下）法家弊病在于扩大矛盾，增加对立，最后矛盾的双方也就在尖锐的对立斗争中解体和消亡，统治者与被统治者同归于尽；道家的方法回避矛盾，但矛盾仍然存在，没有解决矛盾；墨家的方法，不讲条件，不分彼此，这不是矛盾对立的实际，因而他们"兼爱"的主张也是不现实的。

　　唯有儒家，唯有孔子，既看到了矛盾的对立性，又看到了矛盾的同一性，但也看到了矛盾协调共处的必要性。于是，提出了"中和"的方法。中和既不回避问题，无视矛盾，也不激化矛盾、调和矛盾。它讲究的是促成对立面力量的均衡和矛盾双方的互补。这集中体现在"和同"之辨上，孔子曰：

　　　　君子和而不同，小人同而不和。（《子路》）

　　什么是和？什么是同？正如匡亚明先生所云："在先秦时代，人们把保持矛盾对立面的和谐叫作和，把取消矛盾对立面的差异叫作同，和与同有原则的区别。"（《孔子评传》齐鲁书社版）。这一解释深得圣贤"和同"之旨。《左传》昭公二十一年，辨析和与同，说得十分形象：

　　　　公曰："和与同，异乎？"（晏婴）对曰："异。和，如羹（烹调）焉。水、火、醯（醋）、醢（酱）、梅（酸梅），以烹鱼肉，燀（煮）之以薪，宰夫和之，齐（调）之以味，济补其不及，以泄（减）其过，君子食之，以平其心。君臣亦然：君所谓可，而有否焉，臣献（指陈）其否，以成其可；君所谓否，而有可焉，臣献其可，以去其否。是以政平而不干（乱），民无争心。故《诗》曰：'亦有和羹，既戒（敬）既平。鬷（通总）嘏（大政）无言，时（于是）靡（无）有争。'"

晏婴说，和就像烹调一样，美味是不同配料互相调节的结果。政治也如此，君王认为可以的，但实际上存在不妥因素，臣子从相反角度将不妥处指陈出来；反之亦然，君王否定的，但实际上存在可取之处，臣子亦应指出，这就使君王更全面、更系统地看待问题、做出决策。这就可以从否定性意见中，吸取补益，克服决策的偏见和局限，达到政平而无乱的效果。否则，如果君可臣亦曰可，君否臣亦曰否，那就像以水济水、以盐济盐一样，就不会调出美味，甚而会将问题推向极端，使之达到崩溃的境地。那就是"同"的恶果。可叹的是，良药苦口，忠言逆耳，专制统治者听惯了阿谀奉承，而不愿听听纵然是利国、利民、利社稷的忠言极谏。有的统治者，一时也出于亡国丧邦的恐惧或换取招贤纳谏的美名，不时也让下臣"民主民主"，但实际上不过叶公好龙，醉翁之意不在酒，一旦触犯逆鳞，便撕下伪善的面具，对谏臣不惜贬官降级，甚至杀头族诛。而下面的贪禄固位之臣也都识趣，每当君王询问政体，商量决策，都唯唯诺诺，除了称颂"我主圣明"外，不会给予半点实际的献纳。殊不知千虑一失，任何人都不可能一言穷尽真理，任何决策都不可能十全十美，准确无误。可中有否，否中有可，正需要大臣们从不同角度、不同层次加以商议和指出，然后集思广益，以臻完美。君王不能诚心求谏，倾心纳谏，廷议不过虚应故事，大臣也就敷衍塞责，结果虽有"民主"的形式，却无集思广益的实效。鲁哀公可以说是这种昏庸之君的典型。《韩非子·内储说上·七术》曰："鲁哀公问于孔子曰：'鄙谚（常语）曰：莫众而迷。今寡人举事，与群臣虑之，而国愈乱，其故何也？'孔子对曰：'明主问臣，一人（有人）知（赞同）之，一人（有人）不知（不赞同）之。如是者，明主在上，群臣直议于下。今众臣无不一辞，同轨乎季孙者，举鲁国尽化为一，君虽问境内（全国）之人，犹不免于乱世。'""莫众而迷"，即不广泛听取群众意见就会受局限，不明真相。鲁哀公说，他每举办一件事情，都广泛征求了群臣的意见，这已很"民主"了。可是，国事却不见好转，反而更加混乱，原因何在呢？孔子说：英明的君主询问群臣，要让大家直吐心声，让他们发表不同意见，有人说是，有人说不是。这样，人人直言己见，才能收到民主政治、集思广益的目的。可是，现在的鲁国，群臣无不看季孙氏（鲁国首席执政）的脸色行事，大家的意见莫不与季孙氏一致。这样，即使问遍全鲁国境内的人，也收集不到真正的民意，达不到"民主"的效果，因为你并没有让人们说出真话。表面上看起来征求了群臣的意见，但却是假"民主"；表面上看起来一致通过，深得人心，但实际上是不让人发表不同意见。群口一辞，"全体通过"，实际是专制主义的另一种表现形式。

鉴于此，在处理君臣关系上，孔子大力提倡：

无欺也，而犯之！（《宪问》）

犯，即犯颜直谏。一个正直的大臣若用负责的态度对待君主，就应该事君尽忠，决不欺骗，仗义直言，犯颜极谏。孔子反对那种唯君命是从的人，说他们算不得"大臣"，最多可算个"具臣"（即徒具其位）（《先进》）。有子曰："礼之用和为贵，先王之道斯为美，小大由之。有所不行，知和而和。"（《学而》）和，即矛盾双方共处的和谐，和是先王之道的精华部分。欺君惘上的事决不干，但使用正确手段实现君臣和谐却是必要的。

中和的原理，是利用矛盾的对立性，通过调节取得平衡，这在君臣关系上表现：

为"和而不同",在施政方法上又表现为"宽猛相济"。理想的政治即是不偏不倚，不刚不猛，行乎中正，恰到好处。但现实生活中很难准确把握中正的分寸，不是宽就是猛，因而补救的措施是"宽猛相济"。《左传》二十一年说："郑子产有疾，谓子大叔曰：'我死，子必为政。唯有德者能以宽服（治理）民，其次莫如猛。夫火烈，民望而畏之，故鲜死焉；水懦弱，民狎而玩之，则多死焉。故宽难。'疾数月而卒。大叔为政，不忍猛，而宽，郑国多盗，取（抢）人于萑苻之泽。大叔悔之，曰：'吾早从夫子（指子产），不及（致于）此。'兴徒（发兵）攻萑苻之盗，尽杀之，盗少止。仲尼曰：'善哉！政宽而民慢，慢则纠之以猛；猛则民残，残则施之以宽。宽以济猛，猛以济宽，政是以和。'"这则故事充分表明了孔子的中和思想。子产，春秋时期郑国政治家，他为郑国执政，惠政爱民，孔子称他为"惠人"，并说他"有君子之道四焉：其行己也恭，其事上也敬，其养民也惠，其使民也义"（《公冶长》）。子产的政治特色是宽。但由于他兼有恭、敬、惠、义的仁者品质，因而宽政施的恰到好处，郑国大治，此之谓"行中正"。但是子太叔德不及子产，不善于把握分寸，行宽政而导致软弱，故郑国多盗，后来只好以刚猛手段进行"严打"，使宽政不至于软弱。一宽一猛，迭相参用，从而达到不慢不残的中和尺度。由此可见，实行宽政，保持中和的状态，这要求统治者具有很高的修养，进行综合治理；施行猛政，而先设其禁，以威守之，保证社会等级和阶级的堤防不被冲决，简便易行，因而成为中智、无德之人治理天下行之有效的方法。然而残害天下，亦已甚矣！

（四）时中——无可无不可

时中，即适时用中，也就是看准时机，运用中德。《礼记·中庸》引孔子说："君子之中庸也，君子而时中。"意即在此。用中还要视时间、地点、对象而定，因时制宜，此即中庸的灵活性。当行则行，当止则止，亦即孔子自称的"无可无不可"。在《微子》中，孔子曾评价历史上的几位大贤说：

不降其志，不辱其身：伯夷、叔齐与？谓柳下惠、少连，降志辱身矣，言中伦，行中虑，其斯而已矣。谓虞仲、夷逸，隐居放言，身中清，废中权。我则异于是，无可无不可。

孔子认为，古代这几位大贤，都各有优点，不仕乱世，也不仕新朝，饿死首阳山的伯夷、叔齐，不降低意志，不玷污身份，保持了清名；柳下惠、少连虽降志辱身，出仕于污浊的朝廷，但不同流合污，言论得体，三思而行，委曲求全；虞仲、夷逸隐居不仕，横议古今，立身清高，不事王侯，高尚其事，自由自在。孔子自己则"无可无不可"，意即不执一端，不死守一种形式。他既不做伯夷、叔齐那样纯粹避世的隐士，也不做柳下惠、少连似的委曲求全的循吏,也不做虞仲、夷逸那样岩处放言、不负责任的狂人。他不抱一走极端,出处进退全视时机而定,既以教书为业,又当过大夫,位至摄相;四处流落,干君不遇,也被待以厚礼,受聘而不赴……在齐国不受重视,他捞起正在锅里煮饭的米,义无反顾地离开了;在鲁国受冷落,也不等脱冕辞职便驾车出走;而当将离国境,他却一步一回头,又是恋恋不舍地样子,说:"迟迟吾行也,去父母国之道也!"正如孟子所说:"可以速而(就)速,可以久而(就)久,可以处而处,可以仕而仕,孔子也!"又说:"伯夷,圣之清(清高)者也;伊尹,圣之任(负责)者也;柳下惠,圣之

伯夷

和(随和)者也;孔子,圣之时(适时)者也!"(《孟子·万章下》)"圣之时者",即圣人中最能按适时执中原则办事的人。孔子的一生,恰好是"圣之时者"的生动说明。

时中,又表现为待人处事的权变、灵活。孔子曾说:"可与共学,未可与适道;可与适道,未可与立;可与立,未可与权。"(《子罕》)适道,即达到闻道境界;立,即有所建树;权,即灵活性。原则性的内容(或规定)叫"经",根据具体情况而采取的灵活措施是"权"。原则性应该遵守,但死守教条,不知具体问题具体分析,不能因时制宜,那也不利于事业和行道。孟子说:"执中而无权,犹执一也。所恶执一者,为(因)其贼道,举一而废百也。"(《孟子·尽心上》)遵礼,本是孔孟所提倡的,但只知守礼而不知权变,株守一律以应万变,势必圆凿方枘,难以实行。"男女授受不亲,礼也(为经)。嫂溺(淹)而援之以手者,权也。"(《孟子·离娄上》)男女授受不亲这是礼之大防,但看到嫂嫂掉到井里也不伸手拉上来,也就未免愚蠢了。灵活机动,具体问题具体分析,这是中庸法则活的灵魂。

孔子在教学中成功地贯彻了"时中"的精神。孔子本以"闻道""知天命"为学习的最高境界,认为"不知命无以为君子"(《尧曰》)。但他并不强求人人闻道,个个知命,而是根据智商的高低分别告以不同的内容:"中人以上可以语上(道)也;中人以下不可以语上(道)也"(《雍也》),认为"可与言而不与言,失人;不可与言而与之言,失言。知者不失人亦不失言"(《卫灵公》)。因材施教,这正是时中之法在教学中的成功运用。

（五）憎恨老好人——反对乡原

孔子的中庸思想，是一个比较成熟的对待矛盾、处理矛盾的思想方法和处世艺术。如上所述，中庸主要包括四个方面，即适中、中正、中和和时中。其中适中是最基本的，其他三项都从属于适中，是在适中原则下的具体应用和灵活处理。适中要求人们的言行掌握分寸，保持恰当的度，做到无过与不及，恰到好处；中正，是在适中的指导下，要求人们言行合乎规范，名实相符，行中正，无偏倚；中和，是保持矛盾双方力量对比平衡的方法，也是适中原则在处理矛盾时的具体应用；时中，讲灵活性，要求人们的行为合乎时尚，适宜于对象，在执中时具体问题具体分析，这是适中在处事中的灵活运用。核心是"中"，其他三者都是"中"的不同应用。

孔子的中庸思想，是建立在对矛盾问题正确认识基础之上的：它正视矛盾，不回避矛盾；它承认矛盾有斗争性，因而提出减轻斗争性的"适中"法；它也关注矛盾的同一性，因而欲发展同一性，提出"中和"法；它也承认矛盾的特殊性，要具体问题具体分析，因而提出"时中"法。中庸思想并不调和矛盾，搞折中主义，相反，它具有坚定的原则性，这个原则就是礼，认为各阶层都应遵礼守分，故孔子又提出"中正"法。甚至还认为掌握中庸分寸的客观标准就是礼：他说："礼乎礼！夫礼所以制中也！"（《礼记·仲尼燕居》）可见，中庸是有原则的，不是折中的，更不是和稀泥似的。

孔子最推崇的"中庸"之法，由于要求很高，故很少有人做到，他那句"中庸之为德也，其至矣乎！民鲜久矣"的感慨，表达了对世人难臻中庸佳境的满腹遗憾。既然"民鲜久矣"，难得中庸，那就只好退而求其次了。他认为，与中庸相临的思想方法和处世态度是狂、狷，如果做不到中庸，就取其狂、狷："不得中行而与之，必也狂狷乎！狂者进取，狷者有所不为。"（《子路》）意思是说：如果不能与中庸之人相处，硬要我选择的话，我情愿选狂狷之人，狂者积极进取，有所作为；狷者洁身自好，有所不为。狂，即志大而急躁，大概如子路；狷，即洁身自好不大进取，大概如冉求，唯独反对那种既做不到中庸，又不愿做狂狷之人，却貌似中庸，处处搞折中主义，此即孔孟深恶痛绝的"乡原"："乡原，德之贼也！"（《阳货》）何为"乡原"？为什么是德之贼呢？因为它似德而非德，貌是而实非。孟子曾刻画"乡原"的形象说：

> 非之无举也，刺之无刺也，同乎流俗，合乎污世，居之似忠信，行之似廉洁，众皆悦之，自以为是，而不与入尧舜之道，故曰"德之贼也"。（《孟子·尽心下》）

"乡原"之人是那样一种人：你想非议他，他却没有明显的错误；你想讽刺他，他又没露出明显的把柄。他与流俗相应，与污世相合，居于乡里貌似忠信，行之邦国又似乎很廉洁,平庸之辈都喜欢他,他也自鸣得意,自以为是。这种人是不合乎儒家理论的,因为他表面上表现很好,但内心里却毫无修养;他虽然得到一些人欢迎,但那是靠同流合污换取的平庸之辈的欣赏。"乡原"一个最大的特征是没有原则,没有是非,一味地讨好、巴结世人,逢人一番笑,无事话天凉,胁肩谄笑,求得青睐和注目,这与儒家提倡的"君子之于天下也,无适(牵就)也,无莫(绝决)也,义(原则)之为比也"(《里仁》)完全是格格不入的。这种人与"损者三友"(即"友便辟(谄媚奉承),友善柔,友便佞(夸夸其谈)"——《季氏》)一样,于事无补,于人有害。"乡原"之人在汉代已被称作"中庸"了。东汉末有位胡广,大概就属于此类。当时京师有谚语曰:"万事不理问伯始,天下中庸有胡公。"胡广字伯始,《后汉书》说他温柔谨厚,言逊貌恭;明于朝章,练达世事。东汉末年,外戚专权,宦官为祸,党锢成灾,名士贬死,他却历事六帝(安、顺、冲、质、桓、灵),礼数逾隆,是位善于宦海浮沉的不倒翁。他也并不坏,但也称不上好,为官的诀窍即是遇事庸庸,在大是大非面前从不表态,更不敢坚持真理。在中国历史上,能够像胡广那样固位保禄的官员,恐怕只有五代时历仕五姓的冯道才堪与之匹敌。不知汉人是怎么搞的,像胡广这种德行却给他戴上"中庸"的桂冠,实在是对孔子中庸学说的亵渎。这从另一个侧面说明,中庸之德已久绝人世,连汉人也不知为何物了。

在孔孟看来,"乡原"之人比明目张胆的恶人害处更大。他们貌似忠信,貌似廉洁,貌似有德,比老牌坏蛋惑人更多,为害更大。孔子非常讨厌他,就是出于"恶似而非者"的考虑。人们"恶莠(狗尾草)恐其乱苗也;恶佞恐其乱义也;恶利口恐其乱信也,恶郑声恐其乱乐也,恶紫恐其乱朱也",同样,"恶乡原"就是"恐其乱德也"!对于这种人,孔子避之唯恐不及,说:"过我门而不入我室,我不憾焉者,其惟乡原乎?"(《孟子·尽心下》)孔子对无原则的"乡原"如此深恶而痛绝,后之人反而将孔子的"中庸"与"折中主义"画等号,岂不冤哉!

三、孔子说"君子"

孔子在世的时候,鲁国的政权已落在卿大夫手中,"天下无道"。子曰:"天下有道,则礼乐征伐自天子出;天下无道,则礼乐征伐自诸侯出。……天下有道,则政不在大夫。"(《季氏》)

在"天下无道"的社会背景下,孔子想带领他的弟子乘坐竹筏出海到国外去宣传他的政治主张。——子曰:"道不行,乘桴浮于海。"(《公冶长》)孔子甚至表示:

“朝闻道，夕死可矣。”(《里仁》)他捍卫“道”的意志何等坚定啊！

“道”是一个形而上学的概念。关于儒家的“道”的观念和道家的“道”的观念的区别在于，儒家认为“道”是可以名状的，“道”就是“多”，它统辖宇宙万物中每个事物的“理”；道家的“道”的观念则认为，“道”是无名、不可名状的，“道”是宇宙万物及其变化所由产生的那个“一”。

我们可以把《论语》里的“道”解为真理，道理。孔子所要追求的真理，当然就是周礼、周德了。“周之德，其可谓至德也已矣。”(《泰伯》)在孔子心目中，周德是最高的道德楷模了。

因此，怎样才称得上做一个有德的君子，孔子提出了种种要求。

子曰：“君子道者三，我无能焉：仁者不忧，知者不惑，勇者不惧。”(《宪问》)

孔子对君子的道德，提出了三项原则：有仁德的人不会忧虑（即对现实和未来充满信心）；有智慧的人不会困惑（即不会迷失方向）；有武勇的人不会畏惧（即不会畏惧那些谋反篡位的无德者）。

子谓子产，“有君子之道四焉，其行己也恭，其事上也敬，其养民也惠，其使民也义。”(《公冶长》)

子产是春秋时期郑国的贤相，孔子针对在位的官吏提出了君子之道的四项原则：君子的思想行为严肃恭敬，对待君王认真负责，养活百姓要给予实惠，役使百姓要合于道理。

孔子还提出君子“九思”的修养准则。

孔子曰：“君子有九思：视思明，听思聪，色思温，貌思恭，言思忠，事思敬，疑思问，忿思难，见得思义。”(《季氏》)

“九思”，即观察、考察时是否看明白了，听取意见时是否听清楚了，脸色是否温和，容貌态度是否恭谨，言语谈吐是否忠实，办事时是否敬业，遇到疑难的问题是否向他人请教，发怒时是否考虑到它的后果，遇到有利可得的物时是否考虑正当该得。

孔子曰：“君子有三戒：少之时，血气未定，戒之在色；及其壮也，血气方刚，戒之在斗；及其老也，血气既衰，戒之在得。”(《季氏》)

这“三戒”是，年少血气未定要戒女色；壮年血气方刚要戒争斗，年老血气衰弱要戒贪得无厌。

此外，还有“君子义以为质，礼以行之，孙以出之，信以成之。君子哉！”(《卫灵公》)“君子矜而不争，群而不党”(《卫灵公》)等。这些都是作为“有德”的君子所必须具备的道德修养。

但是，孔子的君子观，他心目中的"有德者"，仍然反映着统治者、寄生者的利益，仍然代表着贵族阶级的道德观和价值观。如：

子曰："君子谋道不谋食。耕也，馁在其中矣；学也，禄在其中矣。君子忧道不忧贫。"(《卫灵公》)

"道"在此可译为"学问""学识"。孔子认为，有德的君子所谋求的是学问而不是吃食（因为君子已不存在温饱问题）。"耕也，馁在其中矣"，种田的农夫倒是常常陷于饥饿之中。这正是孔子提出"焉用稼"的根据。"学也，禄在其中矣"，有了学问，就可以常常得到俸禄。这也正是孔子的"学而优则仕"的同义反复。因此，君子所发愁的是有没有学问而不是贫困的问题（"君子忧道不忧贫"）。在这里，我们已经清楚地看到，"有德者"的君子，实际上就是劳心者、治人者、寄生者，它深深地打上了贵族统治者的阶级烙印。

郭沫若在《中国古代社会研究》一书中说，"儒家的理想是哲人政治，就是物质上的贵族阶级要是精神上的贵族阶级，一国的王侯天子要就是那一国的贤人圣人。"孔子所标榜的"有德者"，就是他所理想的"一国的贤人圣人"。郭沫若援引了《中庸》里的话——"大德必得其位，必得其禄，必得其名，必得其寿。"请看，"有德者"必然得到什么呢？"位""禄""名""寿"，这不就是名位、财富的象征吗？

在《论语》里，孔子喜欢将"君子"与"小人"作为"有德"与"无德"相对照来发表议论，用简约的文字去揭示他的政治主张或道德理念。如：

子曰："君子坦荡荡，小人长戚戚。"(《述而》)

如果用纯粹的道德理念去解读这条语录，我们会表扬君子心胸的开阔与坦然，批评小人因贪图私利而患得患失。于丹的《心得》一书就做这种解读。她说："小人之所以喜欢互相勾结，是因为他的心里有鬼，想通过勾结谋取私利和维护既得利益。所谓'结党营私'，正是这意思。而君子则胸怀坦荡，因为他坦然无私，所以能够平和，能够以善意跟所有人走到一起。"于丹用"无私"和"营私"概述君子和小人的本质区别，这显然是纯粹的道德理念的解读法。

但是，如果我们改用政治的或阶级的眼光去审视，就会发现，君子饱食终日，对于食宿无所牵挂，所以才心广体胖（"坦荡荡"），而常受柴米油盐困扰的小人，则满脸愁容（"长戚戚"）。可见，孔子是站在贵族、寄生者的立场上，对君子和小人进行褒贬的。

据此，对于《论语》里的某些语录，我们有必要重新加以审视和解读，以纠正人们过去在理解上存在的错谬。如：

子曰："君子怀德，小人怀土；君子怀刑，小人怀惠。"(《里仁》)

于丹对此同样作了纯粹的道德理念的解读。她针对上述这条语录,说"君子和小人每天心中惦记的事情是不同的"。

君子每天牵挂的是自己的道德修养,小人则惦记的是自己的家乡;君子心中始终有一份规矩、法度,不得超越,小人则脑子想的是些小恩小惠,小便宜。

于丹因此得出结论:"君子从来是尊重道德法制","而小人则贪图眼前的利益,喜欢钻小空子,占小便宜,一次两次可能得手,但这里面潜藏着危机,肯定迟早要吃亏"。"所以什么是小人呢? 就是没有大眼界,抢占眼前小便宜的人"。

"有德者"君子(劳心者、治人者)已经不发愁温饱的问题,他们自然有闲去高谈道德修养,自鸣高雅;而"无德者"小人(劳力者、治于人者)正在饥饿线上挣扎——"馁在其中",他们自然要关心自家的土地。何况春秋时代贵族们大肆兼并、掠夺农民的土地,农民因此关心和保护自己的土地,这有什么可以责难的呢?再说,"有德者"君子的身份是贵族、权势者,他们关心和制定法律法规,这是他们的本职工作,是理所当然的事,没有什么值得夸耀的;而"无德者"小人,是平民百姓,他们关心在现行法律制度下能否得到实惠,也是合情合理的事,有什么值得大惊小怪的呢? 孔子对于小人"怀土""怀惠"的批评,只能说明他的阶级偏见。

四、孔子说"仁"

什么是"仁"?

《国语·晋书一》曰:"为人者爱亲之谓仁,为国者利国之谓仁。"春秋时代,"爱亲""利国"是仁人的标准。

《论语》对"仁"有多种解释,这是因为孔子针对不同的弟子的提问,做出了符合他们各自特点的解答所致。如:

(樊迟)问仁。曰:"仁者先难而后获,可谓仁矣。"(《雍也》)

子贡曰:"如有博施于民而能济众,何如? 可谓仁乎?"

子曰:"何事于仁! 必也圣乎! 尧舜其犹病诸。夫仁者,己欲立而立人,己欲达而达人。能近取譬,可谓仁之方也已。"(《雍也》)

子张问仁于孔子。孔子曰:"能行五者于天下为仁矣。"

"请问之。"曰:"恭,宽,信,敏,惠。恭则不侮,宽则得众,信则人任焉,敏则有功,惠则足以使人。"(《阳货》)

仲弓问仁。子曰:"出门如见大宾,使民如承大祭。己所不欲,勿施于人。在邦

　　我们列举了以上四段孔子答问的语录。其一强调要艰苦努力经得起磨砺而后获得成果,可以说是有仁德的人。其二是强调"己欲立而立人,己欲达而达人"(自己求立并使他人也立,自己求达并使他人也达)是仁德的最高境界("必也圣乎")。其三认为具备"恭、宽、信、敏、惠"五种品德就是有仁德。其四是强调自己不愿意做的事,不要强加于他人,这就是有仁德。

　　那么,什么是"仁"的内涵呢? 学术界也存在分歧的意见。

　　冯友兰引《论语·里仁》的一段语录——子曰:"参乎,吾道一以贯之。"曾子曰:"唯!"子出,门人问曰:"何谓也?"曾子曰:"夫子之道,忠恕而已矣。"冯友兰认为,"孔子一贯之道为忠恕,亦即谓孔子一贯之道为仁";"故仁为孔子'一贯'之道,中心之学说"。(《中国哲学小史》)

　　杨伯峻在《论语译注·试论孔子》中也有相似的观点。他认为"从孔子对曾参一段话可以推知'仁'的真谛";孔子对曾参说的"吾道","就是孔子自己的整个思想体系,而贯穿这个思想体系的,必然是它的核心。分别讲是'忠恕',概括讲是'仁'"。

　　张岱年认为,"'夫仁者,己欲立而立人,己欲达而达人',是孔子所定仁之界说,实无可疑。以此为界说,以观《论语》言仁各条,则无有不通,且各显深义。仁之本旨,只是己欲立而立人。可见孔子所谓仁者,如何平实而非玄虚,如何明确而非简侗;切近简易,而又宏伟广大;统涵诸德,而不失自为一德。"(《中国哲学大纲》)

　　周桂钿在《中国儒学讲稿·孔子论仁》中认为,"孔子对仁的解说是爱人"。"仁,就是爱人。如何爱人? 孔子提出两条原则:一是'己欲立而立人,己欲达而达人';二是'己所不欲,勿施于人'。凡事都要设身处地,替别人着想,这是爱别人的重要思路。现在的说法,叫换位思考。不为别人考虑的人,就不会产生仁的观念。"

　　以上观点,概括起来是两说,但都不是孔子言"仁"的内涵。

　　一说孔子的一贯之道的中心是"忠恕",或者说"仁"的真谛是"忠恕";而贯穿孔子整个思想体系中的"忠恕",必然是"仁"的核心。然而"仁"的终极目的又是什么呢?

　　二说仁者"爱人"是孔子思想的核心,这"爱人"也是历代儒家思想的核心。此说是有片面性的。不啻儒家的"仁",道家的"道",墨家的"兼爱",何尝不是讲"爱人"?

　　《老子》第五十七章曰:

以正治国,以奇用兵,以无事取天下。吾何以知其然哉?以此:

天下多忌讳,而民弥贫;人多利器,国家滋昏;人多伎巧,奇物滋起;法令滋彰,盗贼多有。

故圣人云:"我无为,而民自化;我好静,而民自正;我无事,而民自富;我无欲,而民自朴。"

老子是一位"无为"主义者,针对春秋时代连绵不断的战争而治者无能的情况,老子主张国君采取不干涉主义。老子认为,天下的禁忌越多,百姓越陷于贫困;人世间的利器越多,国家越趋于昏乱;人们的技巧越多,邪恶的事就连连发生;法令越森严,盗贼反而增多了。因此老子主张执政者要实行"无为""好静""无事""无欲"的政策,使百姓能够"自化""自正""自富""自朴"。这是在"无为"的理论原则下表现老子对百姓的关爱。

又如《老子》第七十七章曰:

天之道,其犹张弓与?高者仰之,下者举之;有余者损之,不足者补之。

天之道,损有余而补不足。人之道,则不然,损不足以奉有余。

孰能有余以奉天下,唯有道者。

老子生活在政治和社会大动荡的春秋时代,贫富差距悬殊,豪强兼并之风也越来越炽盛,于是老子要出来替穷苦百姓说话。老子将自然法则与社会法则做了一个对比,说自然法则是减损有余者以弥补不足者("损有余而补不足"),以求和谐与平衡;社会法则却相反,它是剥夺贫者来供奉富豪("损不足以奉有余")。老子因此问道:"世上人君,有谁肯把自己多余的拿出来供给贫苦人呢?"("孰能有余以奉天下")较之五十七章,这里更显现了老子对贫苦人民的人道主义关怀,更深刻地反映了老子的"爱人"的思想。

我们举《老子》为例,是用以补证"爱人"并非《论语》里"仁"的内涵。

那么,孔子言"仁"的真谛是什么呢?我以为是"克己复礼"中的"复礼"。

颜渊问仁。子曰:"克己复礼为仁。一日克己复礼,天下归仁焉。为仁由己,而由人乎哉?"

颜渊曰:"请问其目。"子曰:"非礼勿视,非礼勿听,非礼勿言,非礼勿动。"

颜渊曰:"回虽不敏,请事斯语矣。"(《颜渊》)

颜渊是孔子唯一喜欢的也是最有才气的弟子,因此孔子关于"仁"的答问,才说到它最本质的内涵——"复礼"。孔子"一以贯之"的"忠恕",其终极目的,也还是为了"复礼"。果然,颜渊心领神会,表示要按照老师的话去做("请事斯语矣")。

"复礼",即恢复周礼。而"复礼"的先决条件是"克己",即克制住自己的思想行为。凡是违背周礼的事,不看、不听、不说、不做。春秋后期是"礼崩乐坏"的时代,孔子要求颜渊遵循"复礼"的路线去把握自己的思想和行为,才可以成为有仁德的人。"一日克己复礼,天下归仁焉",这是"仁"的最高境界,常人是难以企及的。

周桂钿在《讲稿》一书中也引用了这条语录,然而他的解读却是"抑制自己的行为,维护礼制,具体讲就是不符合礼制的东西不看,不符合礼制的言论不听,不符合礼制的话语不说,不符合礼制的事情不做。就是说自己一言一行都要符合礼"。奇怪的是,作者不提"复礼"——恢复周代的礼仪制度——这个关键词。请问:这是一时的疏忽,还是怀有尊儒倾向的有意回避?

"复礼"是"仁"的核心。在孔子心目中,"仁"是一个崇高的道德境界,要成为仁人是很艰难的。

子曰:"回也,其心三月不违仁,其余则日月至焉而已矣。"(《雍也》)

孔子认为,像颜回这样优秀的弟子,他的心路一年也只有三个月不离开"仁",所以还说不上是仁人;至于其他弟子,只是短时间内偶尔想起"仁"罢了。这说明,在孔子时代,"复礼"是一项多么艰难的事业。

或曰:"雍也仁而不佞。"

子曰:"焉用佞?御人以口给,屡憎于人。不知其仁,焉用佞?"(《公冶长》)

翻译成白话是,有人说:"冉雍这个人有仁德,却没有口才。"孔子说:"何必要有口才呢?强嘴利舌地同别人辩论,常常会遭人厌恶。我不知道冉雍有什么仁德,能言善辩又有什么用呢?"

雍,即冉雍,孔子的弟子,字仲弓。孔子欣赏冉雍的才干,曾经说过可以让他做一个部门或一个地方的长官(子曰:"雍也可以南面。"《雍也》)然而,说到"仁",孔子却很吝啬,不轻易以"仁"许人。他不认为冉雍是有仁德的人。

有仁德的人必须坚持执行"复礼"的路线。正因为如此,孔子甚至认为,为了"复礼",志士仁人可以为它而牺牲自我。

子曰:"志士仁人,无求生以害仁,有杀身以成仁。"(《卫灵公》)

孔子认为,志士仁人不可以为了苟且偷生而去损害"仁";相反却敢于奉献自己的生命以成全"仁"——为了实现"复礼"这项庄严而艰巨的事业。

"复礼"的崇高性与艰巨性,也使孔子对于"仁"格外的执着。子曰:"当仁,不让于师。"(《卫灵公》)面对着"仁",即使是老师也不谦让。这很像"吾爱吾师,吾尤爱真理"一样,"仁"高于一切,"仁"超越对老师的尊崇。

正由于"复礼"之崇高与艰难,孔子很少主动地谈"仁"。

子罕言利与命与仁。(《子罕》)

通读《论语》,我们会发现,"仁"字并不少见,但它多是孔子对弟子或他人的答问;孔子主动地谈"仁",确实不多。显然,孔子心里明白,大势已去,"复礼"的愿望已经很渺茫,所以罕言"仁"。

五、孔子说"礼"

据杨伯峻统计,《论语》言"仁"109次,言"礼"75次。

春秋时代重视"礼"。"礼"包括礼仪、礼制、礼器等。作为一种祭仪,春秋时代鲁国有郊礼,这是天子之礼;季孙氏祭泰山,这是诸侯之礼。

但是,在贵族中间一方面是对礼文逐渐铺张与考究,如君卿之间以赋诗相酬答;另一方面对礼文的不重视和敷衍。于是在贵族中间就有"知礼"与"不知礼"之别。而多数知礼者,如晋国的叔向,齐国的晏婴,郑国的子产,宋国的向戌,他们属于贵族中的下层,不知礼的反倒是贵族的上层人士。这些知礼的、博学的士大夫渐渐从贵族中脱颖而出。

周室东迁以后,经过多年的战乱,西周的文物典籍,在列国中已经散失无存,只有鲁国保存了周礼,所以有"周礼尽在鲁"之说。

孔子居文献之邦,这成就了他后来的博学。孔子年轻时在贵族家做过贱职,由于"好学",他习得了当时贵族阶级的种种礼文,他还注意了解礼的本源及其历史沿革。孔子说:"吾观周道,幽、厉伤之,吾舍鲁何适矣!"(《礼记·礼运》)他还说:"吾说夏礼,杞不足徵也。吾学殷礼,有宋存焉。吾学周礼,今用之,吾从周。"(《礼记·中庸》)这同《八佾》的"周监于二代,郁郁乎文哉,吾从周",是同义反复。

《论语》里的"礼",即指周礼。如孔子来到宋国,带领他的弟子在大树下"习礼",演习的是周代的礼乐,因此险些被宋国司马桓魋杀了("宋司马桓魋欲杀孔子,拔其树。孔子去。"《史记·孔子世家》)又如在朝廷里臣拜见国君,"拜下"(臣在堂下开始跪拜),是合乎周礼的;然而现在却免去了"拜下",只"拜上"(升堂以后臣开始跪拜)。孔子因此说,"虽违众,吾从下。"(《子罕》)孔子认为,只"拜上"是非礼的,虽然违背众臣的意愿,他坚持"拜下"。"拜下",贯彻了孔子的"吾从周"的理念。

春秋时代的贵族有"知礼"与"不知礼"之分。孔子和弟子们议论起齐国宰相管仲的为人时,弟子们问:"管仲知礼乎?"孔子列举二例:国君宫殿立了塞门,管仲家也立了塞门;国君在堂上设反坫,管仲家也设反坫。孔子反问道:"管氏而知礼,孰不知礼?"(《八佾》)管仲目无国君,他不懂得或不遵守周代的礼仪制度。他的"不知礼",违反了"君君臣臣"的"正名"原则。孔子所强调的是"事君尽礼"。(《八佾》)这就是说,一切依照做臣子的礼数去服侍君主,不可僭越。

孔子谓季氏,"八佾舞于庭,是可忍也,孰不可忍也?"(《八佾》)

"八佾"是周代传承下来的乐舞,八个人为一行,即一佾,八佾是八行,六十四人。这种乐舞,系君王专用独享。卿大夫只配享用四佾。季平子是鲁国的大夫,他竟然在自家庭院用"八佾"奏乐起舞,说明他目无君王,践踏周代的礼仪制度。孔子因此愤慨地说:"是可忍孰不可忍!"季氏也属于孔子所指责的"不知礼"的上层贵族。

"知礼"是做人的根本。孔子曾对他的儿子伯鱼说:"不学礼,无以立。"(《季氏》)意思是,不学习周礼,就不具有在上流社会立足的根基,足见学礼的重要性。

西周时代,周公制礼作乐,形成了比较完整的礼乐制度。孔子说:"周监于二代,郁郁乎文哉,吾从周。"(《八佾》)孔子所遵从的便是西周时代的礼乐制度。

孔子曰:"天下有道,则礼乐征伐自天子出。天下无道,则礼乐征伐自诸侯出。自诸侯出,盖十世希不失矣;自大夫出,五世希不失矣;陪臣执国命,三世希不失矣。天下有道,则政不在大夫。天下有道,则庶人不议。"(《季氏》)

这段语录道出了礼乐制度的阶级属性。孔子主张由国君来主持礼乐的制作。"天下有道,则政不在大夫",孔子把制礼作乐纳入"政"的范畴。

杨伯峻在《论语译注》一书中说:"孔子这一段话可能是从考察历史,尤其是当日时事所得出的结论。'自天子出',孔子认为尧、舜、禹以及西周都是如此的;'天下无道'则自齐桓公以后,周天子已无发号施令的力量了。齐自桓公称霸,历孝公、昭公、懿公、惠公、顷公、灵公、庄公、景公、悼公、简公、卜公,至简公而为陈恒所杀,孔子亲身见之。晋自文公称霸,历襄公、灵公、成公、景公、厉公、平公、昭公、顷公九公,六卿专权,也是孔子亲见的。所以说:'十世希不失'。鲁自季友专政,历文子、武子、平子、桓子而为阳虎所执,更是孔子所亲见的。所以说'五世希不失'。至于鲁季氏家臣南蒯、公山弗扰、阳虎之流都当身而败,不曾到过三世。当时各国家臣有专政的,孔子言'三世希不缺',盖宽言之。这也是历史演变的必然,愈近变动时代,权力再分配的斗争,一定愈加激烈。这却是孔子所不明白的。"

春秋战国时代,如何治理国家,有"礼治"和"刑政"之分。孔子是主张"礼治"的。

子曰:"道之以政,齐之以刑,民免而无耻;道之以德,齐之以礼,有耻且格。"

孔子认为，施行"刑政"，老百姓惧怕刑法没有犯罪，却没有廉耻之心；相反，施行"礼治"，靠礼教来整肃，老百姓因此不但有廉耻感，而且也使人心归服。这是用软的手段去整顿民风和征服人心。

子曰："上好礼，则民易使也。"（《宪问》）

"上"，指权势者。倘若权势者擅长施行礼治，平民百姓便容易受支配了。施行礼治的目的，是为了"使民"。

《礼记·仲尼燕语》对"礼治"也有精到的解释：

子曰："礼者何也？即事之治也。君子有其事，必有其治。治国而无礼，譬犹瞽之无相与，伥伥乎其何之。"

礼是用来"治国""治事"的，它成了权势者维护自己的权益及其专制统治的工具。

《礼记·曲礼上》说得更透底：

礼不下庶人，刑不上大夫。

对奴隶、平民不必施行"礼治"，对贵族、权势者，即使他们犯了罪，也不可用"刑政"。它深刻地反映了"礼治"是为贵族阶级服务的。有的学者说："礼是对富贵、强者的抑制，是对弱者的保护，因此礼有断长续短的作用。"（周桂钿《讲稿》）此言不知有何依据？

"一断于法"的法家治国路线及其施行的政策，与儒家相反，法家注意到了法纪的严肃性。"王子犯法，与庶民同罪"；"刑过不避大臣，赏善不遗匹夫"。（《韩非子·有度》）在鲜明的对比中，法家路线更具有它的公正性、合理性和平民化的色彩。

六、孔子说"义"

"义"，宜也。合宜的道德行为。儒家尚义，以义为质，认为做事只考虑是否合乎道德准绳。《左传》隐公元年："多行不义，必自毙。"《论语》言"义"，也以合宜为根本的理念。

子曰："君子义以为质，礼以行之，孙以出之，信以成之。君子哉！"（《卫灵公》）

意思是：君子做事以合宜为原则，依礼节去实行，用谦逊的言辞表达，用诚信的态度去完成。合宜的"义"是指导人们的行为的重要实体。

子路曰："君子尚勇乎?"子曰："君子义以为上,君子有勇而无义为乱,小人有勇而无义为盗。"(《阳货》)

"义以为上",义是君子立身之本,是行为的最高标准。君子有勇而无义就会犯上作乱,小人有勇而无义就会沦为强盗。

子曰:"不义而富且贵,于我如浮云。"(《述而》)

孔子说,做不正当的事而得来的富贵,对我来说就像飘游的浮云。孔子坚持自己的思想行为要合于义。所以子路说:

"君子之仕也,行其义也。道之不行,已知之矣。"(《微子》)

孔子出来做官,只是为了"行义"——做他应当做的事。所以即使政治主张行不通,他仍要奔走周游。

在《论语》里,孔子将"义"和"利"相对照,表明自己重义轻利的态度。

子曰:"见利思义,见危授命,久要不忘平生之言,亦可以为成人矣。"(《宪问》)

这里的"利",指私利,非公利。"成人",指道德完美的人,即完人。孔子认为,作为完人,见到有私利可图的时候,他会想一想该得不该得。

在《论语》里,有义、重义者,有时指有德者,有时指在位者、权势者。如:

子曰:"君子喻于义,小人喻于利。"(《里仁》)

这里的"君子""小人",就不是指"有德者"和"无德者"。据《汉书·公孙刘田王杨蔡陈郑传》,杨恽在《报孙会宗书》中援引了董仲舒的话说:"明明求仁义,常恐不能化民者,卿大夫之意也;明明求财利,常恐困乏者,庶人之事也。"这就是说,卿大夫们关注仁义,是因为他们不必为吃住发愁,而是考虑如何用仁义去感化百姓;庶人则不然,他们是人群中的困乏者,很自然地要去关心自己的财利。本书第四章曾引《论语·里仁》孔子关于"君子怀德,小人怀土"的话,内容与此相似,都是说明"君子"与"小人"由于物质生活条件的差异,他们的关注点自然很不相同。

此外,《礼记·冠义》说:"凡人之所以为人者,礼义也。礼义之始,在于正容体,齐颜色,顺辞令。容体正,颜色齐,辞令顺,而后礼义备,以正君臣,亲父子,和长幼。君臣正,父子亲,长幼和,而后礼义立。""人可以为人,而后可以治人也。"这里道出了"礼义"和"正君臣,亲父子,和长幼"之间的关系。绕了一个大圈子,原来孔子言"义",也是为他的"正名"说、"治人"说服务的。

在诸子中,墨家的义、利观,与儒家截然相反。《墨子·经上》:

义,利也。

在墨子看来,义和利不是相反的,而是统一的:利即是义。检验义与不义,就是通过实践看它有利还是不利。《墨子·天志下》还说:

义者,正也。何以知义之为正也? 曰:天下有义则治,无义则乱,我以此知义之为正也。

张岱年对此的解说是,"墨子讲义何以为正,亦从效果来说。有义则治,无义则乱,故义为正;换言之,便是义有利于天下,所以为正。可见墨子思想的根本出发点,实在于利。"(《中国哲学大纲》)

墨子言"利"。非小利而是大利,非私利而是公利。墨子说"言有三表",第三表"废以为刑政,观其中国家百姓人民之利"。(《非命上》)国家百姓人民之利,是墨子义利观的核心。

墨子有"断指存腕"说。在权衡利弊得失时,墨子主张牺牲小利以得大利。《墨子·大取》说:

墨子

断指以存腕,利之中取大,害之中取小也。害之中取小,非取害也,取利也。其所取者,人之所执也。

"大取"即取大,断小利而取大利,"人之所执"。可见,墨家的义利观,比之儒家更积极、恢弘,更具人民性。

七、孔子说"信"

据杨伯峻《论语译注》统计,在《论语》里,"信"出现38次,其中意为诚实不欺的24次,意为相信可靠的11次,作副词用2次。综观孔子言信,主要是诚信,忠信。即子夏所说的,"与朋友交,言而有信。"(《学而》)

子曰:"入而无信,不知其可也。"(《为政》)

孔子认为,做人不讲信誉,不知道他还有什么可取之处。春秋时代,礼崩乐坏,"觚不觚","信"成了处理人际关系的重要的生活准则。"主忠信"(《学而》),即"忠"和"信"被认为是当时最主要的道德准绳。

子曰:"主忠信,徙义,崇德也。"(《颜渊》)

孔子仍然认为,以忠诚和信实为主,是可以提高人的道德水平的。

子以四教:文,行,忠,信。(《述而》)

孔子教育弟子包括四项内容:历代文献,社会实践,忠诚的品质,信实的人格。孔子要求年轻人少言寡语,说话要诚实可信,博爱大众,亲近有仁德的人。如此躬行实践,若有剩余的精力,再去学习历史文献。("谨而信,泛爱众,而亲仁。行有余力,则以学文。"《学而》)这里仍然重复着"信"的教育内容,只是把它和"仁"结合起来了。

子曰:"十室之邑,必有忠信如丘者焉,不如丘之好学也。"(《公冶长》)

孔子相信,十户人家的地方,一定有像他孔丘一样既忠诚又信实的人;但他又很自信,以为都不如他孔丘喜欢学习。这里孔子把"忠信"和"好学"结合在一起。

以上言"信""忠信",都属于道德修养的范畴,是"有德者"君子应遵循的道德原则。"主忠信"才能达到"崇德"的效果。

然而,孔子言"信""忠信",不止于道德的自我完善,他总是把这种道德的修炼升华到治国、事君的水平线上来。

子曰:"道千乘之国,敬事而信,节用而爱人,使民以时。"(《学而》)

翻译成白话是,孔子说:"治理拥有一千辆兵车的国家,就是严肃认真地对待工作,而且信实无欺,节省开支,爱护官吏,役使百姓要在他们农闲时日。"这就是说,"敬事而信"是孔子用以考察君子是否具备治国的品质和能力的条件之一。

子张问仁于孔子。孔子曰:"能行五者于天下为仁矣。"

"请问之。"曰:"恭,宽,信,敏,惠。恭则不侮,宽则得众,信则人任焉,敏则有功,惠则足以使人。"(《阳货》)

这里说的是治理天下的权势者,需要具备五种道德品质。其中"信则人任",意思是说诚实守信就会受到上级的任用。我们将恭、宽、信、敏、惠五种道德修养联系在一起,不难看出其终极目的是为了役使人民——"惠则足以使人"。这条语录的关键词是"使人"。

总之,孔子关于仁、礼、义、信的说教,我们不能把它看成是纯粹的、形而上的伦理道德的理念;它渗透着孔子非常功利的人生观和价值观,它同孔子的政治主张有着深刻的内在联系。

八、孔子说"天命"

天命观,是关于人与天地、人与自然关系的问题。天命观反映了人类认识水平高低,它影响人类在改造自然和利用自然活动中所采取的方式和方法,影响人类认识自然和征服自然的深度和广度,它也决定人类文明进步的轨迹,规范人类文明的文化模式。孔子是中国的圣人,是儒学的先师,由于他的思想是儒学的主导思想,因此他的天命观也影响了中国文化的各个方面,成为人们认识中国历史、评价中国历史的重要参考。长期以来,由于中国古文表达的模糊性和多义性,学人们对孔子关于天命的论述理解多歧,见仁见智,褒讥贬绝,在所难免。这里,我们希望通过对孔子天命言论的排比综合,客观地理出一个头绪,以帮助读者了解和评价孔子的天命思想,同时也向读者进行哲学思考时提供一个有益的资料。

(一)从"子罕言"说起

《子罕》篇第一句话即说:"子罕言利与命与仁。"说孔子很少说"命"和"仁""利"这类的话题。孔门"十哲"之一的子贡也说:"夫子之文章可得而闻也,夫子之言性与天道不可得而闻也。"(《公冶长》)此语意即孔子未谈过"性"与"天道"问题,似乎孔子丝毫不关心天道(或天命)这一有关自然和社会规律以及人类本性的问题,只注重具体的礼乐规范、冗文繁节等枝叶末节的问题。黑格尔也说:"孔子只是一个实际的世间智者,在他那里思辨的哲学是一点也没有的——只有一些善良的、老练的、道德的教训。从这里,我们不能获得什么特殊的东西。"(《哲学史讲演录》第一卷第 119 页)

诚然,孔子是一位世间智者,其注意力由于拯救乱世的需要而集中在人伦和政治方面,对宇宙的本体、自然的规律以及逻辑的思辨言之甚少,更无具体的论证,以至于从保留下来的孔子的所有言行中很难找到有关这些方面的完整答案。但是,作为一位世间智者,孔子以他那天纵的智慧、好学不倦的精神、深思熟虑的态度而闻名,不难想象他在从事广泛的学习、积极的实践之后,对具体知识背后的普遍性,对天、地、人的规律性(即道)也有所体验,有所认识。事实上,孔子本人正是把学习分成两大阶段,即"下学"和"上达"。"上""下"即《周易·系辞》所谓"形而上者谓之道,形而下者谓之器"的"道"和"器"。道与器的关系,即普遍规律和具体事物的关系。"下学"即学习以人事为主体的具体知识,这是"博学";"上达"即闻道,是参知以天道为主体的普遍规律。孔子自云"下学而上达"(《宪问》)、"五十而知天命"(《为政》),并且十分推崇"上达"(即闻道),认为"朝闻道,夕死可矣"(《里仁》),进而以"上达"与否,作为君子、小人的分水岭。他一则曰:"君子上达,小人下达。"(《宪问》)一则曰:"不知命无以为君子。"(《尧曰》)一则曰:"君子有三畏:畏天命,畏大人,畏圣人之言。小人不知天命而不畏也,狎大人,侮圣人之言。"

（《季氏》)可见,他对"知天命""闻道"再三致意,倾注了极大热情,甚至不惜以生命殉之!这自然不能说孔子不重视对规律的探索和闻知。

至于《子罕》所谓"罕言"、《尧曰》所谓"不闻",当从孔子因材施教法上加以解释。孔子认为"上智与下愚不移"(《阳货》),故"中人以上可以语上(道、天命),中人以下不可以语上"(《雍也》)。孔门弟子三千,智愚不齐,其中不得与闻于命与天道(即"上")者,当然就不乏其人。事实上,从今天保留下来的孔子言论中,不仅言仁、言性,亦言利,而且谈天称命,也屡见不鲜。

寓鼎

(二)孔子的天道自然观

墨子曾批评儒家说:"儒以天为不明,以鬼为不灵,天鬼不说。"与墨家的天道鬼神说不同的是,儒家的天道观更具有物质性。"天道",在孔子的语言词典中,又称"天""道"或"天命""命"。"天""道"同义,是"天道"的简称或异名。"天命"是"天道"的分殊,《大戴礼记·本命》说:"分于道谓之命,形于一谓之性。"《礼记·中庸》说:"天命之谓性,率性之谓道。"此二语即是说:"命"或"天命"是道(或天道)分化出来作用于人的内容;"性"则是受天道统帅支配而形成的人类个性。天命即是天道的人文化,人文化的天道即谓之"天命"(或命)。在今传《论语》中,孔子虽然很少或根本没有对天道、天命是什么加以解释,更无准确的界定,但透过孔子使用这些概念的具体场景,我们不难归纳出它们的基本特色和基本内容。孔子使用"天命"(或命)、"天道"(或天、道),主要有下列场景:

一是处于逆境,自坚自慰。那是孔子以大司寇为鲁摄相之时,孔子推荐子路作季孙氏的家宰,堕三都,尊公室,事业蒸蒸然大有希望。公伯寮却向季孙氏告子路的状,挑拨季氏与孔子师徒之间的关系。这事关孔子新政能不能得到季氏的支持,事业是否能顺利进行下去,因此,当子服景伯将这一不好消息告知孔子时,孔子说:"道之将行也与?命也。道之将废也与?命也。公伯寮其如命何!"(《宪问》)一切都是命中注定,公伯寮能把我怎么样呢?

孔子流亡途中,险象环生。自卫适陈,途经于匡,被匡人当成阳虎围了起来,五天五夜不得脱身,生死难卜。孔子曰:"文王既没,文不在兹乎?天之将丧斯文也,后死者不得与于斯文也；天之未丧斯文也，匡人其如予何？"（《子罕》）上天已将复兴斯文的使命赋予我了，匡人是奈何不得的。

继而到宋，习礼于大树之下，跋扈的宋国权臣桓魋率众赶来把大树拔倒，并扬言将加害孔子。弟子劝其速行，孔子曰："天生德于予，桓魋其如予何！"（《述而》）上天生就我美德，桓魋是无法干扰的。

二是被人误解，指天以发誓。孔子寄居卫国，不得已谒见风流的南子，子路不悦，孔子发誓说："予所否者，天厌之！天厌之！"（《雍也》）相同的观念另有二事。卫臣王孙贾问孔子："与其媚（取悦）于奥（室内西南角之神），宁媚于灶，何谓也？"孔子曰："获罪于天，无所祷也！"（《八佾》）孔子病，子路使门人为臣，孔子曰："无臣而为有臣，吾谁欺？欺天乎？"（《子罕》）老天正直无私，明白无欺。

三是困惑之时，责问于天。在现实生活中，许多不合逻辑的事情令人不能理解，孔子遂浩然长叹，责问于天。他喜爱的弟子冉耕（伯牛）患有恶疾，孔子探望，"自牖执其手，曰：'亡之，命矣夫？斯人也而有斯疾也！斯人也而有斯疾也！'"（《雍也》）孔子曾说过"仁者寿"，可"三月不违仁"的高足颜回却英年早逝（40岁），孔子号啕恸哭，连呼："噫，天丧予！天丧予！"（《先进》）颜回一生追随孔子，兢兢习道，但却终身穷困，四壁萧然；子贡常常中途辍学，弃文经商，不从正道而家累千金。"德润身，富润屋"，"周有大赉，善人是富"这些古训一点也不能兑现，孔子惑之，曰："回也其庶（近道）乎！屡空。赐（子贡）不受命，而货殖焉，亿则屡中。"（《先进》）

四是用天为则，以天为法。孔子认为天行有度，人可以效法天行，上古帝尧就是法天的典型："大哉尧之为君也！巍巍乎！唯天为大，唯尧则之。"（《泰伯》）他转述尧命舜的话说："咨尔舜！天之历数在尔躬，允执厥中。四海困穷，天禄永终。"（《尧曰》）法则天行，不限帝王，有心者为之，人皆可以为尧舜。孔子曾对子贡说："予欲无言。"子贡曰："子如不言，则小子何述焉。"孔子曰："天何言哉？四时行焉，百物生焉。天何言哉！"（《阳货》）他认为，一个人一旦认识了天道，明乎利钝穷通，就成了一个无怨无尤、不忧不惧的自由自在的人了："不怨天，不尤人，下学而上达，知我者其天乎？"（《宪问》）人若知天，天亦知人，天人交往，人天合德。这大概是孔子知道的最高境界，即《礼记·中庸》所谓"赞天地之化育"，"与天地参"。

（三）不知命无以为君子

由上面的罗列可知，第一种情况是孔子将天道（或天命）当作力量的源泉和成功的后盾，认为天道（或天命）不可抗拒，具有所向披靡的威力，是最终的、必然的

孔子的伦理学说

图文珍藏版

决定力量。第二种情况是孔子将天道(或天命)视为正义、善良的化身,具有标准的、权威的、最后的仲裁力。第三种情况是在天道(或天命)之必然性或可能性得不到实现,甚至向相反方面发展时,孔子对天道(或天命)提出了一种质问和慨叹。第四种情况是孔子对天道(或天命)的物质性、规律性(或天所具有的自然特征和必然趋势)的认识,即孟子所谓:"莫之为而为者天也,莫之致而至者命也。"(《孟子·万章上》)这是孔子最基本的、最本质的天道(或天命)观念。《礼记·哀公问》:"公曰:'敢问君子何贵乎天道也?'孔子对曰:'贵其不已,如日月东西相从(续)而不已也,是天道也。不闭(塞)其久(恒久),是天道也。无为而物成,是天道也。已成而明(明照万物),是天道也。'"在此提出天道的规律性(日月东西相从)、永恒性、必然性(不闭其久)、自然性(无为而物成)的特征,与孟子的解释完全相同。虽然这段话不一定是孔子所说,但与孔、孟天道自然的思想并不相违。将天道视为自然规律,具有客观性、必然性,是儒家思想的主要特色。前三种情况的种种议论、感慨和质问,都是以第四种认识为基调和出发点的,若将这一观念套入前三种情况的每一次论述中,都若合符节,无不贯通。

于此,我们可以大概勾勒出孔子天命观的思想轨迹:孔子通过博学、体验、深思和归纳,认识了天道所具有的物质性("天何言哉")、规律性("四时行焉")和必然性("百物生焉"),并体会到天道对人这个天之骄子具有决定和强制的作用,这就是"分于道"的天命。伴随孔子对天命的感知,他敏锐地认识到作为天地造化精灵的人,具有体会天道,效法天道,并且赞成天道("赞天地之化育")的责任,这就是法天制行、替天行道的使命。他认为,一个君子就是要善于体会天道,认识天命,用天道来完善自己,并行道以完成使命。这就是孔子"畏天命""不知命无以为君子"诸说的命意所在。

孔子在"五十而知天命"后,出于对使命的敏锐感受,再也不安于"隐居以求其志,行义以达其道"的淡泊生涯,积极人世,汲汲救世,甚至不嫌叛臣公山不狃之召,不弃中都宰之微,勤勤恳恳,兢兢求治,终于位至大司寇兼摄相,干出了一番轰轰烈烈的事业。在鲁国失意后,他不惜抛家弃口,背井离乡,辗转数千里,历时十四年,历干七十余君而无所遇……所有这些,无非是他受天命的驱使,欲求立足和用武之地,以便替天行道,以"行其义"而已。

出于对天道(或天命)的客观必然趋势的认识和体验,孔子对自己确定的使命——通过"克己复礼"实现有人性(仁)、有秩序(义)的和谐社会——的正确性和可行性,也坚信不疑!在他看来,既然使命是天命之所赋,天命又是分之于道而作用于人的("分于道之谓命")必然力量,那么,他的使命也就具有客观必然性和现实可行性。因此，无论在乱中求治的过程中遇到多么大的阻力，多么大的打击，多么严峻的危险，孔子都坚信自己这位替天行道的使者一定会逢凶化吉，转危为安；自己的使命也一定会实现（或在他的现世，或寄诸子弟和来人）。在周游列国时，尽管屡屡受挫，畏于匡，逼于宋，困于陈蔡，他都信念坚定，毫不动摇；虽粒不入口，面有饥色，仍讲学论道不已，弦歌之音不绝！他以闻道为极至，以行道为归宿，以追求道的实现为乐趣，"发愤忘食，乐以忘忧，不知老之将至"！这表现了其崇高的以身殉道、舍生取义的自我献身精神。

出于对天道（或天命）这个自然规律的必然趋势的认识，孔子认为天道是公正无私的，是一切真善美的力量源泉，从而把天道作为人间善恶的尺度和是非曲直的最后裁决。建立在天道公正无私观念基础上的另一个结果是：他自己体现了天命的使命也是正确无误的，因此，当主张一次又一次碰壁后，他从不反躬自省"自己的主张是否正确""是否合乎实际"，而是责怪世人"莫我知矣乎"！孔子甚至认为上天要我去替天行道、乱中求治，这是天命的安排。于是，他进入一个"不怨天、不尤人""乐天知命故不忧"的境界。

可是，当时的现实违反孔子的想象和主张的事太多了，不合乎他所认识的天命的东西太多了，于是，他不能不对这种局面有所困惑，不能不对天命可行而未行发几多感慨和一番浩叹！

这就是孔子从认识天道这个自然规律所具有的物质性和必然性始，进而体会天命和使命，并坚信其使命的正确性、必然性和可行性，到身体力行，孜孜以求，希望将这种可能性转化为现实，最终却在理想与现实的严重冲突下，以"莫我知也"而告终的思想轨迹和行动逻辑。

（四）继承与发展——孔子思想特殊的东西

孔子的天道观（或天命观）具有两大显著特征，即历史继承性和历史创造性的统一，天道客观性与人类能动性的统一。前一个特点促成了中国思想界从神学阶段向理智思考阶段的转化，孔子思想正好具有划时代的意义，成了中国思想史上的一座巍峨丰碑。后一个特点，促成了天人的合亲，是中国天人合一思想之滥觞，成为影响中国文化至深的主要观念。

根据当代哲学界比较公认的看法，人类思想的发展经历了三个阶段，即神学阶段、形而上学阶段和实证阶段。神学阶段本身又包括三个时期：拜物教或万物有灵论的时期，多神论时期和一神论时期。拜物教相信物质对象都具有感觉和意志，这是尚未从自然界区分出来的原始人（或野蛮人）将自己的形象幻化和移赠给物质对象的共同特征。多神论相信有众多的神灵统辖着各个不同的领域,分别干预着不同的事情,并影响人的生活。流传至今的山神、河伯、风神、雷公、雨师之类,以及有关三皇五帝时期的种种造物的神圣,当是这多神论观点的孑遗。一神论认为在众神中有一个绝对权威的上帝(或天神)统治着人们活动和理念所达的一切领域,殷人的帝(上帝)、周人的天(或皇天上帝)即是这一观念的集中反映。形而上学的阶段,人们不再将世界理解为神圣(或人格的上帝)的创造,也不受它的统治。取而代之的是对产生万物的第一本原的假定,认为万事万物(包括天地)都是这个第一本原的产物。在中国,老子的"先天地生"的"道"即是这一阶段的宠儿。实证的阶段,即是用科学的方法论证现实并揭示改造现实的支点,用孔德的话说:这是达到完美的阶段,它要除破形而上学的解释,更重要的是,显示了人类要达到绝对的和必然的真理的雄心! 这就是以现代科学为主要代表的认识阶段。如果说在神学阶段思维是宗教狂热的,形而上学阶段是思辨的,这一时期的思维则是理智的或理性的。

在中国,虽然完全意义上的科学阶段的到来是 20 世纪的事情,但作为对天道自然规律的朦胧认识和运用理智(或理性)的思维,却早在春秋社会就产生了。与孔子同时偏早的子产即提出"天道远,人道迩,不相及也"(《左传》昭公十八年)。这表明人类已自觉地从自然界中分离出来,有了独立自觉的自我意识,并且还表明人类已认识到自然(天)以及人类社会的运行和发展是有规律(道)可循的。正是孔子及时将人类的这一自觉意识转化为理智的思维,避开了老子"道"这个形而上学观念的泛滥,使中国提前进入理智思维时期,在一定程度上避免了形而上学观念的统治之苦,这不能不说是孔子对中国文化的伟大贡献!

孔子是怎样实现这一历史的继承与创造之统一的呢? 首先是继承历史上旧有的名词和表达形式,并对旧名词的内涵加以改造。作为哲学概念的"天命""天""命",在孔子以前,都表现为人格神和上天,是超人的意志、力量和权威的综合体。《尚书·召诰》说:"惟不敬厥(其)德,乃坠其命","皇天上帝,改厥元子兹大国殷之命"。《泰誓上》:"民之所欲,天必从之。"康王时的《大盂鼎》亦曰:"丕(丕)显文王,受天有大令(命)。"《诗经·大雅·文王》:"天命靡常。"无不如此。孔子继承和沿用了这些名词(或符号),也沿用了这些表达方式(如"天生德于予""天厌之""天丧予"等),但却对这些概念灌注了新的内容,那就是用天道来充实和统率天命("分于道之谓命"),天命是分之于天道而作用于人的内容,天命成了自然性(天)和必然性(命)的代名词,《孟子·万章上》所谓"莫之为而为者天也,莫之致而至者命也"即是孔子这一思想的确诂。旧瓶装新酒,旧形式盛新内容,这是《周易》所谓

"神武而不杀"的智慧的杰出妙用。匡亚明先生说:"(孔子)以旧观念(应作旧名词——引者)肯定和安慰人们的宗教情感,用新观念论证和指导人的现实行动,力求两者的并存与协调。"(《孔子评传》第211页)此可谓知人之谈!

伴随着历史继承性与创造性的实现,孔子天道观又实现了天道客观性与人类能动性的统一。孔子一方面借用先前天命决定人事的表述形式,给天道(或天命)赋予自然性、客观性和必然性的内容,认为天道的客观规律性通过"天命"的形式影响和决定人的活动,认为这种客观性和必然性,具有不可欺、不可犯、不可违背,更不可逆转的性质和威力,从而克服了子产"天道远,人道迩,不相及也"将天道与人道绝对分开以导致违背自然规律的倾向。孔子将天道和人联姻,使天道与人道结合,实现了人与天的合作与和谐。但是,在天面前,人又不是天的奴仆,而是具有认识天道、效法天道、利用天道,促成人事以赞成天道的主观能动性。在强调天道客观性的同时,孔子又高扬起人的能动作用的旗帜:"人能弘道,非道弘人。"(《卫灵公》)认为:"唯天为大,唯尧则之。"(《泰伯》)并自誓要法天之"无言"(自然性),循其规律以生成万类,成就事业。在具有绝对权威的天命面前,孔子从来不是宿命论者,决不坐享其成,或坐以待毙。他积极进取,奋斗不息,竭尽人事,乐以忘忧。

相传,鲁哀公问孔子:多智慧的人长寿吗? 孔子曰:"然。人有三死而非命也者,自取之也。居处不理,饮食不节,劳过者,病共杀之;居下而好干(犯)上,嗜恣无厌,求索不止者,刑共杀之;少以(而)敌众,弱以侮强,忿不量力者,兵共杀之。故有三死而非命者,自取之也。"(《韩诗外传》一,亦见《说苑·杂言》)富贵寿夭,传统的观念皆以为有一定的天分,但孔子却对寿夭问题做出了新的解释,认为人不正当的行为(即过劳、多欲、不自量力地逞强)是减寿的三种死因,乃自取灭亡,完全与命运无关。反之,如果劳逸有度、少嗜寡欲和谦和处世,那就可以获得永年了。固然有命的存在,但善于认识而把握之,尽人事,顺天道,那么,必然福禄寿禧自天而降,这样既实现了人与天的统一,也充分肯定了人的主观能动性。实得天人相与之三昧!

孔子不仅重视天道,而且懂得天道,那就是懂得自然性、规律性和必然性。由于当时以强凌弱,以众暴寡,上篡下替,伦理荡然,礼坏乐崩,秩序大乱的社会实际,人们要求知道的不是为什么,而是怎么办? 也由于孔子本人所受社会文化熏染的缘故,他没有对天道、规律是什么做出深入探讨,因而留下在了解自然、研究自然方面的许多空白,并对后来的中国社会和中国思想界产生了一些消极影响。这当然是他的不足,也是中国文化史的一大遗憾。但是,孔子幽然地感知了天地自然有一种必然性、规律性(即天道),敏锐地察知天人之间有某种联系,即天道以天命的形式作用于人,朦胧意识到人类社会也有某种必然性、规律性(即人道),并认为人可以认识天道、效法天道、利用天道,并赞成天道。天与人是一个系统,天人相互作用。人的价值就在于及时而准确地察知天道、天命("不知命无以为君子"),将天命化为使命,替天行道,以身殉道。人是天地造化的宠儿,人又是天地造化的赞成者;人是"分于道"的"天命"的化身,人又是"弘道"的精灵!如果说,在孔子的天道观中,天道是权威的、绝对的,也是正义的、善美的力量的话,那么,人就是驾驭这些权威、绝对,实现这些正义和真善美的活泼泼的精灵。既不失天道客观性,又不能没有人类灵活的能动性,这与其说是对上天造物之赞美,不如说是人类精灵的颂歌!这就是孔子天道观(天命观)的优秀价值。这正是孔子贡献给人类的"特殊的东西"!

九、孔子说"德"

《易传》早就有关于"德"的记述。《系辞下传》说:

精义入神,以致用也。利用安身,以崇德也。过此以往,未之或知也。穷神知化,德之盛也。

这段话的意思是,人们观察宇宙,能够发现它的变化之奥妙和致用。人们利用它得以安身,而达到崇德的效果。将崇德发挥到最大限度,就能够于神化而无所不知了。人们穷尽对宇宙的认识,就能够达到"德"的最崇高、最完满的境界了。

《系辞上传》说得更简单明了:"日新之谓盛德。"我们能跟随时代的发展而进步,这就是"盛德"。

《易传》在阐述宇宙观和人生观的关系时,是将知识、利用、德性三者联系在一起加以考察的。

《易》是卜筮的书,《易传》多是《易》的《卦辞》《爻辞》的解释和引申推论。它对知、用、德的阐释,有玄虚的成分。孔子说"德",就注意剔除《易》的卜筮迷信的内容,视"德"为伦理道德。

子曰:"为政以德,譬如北辰居其所而众星共之。"(《为政》)

翻译成白话是,孔子说:"用道德来治理国家,君王就会像北极星一样,在一定的位置上,其他众多星辰都环绕着它。"

是以德治国,还是以法治国,这是先秦诸子争论不休的两条截然相反的治国路线。孔子是主张德治的。他把德治比作受"众星共(拱)之"的"北辰",可见它的重要性。

孔子议论了怎样才能使百姓归服。

哀公问曰:"何为则民服?"孔子对曰:"举直错诸枉则民服,举枉错诸直,则民不服。"(《为政》)

针对鲁哀公的提问,孔子答道:"把正直的人提拔起来,安排在邪曲的人之上,百姓就会归附。倘若提拔重用邪曲的人,把他们放在正直的人之上,百姓就不会归服。"这是孔子对鲁国最高统治者的答问,他建议国君起用正直的人,制约那些邪曲的人。"直"便是"德"。"枉"指谋反篡位的人。

子张问崇德辨惑。子曰:"主忠信,徙义,崇德也。爱之欲其生,恶之欲其死。既欲其生,又欲其死,是惑也。"(《颜渊》)

子张是孔子的弟子,他问老师如何去提高自己的道德修养,以及如何辨别人世间的疑惑。孔子说,只要坚持以诚实和信誉为主导,唯义是从,就能提高自身的道德水平。至于辨惑,要靠理性的判断,不能感情用事——爱一个人,就希望他长寿;恨一个人,就希望他赶快死去。这就是"惑"。

根据春秋后期鲁国纷乱的政局,孔子意识到要施行德治是很艰难的,因为在贵族阶层中已经很少有人关心自身的道德修养。

子曰:"已矣乎! 吾未见好德如好色者也。"(《卫灵公》)

这是孔子在卫国期间,孔子跟随卫灵公和夫人南子乘车招摇过市的时候发出的感慨。孔子说他没有见过贵族们喜欢美德(注重道德修养)就像喜欢女色那样。可见"好德"者之少。而"已矣乎"——完了呀! 是孔子周游时对列国失望的表示。

孔子言"德"的最高标准是什么呢?

子曰:"周之德,其可谓至德也已矣。"(《泰伯》)

周代的道德是至高的、完美的道德。然而,这"周德"其实就是奴隶主的道德。孔子所说的"德",其中同样有着复古的倾向。

周桂钿在《讲稿》一书中重复着历代儒家"治世以大德"的"德治"的观点。他说:"实行儒家所说的大德,首先要解决全体人民的温饱问题,其次要重视教育工作,全面提高人民的文化素质,知道如何正确处理人际关系,维护社会伦理,稳定社会秩序,构建和谐社会。与此同时,要健全法制,严格执法,惩治罪犯,清除腐败,保护人民的根本利益。这是历代儒家政治理论中共有的观点。"

看来作者是推崇儒家治国的政治路线的。然而我的质疑有三:

其一,作者把"德治"放在首位,"法治"次之。这是颠倒了二者的位置。我以为,一个成熟的国家,靠的是健全的法律制度去稳定社会秩序。如对待吸毒者,必

孔子家语

孔子的伦理学说

图文珍藏版

须采取强制性法规使瘾君子戒毒,改过自新;对待酒后驾车者,按交通法规处置。仅靠道德教育是无济于事的。教育并非万能。

其二,构建和谐社会,其先决条件是要有完善的和健全的各项法律制度,而且还要以公、检、法等司法机关为保障,绝非如作者所说的解决了公民的温饱、重视教育、提高文化素质就能达到的。胡适曾经设计过"好人政府",靠清廉的政府去建立一个稳定的社会秩序,然而它并没有实现。"好人政府主义"乃是"乌托邦主义"。

其三,作者心里明白,想要"惩治罪犯,清除腐败",需要依靠"健全法制,严格执法",也就是依法治国,然而作者却痴迷于"治世以大德",这也许是作者尊儒的精神在作祟。全国人民代表大会年年开会,年年讲"反腐倡廉",然而腐败之风愈演愈烈,这是为什么呢? 一句话,执法不严,打击不力,迷信"德治"。

周桂钿在《讲稿》一书中,关于"对外德治"的一段话,也很值得玩味。他说:

德治应该有内外之分:对内,当政者应该提高道德水平,以身作则,引导人民求真、向善、爱美,移风易俗,向文明进步方向发展,给人民带来幸福安康;对外,应该主持公道,与大小各国和平共处,友好往来。这两方面都不可忽视。

作者把"和平共处,友好往来"的外交政策,说成是"对外德治",显然是不妥的。在霸权主义猖獗、全球性军备竞赛日趋激烈的今天,宣扬"对外德治"是很危险的。诸如,西方一些长期敌视中国的右翼势力,一直在支持流亡海外的达赖喇嘛叛乱集团,参与策划"藏独"的分裂活动。又如,美国国会的某些议员,近来以霸主身份,指责中国是"货币操纵国",强迫人民币升值。还有,流亡在外的"东突"分子,同样得到西方反华势力的援助与支持,曾经在新疆制造的打、砸、抢、烧的反革命事件,就是里应外合的结果。试问,面对外来的种种无理的干涉和野蛮的挑衅,中国政府倘若一味地"对外德治",后果会是什么样子呢? 正在富强起来的中国,奉行独立自主的外交政策,当然不会对西方某些敌对势力有丝毫的妥协和让步。中国人敢于向霸权主义者说"不"!

十、孔子说"忠恕"

孔子所说的"忠",是忠诚、竭尽全力的意思。《左传》庄公十年载,公曰:"小大之狱,虽不能察,必以情。"对曰:"忠之属也,可以一战。"意思是,曹刿对鲁庄公说,"已经竭尽全力了,可以同齐国一战。"正如曾子说到"吾日三省吾身"的时候,其中一省"为人谋而不忠乎?"(《学而》)——替友人谋事是否竭尽全力了? 意思相同。

子曰:"爱之,能勿劳乎? 忠焉,能勿诲乎?"(《宪问》)

意思是,孔子说:"你关爱他,能不叫他劳作吗? 你对他忠诚,能不教诲他吗?"此处"忠"指忠诚,对友人或对晚辈讲"忠"。

定公问:"君使臣,臣事君,如之何?"孔子对曰:"君使臣以礼,臣事君以忠。"(《八佾》)

翻译成白话是,鲁定公问:"国君使用臣子,臣子侍奉国君,君臣双方应该是什么样子?"孔子回答道:"国君依礼使用臣子,(不可粗暴)臣子侍奉国君要忠心耿耿。(不得叛逆)"

上对下施礼,下对上尽忠,这是维持社会稳定所必需的正常的君臣关系。"忠"字同样纳入了孔子的"正名"说的范畴。

子张问曰:"令尹子文三仕为令尹,无喜色;三已之,无愠色。旧令尹之政,必以告新令尹。何如?"子曰:"忠矣。"曰:"仁矣乎?"曰:"未知。焉得仁?"

"崔子弑齐君,陈文子有马十乘,弃而违之。至于他邦,则曰:'犹吾大夫崔子也。'违之。之一邦,则又曰:'犹吾大夫崔子也,违之。何如?"子曰:"清矣。"曰:"仁矣乎?"曰:"未知。焉得仁?"(《公冶长》)

翻译成白话是,子张问道:"楚国的子文三次登上令尹这个官位,没有表现高兴的颜色;三次被罢官,没有流露怨恨的颜色。而且每次移交,一定把自己的一切政令告诉给接位的新官。这个人怎么样?"孔子答道:"对国家尽忠(是个忠臣)。"子张又问道:"算不算仁呢?"孔子答道:"不知道。——这怎么能算是仁呢?"

子张问道:"崔杼杀掉了齐庄公,陈文子有四十匹马,舍弃不要,离开了齐国。他到另一个国家以后说:'这里的掌权者很像我们的崔子。'于是离开了。又到另一个国家,仍然说:'这里的掌权者很像我们的崔子。'又离开了。这个人怎么样?"孔子答道:"很清白。"子张问:"算不算仁呢?"孔子答道:"不知道。——这怎么能算是仁呢?"

这段语录叙说了两件事。其一是楚国宰相(令尹)子文。他对官位的升迁与罢黜,完全服从君主的政令,决不意气用事,可谓忠臣。孔子称赞他"忠矣"。其二,陈文子之所以舍弃富有的产业离开齐国,是因为他不满于崔杼杀了国君齐庄公,这是谋反篡位的"臣不臣"的行为。陈文子先后去过两个国家,都因为"犹吾大夫崔子也"而离开,说明当时各国正处在变革、动乱之中。孔子因此称赞陈文子的"清"。"清"即是"忠"。

关于"忠恕"。

子曰:"参乎! 吾道一以贯之。"曾子曰:"唯。"

子出。门人问曰:"何谓也?"曾子曰:"夫子之道,忠恕而已矣。"(《里仁》)

翻译成白话是,孔子说:"参呀! 我的学说贯穿着一个基本的观念。"曾参说:"是的。"孔子走出去以后,其他弟子便问曾参道:"这是什么意思呢?"曾参说:"老师的学说,只是忠和恕罢了。"

朱熹注:"尽己之谓忠,推己之谓恕。而已矣者,竭尽而无馀之辞也。"(《论语集注》)《礼记·中庸》也以"忠"和"恕"作为做人的道德原则。"忠恕违道不远,施诸己而不愿,亦勿施以人。君子之道四,丘未能一焉。所求乎子,以事父未能也。所求乎臣,以事君未能也。所求乎弟,以事兄未能也。所求乎朋友,先施之,未能也。"做人的原则就是"尽己"和"推己"。作为自己的行为准则,凡事出乎自己,而不在于他人。

"忠恕"是孔子思想体系的核心。"忠"和"恕",概括起来便是"仁",也就是"仁"的实践。"忠"的积极层面,是"己欲立而立人,己欲达而达人";"恕"的消极层面,是"己所不欲,勿施于人"。冯友兰说,"仁"的实践,"引导人去完成对社会的责任和义务。其中就包含了'义'这种为人的品质。因此,'忠'和'恕'乃是人的道德生活的开头,也是它的完成。"(《中国哲学简史》)